LENDEMAINS PIÉGÉS

Claude Morin

LENDEMAINS PIÉGÉS

Du référendum à la «nuit des longs couteaux»

Boréal

Photo de la couverture: Canapresse
© Les Éditions du Boréal
Dépôt légal: 4ᵉ trimestre 1988
Bibliothèque nationale du Québec
Diffusion au Canada: Dimédia
Distribution en Europe: Distique

Données de catalogage avant publication (Canada)

Morin, Claude, 1929-
Lendemains piégés: du référendum à la «nuit des longs couteaux»
ISBN 2-89052-264-4

1.Québec (Province) — Politique et gouvernement — 1976-1985.
2. Référendum — Québec (Province). 3. Relations fédérales-provinciales
(Canada). 4. Canada. Loi constitutionnelle de 1982. I. Titre.
FC2925.2.M67   1988   320.9'714'04   C88-096441-3
F1053.2.M67 1988

Avant-propos

Je veux raconter dans ce livre l'histoire de l'incroyable détournement politique pratiqué par le gouvernement fédéral à l'occasion du «rapatriement» de la constitution canadienne entre 1980 et 1982.

L'opération a commencé tout de suite après le référendum québécois de mai 1980. Elle a conduit à l'isolement du Québec dix-huit mois plus tard, en novembre 1981, et à la proclamation, en avril 1982, d'une transformation constitutionnelle conforme aux seules aspirations d'Ottawa et du Canada anglais.

* * *

Bien peu de gens mettront en doute le fait que le référendum de mai 1980 a été un des événements les plus déterminants de l'histoire contemporaine du Québec.

On sait moins, cependant, combien son influence sur l'évolution du fédéralisme canadien a été considérable. Car le résultat de ce référendum, volontairement dévié de son sens par le gouvernement central du temps, a servi de prétexte à une modification sans précédent des règles du jeu au Canada. Il en est résulté, en 1982, l'imposition au Québec d'un fédéralisme «renouvelé» si manifestement contraire à ce qu'on lui avait promis que, sitôt le gouvernement de l'époque défait en septembre 1984, il a fallu réouvrir tout le dossier constitutionnel afin, disait-on, de rendre justice au Québec.

Même si on en a beaucoup parlé alors et depuis, la véritable histoire de l'offensive constitutionnelle fédérale de 1980-1982 est mal connue. En perdurent des impressions générales dont l'exactitude n'est pas le trait

8

dominant et des anecdotes auxquelles il ne faudrait pas trop se fier. C'est pourquoi, en tant qu'acteur et témoin, j'ai cru utile de relater ici les éléments significatifs de cette tranche complexe de notre vie politique, en tout cas ceux qui m'ont semblé tels, sans hésiter à entrer dans les détails lorsque cela me paraissait pertinent.

Pour la première fois au Québec, on disposera ainsi — c'est mon but — non seulement d'une vue d'ensemble, mais aussi de données factuelles vérifiables et de documents essentiels souvent inédits (reproduits en annexe) qui, je crois, replaceront les faits dans leur contexte et permettront d'expliquer les décisions prises de même que les réactions qu'elles ont provoquées.

Autrement dit, je souhaite que le public québécois sache par ce livre ce qui s'est vraiment passé.

J'ai suivi l'ordre chronologique des événements pour éviter de faire intervenir, à un moment donné, des éléments du dossier qui n'ont été connus que postérieurement. (Les rares fois où cette règle n'a pu être respectée, je l'ai indiqué.) De la sorte, on prendra connaissance des faits successifs de la même manière qu'ils sont apparus aux négociateurs québécois. J'ai aussi particulièrement tenu à décrire, pour chacune des phases de l'histoire, les objectifs, les enjeux et les stratégies des parties en présence.

* * *

Même si un auteur s'efforce, pour un livre comme celui-ci, de s'en tenir à la stricte vérité, il ne peut faire abstraction de ses propres perceptions. Dans le cas présent, ce serait même une erreur de les exclure puisqu'on éliminerait une composante de la problématique. J'étais à l'époque le ministre québécois responsable de la négociation constitutionnelle. Il va de soi que le responsable d'un dossier le pilote selon la compréhension et la vision qu'il a des sujets à traiter et de l'attitude de ses vis-à-vis. Celles-ci doivent donc faire partie de son récit.

Raison de plus pour que sa relation des faits soit rigoureuse.

Je tiens ici à exprimer ma reconnaissance à toutes celles et à tous ceux qui m'ont aidé à la préparation de ce texte, à commencer par ces fonctionnaires du gouvernement du Québec et d'autres gouvernements qui ont rafraîchi ma mémoire, remis certains faits en perspective et retrouvé des textes indispensables. On comprendra que, pour des raisons évidentes, je ne puisse les nommer.

Mon collègue à l'époque, Claude Charron, s'est imposé la lecture de tout mon manuscrit, de même que Martine Tremblay, conseillère politique du premier ministre Lévesque au moment des événements racontés dans ce livre, et Louis Bernard, alors secrétaire général du gouvernement. J'ai demandé le même service à Hélène Brassard, professeur de science politique au Cégep Maisonneuve, et à Yves Martin, un ami personnel, à l'époque recteur de l'Université de Sherbrooke. Ces personnes, et quelques autres, m'ont toutes formulé des observations dont j'ai tiré le plus grand profit, autant en ce qui a trait au contenu de l'ouvrage qu'à sa présentation. Les lacunes qui restent sont entièrement les miennes.

Première époque
Du référendum
à la crise constitutionnelle
(mai-septembre 1980)

Si c'est un Non (...), ce sera interprété comme un mandat de changer la constitution et de renouveler le fédéralisme. Ce n'est pas moi seul qui le dis, ce sont 74 députés libéraux à Ottawa et les premiers ministres des neuf autres provinces (...).

Je prend l'engagement solennel qu'après un Non nous allons mettre en marche le mécanisme de renouvellement de la constitution et nous n'arrêterons pas avant que ce soit fait.

Je m'adresse solennellement aux Canadiens des autres provinces. Nous mettons notre tête en jeu, nous du Québec, quand nous disons aux Québécois de voter Non; nous vous disons que nous n'accepterons pas qu'un Non soit interprété par vous comme une indication que tout va bien, (que) tout peut rester comme avant.

Nous voulons des changements.

Nous mettons nos sièges en jeu pour avoir ces changements!

Pierre Elliott Trudeau
au Centre Paul-Sauvé, Montréal
mercredi, le 14 mai 1980

1
Embarquer dans cette galère?

Jusqu'à la dernière minute, l'être humain conserve souvent l'espoir, si mince soit-il, que, pour une raison quelconque, l'inéluctable ne se produira peut-être pas. Heureusement, sinon on n'entreprendrait pas grand-chose. Mais vient un temps où l'inéluctable arrive.

Un résultat prévisible...

En ce matin du 21 mai 1980, comme des millions d'autres Québécois, je savais depuis la veille que la victoire du Non était définitivement acquise.

Déjà au cours des dernières semaines, nos sondages internes, presque quotidiens, le prédisaient brutalement, malgré un étonnant taux de satisfaction à l'endroit du gouvernement. Parfois, certes, le Oui faisait meilleure figure qu'hier, mais était-ce une aberration statistique? Le Non confirmerait-il son avance demain? Et, le lendemain — suffit-il parfois de penser au malheur pour qu'il se produise? — la confirmation redoutée survenait effectivement. À la longue, il fallut bien se rendre à l'évidence. La tendance était là, visible, mesurable, menaçante: le Non serait victorieux. Seule la répartition exacte des votes demeura incertaine jusqu'au jour du référendum*.

* Il n'est pas inutile de rappeler ici le texte de la question posée lors du référendum:

«Le gouvernement du Québec a fait connaître sa proposition d'en arriver, avec le reste du Canada, à une nouvelle entente fondée sur le principe de l'égalité des peuples; cette entente permettrait au Québec d'acquérir le pouvoir exclusif de faire ses loix, de percevoir ses impôts et d'établir ses relations extérieures — ce qui est la souveraineté — et en même temps de maintenir avec le Canada une association économique comportant l'utilisation de la même monnaie;

tout changement de statut politique résultant de ces négociations sera soumis à la population par référendum;

en conséquence, accordez-vous au gouvernement du Québec le mandat de négocier l'entente proposée entre le Québec et le Canada?»

Le 21 mai, on pouvait établir l'ampleur de la défaite. Mais pas encore celle des épreuves à venir. Car la suite des événements, à bien des égards, paraissait plutôt obscure.

...suivi d'un événement inattendu

C'est alors qu'un appel téléphonique vint modifier bien des choses.

Ce matin-là, j'étais resté chez moi. Autour de midi, mon sous-ministre, Robert Normand, m'annonça que Jean Chrétien, ne me trouvant pas à mon bureau, venait de lui faire part de son désir de me voir d'urgence. Trudeau lui avait demandé de communiquer avec tous ses collègues provinciaux chargés des questions constitutionnelles: Ottawa souhaitait tout de suite entreprendre la réforme du fédéralisme promise pendant le référendum. À cette fin, en route vers d'autres provinces où des rencontres étaient déjà organisées, Chrétien s'arrêterait à Québec en passant, plus précisément à l'Auberge des Gouverneurs de Sainte-Foy, où il m'attendrait au tout début de la soirée. Il me verrait donc en premier. Étais-je d'accord pour cette prise de contact? L'idée était de dresser une liste de sujets constitutionnels provenant du gouvernement fédéral et des provinces. Une réunion des premiers ministres, au milieu de juin, en tirerait l'ordre du jour d'une nouvelle ronde de négociations qui, elles, seraient décisives.

Il me paraissait inconvenant d'accepter l'invitation de Chrétien, le 21 mai, si peu de temps après le référendum, avant même d'avoir pu consulter le premier ministre et le cabinet. Une réunion du Conseil des ministres devait d'ailleurs avoir lieu le jeudi et un caucus des députés du

Parti québécois avait été convoqué pour le lendemain.

J'indiquai donc à Robert Normand que je rencontrerais volontiers mon collègue fédéral, mais seulement après vendredi, en fin de semaine par exemple, ou lundi, à Ottawa au besoin; alors j'aurais peut-être des choses à lui dire. Normand me rappela quelques minutes plus tard. Comme je «refusais» de le voir, Chrétien laissait tomber la partie québécoise de son périple. Après vendredi, ce serait trop tard. Fatigué par la campagne référendaire, le ministre fédéral serait alors parti en vacances. Tant pis pour moi.

La négociation constitutionnelle commençait bien!

Autre motif d'inquiétude, plus sérieux que la désinvolture de Jean Chrétien: Ottawa semblait en effet demander aux provinces de choisir les éléments d'un ordre du jour possible, de préférence parmi les questions ayant déjà fait, au cours des années antérieures, l'objet de discussions intergouvernementales. Ainsi, la réflexion sur ces questions serait assez avancée pour conduire à un accord rapide.

Cette façon d'agir m'indisposa. Pourquoi fabriquer une liste d'anciens sujets alimentée par les apports d'un peu tout le monde? Pourquoi le faire à la vapeur? Pourquoi laisser entendre que les négociations seraient brèves? Visiblement, Ottawa tenait à intéresser les provinces anglophones au processus envisagé: on leur assurait dès le départ que des questions les concernant feraient partie de l'ordre du jour et qu'on ne consacrerait pas trop de temps à l'exercice.

Fort bien, mais quelle place allait-on réserver au Québec dans tout cela? Quels problèmes cherchait-on à aborder? Ceux du Québec? Ceux des autres provinces*?

---

* J'appris plus tard que, dans sa tournée, Chrétien avait fortement insisté auprès des autres provinces sur la nécessité de faire vite et tout de suite. Il leur indiqua également que, pour satisfaire le Québec à la suite du référendum, on devrait insérer dans la constitution: une charte des droits, y compris des droits linguistiques, une formule d'amendement qui permettrait le rapatriement, et la reconnaissance du principe du partage (la péréquation). En fait, il ne s'agissait pas là de demandes québécoises, Chrétien n'ayant alors pas encore pris contact avec aucun représentant de notre gouvernement. On constatera plus loin que cette liste de «demandes» correspondait en réalité aux souhaits fédéraux. C'est en prenant connaissance de cette liste et vu la hâte d'Ottawa que les autres provinces suggérèrent d'y ajouter aussi des questions les intéressant.

Vu les engagements fédéraux , il n'était pas alors déplacé d'espérer, de la part d'Ottawa, sinon l'évocation de propositions précises visant à résoudre pour toujours le «problème québécois» (nous n'en demandions pas tant), mais au moins l'allusion au fait que cette préoccupation demeurerait primordiale tout au long des négociations. Après tout, n'eût été du référendum, celles-ci n'auraient pas été amorcées.

Le soir du 20 mai, Lévesque avait dit que «la balle était maintenant dans le camp fédéral», mais rien dans le message reçu de Chrétien le matin du 21 n'en donnait l'impression. Les libéraux fédéraux avaient toujours pris soin de ne pas singulariser le Québec, ni d'en confirmer le caractère particulier, surtout au plan constitutionnel. Fidèles à eux-mêmes, ils amorçaient la nouvelle ronde de négociations en mettant, quant au contenu d'un ordre du jour éventuel, le Québec sur le même pied que n'importe quelle autre province.

Pour quiconque était un peu familier avec la liturgie fédérale-provinciale, rien dans la démarche d'Ottawa n'annonçait le virage pro-québécois que certains porte-parole du Non avaient bien voulu déceler dans les déclarations de Trudeau, quelques jours avant le référendum. Un Non, avait-on compris, — ou, plus exactement, avait-on laissé entendre dans les milieux fédéralistes — signifierait un Oui au «fédéralisme renouvelé*». Ces gens-là n'avaient pas entièrement tort. Certes, on renouvellerait le fédéralisme, mais d'une manière inattendue et au mépris du Québec. N'anticipons pas.

---

* L'expression «fédéralisme renouvelé», peu usitée dans les autres provinces, fut abondamment utilisée au Québec entre 1960 et 1980. Son contenu, assez mal défini, variait aussi selon les hommes politiques et les partis. Certains des éléments les plus évidents du «fédéralisme renouvelé», par exemple ceux concernant un nouveau partage fédéral-provincial des pouvoirs, furent cependant réclamés, pendant cette période, par tous les premiers ministres du Québec. À la longue, l'expression, qu'on retrouvait fréquemment dans les sondages, finit par véhiculer, auprès des Québécois, une notion assez identifiable. Elle référait en effet à des transformations majeures et cohérentes du régime fédéral se situant à mi-chemin, pourrait-on dire, entre la souveraineté-association et le fédéralisme courant ou *statu quo*. En tout cas, elle s'opposait résolument à la vision centra-lisatrice de Pierre Elliott Trudeau. La concrétisation du «fédéralisme renouvelé» aurait en gros supposé, entre autres changements fondamentaux, la reconnais-sance de la spécificité du Québec, un partage des compétences constitutionnelles appuyé sur ce caractère distinct et destiné à le confirmer, et une réforme en ce sens des institutions centrales du régime (Sénat et Cour suprême). Dans cette perspective historique et politique, on comprend donc qu'en 1980 l'équation

«Non au référendum = Oui au fédéralisme renouvelé» laissait hors de tout doute entendre qu'en refusant la souveraineté-association, présumée pleine de dangers, les Québécois se mériteraient, sans risque, des réformes longtemps réclamées en vain d'Ottawa et fort avantageuses pour leur société.

Faut-il plonger?

Avant la réunion du cabinet, des conversations avec quelques collègues m'avaient fait constater que l'idée de lancer le Québec dans une nouvelle ronde de négociations constitutionnelles n'emballait personne.

Selon eux, au mieux on n'en retirerait rien ou à peine une réformette quelconque, tout juste bonne à permettre aux fédéraux de prétendre avoir respecté leurs promesses. Quelques rares ministres craignaient aussi ce qui pourrait se révéler être, selon eux, la pire des situations: une véritable quoique très partielle amélioration du fédéralisme en faveur du Québec. Si cette éventualité devait se produire, l'option souverainiste, la propagande aidant, s'en remettrait difficilement. Pourquoi frôler un tel danger? De toute façon, en s'engageant ainsi, le Québec aurait l'air d'une victime consentante, soumise aux conditions de l'adversaire. Sa participation aux pourparlers leur conférerait une légitimité et avaliserait le résultat d'un référendum où Ottawa, avec son argent et sa machine publicitaire, n'avait pas respecté les règles du jeu.

Au fond, ajoutait-on, le gouvernement du Québec n'aurait aucune crédibilité auprès de ses partenaires, ni auprès de sa population en général. Comment faire croire qu'on chercherait sincèrement à améliorer le fédéralisme alors que le parti au pouvoir avait toujours affirmé que ce régime n'était pas transformable et qu'il fallait plutôt le remplacer?

Cette première réaction à la situation créée par l'aboutissement du référendum n'était pas dépourvue de sens et René Lévesque en était conscient. Certes, nous aimions nous dire et répéter au public — un peu comme une de ces formules incantatoires prononcées par les croyants dans les cas de détresse — que «la balle était désormais dans le camp fédéraliste», mais appartenait-il à notre gouvernement de partir à la recherche fébrile de ce projectile hypothétique? Ne serait-il pas plus habile, plus authentique de laisser à quelqu'un d'autre (à la suite d'élections, par exemple) la responsabilité de découvrir que, comme on devait s'y attendre, la «balle», à supposer qu'elle existât, était creuse? Parmi ceux qui avaient affirmé qu'un Non à la souveraineté-association signifierait un Oui au «fédéralisme renouvelé», aucun n'avait en effet exigé du premier ministre Trudeau la moindre garantie à ce propos. En nous engageant dans la démarche proposée par Ottawa, ne plongerions-nous pas naïvement dans une mer remplie de contradictions?

Pour le caucus des députés, la perspective d'entreprendre des pourparlers perçus comme piégés n'était pas davantage populaire, mais on s'y résigna. Malgré les risques et les problèmes prévisibles, la plupart voyaient mal, comme moi, comment le gouvernement, qui avait déjà publiquement et depuis longtemps annoncé son intention de ne pas démissionner même si le Non l'emportait, pourrait valablement expliquer à la population son absence de la table de négociations. Consolation: c'est Ottawa qui aurait dorénavant la tâche présumée impossible de «livrer la marchandise».

Pas plus que lors de la réunion du cabinet la veille, il n'y eut à ce moment d'échanges structurés sur la stratégie fédérale-provinciale à adopter. C'était un peu trop tôt. Blessés dans leurs convictions, déçus dans leurs espoirs et inquiets de l'avenir, les députés avaient des préoccupations plus vastes.

On procéda, selon l'expression courante, à un «tour de table» où les intervenants, souvent avec tristesse, parfois avec colère, firent surtout part de leurs sentiments sur les causes de la défaite référendaire et sur ses conséquences pour le gouvernement et le parti. Un député proposa des élections générales pour la fin de juin ou le début de juillet. Il y voyait apparemment une façon de résoudre la situation inconfortable du gouvernement. Celui-ci pourrait en effet requérir un autre mandat de la population et, consolidé, aurait plus d'assurance devant les autres provinces et particulièrement devant Ottawa. Une telle élection fournirait aussi l'occasion, à la population, de «corriger» son vote référendaire en confirmant son adhésion au Parti québécois. Quelqu'un compléta: une défaite aux urnes, si elle devait se produire, ne serait pas si catastrophique puisque le Non l'avait déjà remporté; ça ne pourrait être pire. Dans l'opposition, le parti pourrait peut-être, mieux qu'au gouvernement, reprendre le combat pour la souveraineté. Cela dit, la suggestion brièvement formulée d'élections brusquées n'eut pratiquement aucun écho favorable dans le caucus: tout le monde en connaissait d'avance le résultat!

Au Conseil des ministres, au caucus ou dans des conversations privées, Lévesque s'exprima en substance comme suit: «Il nous faut assumer le résultat du référendum, non le bouder. Il importe surtout, le cas échéant, de démasquer le contenu éventuel du «fédéralisme renouvelé», de faire une fois de plus la preuve qu'il n'y a rien à espérer de ceux qui ne veulent rien offrir. Et si jamais, par impossible, les fédéraux ont tout de même quelque chose de valable à proposer, pourquoi ne pas le prendre au passage et le considérer comme un «acompte» sur la souveraineté? Moyennant quelques précautions (qu'il me chargea de définir pour un prochain Conseil des ministres), Lévesque était d'avis que le gouvernement du Parti québécois se trouvait aussi bien placé que n'importe qui pour se lancer dans cette exploration envers laquelle il admit cependant, quant à lui, n'éprouver aucun enthousiasme. Ce sentiment était également le mien.

Selon Lévesque, les citoyens s'attendaient naturellement à ce que leur gouvernement participât aux négociations constitutionnelles. S'il refusait, il nuirait à sa propre cause; il paraîtrait si dogmatiquement accroché à la souveraineté qu'aucun autre arrangement, perçu comme un gain relatif, ne saurait jamais même partiellement le satisfaire. Bien des groupes de pression et des médias du Québec ne se priveraient pas pour le blâmer de son arrogance envers la majorité qui avait voté Non et de son manque de sens démocratique.

Dans tout cela, toujours d'après Lévesque, il ne fallait pas oublier ce sens commun élémentaire dont le grand public, à tort ou à raison, fait preuve dans des situations qui n'affectent pas sa vie de tous les jours, bien qu'elles puissent être vécues comme déchirantes par des initiés ou des apôtres. Ici comme partout au monde, influencé par la défaite mathématique d'une cause et par la victoire apparente de son contraire, il s'en remettrait en cas de doute à la «sagesse» de certains dictons, comme celui qui par exemple prétend que «les absents ont toujours tort».

Une fois évaluées certaines premières réactions émotives, voire viscérales, fort compréhensibles dans les circonstances, ministres et députés acceptèrent d'emblée le réalisme politique de Lévesque. Invité, le gouvernement participerait aux négociations. Vendredi, le 23 mai, le premier ministre déclarait, en conférence de presse:

> En votant Non au référendum, les citoyens du Québec ont clairement* indiqué qu'ils voulaient donner une nouvelle chance au renouvellement du fédéralisme. Le gouvernement n'a pas le droit de se dérober à ce verdict et participera donc loyalement à tout projet de réforme constitutionnelle.

Lévesque avait aussi eu recours, en privé, à un argument fort pertinent: un boycott des négociations n'aurait fait qu'asseoir la crédibilité d'une opposition libérale dont le chef, le soir même du référendum, avait mis en cause la légitimité du gouvernement, allant jusqu'à exiger avec véhémence (certains parlèrent de hargne) sa démission immédiate et des

* Le résultat référendaire n'était pas, selon moi, aussi tranché, que le mot clairement de Lévesque le laissait entendre. Environ 41% des électeurs avaient tout de même opté pour le Oui, ce qui correspondait à approximativement la moitié de la population francophone du Québec, proportion après tout assez costaude. Un tel résultat n'était certainement pas victorieux, mais il me semblait, cette journée-là, que le premier ministre n'avait pas besoin de donner l'impression psychologique, donc politique, qu'il consentait, de lui-même et volontiers, à rétrécir la portée, relativement favorable à notre option, d'une consultation sans précédent en Amérique du Nord. Je pensais alors moins aux citoyens du Québec qu'à mes interlocuteurs fédéraux et provinciaux à venir qui, je le craignais, verraient dans cette déclaration un aveu prémonitoire de faiblesse et en tireraient des conclusions néfastes. Il n'y avait cependant pas matière à s'inquiéter; nous nous en aperçûmes au cours des négociations. En général, dans les autres provinces, aussi bien qu'à Ottawa, peu de gens étaient au courant des nouvelles diffusées par la presse québécoise, à moins d'un écho dans le *Globe and Mail* de Toronto. Autrement dit, Lévesque avait peut-être un peu trop parlé, mais on ne l'avait pas entendu. Tant mieux, ce serait moins compliqué ainsi.

élections anticipées, justement parce que le maintien au pouvoir du Parti québécois allait fatalement entrer en contradiction avec le message véhiculé par le Non référendaire. Selon Lévesque, si le gouvernement péquiste lui faisait défaut comme négociateur, le public finirait par souhaiter l'arrivée sur la scène politique d'un remplaçant désireux de défendre ses intérêts à Ottawa. Or ce serait le Parti libéral. Allait-on offrir ce tremplin à Claude Ryan?

Les motivations d'Ottawa

À la fin de mai 1980, nous n'étions pas encore entièrement fixés sur les intentions d'Ottawa.

Nous* ne devions rien perdre pour attendre.

Il n'empêche que je fus surpris de l'empressement fédéral, dès le lendemain du référendum, à lancer tout le Canada dans une nouvelle aventure constitutionnelle. J'étais plutôt porté à croire qu'advenant une victoire du Non, Ottawa se contenterait de faire traîner les choses quelques mois.

Les prétextes ne manquaient pas: faire le point sur la signification du vote référendaire, mener des consultations préalables, mettre à jour diverses propositions constitutionnelles, etc. C'était déjà la fin de mai; d'ici peu ce serait le début de l'automne. À ce moment, le Parti québécois

* Le mot nous comprend pour l'instant un petit groupe de personnes. Outre l'auteur, il s'agit, au tout début du moins, de René Lévesque, Robert Normand (sous-ministre des Affaires intergouvernementales), Louise Beaudoin (directrice de mon cabinet ministériel), Florent Gagné (directeur général des Affaires canadiennes), Jean K. Samson (conseiller juridique) et Daniel Latouche (conseiller politique). Le secrétaire général du gouvernement, Louis Bernard, suivait aussi la question. Plus tard, selon les circonstances, d'autres personnes viendront s'ajouter au noyau initial, notamment Marc-André Bédard, ministre de la Justice, et Claude Charron, leader parlementaire.

aurait été au pouvoir depuis quatre ans. Des élections générales seraient alors devenues inévitables, et la défaite du gouvernement tout aussi inévitable. À l'été 1980, il suffisait tout bonnement de laisser quelque temps les choses en état pour que le Non référendaire entraînât sa conséquence obligée: la déconfiture du parti dont le public venait de rejeter l'option.

On devine aussi les débats et les dissensions internes qu'aurait dû vivre le Parti québécois à la toute veille d'une élection. Jusqu'à quel point et comment tenir compte du Non? En modifiant son programme politique? En élaborant une nouvelle stratégie électorale? Toujours friand d'interrogations ontologiques, le Parti québécois avait de quoi se régaler pendant plusieurs semaines et tout ce qu'il fallait pour se présenter finalement ébranlé, divisé et éclopé à un rendez-vous électoral qu'aucune excuse ne pourrait faire reporter.

Voilà comment j'avais imaginé le déroulement des événements consécutifs à un Non. Débarrassé du Parti québécois qui achèverait de s'étioler dans l'opposition à la recherche constante de lui-même, le Parti libéral fédéral de Pierre Elliott Trudeau ferait de la sorte sa réforme constitutionnelle avec les libéraux provinciaux de Claude Ryan.

Celui-ci le souhaitait d'ailleurs ardemment. Il jugeait totalement illogique, de la part des fédéraux, de vouloir entreprendre des pourparlers aussi lourds de conséquences avec un gouvernement opposé au fédéralisme. Au lieu de se précipiter, en vertu de Dieu savait quelle urgence, dans des négociations aussi complexes et, par-dessus le marché, avec le mauvais interlocuteur, Ottawa serait bien avisé de patienter quelques mois tout au plus. Lors des élections, probables pour l'automne, les libéraux provinciaux seraient certainement élus, comme le pronostiquaient tous les sondages. Les négociations pourraient donc se dérouler entre gens animés des mêmes convictions fédéralistes.

D'ailleurs, à la Chambre des communes, le 15 avril précédent, Trudeau n'avait-il pas dit:

> On le sait, l'idéologie péquiste, le but ultime des péquistes, c'est de sortir le Québec du Canada, et ce n'est pas sur eux qu'on peut compter pour établir des négociations très productives dans le domaine du renouveau constitutionnel.

D'un certain point de vue, Ryan avait raison, mais pour Ottawa une tout autre logique prévalait.

Qu'est-ce donc en définitive qui incitait Trudeau, brusquant ses alliés référendaires, à agir avec autant de célérité et même à donner l'impression que l'allégeance souverainiste du gouvernement québécois, tout à coup, ne faisait plus problème? À maintes reprises depuis novembre 1976 — c'en était devenu une coutume — des ministres fédéraux éminents n'avaient pas hésité à mettre en doute la légitimité de ce gouvernement; comment expliquer sa mutation soudaine en partenaire désormais tout à fait acceptable? Il y avait certes matière à perplexité.

La stratégie fédérale était astucieuse. D'abord, on créerait l'image d'un gouvernement fidèle à ses engagements; il serait toujours utile à Ottawa de jouir d'un préjugé favorable dans le public canadien, si jamais des pépins constitutionnels survenaient (il y en aura). Pendant la campagne référendaire on avait proclamé qu'un Non serait synonyme de changement; or, ce Non obtenu, on se montrait effectivement prêt à agir. Ensuite, en se servant, comme d'un rappel menaçant, de la présence du Parti québécois à la table de négociations, on capitaliserait sur la peur du Oui ressentie par le Canada anglais jusqu'au référendum et on profiterait de l'état d'esprit ambiant pour amener certaines provinces, autrement indifférentes, à participer à des pourparlers sur l'aboutissement desquels Ottawa avait déjà sa petite idée. Quitte à leur promettre, au besoin, que toute l'opération n'exigerait que quelques brèves semaines. En d'autres termes: encore un petit effort, le dernier, et la question constitutionnelle canadienne sera définitivement résolue.

L'urgence d'agir

Le fin du fin consistait à amener au plus vite à la table de négociations un gouvernement québécois déstabilisé par son échec référendaire, affligé en conséquence d'une option politique encombrante, et presque au terme de son mandat électoral.

Un tel interlocuteur serait mal placé, jugeait-on, pour formuler ses exigences et trop faible, trop peu soutenu par sa propre population, pour défendre des positions autonomistes et, encore moins, souverainistes. Avec l'aide des autres provinces, il serait assez facile de l'isoler. Son crédit à l'extérieur était encore plus mince que celui, déjà réduit, qui pouvait lui rester chez lui. L'intéressant était que ce gouvernement aurait beau protester contre telle ou telle proposition d'Ottawa ou de quiconque, on pourrait toujours l'accuser d'agir de la sorte à cause de son rejet des contraintes du fédéralisme. Pour Ottawa, le gouvernement du Parti québécois post-référendaire était donc un interlocuteur en or, incapable de bloquer sérieusement les visées politiques fédérales.

Par contre, on estimait que le Parti libéral de Claude Ryan aurait pu brouiller ces projets.

Si ce parti devait être élu, surtout avec la forte majorité qu'on lui prévoyait alors, un gouvernement québécois libéral aurait détenu un avantage marqué sur les autres négociateurs depuis plus longtemps en place. Les libéraux provinciaux avaient publicisé des positions constitutionnelles (le «Livre beige») que les ténors fédéraux, sans trop le clamer, réprouvaient cordialement. Ces positions, auxquelles Ryan avait consacré beaucoup de soin au point de s'y identifier, loin de rejeter le fédéralisme, cherchaient à l'améliorer. Elles représentaient la version la plus élaborée jusque-là du «fédéralisme renouvelé». Il aurait donc été difficile de s'y opposer. Personne n'aurait cru que le chef du parti libéral du Québec s'inspirait de principes souverainistes ou cherchait perfidement à extraire le Québec de la fédération canadienne. Comme cerise sur le gâteau, le leader libéral n'était pas le moins entêté, le plus souple ni le plus modeste des hommes! Du moins était-il ainsi perçu par certains porte-parole fédéraux. Au sein du comité du Non, ils avaient eu l'occasion de mesurer sa flexibilité toute relative pendant la campagne référendaire. Pour Ottawa, de deux maux mieux valait choisir le moins périlleux: le gouvernement du Parti québécois.

Il importait donc à Ottawa de procéder sans délai à la mise en branle du mécanisme constitutionnel. Et aussi d'en organiser les travaux pour que l'opération soit totalement complétée avant même la fin de l'été, disons pour le début de septembre. Le Parti québécois pourrait ensuite aller subir sa défaite électorale méritée qui, personne n'en doutait, confirmerait celle du référendum. Selon ce calendrier, l'arrivée au pouvoir des libéraux de Ryan serait inoffensive car elle se produirait *après* la conclusion de la ronde constitutionnelle.

À quelques années de distance, il est facile aujourd'hui de décrire la stratégie post-référendaire d'Ottawa. Nous ne la perçûmes que graduellement à l'époque, à mesure que s'imbriquaient les uns dans les autres divers faits qui, pris individuellement et hors contexte, demeuraient peu significatifs, mais dont l'ensemble révéla bientôt, pour nous, une intention fédérale parfaitement limpide et très inquiétante. Il y aurait bien une réforme constitutionnelle, mais elle n'aurait rien à voir, loin de là, avec le sens que certains tenants du Non avaient consciemment ou non déduit des «engagements» de Trudeau envers le Québec.

Tels étaient les premiers indices qui nous firent croire, dès le départ, au caractère suspect de la démarche fédérale. Tous ces indices pouvaient cependant s'expliquer bien autrement que par le machiavélisme qu'on a souvent attribué à Trudeau. Avant de nous faire une idée arrêtée, mieux valait attendre, «voir venir» comme nous disions, et mettre au point notre propre stratégie. C'est d'ailleurs ce que René Lévesque m'avait demandé.

La hâte fédérale comportait pour nous deux avantages immédiats. Le premier: nous n'aurions pas à attendre des années avant de connaître le contenu du «fédéralisme renouvelé». Le deuxième: puisque son gouvernement était convoqué à la table de négociations, le Parti québécois se trouvait plus ou moins forcé de remettre à plus tard certains débats internes sur son orientation politique. La balle était, avions-nous dit, dans le camp fédéraliste. Celui-ci la saisirait-il? Quel serait le vrai visage du «fédéralisme renouvelé»? Peut-être Ottawa éprouverait-il des problèmes à «livrer la marchandise»? Vu l'ouverture inattendue du «front» constitutionnel, le moment était mal choisi pour nous perturber nous-mêmes par une pénible remise en cause*.

---

* Dans les années qui suivirent, d'aucuns ont déploré que le Parti québécois n'ait pas entrepris, tout de suite après le référendum, la remise en cause politique qui, selon eux, s'imposait. Cela aurait apparemment évité bien des ambiguïtés ultérieures, maintes contorsions à venir dans le programme du Parti et même des crises, comme celle du «beau risque» en 1985. Au plan strictement logique, sans tenir compte de l'impossibilité de tout faire en même temps, cette observation est assez fondée, mais la rationalité politique est plus complexe. Elle rejoint un comportement bien humain. S'il peut choisir entre des problèmes immédiats *certains* (débats et déchirements internes) et des difficultés futures *possibles* (questions non résolues, ambiguïtés), le politicien optera spontanément pour les secondes en vertu d'un calcul élémentaire: puisque les difficultés dites futures se situent dans l'avenir, peut-être surviendra-t-il entre-temps quelque chose qui en évitera la matérialisation.

Il y avait aussi un troisième avantage, trop diffus cependant pour entrer vraiment dans notre perspective d'alors et relevant plutôt du *wishful thinking*. Le débat constitutionnel livrerait peut-être quelque élément de nature à épargner au Parti québécois la défaite électorale que tous les observateurs lui prédisaient généreusement pour l'automne.

L'attitude à prendre

Au Conseil des ministres du 29 mai, nous savions que se tiendraient, au cours de l'été, plusieurs réunions des ministres fédéral et provinciaux chargés des questions constitutionnelles. Mais celles-ci seraient précédées, le 9 juin, par une rencontre des premiers ministres à Ottawa. On y déterminerait l'ordre du jour ainsi que l'échéancier des travaux. Trudeau avait invité les provinces à présenter des suggestions. Il dévoilerait les siennes le 9 juin. Le Québec avait décidé de prendre part à l'exercice constitutionnel, mais il devait maintenant clarifier la nature de sa participation. Par exemple, ferait-il inscrire des sujets à l'ordre du jour? Si oui, lesquels?

De deux choses l'une. Ou bien, dans la foulée du référendum, il revenait à Ottawa, en toute logique, de «livrer la marchandise» promise; ou bien les négociations annoncées ne se distinguaient en rien de celles du passé. De toute évidence, le gouvernement du Québec ne pouvait se contenter du second volet de l'alternative. Vu le contexte, les discussions à venir étaient sans précédent. Il importait donc que notre gouvernement n'aille pas, de lui-même, tomber dans le piège de les banaliser, en présentant, comme n'importe quelle province, sa petite liste de suggestions sectorielles. Pour reprendre une dernière fois l'expression: «la balle était dans le camp fédéraliste». Il fallait surtout la laisser là. C'est ce que nous expliquerions au public.

Décision: à sa rencontre du 9 juin, René Lévesque ne proposerait pas de sujets proprement québécois. Nous n'irions pas quémander. Il fallait d'abord voir, en toute logique, ce qu'Ottawa aurait de si extra-ordinaire à nous offrir. Après tout, on ne promet pas qu'un Non équivaudra à un Oui, sans avoir quelque chose de concret et d'intéressant à avancer si jamais un peuple opte majoritairement pour ce Non prometteur. Depuis des années, dans une continuité étonnante, les premiers ministres québécois, les uns après les autres, avaient formulé, toujours par écrit, de nombreuses propositions en vue d'un «renouvellement» du fédéralisme; dans le lot, il devait bien s'en trouver une ou deux, peut-être même trois, qu'Ottawa pourrait nous déclarer lui convenir. Aux fédéraux de nous le dire. C'était le moment idéal.

Autre considération: nous étions sûrs de découvrir, dans les sujets mis à l'ordre du jour par les autres provinces et même par Ottawa, des questions intéressant vivement le Québec, notamment au titre du partage des pouvoirs (richesses naturelles, communications, droit de la famille, par exemple). Pourquoi alors les proposer nous-mêmes?

La détermination de notre attitude, et donc de notre stratégie, se fondait aussi sur d'autres raisons. Afin de bien situer dans leur contexte les décisions auxquelles le gouvernement dut procéder, il est essentiel ici de rappeler l'atmosphère de l'époque.

Par leur présence dans la campagne référendaire, les fédéraux avaient introduit dans le débat une dynamique politique en vertu de laquelle, selon bien des gens, la victoire du Non entraînerait envers le Québec une contrepartie positive de leur part. On vient de voir que l'existence psychologique de cette contrepartie incita notre gouvernement à s'en tenir à la logique créée par l'intervention fédérale et à opter, en conséquence, pour un certain attentisme.

On doit maintenant aussi ajouter que l'impact du résultat référendaire sur l'opinion publique excluait que le Québec adoptât un comportement de matamore ou fît semblant que la tenue du référendum n'avait en rien modifié l'équilibre des choses. S'il n'avait pas à s'humilier devant qui que ce soit, il devait en revanche éviter tout ce qu'un peu de mauvaise foi ou de suspicion permettrait de présenter comme de l'irréalisme, de l'entêtement dogmatique ou une volonté de torpiller les négociations. Arriver à la réunion du 9 juin avec une liste plus ou moins copieuse de réclamations insistantes (une *shopping list*, disait Lévesque) susciterait fatalement une double critique: malgré le référendum, les appétits constitutionnels du Parti québécois demeuraient toujours aussi déraisonnables et, hypocritement, le gouvernement issu de ce parti s'arrangeait, dès le départ, pour faire échouer les pourparlers en formulant des demandes inacceptables. Théoriquement, le Québec aurait certes pu ne présenter qu'une ou deux propositions, mais alors comment expliquer qu'on avait retenu celle-ci plutôt que celle-là? Et aurions-nous dû nous limiter à celles les plus susceptibles d'être admises par les autres gouvernements, donc aux moins sérieuses des réformes souhaitées?

Nous n'ignorions pas que la passivité tactique du Québec au début des négociations soulèverait des remarques caustiques de la part d'un Claude Ryan aux aguets. Effectivement, il dénonça dans les semaines subséquentes la négligence, l'improvisation et le peu de sérieux, disait-il, d'un gouvernement qui, selon lui, ne croyait pas suffisamment au fédéralisme pour tenter loyalement de le renouveler. Ces attaques, venant de l'opposition dont tout le monde sait qu'elle a comme rôle, devoir et habitude de critiquer le gouvernement quoi qu'il fasse, étaient perçues par nous comme moins dangereuses que ne l'auraient été des accusations de mauvaise foi ou de sabotage inspirées par des demandes constitutionnelles jugées, par les porte-parole fédéraux et leurs échos québécois, exagérées ou impossibles à satisfaire.

Les circonstances exigeaient de nous un certain effort d'adaptation. C'est le moins qu'on puisse dire.

Notre lit était fait: nous prendrions part aux négociations, mais nous tenterions légitimement d'en tirer tout le profit possible pour le Québec et pour notre gouvernement. Avec une marge de manœuvre réduite et une crédibilité minimale, nous devions tolérer, pour l'instant, des conditions de négociations (ordre du jour et échéancier) moins qu'enthousiasmantes. Pour être en mesure de manifester ultérieurement plus de créativité, il était nécessaire, dans l'immédiat, de demeurer attentiste. Si nous devions gagner quelque chose, ce n'était certainement pas tout de suite, en tout cas pas en juin 1980, que nous y réussirions, par des gestes symboliques ou des déclarations éclatantes qu'on s'empresserait d'interpréter à notre désavantage. Seuls le temps ou une erreur d'Ottawa pourraient nous redonner crédibilité et marge de manœuvre. Et peut-être changer notre perspective électorale alors peu brillante.

Fin mai et début juin 1980, nous n'espérions quand même pas beaucoup de la négociation à venir, sinon, au mieux, comme nous le craignions un peu tous, une réformette tout juste apte à donner le change et à embarrasser le Parti québécois ou, au pire, quelque truc fédéral visant à réduire encore davantage le statut du Québec. Nous ne savions même pas exactement dans quel engrenage nous nous engagions, encore moins quel en serait l'aboutissement. Pour la première fois au Canada, des pourparlers constitutionnels faisaient suite à un référendum.

Chose certaine, nous nous sentions pris de court. Même en nous réconfortant à la pensée que nous aurions plus de problèmes dans l'immédiat en boycottant les négociations que de difficultés futures en y participant, les choses n'étaient pas simples. L'annonce de notre participation aux discussions nous forçait cependant à jouer le jeu et, politique oblige, à faire publiquement état d'un certain espoir, présumer la bonne volonté de chacun et, pourquoi pas, aller jusqu'à espérer une soudaine ouverture d'esprit de la part d'Ottawa.

Ces beaux sentiments meublèrent les jours et inspirèrent les commentateurs jusqu'au 9 juin.

2
On commence à y voir clair

Le mercredi 4 juin, petite alerte. Des fonctionnaires fédéraux, «proches de Trudeau», disaient les journaux (notamment *Le Devoir*), faisaient savoir qu'au cas où, le lundi suivant, les provinces seraient trop réticentes à des négociations constitutionnelles, le premier ministre fédéral songeait à organiser un référendum dans l'ensemble du pays. But: obtenir le mandat de rapatrier unilatéralement la constitution du Canada.

Chez nous comme ailleurs, les gouvernements aiment, à la veille des grands événements, préparer l'opinion en leur faveur. C'est ce qui se passait ce jour-là. Ottawa avait prévu, ce qu'en termes fédéraux stratégiques on appelle une *fall-back position*, une position de repli ou, si l'on veut, une autre corde à son arc. Dans ce cas-ci: un référendum à l'échelle du Canada. Chaque participant aux négociations à venir devait comprendre qu'Ottawa cherchait des résultats et prendrait les moyens voulus pour les atteindre.

La nouvelle était, pour nous, particulièrement bavarde: Ottawa faisait du rapatriement* de la constitution une priorité. Or, depuis quand

---

* Le rapatriement, terme impropre, signifie en fait la canadianisation de la constitution. À l'origine la constitution canadienne était une loi britannique votée par le Parlement de Londres en 1867, alors que le Canada était encore une colonie. Pour cette raison, elle ne comportait pas de formule d'amendement, le pouvoir de la modifier continuant d'appartenir à la Grande-Bretagne. Le Canada, devenu souverain, ne réussit jamais à élaborer chez lui une formule d'amendement qui aurait en même temps convenu à Ottawa et à chacune des provinces. Dans une fédération en effet, cette formule, comme on le verra plus loin, détermine le statut des États membres (ou provinces, dans le cas du Canada). La constitution du Canada devait donc demeurer loi britannique tant que n'interviendrait pas entre les parties intéressées une entente sur la manière de l'amender.

le résultat du référendum autorisait-il les fédéraux à prétendre que ce rapatriement représentait une préoccupation majeure des Québécois? Il n'en avait même pas été question pendant la consultation de mai 1980.

En plus, par l'allusion, avant même le début des discussions, à un référendum pancanadien, les fédéraux laissaient implicitement savoir à qui voulait l'entendre que Trudeau pourrait fort bien, si nécessaire de son point de vue, se passer des provinces pour «sa» réforme. Ou même y procéder contre elles. Comment, à défaut de la collaboration des provinces à cette entreprise, le Non justifiait-il une action unilatérale, comme si Ottawa était propriétaire de la constitution? Était-ce ainsi que l'on comprenait le «fédéralisme renouvelé»?

Nous aurions pu réclamer des explications, interpréter la nouvelle. Nous n'en fîmes rien. Ne pas faire de vagues, telle était pour l'instant notre règle de conduite. Chaque chose en son temps, une chose à la fois.

Première prise de contact

La rencontre à huis clos des premiers ministres eut donc lieu à Ottawa, le 9 juin. Elle devait arrêter l'ordre du jour et l'échéancier des travaux constitutionnels. Ceux-ci se dérouleraient au niveau des ministres durant tout l'été, de façon intensive, pour culminer par une conférence fédérale-provinciale publique des premiers ministres au début de septembre. Douze sujets de discussion furent retenus:

— La propriété des ressources et le commerce interprovincial;
— Les communications;
— Le Sénat;
— La Cour suprême;
— Le droit de la famille;
— Les pêches;
— Les ressources au large des côtes;
— La péréquation et les disparités régionales;
— La charte des droits;
— Le rapatriement, y compris la formule de modification de la constitution;
— Les pouvoirs sur l'économie;
— La déclaration de principes.

Pour les raisons déjà énoncées, le Québec n'avait de lui-même proposé aucun sujet; nous tenions d'abord à évaluer ce que l'on avait à nous offrir. Dans la liste retenue, nombre de questions nous permettraient de nous faire rapidement une idée là-dessus.

L'ordre du jour est présenté ici exactement de la façon dont il fut rendu public le 9 juin. On ne doit pas y chercher un ordre quelconque de préséance. Les sujets retenus ont été ajoutés les uns aux autres, pendant la réunion, à mesure que chaque participant formulait ses souhaits. Il est cependant significatif que dix des douze sujets (les dix premiers) faisaient déjà partie des questions abordées lors d'une tentative de révision constitutionnelle* en 1978-1979 et même à quelques reprises avant.

---

* Dans l'histoire canadienne récente, il y eut plusieurs tentatives de révision constitutionnelle. La plus connue, parce qu'elle fut la plus longue et la plus élaborée, dura de février 1968 à juin 1971. Commencée sous Lester B. Pearson, un peu dans la foulée de la Révolution tranquille québécoise, elle se poursuivit sous Pierre Elliott Trudeau et se termina lorsque, le 22 juin 1971, le Québec rejeta la charte de Victoria qui en était l'aboutissement. Entre 1974 et 1976, à l'instigation des provinces et surtout de l'Alberta déjà préoccupée par la propriété de ses richesses naturelles, la question constitutionnelle redevint d'actualité. Les provinces réussirent alors à s'entendre sur plusieurs sujets, mais les travaux furent suspendus avec l'élection du Parti québécois. À l'initiative fédérale et en prévision du référendum québécois, une nouvelle ronde de négociations eut lieu, sans résultat, en 1978-1979. Au cours des années, parce qu'ils n'étaient pas résolus d'une fois à l'autre, certains sujets revenaient donc régulièrement au programme des travaux. On peut pratiquement dire que chaque province, ainsi qu'Ottawa, transportait d'un ordre du jour à l'autre son (ou ses) sujet(s) favori(s): richesses naturelles (Alberta), Sénat (Colombie-Britannique), ressources au large des côtes et pêcheries (Terre-Neuve et Nouvelle-Écosse), péréquation et inégalités régionales (Nouveau-Brunswick et Île-du-Prince-Édouard), charte des droits (Ottawa), etc. Le plus ancien de tous ces sujets demeurait cependant le rapatriement de la constitution et, son corollaire, la formule d'amendement, dont on parlait depuis bien avant les années 1960. Pour le Canada anglais, c'était là la priorité constitutionnelle ou, si l'on veut, le préalable à toute révision. Il n'est donc pas étonnant que ce sujet, et neuf autres, fussent tirés d'ordres du jour de conférences antérieures pour faire partie de la «nouvelle» liste de juin 1980. Par contre, à lui seul ce choix spontané en dit long sur l'impact du référendum au Canada anglais. La «réponse» à faire au Québec n'inquiétait visiblement pas les autres provinces. Ni Ottawa, d'ailleurs.

Par contre, certaines questions importantes déjà discutées avaient été éliminées, notamment la limitation des grands pouvoirs fédéraux d'intervention, comme le pouvoir de dépenser (qui permet à Ottawa d'entrer dans des champs provinciaux) et le pouvoir déclaratoire (grâce auquel le gouvernement central peut déclarer relevant de sa compétence des domaines ou des entreprises appartenant autrement aux provinces).

À noter aussi que, si certains sujets revêtaient de l'intérêt, rien n'y concernait spécifiquement le Québec. Il était peut-être normal que les autres provinces n'aient rien eu à proposer à cet égard, mais il aurait dû en être autrement du gouvernement fédéral. C'est en effet lui qui devait donner suite à ses engagements référendaires.

Les deux derniers sujets étaient toutefois nouveaux. Trudeau lui-même les fit inscrire à l'ordre du jour. Aucun des participants provinciaux ne savait précisément ce qu'Ottawa entendait par «pouvoirs sur l'économie»; on serait mieux fixé là-dessus en juillet. En revanche, on sut tout de suite à quoi rimait la «déclaration de principes» puisque Trudeau la remit sur-le-champ à ses collègues et que, par des contacts avec des fonctionnaires fédéraux, nous savions déjà vaguement qu'il en serait question lors de la rencontre.

Cette déclaration visait vraisemblablement à établir entre les participants une sorte de consensus sur le sens de l'exercice à venir. Elle ne fut jamais retenue, mais elle mérite qu'on s'y arrête. Si les mots ont un sens, elle était révélatrice. Elle commençait ainsi: «Nous, le peuple du Canada».

Toute l'idéologie constitutionnelle du premier ministre fédéral se trouvait condensée dans ces cinq mots. Il n'y avait qu'*un* peuple au Canada.

Cette tournure englobante, niant volontairement toute notion de spécificité québécoise, faisait irruption sur la scène constitutionnelle vingt jours après le référendum. Trudeau n'a certainement pas pu s'imaginer une seconde que nous y souscririons. Voulait-il mettre Lévesque sur la défensive?

La suite de la déclaration n'améliorait pas les choses:

> Issus de la rencontre du fait français et du fait anglais en terre d'Amérique, foyer ancestral de nos populations autochtones, et enrichis par l'apport de millions de néo-Canadiens venus des quatre coins du globe, nous avons voulu vivre, par delà les frontières du sang, de la langue et de la religion, une aventure de partage économique et culturel dans le respect de notre diversité.
>
> Nous avons choisi de vivre ensemble dans un même pays souverain, au sein d'une véritable fédération (...)

Plus loin, on pouvait lire le passage suivant:

> (...) nous sommes convenus de nous doter d'une constitution (...) qui réaffirmera le caractère officiel de la langue française et de la langue anglaise au Canada et le pluralisme culturel de la société canadienne, qui

enchâssera (...) le droit d'être éduqué dans sa propre langue française ou anglaise, là où le nombre le justifie (...).

L'Ontario fut immédiatement d'accord avec la déclaration, mais les autres provinces exprimèrent des réserves sur tel ou tel passage. En réalité, disons-le, elles étaient ennuyées par l'allusion à la langue d'éducation. La future constitution risquait, craignaient-elles, de leur créer des obligations nouvelles envers leurs francophones.

Le Québec était plus qu'ennuyé, mais pour d'autres raisons. Pour nous, les mots utilisés étaient lourds de signification, de menaces même. Y transparaissait la conception du Canada qui, selon Trudeau, devait guider et inspirer la réforme du fédéralisme. Il était également évident qu'Ottawa chercherait, via des additions à la constitution, à s'en prendre, entre autres politiques québécoises, à la *Charte de la langue française*, la Loi 101. Était-ce de cette manière que le premier ministre fédéral s'apprêtait à donner suite à ses engagements référendaires?

Nous en étions désormais convaincus. Bien naïfs avaient été ces crédules propagandistes et partisans du Non (et certains adeptes du Oui) qui comptaient, pour renouveler le fédéralisme, sur une transformation commodément souhaitée de la vision trudeauesque des choses.

Une réaction s'imposait, malgré notre intention initiale d'adopter ce qu'on appelle un *low profile* tactique. Trudeau prenait l'offensive. Pas question pour lui de *low profile*, ni alors ni jamais. Ce n'était pas son style. Sa déclaration n'était ni innocente ni accidentelle, mais mûrement réfléchie. Il ne parlait pas pour ne rien dire. Il avait décidé de définir «son» Canada et, maître du jeu, se voulait provoquant. À nous donc de définir «notre» Québec.

Dans les circonstances, un silence soi-disant habile de notre part eût été lâcheté. René Lévesque, qui n'était pas, lui non plus, partisan des énoncés insignifiants, émit immédiatement un long communiqué, prenant prudemment soin de l'axer sur des idées et des sentiments généralement admis au Québec. En voici quelques passages:

> Lors du référendum, les Québécois n'ont pas adopté le fédéralisme de façon définitive, mais lui ont tout simplement donné une dernière chance de se renouveler de telle façon que le Québec puisse obtenir les pouvoirs élargis dont il a besoin pour assurer son développement et son affirmation selon son génie propre (...).
>
> Il ne saurait donc être question de renoncer de quelque façon que ce soit (au) droit si précieux à l'autodétermination (...).
>
> Le projet de déclaration (est) inacceptable non seulement parce qu'il ne reconnaît pas que le Québec constitue une communauté nationale

distincte ayant droit de s'autodéterminer, mais parce qu'il nie cette réalité fondamentale en mettant exclusivement l'accent sur l'unicité du peuple canadien et de la souveraineté canadienne. En adoptant une telle attitude, le gouvernement fédéral (...) trahit les promesses d'ouverture qu'il avait faites durant la campagne référendaire québécoise. Si c'est cela qu'on avait derrière la tête, il aurait été plus honnête de le dire clairement (...).

(Selon la déclaration de principes) il n'y aurait au Canada qu'une seule nation, qu'une seule souveraineté; le lien fédéral serait indissoluble; le Québec ne constituerait pas une communauté nationale distincte, ayant le droit de choisir librement et sans intervention extérieure son destin national (...).

Relativement à la question linguistique, Lévesque disait ceci:

Le Québec n'acceptera jamais que sa souveraineté en une matière aussi vitale soit remplacée par une compétence limitée sujette à l'interprétation judiciaire. Il serait impensable, en effet, que la Cour suprême du Canada, dont une majorité des membres seront toujours anglophones et non Québécois, prenne la place de l'Assemblée nationale du Québec comme autorité ultime en matière d'éducation.

Puis, pour que les choses soient nettes, il ajoutait:

Je précise que cette attitude n'a rien à voir avec les objectifs de la souveraineté-association qui sont ceux de notre gouvernement. Bien au contraire, c'est surtout dans le cadre fédéral actuel que ces pouvoirs en matière d'éducation sont absolument essentiels pour nous protéger contre une minorisation progressive à l'intérieur même du Québec.

Et, sous forme d'avertissement:

On ferait une grave erreur si l'on veut profiter du résultat du référendum pour tenter d'imposer au Québec une conception du Canada qu'il a toujours répudiée et combattue. Si l'on veut vraiment engager des négociations de bonne foi ayant une chance raisonnable de réussir, il faut manifester plus d'ouverture d'esprit.

Premières vagues

La déclaration de Trudeau, surtout l'intention révélée par ses premiers mots, souleva maints commentaires, notamment d'éditorialistes et d'intellectuels québécois, à qui il fera l'honneur exceptionnel de répondre par une longue lettre ouverte, publiée dans tous les journaux du Québec le 15 juillet. Mais dès le 9 juin, nous savions qu'il fallait prendre au sérieux l'orientation perceptible dans la déclaration de principes d'Ottawa, premier texte fédéral proposé à l'ensemble des provinces. Le chat commençait à sortir du sac.

Ce jour-là, deux choses me frappèrent.

Sur le coup, d'abord, je ne saisis pas très bien pourquoi le premier ministre fédéral ouvrait si rapidement son jeu et d'une façon si limpide. En plus de heurter la plupart des provinces anglophones, on pouvait tout de suite conclure que son «renouvellement du fédéralisme» n'avait rien à voir avec le contenu présumé de ses promesses référendaires: «Nous, le peuple du Canada...» Cela me semblait être une sorte de bavure dans une stratégie normalement plus astucieuse. Sauf qu'il était trop tôt, pensions-nous, pour lui tomber dessus trop lourdement. Ce n'eût pas alors été crédible de notre part. Nous avions besoin d'autres «preuves». Celles-ci viendraient toutefois plus vite que nous ne l'aurions espéré.

L'autre chose étonnante fut le comportement des provinces. À l'exception de l'Ontario qui, à partir de ce moment, s'inféoda à la position fédérale, les autres, peu importent leurs motifs, me parurent beaucoup moins dociles que nous aurions pu le craindre. De façon surprenante, au sortir de la réunion du 9 juin, certains de leurs premiers ministres, en plus de critiquer la démarche fédérale, formulèrent des remarques plutôt positives sur l'attitude de Lévesque au cours de la rencontre. S'attendaient-ils à un éclat de sa part, expression de sa frustration post-référendaire?

En tout cas, ce n'était pas trop mal comme début. Si Trudeau voulait coïncer le Québec, il n'y arriva pas le 9 juin.

Après cette rencontre et comme il le devait, René Lévesque réitéra la volonté du Québec de participer de bonne foi aux travaux en respectant le résultat du référendum. Il revint néammoins sur ses réserves à propos du projet de déclaration et manifesta quelques doutes sur la manière dont les choses se présentaient. C'était de bonne guerre.

Mieux valait toutefois mettre certaines chances de notre côté. On n'en aurait pas de trop. Interrogé le 10 juin à l'Assemblée nationale par le chef de l'opposition, Claude Ryan, Lévesque annonça qu'une commission parlementaire se tiendrait en août, après les rencontres ministérielles de l'été. L'opposition en recevrait alors un rapport circonstancié. Lévesque ne cacha pas que l'intention du gouvernement était, si possible, d'obtenir l'appui de tous les partis représentés à l'Assemblée nationale.

À Ottawa, Trudeau eut également, le 10 juin, à répondre aux questions des parlementaires. Il mentionna qu'en cas d'échec des pourparlers, il recommanderait au Parlement fédéral «un plan d'action qui lui permettrait de remplir ses responsabilités envers les citoyens du Canada».

Outre cette nouvelle allusion à une action unilatérale, que beaucoup d'observateurs notèrent, il livra aussi cette précision sur le sens à donner à l'expression «Nous, le peuple du Canada»:

> Y a-t-il deux peuples au Canada? Nous parlons du peuple du Canada et, sauf erreur, c'était la position de la majorité des Québécois lorsqu'ils ont voté au référendum.

Cette interprétation sommaire de la réponse référendaire contre-disait totalement celle fournie la veille par Lévesque, lorsqu'il disait que «les Québécois n'ont pas adopté le fédéralisme de façon définitive, mais lui ont simplement donné une dernière chance de se renouveler». Trudeau, lui, sans trop de nuances concluait que le Non référendaire équivalait à une acceptation, par les Québécois, de sa propre vision du Canada. De là à penser et à faire croire qu'en votant majoritairement Non les Québécois avaient abandonné leurs penchants nationalistes traditionnels, il n'y avait qu'un pas. Il fut rapidement franchi par la plupart des porte-parole libéraux fédéraux dans les semaines qui suivirent. (C'est incidemment cette interprétation du référendum qui fut diffusée à l'extérieur par des ambassades canadiennes).

Et Claude Ryan dans tout cela?

Il devint bientôt patent que Claude Ryan ne partageait pas les opinions de Trudeau, ni n'approuvait sa démarche.

Il s'en ouvrit franchement, lors d'une conférence de presse, le 12 juin. Il qualifia de «brouillon qu'il faudra refaire au complet» le projet de déclaration de principes déposé par le premier ministre fédéral et dénonça l'ordre du jour trop limitatif ainsi que l'échéancier trop serré de la révision constitutionnelle. Cette attitude critique, de nature à aider éventuellement le gouvernement, devait par la suite causer beaucoup de soucis au chef de l'opposition. Elle indisposait les inconditionnels de Trudeau dans la députation libérale québécoise.

Mais comment Ryan pouvait-il réagir autrement? Pour des raisons de fond et aussi à cause de son allégeance politique, il lui était interdit d'appuyer le gouvernement sans réserve. En revanche, il avait tout aussi bien que nous deviné que Trudeau s'apprêtait à en faire à sa tête et que rien ne laissait prévoir l'avènement du genre de fédéralisme renouvelé auquel lui, comme une majorité de fédéralistes québécois, aspirait. En conscience, le chef libéral provincial, convaincu aussi de couvrir une plus large surface politique que celle de Lévesque, devait se démarquer du chef libéral fédéral. Cependant, entre Trudeau et Lévesque, chacun occupant sa portion opposée du territoire constitutionnel, il restait à Ryan bien peu d'espace.

Le problème est que le renouvellement du fédéralisme ne signifiait pas la même chose pour les trois chefs politiques en cause. À ce sujet, malgré leurs divergences, Lévesque et Ryan étaient plus près l'un de l'autre que de Trudeau. Pour eux, le «fédéralisme renouvelé» n'avait de sens que si, par une révision en profondeur du partage des pouvoirs et des structures, il conduisait à la consolidation et à l'affirmation de l'entité québécoise.

Qu'avait-on promis au référendum?

Trudeau avait toujours rejeté ce genre de réforme. Il ne cherchait nullement, bien au contraire, à confirmer la spécificité du Québec et à en tirer les conséquences sur le partage des pouvoirs et sur la dynamique de la fédération canadienne. C'était même en bonne partie pour s'opposer à toute tentative en ce sens qu'il avait opté pour la politique fédérale active à l'époque de Lester B. Pearson.

Dans ses discours référendaires, il s'était montré plus que discret sur ses intentions constitutionnelles. En fait, il n'avait rien annoncé de précis. Techniquement, il n'avait pas alors pris d'engagements fermes, concrets.

Après coup, certains ont eu beau jeu de prétendre qu'il n'avait donc rien promis du tout, qu'on connaissait déjà ses sentiments à l'endroit du nationalisme québécois et qu'il était par conséquent ridicule et naïf d'attendre une suite quelconque à des promesses qui n'avaient jamais été expressément formulées. Lorsque, plus tard, d'aucuns reprochèrent à Trudeau d'avoir, avec l'ambiguïté de ses paroles de mai 1980, trompé les Québécois sur ses intentions réelles, il se trouva des commentateurs indulgents pour l'en excuser, l'en absoudre même, alléguant que les gens auraient dû savoir que le premier ministre canadien ne pouvait pas avoir changé d'idée sur des questions aussi fondamentales que la place du Québec dans le Canada.

Bien sûr que beaucoup le savaient!

Mais, pas tout le monde, justement.

Les faits montrent que l'échappatoire est trop facile selon laquelle il n'y aurait pas eu de promesses référendaires.

La grande faille de cette interprétation postérieure aux événements est qu'elle relève du sophisme ou de l'erreur d'analyse. Elle ne tient aucun compte de la mise en scène et du conditionnement politique qui marquèrent les interventions soigneusement planifiées de Trudeau pendant la période du référendum, ni des motifs qui, aux yeux fédéraux, les justifiaient, ni surtout du message qu'on tenait à faire habilement passer en manipulant les mots et en misant précisément sur une ambiguïté calculée.

Il va de soi que ses interventions hautement médiatiques ne visaient sûrement pas à nuire à la cause du Non par la proclamation réaffirmée de son intransigeance classique à l'endroit des aspirations québécoises! Ce n'était donc pas cette intransigeance qu'il venait confirmer. C'eût été faire un trop précieux cadeau au camp du Oui.

Le but évident de l'opération était d'aider les tenants du fédéralisme dans leur lutte, en incitant la population à imaginer, advenant une victoire du Non, que le premier ministre fédéral, rompant avec son attitude coutumière, aurait quelque chose de différent et d'attrayant à annoncer après cette victoire.

Problème: comment le premier ministre fédéral pouvait-il, sans mentir, éviter de dévoiler ses véritables intentions à un moment où, en plein référendum, celles-ci auraient été mal reçues?

Il suffisait de jouer sur les mots, sur les expressions. Par exemple, «renouvellement de la constitution» ne signifiait pas la même chose pour Ottawa que pour l'opinion publique courante au Québec. (Cette tournure fait partie de l'historique discours du 14 mai 1980 au centre Paul-Sauvé.)

Trudeau se servirait donc simplement des mêmes mots pour désigner deux réalités, deux aspirations différentes. Certains électeurs y verraient poindre la reconnaissance de la spécificité québécoise, les autres celle du maintien assuré du *statu quo* grâce à la modernisation du cadre politique canadien.

Du coup et en toute bonne foi, il se trouva des gens, jusque-là tentés par le Oui, qui perçurent chez lui une flexibilité et une ouverture bienvenues envers le Québec. Et qui optèrent dès lors pour le Non. Il importe peu que, dans les faits, les paroles de Trudeau aient influencé mille, dix mille ou cent mille électeurs.

La «nouveauté» de la campagne référendaire* était qu'avec un

---

* «Au cours de la campagne référendaire, (Trudeau) avait promis que la victoire du Non ne serait pas la victoire du statu quo mais plutôt un appel vers le fédéralisme renouvelé». Jean Chrétien, *Dans la fosse aux lions*, Éditions de l'Homme, Montréal 1985, p. 155.

Non, et contrairement aux attentes, Trudeau lui-même promettait solennellement de «renouveler le fédéralisme», rejoignant ainsi la préoccupation d'une forte proportion de l'opinion publique au Québec.

À partir du moment où le Non fut exprimé, Trudeau et les fédéraux venaient de conclure un contrat moral et politique avec la population québécoise.

Ils avaient assumé la responsabilité de la suite.

D'une suite qui, ils l'avaient laissé entendre par ambiguïté calculée, conviendrait au Québec.

Toute autre interprétation des événements de mai 1980 ne peut avoir cours que sortie du contexte d'alors. C'est en ce sens, comme je le soutiens dans ce livre, qu'il y eut des promesses référendaires.

Rarement d'ailleurs un engagement politique n'arriva aussi opportunément. À tel point que le camp du Non, comme je l'ai dit plus haut, s'empressa sur-le-champ de diffuser un slogan évocateur de lendemains rassurants: «Un Non au référendum veut dire un Oui au fédéralisme renouvelé».

Cependant, Trudeau pariait aussi sur la victoire (alors prévisible) du Non. Puisque, vu son intervention, on l'estimerait largement responsable de cette victoire, il pourrait l'interpréter comme un appui explicite des Québécois à ses idées.

Et à sa façon de «renouveler» le fédéralisme.

3
De nouveaux indices

La réforme post-référendaire du fédéralisme était lancée.

Le 9 juin, les ministres fédéral et provinciaux responsables des questions constitutionnelles avaient reçu des premiers ministres instruction de consacrer l'été 1980 à la préparation d'une grande conférence prévue pour le tout début de septembre. Soulignant la nécessité d'en faire une réussite, des porte-parole d'Ottawa insistèrent dès le départ sur l'importance de cette rencontre. Dans leurs confidences aux journalistes, ils allèrent même jusqu'à la qualifier de véritable «conférence de la dernière chance».

On voulait décidément impressionner le public.

À ma connaissance, c'était la première fois que les fédéraux recouraient à cette expression, fréquente sous la plume des commentateurs depuis presque une génération. Des soi-disant «conférences de la dernière chance», il s'en était tenu plusieurs entre 1960 et 1980, mais on sentait cette fois-ci une pression inhabituelle, une sorte de fébrilité prospective.

On s'organise

Le 17 juin, une première réunion ministérielle préparatoire eut lieu à Ottawa, présidée par Jean Chrétien. Déjà nous connaissions les sujets à débattre, ceux de l'ordre du jour établi par les premiers ministres. Restait à préciser comment on s'y prendrait dans le si court délai imparti.

La réponse fut à la fois simple et déconcertante: les ministres se réuniraient à huis clos, en juillet et en août, jusqu'à épuisement de l'ordre du jour, à raison de plusieurs semaines de sessions de travail intensives.

On commencerait à Montréal, mardi le 8 juillet. La rencontre durerait environ quatre jours. Même programme pour les deux autres semaines, à Toronto d'abord, ensuite à Vancouver. Puis une autre semaine complète à Ottawa, en août, en ajoutant au besoin des réunions supplémentaires. Autant dire que les ministres intéressés n'auraient aucun répit avant la grande conférence constitutionnelle de septembre qui, elle, serait publique. Les fonctionnaires ne chômeraient pas non plus (en fait, entre le 8 juillet et le 29 août, pas moins de onze comités techniques seront institués).

Pas de vacances pour personne. C'était gai!

Chaque gouvernement, selon la coutume, serait représenté par un ministre. Ce chef de délégation pourrait se faire accompagner par un ou deux collègues et un certain nombre de fonctionnaires. Pour traiter de sujets délicats ou pour faciliter des compromis plus ou moins acrobatiques, on prévoirait des réunions réservées exclusivement aux ministres, en l'absence de leurs conseillers.

Difficulté: qui présiderait tous nos travaux?

Une tradition, discutable à mon point de vue, mais à laquelle on ne pouvait pas grand-chose tant elle était enracinée, voulait que cette tâche revînt au ministre fédéral comme représentant du *senior government**. Mais n'étions-nous pas à la veille d'une ronde bien spéciale de pourparlers? Quelqu'un suggéra une coprésidence du ministre fédéral et d'un ministre provincial. Chrétien fut d'accord. Mais quel ministre provincial choisir?

---

* Chez les anglophones, l'expression *senior government* désigne le gouvernement fédéral; les *junior governments* sont les provinces. De la même manière, le mot *Parliament* s'applique à la Chambre des Communes et *Legislative Assemblies* aux provinces. Le vocabulaire utilisé a une connotation nettement hiérarchique. C'était la même chose il n'y a pas si longtemps pour l'appellation *Prime Minister*, plus ou moins réservée au premier ministre fédéral, ses collègues provinciaux se contentant d'être des *Premiers*. Comme il n'y a pas, en français, de différence dans le titre et que certains *Premiers* provinciaux, devenus conscients de leur importance, n'appréciaient plus la distinction sémantique, on recourut, en anglais, à l'expression *First Ministers' Conference* pour désigner une conférence fédérale-provinciale de premiers ministres!

Logiquement, celui-ci devait venir de la province à qui il appartenait, pour l'année en cours, de présider les multiples conférences interprovinciales. Une pratique s'était en effet établie depuis 1960: une conférence interprovinciale des premiers ministres avait chaque année lieu, tour à tour, dans une des capitales, présidée chaque fois par le premier ministre de la province où se tenait la rencontre. Cette présidence par rotation avait été adoptée, depuis une dizaine d'années déjà, pour les conférences ministérielles interprovinciales de plus en plus nombreuses. Or, en 1980, ironiquement, la présidence interprovinciale revenait au Québec! La suggestion d'une coprésidence pour nos travaux de l'été signifiait donc que je devrais assumer cette responsabilité avec Chrétien.

Il n'en était pas question. Cette fonction, largement honorifique en d'autres circonstances, comportait cette fois-ci des ramifications politiques particulières. Et paradoxales: un ministre du Parti québécois coprésiderait au renouvellement du fédéralisme! Je voulais surtout conserver ma liberté de parole et ne pas avoir à ajuster mes décisions et mes commentaires publics éventuels à ceux d'un Jean Chrétien, champion toute catégorie du Non référendaire.

L'idée me vint d'offrir le poste, plus précisément de le faire offrir, à quelqu'un d'autre. Pourquoi pas à Roy Romanow, procureur général de la Saskatchewan? En 1979, c'est sa province qui présidait les conférences interprovinciales; il suffisait de prolonger ce statut. J'en fis donc la suggestion, unanimement agréée, en invoquant la nécessité, pour le représentant québécois, d'être libéré de toute autre responsabilité pendant la période cruciale des prochains mois. Après tout, c'est le Québec qui avait tenu un référendum.

Romanow, fils d'un immigrant ukrainien et ministre néo-démocrate influent de sa province (actuellement chef de son parti en Saskatchewan), était bien vu de tous ses collègues. Personnage agréable, doté d'un certain sens de l'humour, compétent et très ambitieux, il aimait faire preuve de progressisme. Il semblait fasciné par le Parti québécois en même temps que fortement inquiet de son orientation politique. Même s'il était peu sensibilisé au problème du Québec, comme on le constatera à des moments cruciaux de la négociation, et un peu trop limité à la Saskatchewan dans son horizon d'alors, son accession à la coprésidence nous plaisait pour trois raisons: d'abord, je m'entendais bien avec lui. De tous les ministres du groupe, il était celui avec qui je préférais discuter de questions qui me paraissaient fondamendales. C'était réciproque, je crois. Ensuite, il n'aimait pas Trudeau d'amour tendre, disposition utile dans la perspective de l'époque; cela le rendrait peut-être perméable à des attitudes qui conviendraient au Québec. Mais surtout, la coprésidence le mettrait, pour un temps au moins, à l'avant-plan de l'actualité.

Il faut savoir ici qu'aux conférences intergouvernementales, et particulièrement depuis l'élection du Parti québécois, les ministres des provinces anglophones, et même parfois les premiers ministres, attiraient habituellement beaucoup moins l'attention des médias que les politiciens fédéraux ou québécois. Ces représentants provinciaux en éprouvaient quelque frustration et, pour eux, toute occasion légitime de se mettre en valeur (d'obtenir «some coverage in the national press», comme ils disaient) les ravissait. Ne souffrant pas de complexe d'infériorité, Romanow allait certainement maximiser les retombées de sa coprésidence. Même si ses relations avec Chrétien étaient cordiales, on pouvait parier qu'il ferait de son mieux pour ne pas paraître jouer le second violon d'un ministre fédéral; ce qu'on apprécierait en effet mal dans sa province de l'Ouest et dans son parti. Pour se mettre en évidence, il lui faudrait, dans ses positions et ses attitudes publiques, diverger d'avis avec Chrétien. Tant mieux pour nous.

On comprend pourquoi il ne s'opposa pas à une autre proposition stratégique que je crus devoir faire au cours de notre réunion préparatoire. Il fallait en effet résoudre un petit problème. Le suivant.

Informer le public

J'ai déjà dit que l'important, pour la délégation québécoise, était de se construire une crédibilité à toute épreuve. Pour cela, il était capital que la population, au Québec comme ailleurs, fût pleinement informée. Elle devait savoir quelles positions précises nous défendions, comment nos observations étaient accueillies par les autres participants et comment nous nous comportions avec eux. Or nous allions entreprendre, pour deux mois, une série de réunions ministérielles, par définition à huis clos. Nous aurions beau affirmer n'importe quoi au terme de nos travaux, il demeurerait facile de nous contredire et même, pourquoi pas, de nous accuser de mauvaise foi: «Comment voulez-vous que des séparatistes prennent honnêtement part au renouvellement du fédéralisme?» Nous n'aurions eu que notre parole contre, éventuellement, celle de représentants fédéraux (ou provinciaux) estimant superflu de nous faire quelque cadeau.

Il existait une façon de mettre au moins partiellement les chances de notre côté: faire constamment rapport à la presse de l'état d'avancement de nos discussions. Du même coup, avantage corollaire non négligeable, on empêcherait les négociations constitutionnelles post-référendaires de sombrer dans l'indifférence estivale, pour ne refaire commodément surface qu'en septembre, au moment d'une conférence fédérale-provinciale publique où Trudeau aurait beau jeu de présenter les choses à sa façon.

Malheureusement la suggestion que je voulais formuler — tenir le public au courant de nos débats — allait à l'encontre de la pratique admise et indiscutée du huis clos. Pour plusieurs ministres, elle changerait la nature de nos rencontres. Bien que souhaitant s'y manifester, ils n'étaient pas tous à l'aise avec la presse dite «nationale». Aussi, je me contentai d'annoncer mon intention, comme chef de délégation, de faire rapport à la population québécoise, par l'entremise des journalistes et après chacune de nos réunions, non pas sur les positions des autres gouvernements, mais sur celles que nous aurions avancées ou défendues nous-mêmes. Je fondai mon argumentation sur le fait normal que les Québécois, en plus d'y être intéressés plus que quiconque au Canada, avaient le droit le plus strict de connaître ce que leurs négociateurs diraient à l'intérieur d'un forum destiné, précisément et comme on leur avait promis, à donner suite à leur réponse référendaire.

Même cette façon de présenter les choses n'eut pas l'heur de plaire à tout le monde. Je sentais déjà surgir maintes objections quand, toujours aussi imprévisible, Richard Hatfield, premier ministre du Nouveau-Brunswick et responsable, chez lui, des questions constitutionnelles, se déclara totalement d'accord avec moi: «Claude is right; we must understand his situation».

Cette intervention remporta le morceau, mais déboucha sur une décision encore plus heureuse. Jean Chrétien* prit à son tour la parole pour déclarer en gros ceci: «Eh bien, si Morin veut donner des conférences de presse tous les jours, je ferai aussi la même chose avec Romanow.»

---

* Ce fut, en substance, la réaction de Jean Chrétien, exprimée ici en français. Mais il la formula en anglais. On doit savoir que, sauf pour les conférences fédérales-provinciales de type formel et pour les déclarations liminaires aux réunions ministérielles, on recourt rarement à l'interprétation simultanée. Ce serait souvent impraticable, semble-t-il (comment installer l'équipement requis dans une suite d'hôtel?). C'est pourquoi toutes les rencontres et réunions ministérielles dont il est question dans ce livre se déroulèrent en anglais.

C'est ainsi que nos réunions à «huis clos» furent tout l'été suivies par un cortège de journalistes qui, avec le temps et en interrogeant celui-ci ou celui-là pour un complément d'information ou un commentaire, finirent pratiquement par tout savoir, et le public avec eux. Voilà exactement ce que je voulais. Il fallait attirer l'attention sur nos rencontres, faire en sorte que la population, sans tout suivre en détail, découvre par elle-même la nature du «fédéralisme renouvelé».

Vers cinq heures, tous les jours de réunions, nous nous succéderions donc, Chrétien (avec Romanow) et moi ensuite, devant les mêmes journalistes pour une sorte de reddition de comptes au grand public. Je visais naturellement les Québécois. Romanow, on le verra, prit très rapidement ses distances par rapport à son coprésident et finit par exposer surtout les opinions de sa province sur tel ou tel point de l'ordre du jour. À l'occasion, d'autres ministres firent de même. En revanche, les représentants de l'Ontario furent les plus silencieux et semblaient trouver regrettable la publicité faite à de simples réunions de travail. Il faut dire qu'ils n'avaient pas grand-chose d'original à annoncer: leurs positions étaient et demeurèrent, sauf rarissimes exceptions, parfaitement identiques à celles d'Ottawa.

On rejeta cependant une autre proposition, celle d'ajouter éventuellement à l'ordre du jour une ou deux questions intéressant plus directement le Québec. Déjà, me répondit-on, la liste des sujets à étudier était trop longue et le temps trop court. On nous conseilla de revenir à la charge plus tard, après la présente ronde de discussions. En réalité, j'étais tracassé par les critiques formulées, notamment par Ryan, sur le fait que le Québec, au moment où les premiers ministres s'étaient rencontrés le 9 juin, n'avait pas de lui-même suggéré de sujets. On a vu pourquoi plus haut. Mon avis là-dessus était resté le même et je n'avais rien de précis en tête le 17 juin. Je voulais seulement prévenir la répétition des critiques en obtenant un accord de principe sur des additions possibles. Ce qui ne fut pas le cas.

Une curieuse nuance

La réunion préparatoire du 17 juin nous permit de beaucoup mieux saisir la stratégie fédérale. En analysant les douze points de l'ordre du jour, les représentants d'Ottawa firent état d'une savante distinction entre deux catégories de sujets: ceux qui intéressaient les gens, le public ou, si l'on veut, les citoyens ordinaires (le *people's package*) et ceux concernant les politiciens (le *governments' package*). Le *people's package* contenait la charte des droits, la déclaration de principes, le rapatriement de la constitution et la formule d'amendement, ainsi que la péréquation. Les autres sujets faisaient tous partie du *governments' package*.

Bizarre de distinction en vérité. Elle avait déjà été formulée tout de suite après la conférence des premiers ministres, le 9 juin, mais personne ou presque n'y avait alors porté attention. Voici qu'elle revenait. Pourquoi un *package* pour le bon peuple et un autre, présumément moins humain, plus technocratique, pour les politiciens? Pourquoi le rapatriement de la constitution se trouvait-il dans le *package* des citoyens, mais pas le droit de la famille, classé dans l'autre catégorie? La propriété des richesses naturelles concernait-elle plus les gouvernements que les citoyens? La déclaration de principes, plus le public que les gouvernements?

À quoi, au fond, rimait cette double liste? Quelle était la logique, la motivation, l'intention derrière tout cela? Un truc publicitaire raffiné mais sans conséquence, ou une stratégie, sans doute raffinée elle aussi, mais dont on espérait à Ottawa des résultats?

Cette seconde possibilité était la bonne. Nous l'apprendrions quelques jours plus tard.

Pour l'instant, l'insistance fédérale sur le *people's package* nous frappa. Ce *package* avait décidément plus d'importance que l'autre qui touchait surtout la répartition constitutionnelle des compétences et le statut des gouvernements, sujets pour lesquels à aucun moment Ottawa n'avait manifesté d'affection particulière puisqu'il renfermait certaines réclamations provinciales auxquelles il résistait depuis des années. Comme par hasard, se trouvaient précisément groupés dans la catégorie dite «populaire» les changements constitutionnels depuis des années prioritairement recherchés par les fédéraux: charte des droits, rapatriement, etc., sujets de nature à entraîner l'assentiment spontané de l'électorat, personne n'étant opposé au bien (protéger les citoyens contre les abus gouvernementaux), ni en faveur du mal (la dépendance humiliante envers la Grande-Bretagne).

Voilà donc qu'Ottawa se présentait comme le vaillant défenseur du peuple contre certaines provinces égoïstement assoiffées de pouvoirs (entendre ici surtout le Québec et l'Alberta, mais également quelques autres à l'occasion) et dont la gourmandise politique avait déjà trop affaibli le régime fédéral. Le *people's package* renfermait des éléments que le gouvernement central s'était donné comme devoir fondamental et prioritaire de faire inscrire dans la constitution, de façon à contenir efficacement dans l'avenir les ambitions des provinces trop souvent guidées, selon lui, par leurs intérêts strictement régionaux. La présente ronde constitutionnelle lui fournissait l'occasion de procéder à cette saine clarification.

Comme on le verra bientôt, le dessein «réformiste» fédéral ne se bornait cependant pas au seul *people's package*.

En tout cas, on était loin des promesses référendaires.

Les intentions se précisent

Le matin de la réunion préliminaire du 17 juin, j'avais été interrogé à l'Assemblée nationale par le chef de l'Union nationale à l'époque, Michel Lemoignan. Il voulait connaître l'attitude que nous adopterions. Je profitai de mon temps de réponse pour indiquer que le Québec se ferait tort à lui-même, au cours de l'été et pour l'avenir, s'il se présentait divisé devant les autres gouvernements. Je revins aussi sur la tenue d'une commission parlementaire en août; comme l'avait promis le premier ministre Lévesque, les partis d'opposition seraient alors informés du déroulement des négociations.

La semaine précédente, Lemoignan tout comme Ryan avait sérieusement critiqué le projet de déclaration de principes soumis par Trudeau. Le jugeant «complètement inacceptable», il avait proposé qu'on rédige une nouvelle déclaration où serait clairement affirmée la spécificité du Québec et son droit à l'autodétermination. (C'est ce qui fut fait dans notre propre projet, mais ni le texte fédéral ni ceux du Québec ou d'autres provinces ne furent finalement retenus; voir Document 1 en annexe.) Ryan n'était pas allé aussi loin que Lemoignan, mais les interventions des deux chefs de parti me donnaient à croire que, devant Ottawa et les provinces, je pourrais, le cas échéant, faire état d'une sorte de commun dénominateur auquel souscrivait déjà l'immense majorité des membres de notre Assemblée nationale.

Depuis la réouverture du dossier constitutionnel, nous savions qu'un consensus entre les partis, au Québec, serait de nature à consolider les positions de notre délégation aux rencontres à venir. Nous n'aurions pas l'air d'y défendre les seules aspirations du Parti québécois, ce qui n'était pas notre intention. Nous serions aussi mieux placés pour parer à un coup de force éventuel. Il fallait donc tout faire pour faciliter l'émergence d'un tel consensus, ou au moins éviter ce qui l'empêcherait. Notre adversaire se trouvait pour l'instant à Ottawa, non à Québec.

On le constata davantage vers la fin de juin.

D'abord une nouvelle de Londres, où Trudeau était alors de passage. Il avait rencontré le premier ministre britannique, Mme Thatcher. Un des sujets de leurs échanges: le rapatriement de la constitution. Ils y consacrèrent de huit à dix minutes, assez pour que le premier ministre fédéral en parle publiquement. Selon lui, vu les dispositions observées chez les provinces, on pouvait s'attendre au cours de l'automne à une démarche canadienne en vue du rapatriement. Assez largement appuyée au Canada, cette démarche serait facilement et rapidement agréée par le

Parlement britannique. Déjà Trudeau avait en poche une motion*
«unanime» de la Chambre des communes.

---

* Quelques mois plus tôt, dans un geste surprise, un député conservateur de la
Chambre des communes, William Yurko, avait proposé une motion réclamant
l'envoi, à la Reine, d'une «Adresse» demandant le rapatriement de la constitution.
Les députés des autres partis y avaient immédiatement souscrit. Le vote sur cette
motion eut lieu en l'absence de Joe Clark, alors chef conservateur, qui l'avait, par
la suite, désapprouvée. Techniquement, cependant, cette motion «unanime»
demeurait.

Londres se doutait bien que la reprise des discussions constitutionnelles remettrait dans l'actualité la question du rapatriement. Au milieu
de juin, Nicholas Ridley, ministre d'État dans le gouvernement britannique, s'était rendu à Ottawa pour s'entretenir de ce sujet avec Jean
Chrétien, ainsi que, curieusement, à Toronto, où il rencontra le premier
ministre William Davis et son ministre des Affaires intergouvernementales,
Tom Wells, tous deux alliés indéfectibles des fédéraux dans leurs visées
constitutionnelles. Ridley avait averti les intéressés que la Grande-Bretagne
ne tenait pas du tout à être entraînée dans un débat qui n'aurait pas
d'abord été résolu au Canada. Londres voulait éviter toute controverse
dans son propre Parlement. Toute démarche canadienne en vue du
rapatriement devrait donc être au préalable largement soutenue par les
provinces.

Ridley ne vint pas au Québec, ni ne se rendit dans d'autres provinces.
Faute de temps, nous fit-on savoir. Qu'à cela ne tienne. Je demandai au
délégué du Québec en Ontario, François Lebrun, de porter ce message
au ministre britannique: plusieurs gouvernements, et celui du Québec en
particulier, mettent des conditions précises au rapatriement; prière,
donc, de ne rien brusquer.

Nous vivions, ces jours-là, le début de ce qu'on finira par appeler, un
an plus tard, la «bataille de Londres».

À Ottawa, le lendemain de la nouvelle londonienne, des députés de
l'opposition demandèrent à Jean Chrétien, comme gage de bonne volonté,
de rejeter certains scénarios parfois envisagés par les libéraux, notamment
celui d'un rapatriement unilatéral* ou d'un référendum pancanadien
par-dessus la tête des provinces. Il s'y refusa: un tel scénario, en particulier
celui du rapatriement unilatéral, s'il n'était pas souhaité, ne se trouvait
pas non plus exclu. Devant un échec des pourparlers, «le Parlement
devra prendre ses responsabilités», répondit-il.

* L'idée d'un rapatriement unilatéral n'était pas nouvelle. Régulièrement caressée par le premier ministre Trudeau, il en avait été beaucoup question en 1976. À cette époque, fatigué par la lenteur du processus constitutionnel et par les réticences des provinces, il avait obtenu l'accord de principe du premier ministre britannique d'alors, James Callaghan, devenu chef de l'opposition en 1980. Robert Bourassa avait invoqué (prétexté?) la gravité de ce problème au moment où il déclencha les élections qui devaient aboutir à l'élection du Parti québécois, en novembre 1976.

Ainsi donc, nos négociations n'avaient pas encore commencé que, déjà, des fédéraux, et non des moindres, évoquaient allègrement un recours éventuel à des gestes costauds.

Puis, tout à coup, une opinion ontarienne. Le ministre Tom Wells, le 4 juillet, se déclara lui aussi d'accord avec le rapatriement unilatéral et pour les mêmes raisons que Chrétien.

Ottawa, soutenu par sa province alliée, avait évidemment opté pour le bâton plutôt que pour la carotte. Les déclarations musclées qu'on nous servait faisaient-elles partie d'une mise en condition planifiée?

Les fédéraux ne risquaient-ils cependant pas, par leur intransigeance, de se mettre à dos la majorité des provinces? Nous ne comprenions pas encore très bien leur curieuse stratégie, mais nous sentions qu'elle nous faciliterait la tâche. Nous ne serions pas les seuls à être agressés par Ottawa. Et à Québec, les partis d'opposition étaient maintenant, par le jeu des circonstances, obligés de s'en prendre à leurs anciens alliés du Non, les libéraux fédéraux, beaucoup plus qu'à nous. Étrange conjoncture.

Peut-être les choses seraient-elles, après tout, moins pénibles pour nous que nous ne le craignions?

Comme quoi il faut parfois compter sur ses adversaires.

4
Une stratégie de confrontation?

Je sus plus tard qu'au moment où nous analysions cette série convergente d'indices, des fonctionnaires du Conseil privé mettaient la dernière main, à Ottawa, à un long document d'orientation destiné aux ministres membres du comité des priorités du cabinet fédéral.

Ce document, ultra-confidentiel, s'intitulait: *The Federal Government's Approach to Constitutional Reform and Its Initial Negotiating Position on the Twelve Items* et couvrait 136 pages grand format à simple interligne. Rédigé en style technique et aseptisé, ce document devait servir de base à la prise de décision politique. Presque une encyclopédie, il comprenait une analyse fouillée des enjeux de la réforme, accompagnée d'une description de la société canadienne, et faisait le point, à partir des négociations antérieures, sur chacun des douze sujets de l'ordre du jour. Le tout était complété par plusieurs annexes réunissant des formulations possibles d'articles à insérer dans une constitution révisée, y compris maintes variantes.

Le véritable objectif fédéral

Omission significative: à aucun endroit dans ce texte n'apparaissait la moindre allusion au fait que les Québécois, à tort ou à raison, avaient pu comprendre des promesses référendaires de Trudeau et de leur interprétation qu'Ottawa s'était engagé, en échange du Non, à construire un fédéralisme plus respectueux des besoins et des aspirations du Québec. On se préoccupait de la portée d'une éventuelle charte des droits, de diverses formules d'amendement constitutionnel, du contrôle nécessaire d'Ottawa sur l'économie canadienne, de la composition de la Cour suprême, de la propriété des richesses naturelles, et de bien d'autres choses, mais absolument pas des attentes québécoises post-référendaires, même pas pour les déplorer. Rien. Cette dimension de la problématique, si présente au Québec, était totalement absente d'un texte fédéral majeur, dont l'allure même montrait pourtant l'importance énorme que les fédéraux accordaient au processus constitutionnel qui venait d'être lancé.

Était-ce là un oubli de fonctionnaires peu sensibilisés à certains aspects de l'action politique? Ce sont des choses qui arrivent. Le cas échéant, les ministres du Comité des priorités s'empresseraient certainement de combler cette incompréhensible lacune.

Ces ministres se réunirent le 2 juillet. Ils ne comblèrent rien du tout. Le document des fonctionnaires respectait bel et bien l'intention fédérale de ne pas donner suite au référendum de la manière dont on l'on avait laissé entendre aux Québécois, mais plutôt de se servir de cet événement pour réaliser la réforme constitutionnelle rêvée par Trudeau.

On s'apprêtait à effectuer un détournement de référendum.

La décision du comité des priorités, confirmée le lendemain par le cabinet fédéral, fut la suivante:

1. Le gouvernement fédéral réaffirmera que le *people's package*, c'est-à-dire la charte des droits et libertés, le rapatriement y compris la formule d'amendement, et la péréquation, est distinct des sujets concernant les institutions et la répartition des pouvoirs;
   - à cette fin, si le gouvernement est prêt à négocier avec les provinces la dimension et la formulation des éléments contenus dans le projet pour le peuple, il n'est pas disposé à les troquer contre des éléments relevant de la répartition des pouvoirs;
   - la négociation sur le *people's package* doit être conclue à temps pour la conférence des premiers ministres de septembre...;
2. en ce qui a trait aux institutions et à la répartition des pouvoirs, le gouvernement ,
   - bien que s'en tenant pour le moment à des positions fermes, est prêt à examiner et à avancer des propositions significatives en vue de modifier la répartition actuelle des pouvoirs, en tenant compte d'une distribution des compétences s'inspirant à la fois d'un équilibre raisonnable entre les niveaux de gouvernements et du besoin du gouvernement fédéral de disposer de pouvoirs adéquats sur l'économie;
   - accepte que de telles négociations soient longues et complexes;
3. pour parer à la possibilité que les gouvernements des provinces refusent l'approche énoncée ici, on doit préparer d'urgence un plan de

communications pour faire comprendre au public la distinction établie entre le projet pour le peuple et des négociations portant sur les institutions et sur la répartition des pouvoirs, ainsi que sur les raisons du gouvernement pour agir ainsi[1]◇.

C'était clair, la priorité fédérale consistait à faire accepter, pour septembre, le *people's package*.

Voilà donc à quoi serviraient les deux mois de travail intensif de l'été: profiter des circonstances pour réussir rapidement une réforme constitutionnelle à la mesure des ambitions de Trudeau, celle qu'il avait toujours rêvé d'accomplir, mais sans jamais y parvenir à cause du blocage de certaines provinces: charte des droits (particulièrement les droits linguistiques), rapatriement de la constitution, procédure de modification, principes devant guider la nouvelle constitution, y compris le principe du partage (péréquation).

On parlerait certes aussi de la répartition des compétences et même de la réforme des institutions, sauf qu'on irait de l'avant à ce propos dans la mesure où la capacité d'agir du gouvernement central, notamment sur l'économie, serait assurée. Tant mieux si on s'entendait sur l'ensemble du partage des pouvoirs, ou même sur quelques sujets seulement. Sinon, pas de drame en perspective. Il était d'ores et déjà entendu que ce genre de négociations serait «lengthy and complex». On pourrait toujours reporter à plus tard les questions trop litigieuses.

Mais, pas question de transiger sur le *people's package* dont Ottawa se ferait désormais le valeureux et intransigeant champion.

C'est donc sur Ottawa, espérait-on, que les citoyens voudraient dorénavant compter pour la sauvegarde de leurs droits, et non sur des provinces à courte vue. Comme devait le dire un plus tard le premier ministre fédéral, on n'échangerait pas les pêcheries contre des droits fondamentaux.

Et si les provinces rejetaient cette orientation constitutionnelle à la Trudeau?

On la leur imposerait. On s'adresserait directement à la population par le moyen d'une campagne publicitaire fédérale appropriée, où, sous-entendu, les provinces n'auraient certainement pas le beau rôle. Tout le monde n'avait qu'à bien se tenir. Cette fois-ci, ce ne serait pas comme en 1968-1971 ni comme en 1978-1979. Les provinces n'empêcheraient pas la réforme. La constitution du Canada serait vraiment changée au goût fédéral et Ottawa prendrait les moyens de réussir. En mai 1980, Trudeau

---

◇ Les notes se trouvent en fin de volume.

n'avait-il pas annoncé, pendant la campagne référendaire, que si le Non l'emportait «il y aurait du changement». C'est ce genre de changement qu'il avait alors en tête.

Dire qu'il s'était trouvé des Québécois pour croire que, gratifié d'un Non, Trudeau se montrerait plus ouvert envers le Québec qu'il ne l'aurait été avec un Oui...

Pourquoi s'inquiéter?

Mais, dira-t-on, même si force était de reconnaître que la réforme envisagée par les fédéraux n'était pas celle à laquelle certains pouvaient s'attendre en juin 1980, cela autorisait-il à conclure au caractère nécessairement nuisible, pour le Québec, de leurs propositions? Après tout, quel danger pouvait bien cacher une charte constitutionnelle des droits et libertés? Quel risque y avait-il à rapatrier la constitution? Pourquoi aurait-on craint l'élaboration d'une formule d'amendement? Qu'y avait-il de si dangereux à établir les principes d'une nouvelle constitution? Comment l'insertion du principe de la péréquation dans la loi fondamentale du Canada pouvait-elle porter atteinte aux intérêts du Québec? En quoi le *people's package* était-il donc si suspect?

Ces questions sont capitales et les réponses qu'on leur apporte dépendent de la conception qu'on peut avoir du Canada et du Québec. Il est donc essentiel de s'y arrêter tout de suite. Une juste compréhension de la suite des événements l'exige.

Pour les libéraux fédéraux, non seulement le *people's package* était-il hautement acceptable, mais il devenait prioritaire dans un contexte post-référendaire qui, croyait-on à Ottawa, en permettrait l'adoption rapide. Pourquoi? Parce qu'il contenait les matériaux les plus appropriés pour enfin traduire en termes constitutionnels définitifs le genre de Canada souhaité par Trudeau et du même coup faire disparaître une fois pour toutes, en les privant de leur base juridique, c'est-à-dire en changeant les règles du jeu, ces contestations et remises en cause politiques si fréquentes au Québec (et même à l'occasion dans d'autres provinces) depuis des années.

Dans cette optique, chacune des composantes du *people's package* avait son utilité. Voyons voir.

Quel sens donner à une charte des droits...

Prenons d'abord la charte des droits. Il y avait longtemps que Trudeau en désirait une pour le Canada; l'idée ne date donc pas de 1980. En soi, une charte des droits n'a rien de répréhensible, au contraire, puisqu'elle vise à garantir à tous les citoyens une série de droits fondamentaux, variables en nombre et en importance selon les pays. Une telle charte peut prendre la forme d'une loi ordinaire, votée par un Parlement et, au besoin, modifiable par cette même instance. Elle peut aussi être insérée dans la constitution, ce qui comporte au moins deux conséquences: elle devient beaucoup plus difficile à modifier (car il faut alors s'en remettre à une procédure complexe et souvent longue) et, surtout, elle a préséance, sauf disposition contraire, sur toutes les lois et réglementations actuelles ou à venir d'un gouvernement. Dans une fédération, une charte constitutionnelle des droits s'applique aussi bien au gouvernement central qu'aux provinces.

Il peut sembler ironique que l'insistance sur une charte des droits soit venue du gouvernement qui avait décrété la loi sur les mesures de guerre en 1970! On doit également se demander quels droits fondamentaux étaient si subitement menacés au Canada en 1980 pour que l'intérêt envers une charte devînt si vif. Quoi qu'il en soit, une telle charte peut aisément représenter un bon investissement électoral pour celui qui la fait adopter.

Cette considération, sans être absente des motivations de Trudeau et de son gouvernement, n'était cependant pas la plus déterminante. Il y avait autre chose. Ceci: dans une fédération, il est possible au gouvernement central, sous couvert d'accorder des droits aux citoyens, de faire inscrire, dans une charte et sans changer le reste de la constitution, des dispositions de nature à annuler ou à transformer certaines lois provinciales dont il réprouve les principes ou l'application. Bien entendu, cela ne va pas sans peine, les gouvernements visés pouvant s'y opposer. En revanche, pour le pouvoir central l'entreprise est politiquement moins périlleuse qu'un désaveu des lois d'une province ou qu'une attaque en règle contre la façon dont cette province exerce ses attributions constitutionnelles. En agissant par le biais d'une charte, le pouvoir central place sur la défensive la province en cause puisque sa démarche, pourra-t-il prétendre, n'est guidée que par le souci de protéger et d'affirmer les droits individuels des citoyens, et non d'intervenir dans les champs de compétence d'un autre gouvernement.

Ainsi, ce n'était un secret pour personne qu'en 1980, comme en 1977 lors de son adoption, le gouvernement fédéral était profondément opposé à la Loi 101 sur la langue adoptée par l'Assemblée nationale du Québec. Cette loi, en plus de se fonder sur des principes inadmissibles pour lui comme pour le Canada anglais, allait à l'encontre de toute sa politique de bilinguisme. Il offrit donc son aide à qui voudrait contester la loi québécoise devant les tribunaux. Mais ce n'était pas assez. La constitution demeurait encore trop permissive à son goût et permettait trop de latitude au gouvernement du Québec dans ses mesures en faveur du français. Comment faire pour la circonvenir? Réponse: procéder par une charte des droits en y insérant des principes contredisant ceux de la Loi 101. Cela fait, le Québec serait forcé de revoir sa législation en fonction de la charte et les tribunaux feraient le reste.

J'ai retenu la Loi 101 parce qu'elle est connue, tout comme est notoire la répulsion qu'elle soulevait à Ottawa. D'autres exemples auraient pu tout aussi bien convenir. Ainsi, des clauses sur la mobilité, sur la non-discrimination ou sur la liberté d'établissement pouvaient toutes servir, avec une formulation convenable, à réduire le champ d'application de diverses lois provinciales.

En somme, grâce à la charte, Ottawa serait en mesure de mettre des limitations constitutionnelles à l'action des provinces. De la même manière, la sienne serait réduite, mais ce qui comptait en l'occurrence c'était que les provinces, et le Québec surtout, perdraient des moyens de se distinguer les unes des autres par des politiques trop différentes. Même en ne conférant aucune attribution nouvelle au gouvernement fédéral, la charte, comme méthode pour contenir la marge de manœuvre des provinces, prendrait figure d'instrument beaucoup plus pratique qu'une refonte substantielle du partage des pouvoirs.

Il y avait aussi autre chose de particulièrement inquiétant pour le Québec.

...individuels...

Une charte des droits vise par définition à garantir des droits personnels. Noble tâche. Cependant, dans certaines circonstances, la défense de droits individuels peut conduire à la négation de droits collectifs parfaitement légitimes. À cet égard, la charte pourrait introduire dans la politique canadienne et québécoise une dynamique nouvelle en ce sens qu'elle permettrait à des particuliers de contester certaines lois conçues en faveur d'une collectivité.

Pour mieux comprendre, revenons ici à la Loi 101 sur laquelle nous avions toutes les raisons de croire, en 1980, qu'Ottawa et les anglophones continueraient de s'acharner.

Cette loi visait à établir, au Québec, une dynamique linguistique favorable à la population francophone, terriblement minoritaire en Amérique du Nord. Elle favorisait donc une collectivité linguistiquement menacée. Toutefois, en se fondant sur la charte, il deviendrait peut-être possible à un anglophone, fort de son droit comme *individu*, de contester le droit *collectif* des Québécois francophones à se protéger linguistiquement. Ou à un riche de mettre en cause une loi visant des moins fortunés. Ou, pourquoi pas, de s'en prendre à la loi québécoise sur le financement des partis politiques parce qu'elle brimerait le droit, pour un citoyen, de fournir à un parti autant d'argent qu'il lui plaît.

Les Québécois francophones formaient au Canada la seule collectivité minoritaire en mesure, grâce à son propre gouvernement, de se doter de lois la protégeant comme société. Or par son accent sur les droits individuels, la charte voulue par Ottawa en 1980 visait à priver cette société de moyens d'action. Cela pourrait contribuer à stabiliser l'ensemble canadien, mais au détriment de la spécificité du Québec.

Était-ce à cela que devait aboutir le «fédéralisme renouvelé»? Pour un partisan de la vision canadienne de Trudeau, certainement. Mais pour ceux qui avaient entrevu autre chose dans ses promesses référendaires?

Au moment où, en juin, nous prîmes connaissance de la portée et de l'urgence qu'Ottawa voyait au *people's package*, nos réflexions sur la charte des droits et ses multiples versions possibles n'étaient pas aussi avancées qu'en donnent peut-être l'impression les paragraphes précédents. Nous raisonnions cependant à peu près ainsi: si les fédéraux tiennent tellement à une charte des droits, c'est moins parce qu'il est devenu nécessaire au Canada de reconnaître formellement ces droits qui ne sont pas, à vrai dire, tellement menacés, que parce que la charte aura, dans l'optique d'Ottawa, une autre utilité.

Restait à savoir exactement laquelle. Nous l'apprendrions au cours de l'été. Cela ressemblera à ce qui vient d'en être dit ici.

La charte était plus suspecte, à nos yeux, que les autres composantes du *people's package*, mais il n'est pas inutile de s'arrêter un instant à la place qu'occupaient, dans la stratégie fédérale, le rapatriement de la constitution et la formule d'amendement.

...accompagnée d'une formule d'amendement...

Ces deux éléments, indissociables l'un de l'autre, formaient pour le Canada anglais un préalable à la révision constitutionnelle. Une certaine logique prévalait depuis le début des années 1960: rapatrions d'abord la constitution accompagnée d'une formule d'amendement, ensuite nous aborderons la répartition des pouvoirs.

Pour le Québec, il importait au contraire de s'entendre d'abord sur la nature du Canada et sur le statut du Québec, ainsi que sur ses pouvoirs, avant de «rapatrier» une constitution à bien des égards inadaptée aux exigences de la société contemporaine. De plus, le Québec avait le sentiment que, s'il consentait au rapatriement de cette loi d'origine britannique et à une formule d'amendement, le Canada anglais, *sa* réforme accomplie, perdrait intérêt envers un processus de révision qui, désormais, ne préoccuperait plus que les seuls Québécois ou à peu près. La présence de cette question dans le *people's package* indiquait hors de tout doute que les priorités fédérales visaient à correspondre à celles, traditionnelles, du Canada anglais.

Cela collait d'ailleurs parfaitement aux vues de Trudeau.

Le premier ministre fédéral était un intense nationaliste canadien. Outre son aversion du nationalisme québécois perçu par lui comme régionaliste ou même «tribal», il se sentait humilié par le maintien d'un lien politique avec la Grande-Bretagne. Il voulait aussi plaire aux provinces anglophones en mettant l'accent sur leur sujet constitutionnel préféré. Il pourrait avoir besoin d'elles, ne serait-ce que pour les convaincre de participer à un exercice qui ne les passionnait pas naturellement: au Canada, le dossier constitutionnel a historiquement toujours davantage ému les francophones, les anglophones, eux, s'accommodant plutôt bien du statu quo puisqu'ils l'avaient eux-mêmes façonné avec Ottawa. Depuis quelques années, telle ou telle province anglophone souhaitait une réforme sectorielle, par exemple sur la propriété des richesses naturelles, mais pas une transformation majeure du fédéralisme, surtout pas celle que le Québec avait régulièrement demandée.

Certes, il s'était produit un événement important, le référendum québécois, mais son résultat rassurant risquait, aux yeux de Trudeau, de faire sombrer le Canada anglais dans une léthargie malsaine. Le premier ministre fédéral avait d'ailleurs prévu le coup. Dans son célèbre discours référendaire du 14 mai à Montréal, il avait bien averti le Canada anglais de ne pas conclure qu'un Non signifierait le maintien des choses en l'état. On le sait maintenant, Trudeau voulait surtout éviter la perpétuation passive de ce qu'on pourrait appeler le «fédéralisme courant», ce sous-produit de l'époque Pearson qui avait, selon lui, amené les provinces, d'une concession administrative fédérale à une autre, à jouer un rôle décidément trop voyant. C'est en bonne partie pour réagir contre ce type de fédéralisme qu'il était entré en politique. Pour aller contre le courant, avait-il déclaré à l'époque. Trudeau voulait autre chose: un régime assis sur une prédominance indiscutée et indiscutable du gouvernement central. Là se situait son défi: édifier cet ordre politique nouveau. «Renouveler» le fédéralisme, pourquoi pas? À condition que cette opération fournisse l'occasion de restaurer le pouvoir fédéral.

Sauf, comme on le verra, qu'il n'est pas de tout repos, dans une fédération, de compter sur les provinces qui en sont membres pour consolider ou accroître la puissance du centre.

Trudeau n'ignorait pas les obstacles à venir. C'est pourquoi il tenta, dès le départ, de se ménager des appuis dans les provinces anglophones, notamment en les intéressant au rapatriement et à la formule d'amendement. Cela ne demandait pas d'efforts particuliers, ces questions ayant toujours fait partie des priorités fédérales. Ce qui devenait révélateur après le référendum québécois, c'était de les remettre à l'ordre du jour, en reprenant le dossier tel qu'il se présentait la dernière fois qu'on en avait traité.

...et d'une déclaration d'objectifs...

Quant à l'autre élément du *people's package*, les principes ou les objectifs de la constitution, il donnait l'initiative à Ottawa en lui fournissant l'occasion de définir d'une manière qui lui convenait les paramètres de l'exercice. À partir du moment où ces principes devenaient publics, ce qui fut fait dès le 9 juin lors de la conférence des premiers ministres, force était aux autres gouvernements de préciser où ils se situaient par rapport à un texte fédéral résumant la vision canadienne de Trudeau et dans lequel le nationalisme canadien-anglais se retrouverait assez facilement. Pourvu qu'un tel texte demeurât prudemment imprécis... Or celui du 9 juin ne l'était probablement pas assez et quelques provinces, le Québec en particulier, émirent des réserves.

...avec, en plus, la péréquation?

La présence d'un sujet comme la péréquation* dans le *people's package* n'avait, quant à elle, rien de très perturbant. Stratégiquement, en juin 1980, l'inclusion de ce sujet complétait utilement une image à laquelle Ottawa tenait, celle d'être le protecteur des régions canadiennes les moins favorisées, en plus de défendre avec acharnement les droits et libertés des personnes.

---

* Techniquement et comme on avait essayé de le faire dans le passé, il s'agissait de confirmer dans la constitution la pratique de la péréquation existant au Canada depuis 1957 et, politiquement, de plaire au Nouveau-Brunswick et aux autres provinces de l'Est pour qui la lutte aux inégalités régionales était une préoccupation permanente.

Il importe de répéter, pour respecter la séquence historique des événements, qu'au départ du processus constitutionnel de 1980 nos préventions n'étaient pas toutes fondées sur l'analyse qui vient d'être faite de la portée de chacun des éléments du *people's package*, surtout la charte des droits. Nous ignorions alors comment Ottawa comptait précisément s'en servir. Nous étions cependant persuadés, par les déclarations de ses représentants (à commencer par le premier ministre canadien lui-même), par l'agencement et le contenu de ses priorités et par ses énoncés de principes, que le gouvernement fédéral n'avait nulle intention de donner à ses promesses référendaires la suite qu'en espéraient sincèrement bien des Québécois.

Il visait manifestement un autre objectif. On s'engageait dans une autre direction.

Cette voie devait conduire à une des plus graves crises politiques du Canada.

Être et paraître de bonne foi

Nous étions en mesure, à la fin de juin, d'arrêter notre propre stratégie.

J'avais préparé, pour une réunion du cabinet qui eut lieu le 2 juillet, un très long document explicatif où était traité chacun des points de l'ordre du jour dressé par les premiers ministres. On y trouvait également une proposition sur l'attitude générale à adopter pour les négociations de l'été.

Au tout début de ma présentation devant mes collègues, je déclarai être disposé, malgré mon peu d'enthousiasme, à diriger la délégation québécoise au cours de l'été, mais à une condition expresse: cette délégation devrait également comprendre un ou deux autres ministres. La somme de travail à accomplir serait probablement trop lourde pour un seul porte-parole. En outre, et cette raison était la plus importante, je savais d'avance, par expérience prospective pourrait-on dire, que les pourparlers à venir recélaient des écueils inédits. Déjà l'orientation imposée par Ottawa à nos travaux n'avait rien de rassurant. Quels pièges nous attendaient? Il ne fallait pas non plus écarter la possibilité d'un échec retentissant, ni celle d'un coup de force contre le Québec. Nous aurions à prendre sur place des décisions politiques majeures, sans nécessairement pouvoir toujours en référer au cabinet.

La délicatesse de l'entreprise réclamait donc, selon moi, que d'autres collègues m'accompagnent, peut-être pas constamment, mais au besoin. On pouvait aussi prévoir que la partie la plus politisée, donc la plus critique, de la population québécoise suivrait attentivement le cheminement de notre négociation. Même en plein été. Pour tout dire, au sein du Parti québécois, certains de ceux (minoritaires, mais têtus) qui s'étaient toujours opposés au processus référendaire n'avaient pas été lents à m'en attribuer bruyamment le résultat négatif; ils étaient, a-t-on besoin de le mentionner, encore davantage réfractaires à la participation du Québec aux négociations annoncées. Dans ces conditions, la présence d'autres ministres dans notre délégation n'était pas superflue. Si cela tournait mal, je ne serais pas le seul «coupable».

Je n'avais pas fait part de cette préoccupation au premier ministre Lévesque, avant la réunion du cabinet, mais j'étais sûr qu'il partagerait mon avis. Ce fut d'ailleurs le cas; après quelques échanges sur ma requête avec quelques collègues, il désigna Marc-André Bédard, en tant que ministre de la Justice, et Claude Charron, en raison de ses responsabilités comme leader parlementaire. Ce choix* me convenait entièrement. Charron, Bédard et moi avions d'excellents rapports. Ils ne furent pas présents à toutes et chacune des réunions constitutionnelles subséquentes, ce n'était pas obligatoire, mais notre délégation se félicita de la pertinence de leurs suggestions et put apprécier leur remarquable sens politique.

---

* À l'époque, certains commentaires suscités par ce choix me firent sourire. En certains milieux journalistiques et politiques, on en déduisit en effet que le premier ministre Lévesque, se méfiant de moi, voulait m'«encadrer» en désignant ainsi, comme membres de notre équipe constitutionnelle, un ministre considéré comme totalement fidèle à ses vues, Marc-André Bédard, et un autre, Claude Charron, perçu ici et là comme indépendantiste convaincu. En réalité, j'espérais précisément qu'il choisirait ces deux ministres.

Le Conseil des ministres donna aussi son accord à la stratégie générale proposée. J'en cite ici l'essentiel, tiré du document préparé à ce propos:

> Si les discussions aboutissent positivement et si elles respectent les exigences du Québec, d'aucuns y verront la preuve manifeste que le fédéralisme est

vraiment renouvelable et qu'on peut, dès lors, continuer dans cette voie en laissant définitivement de côté toute autre alternative (souveraineté-association, indépendance, etc.). Il faut également faire la part de la propagande fédéraliste qui s'efforcera de présenter n'importe quelle apparence d'entente comme un «déblocage» historique justifiant désormais tous les espoirs. Enfin, il conviendra de ne jamais oublier qu'Ottawa est demandeur, surtout quant aux pouvoirs économiques et quant à la reconnaissance de certains principes assurant sa prépondérance générale, et que le gouvernement central tiendra à faire proclamer que le fédéralisme est le seul régime envisageable actuellement et pour le reste de l'avenir.

Dans ces conditions, le problème pour nous consiste à fixer les exigences du Québec à un niveau assez élevé sans pour autant donner l'impression de réclamer à dessein l'impossible, pour prétendre ensuite que l'entreprise de renouvellement du fédéralisme a échoué. Il y va de notre crédibilité.

Ce qui revient à dire que si les négociations échouent en totalité ou en partie, il faut:

— ou bien que la responsabilité en soit clairement imputable à la difficulté, pour le reste du Canada, de s'entendre avec lui-même (exemples: Alberta vs Ottawa, Maritimes vs Ouest, etc.);

— ou bien que l'on puisse démontrer sans l'ombre d'un doute que les exigences raisonnables du Québec ne peuvent pas être admises par le reste du Canada;

— ou bien que la cause de l'échec provienne de la combinaison des deux raisons précédentes.

En aucun cas, on ne doit pouvoir en attribuer la faute au Québec, sauf s'il s'agissait d'une mésentente portant sur des sujets faisant à peu près l'unanimité au Québec.

Pour «réussir» ces discussions, quelle que soit l'issue, il nous faut constamment démontrer que notre gouvernement joue honnêtement le jeu et qu'il est mieux placé que quiconque pour défendre les droits et les intérêts du Québec. Cette attitude exige que nous participions activement aux diverses réunions, notamment en déposant pour étude des textes que nous rendrons publics au fur et à mesure, tel que promis. Un dépôt de tels textes constitue en quelque sorte une preuve tangible de bonne foi car les gens peuvent en déduire une attitude de «give and take». En outre, nos positions à la table devraient être fondées non seulement sur ce qu'il est convenu d'appeler les «positions traditionnelles du Québec», mais aussi sur une adaptation de celles-ci aux situations actuelles, ainsi que sur les points de vue vraisemblables tant du Parti libéral du Québec que de l'Union nationale.

Il faudra également le plus possible éviter d'être isolés; nous devrions toujours, sur tel ou tel point, être du même avis qu'une ou deux autres provinces, de façon à ce que, le cas échéant, nous ne soyons pas les seuls «vilains». Cependant, dès lors qu'il s'agira de questions jugées fondamentales par nous, il ne faudra pas hésiter à nous démarquer. En somme, stratégiquement, nous devons supposer qu'à la suite du référendum le régime fédéral est maintenu et que, comme représentants du Québec, nous cherchons fermement et honnêtement à obtenir, dans ce régime, des garanties formelles et des pouvoirs réels pour les Québécois.

Même si des rencontres intensives sont prévues pour juillet (pratiquement trois semaines, ce qui est sans précédent), on peut présumer que la phase importante des négociations se situera entre le 15 août et le 12 septembre. Par conséquent, dans le cadre de la stratégie indiquée plus haut, il faut tactiquement éviter de jeter du lest en juillet, sauf peut-être pour empêcher le Québec d'être isolé. Il faudra voir à conserver notre marge de manœuvre pour la phase plus significative d'août (commission parlementaire, conférence des premiers ministres des provinces à Winnipeg, nouvelle ronde de discussions constitutionnelles à la fin d'août à Ottawa et, finalement, conférence des premiers ministres à Ottawa au début de septembre).

Pour les discussions ministérielles de juillet à Montréal, Toronto et Vancouver, les représentants québécois devraient donc recevoir, comme mandat du conseil des ministres, de maintenir des positions fermes sur chaque sujet de l'ordre du jour, tout en faisant preuve de flexibilité s'ils étaient face à une manœuvre d'isolement.

Toutefois, une telle flexibilité ne devrait pas s'appliquer aux questions essentielles suivantes:

— la reconnaissance formelle, dans la constitution, de deux sociétés distinctes au Canada;

— la reconnaissance du droit du Québec, comme point d'appui d'une de ces sociétés, à disposer librement de sa destinée;

— le maintien de la compétence exclusive du Québec sur les dispositions linguistiques à l'intérieur de son territoire;

— le droit absolu du Québec sur ses richesses naturelles;

— le refus du rapatriement de la constitution et de toute formule d'amendement tant que l'ensemble du problème du partage des compétences n'aura pas été réglé de façon satisfaisante.

La situation politique globale devra être réévaluée, au conseil des ministres, avant le moment déterminant que peut offrir la commission parlementaire des 14 et 15 août. Il faudra aussi préciser alors la nature et la forme des campagnes de publicité qui pourraient se révéler indispensables pour expliquer la nécessité, vitale pour le Québec, des exigences fondamentales de son gouvernement.

Curieux parallèle, quoique peut-être inévitable dans les circonstances vécues alors. À Ottawa comme à Québec, l'un et l'autre gouvernements tiraient leurs plans, la même journée, le 2 juillet. Sans évidemment s'être concertés. Tous deux songeaient à des campagnes publicitaires pour mettre la population de leur côté. Tous deux avaient opté pour la fermeté dans un premier temps et pour une certaine souplesse ultérieure s'il le fallait. Chacun avait établi des positions minimales, un *bottom line* comme disaient les fédéraux. Je n'ai pas entièrement cité le document fédéral de stratégie, mais lui aussi faisait état d'un recours nécessaire aux parlementaires si la tournure des choses l'exigeait. Tous les deux élaboraient également avec soin la position à faire valoir, et ses variantes, sur chacun des point de l'ordre du jour. Et, des deux documents, sans que ce soit nettement exprimé, l'impression se dégageait que, à un moment quelconque au début de septembre, on saurait de part et d'autre à quoi s'en tenir: échec ou réussite.

Malgré ces similitudes, d'un gouvernement à l'autre, les différences de perception étaient profondes, les attentes contradictoires et les objectifs opposés.

Nous fûmes bientôt en mesure de confirmer combien les positions d'Ottawa et de Québec étaient irréconciliables. Toutefois — surprise — plupart des autres provinces en vinrent aussi à affronter Ottawa.

Cela, vraiment, nous ne l'avions pas prévu.

5
Une attitude renversante

Le 8 juillet, dans une salle de l'hôtel Méridien à Montréal, les délégations*
étaient toutes réunies. Chacun des onze gouvernements était représenté
par un, souvent deux ministres, et plusieurs fonctionnaires.

---

* Pour les travaux de l'été, notre délégation était formée, outre moi-même, de
mes deux collègues, Claude Charron et Marc-André Bédard, ainsi que de Pierre
de Bellefeuille, adjoint parlementaire, Robert Normand, sous-ministre des Affaires
intergouvernementales, Louise Beaudoin, directrice de mon cabinet, René
Dussault, sous-ministre de la Justice, Diane Barré, directrice adjointe de mon
cabinet, Pierre Lamothe, attaché de presse, Florent Gagné, directeur général des
Affaires canadiennes, Louis Lecours de la même direction et Claude Mallette, du
cabinet du premier ministre. En faisait aussi partie, comme conseiller, Daniel
Latouche, politologue. J'avais également demandé à Jean-Paul L'Allier, ex-ministre
libéral, ami personnel et lucide observateur, de se joindre à nous. Ces personnes,
sans être constamment toutes sur place, constituèrent notre équipe de négociation.

Tel qu'entendu, Jean Chrétien et Roy Romanow coprésideraient les
réunions.

Ce groupe, dont la composition oscillera pendant l'été entre quatre-
vingts et cent cinquante personnes, allait bientôt former une sorte de
conclave itinérant, vivant d'un hôtel à l'autre à travers le Canada, ses
membres s'agglutinant, autour d'une table, de conférences plénières en
comités de travail, se croisant dans les salles à manger des divers hôtels
canadiens où il nous fallait bien élire un éphémère domicile. Ou dans les
restaurants de la ville que le hasard et la nécessité politiques nous avaient
conjoncturellement enjoints de choisir.

Certains, dans leurs temps libres faisaient du jogging, du tennis, ou
de la lecture. Les autres, y compris, souvent, ceux dont je viens de dire un

mot, se retrouvaient au bar ou dans la chambre d'un participant pour terminer d'interminables discussions sur les sujets de la journée, de la veille ou du lendemain. Ou pour parler de n'importe quoi. Cette cohabitation donna naissance à une intimité un peu spéciale qui permit à la longue sinon de deviner les pensées des autres, du moins de décoder utilement leurs interventions, faits et gestes, en somme d'apprendre de leurs silences et de leurs attitudes pratiquement autant que de leurs déclarations et écrits.

Je connaissais personnellement à peu près tous les membres, ministres et fonctionnaires, de notre «comité ministériel permanent sur la constitution», ainsi qu'on finit par désigner le groupe. Ils étaient des habitués plus ou moins anciens des conférences intergouvernementales, ces rencontres formelles généralement beaucoup moins excitantes et surtout moins décisives, soit dit en passant, qu'on peut l'imaginer. La perspective de passer des journées entières à discuter de questions constitutionnelles n'avait rien de bien stimulant pour la plupart des gouvernements représentés. Ils s'y étaient résignés, un peu parce que Trudeau les avait forcés à prendre part à l'exercice qui commençait, mais surtout parce qu'ils espéraient, sait-on jamais, en retirer quelque chose pour leur propre province.

Pour la délégation fédérale et celle du Québec, les choses promettaient d'être plus intéressantes. Nous étions là pour découvrir la suite qu'Ottawa donnerait à ses promesses. Les représentants du gouvernement central s'y trouvaient, eux, dans le but de façonner enfin un Canada à leur goût. Ils nous le confirmeraient bientôt.

Le 8 juillet, je me demandais à quel moment précis se produirait, entre Ottawa et Québec, la confrontation qui découlerait fatalement de nos objectifs conflictuels et de quel côté les autres provinces se rangeraient lorsque surviendrait, tôt ou tard pendant l'été, ce fameux moment de vérité. Nous n'avions pas à espérer grand-chose de leur part. Dans bien des cas, leurs premiers ministres étaient venus en personne, pendant le référendum, expliquer pourquoi ils ne négocieraient jamais avec un Québec optant pour le Oui; ils se faisaient ainsi l'écho du message de Trudeau. Ces provinces étaient également viscéralement opposées à toute reconnaissance concrète, c'est-à-dire autre que purement verbale, du caractère distinct du Québec et réprouvaient les politiques linguistiques de notre gouvernement en faveur du français.

Handicapés par le Non référendaire, nous n'en menions pas large.

À *vos positions!*

Il fallait quand même respecter les usages.

Justement, l'usage veut qu'au début d'une conférence intergouvernementale le chef de chaque délégation prononce une déclaration initiale. J'avais soigneusement préparé la mienne: elle serait reprise dans plusieurs journaux. Bien des gens se demandaient en effet comment le représentant d'un gouvernement «séparatiste» aborderait une négociation destinée, certains le croyaient encore, à renouveler un régime fédéral que nous rejetions. Comment le Québec résoudrait-il cette quadrature du cercle?

Chrétien avait lui aussi une déclaration à faire. Laissons-lui d'abord la parole; d'ailleurs il parla en premier.

Sa seule allusion au Québec venait au tout début de son intervention. Il n'était plus du tout question des engagements référendaires fédéraux:

> Notre pays vient de traverser avec succès une période difficile. Les Québécois ont clairement indiqué qu'ils voulaient demeurer des Canadiens. Mais, en même temps que d'autres Canadiens, d'un océan à l'autre, ils ont également dit clairement et énergiquement qu'ils voulaient une fédération renouvelée, qui soit adaptée aux besoins de la société complexe et moderne dans laquelle nous vivons et qui reflète la diversité du Canada.
>
> En tant qu'hommes politiques, nous nous sommes engagés à accomplir la volonté du peuple (...).

Le ministre fédéral mettait sur le même pied, d'entrée de jeu, les Québécois chez qui le débat politique et constitutionnel avait occupé le devant de l'actualité pendant des années et les «autres Canadiens d'un océan à l'autre» que ces questions n'avaient à peu près jamais préoccupés!

> Notre tâche (est) de protéger les droits fondamentaux des Canadiens et de promouvoir le bien-être de nos citoyens, et non seulement de réorganiser les pouvoirs de nos gouvernements.
>
> Nous manquerions à nos responsabilités si nous engagions le peuple que nous représentons dans un processus d'échanges de droits des citoyens contre des pouvoirs des gouvernements. (Ces droits) ne doivent pas être troqués contre des compétences en matière de pêche, de communications ou de toute autre chose (...).
>
> (Les négociations) sur les pouvoirs impliquent des concessions mutuelles. Elles ne peuvent pas être couronnées de succès si l'une ou l'autre des parties croit qu'elle se trouve dans un processus à sens unique où une seule partie fait des concessions, tandis que l'autre en bénéficie. Pour ma part, le but de ces négociations est de rétablir l'équilibre entre les deux ordres de gouvernement.

L'objectif de cet équilibre doit être le bien-être du peuple canadien. Je peux promettre que le gouvernement du Canada sera souple, là où nous croyons qu'une cession aux provinces de compétences fédérales permettra d'atteindre cet objectif. Nous comptons sur une souplesse équivalente des provinces, dans les domaines où le peuple canadien serait mieux servi si elles consentaient à céder certaines compétences au Parlement (fédéral), ou si l'utilisation de ces compétences était limitée (...).

Suivait un long développement, visiblement destiné aux provinces de l'Ouest. Selon Chrétien, même s'il s'agissait de sujets différents, la discussion concernant la propriété des richesses naturelles devait être indissociable de la réflexion sur la consolidation nécessaire de l'union économique canadienne, actuellement menacée, toujours d'après lui, par la prolifération de mesures protectionnistes provinciales. Autrement dit, Ottawa admettrait peut-être certaines des prétentions de l'Alberta sur le pétrole à condition que cette province reconnaisse une primauté fédérale globale en matière économique. La remarque valait en fait pour toutes les autres.

On ne porte jamais assez d'attention aux déclarations officielles. On est enclin à y voir davantage un rituel que des énoncés de projets.

Selon mon souvenir, personne ce jour-là (nous non plus) ne s'arrêta longuement à la signification politique de l'intervention de Chrétien. Il insistait sur une charte des droits, ce qui n'était pas une surprise, mais annonçait aussi qu'Ottawa était désormais demandeur, notamment en matière économique. Traduction: les provinces devaient s'attendre à une pression centralisatrice. Comme l'avait dit Chrétien, le but de ces négociations était de rétablir l'équilibre entre les deux ordres de gouvernement. Pas besoin d'être grand clerc pour déduire que ce rétablissement de l'équilibre passerait fatalement par une diminution de la marge de manœuvre économique des provinces. Depuis des années, les libéraux fédéraux se plaignaient plus ou moins ouvertement de la place relativement importante que certaines provinces avaient prise dans l'orientation de l'économie. C'était le cas du Québec avec ses sociétés d'État et ses politiques préférentielles. C'était aussi celui de l'Alberta à propos des richesses naturelles. D'autres provinces, la Saskatchewan par exemple, tenaient également à exercer un rôle économique accru et s'étaient déjà engagées en ce sens.

Tout cela dérangeait Ottawa, ainsi que l'Ontario qui voyait là des menaces à sa prépondérance économique traditionnelle. Il était plus que temps de mettre de l'ordre. C'est ce que Chrétien venait de nous faire savoir.

Vint mon tour de prendre la parole. Mon intervention portait sur trois sujets: le sens du référendum, les attentes des Québécois et l'attitude de notre délégation. En voici quelques extraits. En premier lieu, une précision capitale dans les circonstances:

> Nous avons accepté le résultat du référendum et nous agirons en conséquence. Cela signifie donc qu'il n'est pas question, pour nous, de tenter d'obtenir, par le biais de l'exercice qui commence, la réalisation d'un objectif politique auquel les Québécois n'ont pas souscrit (...).

Je dégageais ensuite notre perspective:

> Nous recommençons aujourd'hui un autre exercice constitutionnel. Celui-ci découle directement du référendum québécois, même si, parmi les problèmes à résoudre, plusieurs sont ressentis par d'autres provinces que le Québec.
>
> Qu'attendons-nous, comme Québécois, de la reprise des négociations?
>
> D'abord qu'elles tiennent résolument, ouvertement et franchement compte de ce qu'on pourrait considérer comme un commun dénominateur chez les Québécois: à savoir qu'il existe chez nous une société distincte, qui veut être reconnue comme telle, qui est libre de décider de son avenir et qui tient à conserver chez elle et pour elle, ainsi qu'à les acquérir lorsqu'ils lui manquent, les instruments culturels, économiques et linguistiques lui permettant de s'affirmer et de se développer selon ses aspirations et ses besoins propres (...).

Arrivaient le problème du partage des pouvoirs et celui de la place des provinces au Canada. Puis:

> En somme, les Québécois s'attendent, à la suite du référendum et des promesses qu'on leur a faites, qu'il y ait, du côté fédéral, des preuves manifestes d'un déblocage constitutionnel vraiment appréciable (...). Autrement, les Québécois auront l'impression d'avoir été roulés.

Ma prestation souleva à peine plus d'intérêt, autour de la table, que celle de Chrétien ou des autres ministres. Mais j'estimais devoir mettre des points sur quelques i. En particulier, il me paraissait plus qu'opportun de replacer notre exercice dans le contexte de promesses référendaires qu'on avait soudainement tendance à oublier.

Le 4 juillet, à Winnipeg, le premier ministre Trudeau avait déclaré, devant des partisans, que

> le Québec a livré la marchandise et c'est maintenant au reste du Canada de faire de même,

comme si Ottawa, situé entre le Québec et les autres provinces, après avoir reçu du premier ce qu'il en espérait, s'attendait maintenant à des concessions de la part des secondes. Mais pas un seul mot sur ses engagements envers les Québécois.

Au cours de la même allocution, le premier ministre fédéral avait lourdement appuyé sur la différence de nature existant, selon lui, entre les pouvoirs des gouvernements et les droits fondamentaux des personnes. De nouveau il affirma qu'il n'était pas question de troquer les premiers contre les seconds; il ne consentirait pas aux provinces de nouveaux pouvoirs en échange de leur acceptation d'insérer des droits dans la constitution. Là-dessus, il serait intraitable.

Le 7 juillet, à la Chambre des communes, il réitéra sa position. Il fit encore une fois allusion à une action fédérale unilatérale, si les circonstances l'exigeaient, et affirma la nécessité d'une union économique canadienne libre d'entraves provinciales. À la veille même de notre première rencontre ministérielle, Ottawa s'affairait visiblement à fixer des balises étanches aux réclamations éventuelles des provinces. Celles-ci devaient se le tenir pour dit.

Ce message, Chrétien venait de le reprendre à notre intention. Il importait dès lors que la position du Québec fût claire et même ferme. Nous ne devions pas nous laisser enfermer dans le périmètre dessiné par les fédéraux. Claude Ryan nous apporta son appui involontaire. Pendant la fin de semaine, au conseil général de son parti réuni à Saint-Hyacinthe, il répéta ses réserves sur le projet de préambule constitutionnel soumis par Trudeau le mois précédent et invita le premier ministre fédéral

> à comprendre le point de vue de l'autre et (à) éviter toute attitude ou initiative qui forcerait le Parti libéral du Québec à s'allier avec le Parti québécois.

C'était tout un avertissement. Ryan pensait probablement à la position qu'il devrait adopter à la commission parlementaire prévue pour le milieu d'août, mais son intervention était, pour nous, la bienvenue en ce moment précis où nous nous inquiétions de notre crédibilité. Elle montrerait aux autres gouvernements que notre délégation défendait des opinions largement partagées au Québec. Nous nous sentions déjà un peu moins seuls.

Un pavé fédéral dans la mare des provinces

Notre première journée fut surtout consacrée aux déclarations* préliminaires des diverses délégations. On utilisa le reste de la semaine à un examen rapide de tous les sujets de l'ordre du jour, les participants tâchant, à partir des commentaires provisoires de chacun, de deviner la position réelle des gouvernements.

---

* Il serait fastidieux, ici comme ailleurs, de relever toutes ces déclarations. Ce le serait également si on résumait les multiples points de vue exprimés pendant l'été sur chacun des sujets de l'ordre du jour. Souvent constructives, originales, certaines opinions des autres provinces ou d'Ottawa ne manquèrent pas d'intérêt. Mon but n'est cependant pas de dresser une laborieuse étude comparative, juridique et technique des opinions en présence. Dans mon récit, les autres provinces n'interviendront dorénavant que dans la mesure où elles eurent quelque impact sur la relation post-référendaire Québec-Ottawa.

Ces sujets ne revêtaient évidemment pas tous la même importance politique. Deux retinrent surtout l'attention: la charte des droits et les pouvoirs sur l'économie. Sur le premier, Jean Chrétien s'en tint à l'attitude fédérale déjà connue: le nombre et la portée des droits à protéger demeuraient négociables, mais, cela dit, Ottawa exigerait l'insertion d'une charte dans la constitution et n'accepterait jamais d'»acheter» à ce propos l'adhésion des provinces en leur offrant de nouveaux pouvoirs.

Par l'enchâssement de la charte dans la constitution, Ottawa proposait un énorme changement dans la dynamique canadienne. Cette position parut choquante, antidémocratique même, à la majorité des provinces. Une charte constitutionnelle des droits confierait à des juges non élus, donc non révocables, un pouvoir essentiel appartenant jusque-là aux véritables représentants de la population dans notre régime politique, les parlementaires.

Ne pouvant tout prévoir, la charte devrait souvent se limiter à l'énoncé de principes et d'orientations générales. À cause du flou possible et des ambiguïtés inévitables dans ce genre de texte, les juges ne se contenteraient plus seulement d'interpréter la constitution; ils seraient maintenant en mesure de décider, sur une question donnée, comment s'appliqueraient les principes et les orientations de la charte. Il leur reviendrait, en pratique, de déterminer ultimement ce qui est raisonnable et sociologiquement acceptable dans un pays comme le Canada. On instaurerait ainsi, au sein du fédéralisme canadien, un niveau de décision supplémentaire. De la sorte, jusque-là souveraine dans ses domaines de compétences, l'Assemblée nationale du Québec verrait désormais plusieurs de ses politiques soumises aux valeurs et aux normes des juges de la Cour suprême.

Même s'il s'en était fait le champion lors de conférences antérieures, le gouvernement central n'avait jamais auparavant semblé aussi insistant sur la nécessité d'une charte qu'il le montrait maintenant. Les provinces anglophones commencèrent à comprendre qu'Ottawa était en train de chercher, via une charte des droits, le moyen de réaliser indirectement ce qu'il lui serait interdit de faire directement. Sous prétexte de protéger tel ou tel droit, Ottawa ferait-il inscrire dans la constitution des stipulations limitant la marge de manœuvre des provinces? L'affirmation du droit à la mobilité ne pourrait-elle pas, par exemple, empêcher les provinces d'appliquer, dans l'emploi, les contrats ou les subventions, certaines mesures préférentielles au bénéfice de leurs propres citoyens? De telles questions, depuis longtemps présentes dans la perspective québécoise, se posaient dorénavant à toutes les provinces.

Sauf à une: l'Ontario, dont le maintien de la prédominance économique reposait sur une consolidation tous azimuts du libre-échange à travers le pays. Bien située géographiquement et déjà très développée, l'Ontario pouvait en effet se payer le luxe apparemment désintéressé de faire totale confiance aux lois du marché. Celles-ci, à l'intérieur du Canada, jouaient traditionnellement en sa faveur. En d'autres termes, l'Ontario serait d'autant plus forte et prospère que les autres provinces, par leurs politiques préférentielles et autres mesures du genre, ne continueraient pas à faire obstacle, pour des motifs étroits ou «provincialistes», à des courants économiques, financiers ou démographiques la favorisant. Surtout qu'à cette époque, 1980, le pétrole donnait à l'Alberta et à l'Ouest canadien en général un dynamisme et des avantages propres à inquiéter les partisans d'un équilibre canadien avantageux pour l'Ontario. Il était plus que temps de remettre de l'ordre dans la maison canadienne.

Cet équilibre pouvait en bonne partie être protégé grâce à une charte des droits dont certaines délégations provinciales, déjà indisposées par l'attitude fédérale intransigeante, commençaient maintenant à mieux évaluer les retombées possibles.

On pouvait aussi y arriver en réduisant les pouvoirs économiques des provinces et en accroissant ceux d'Ottawa. Tel était le prix à payer pour le maintien d'un véritable marché commun canadien.

À ce propos, Ottawa ne cacha nullement ses intentions. Dès la seconde journée de notre rencontre, au moment où l'on aborda ce point encore mystérieux de l'ordre du jour qu'étaient «les pouvoirs sur l'économie», il se produisit une sorte de coup de théâtre. La délégation fédérale remit un court texte de six pages dans lequel, à mots plus ou moins couverts, les provinces apparaissaient nettement comme les responsables des nombreux défauts du marché commun canadien. De là à conclure que, du point de vue d'Ottawa, un frein s'imposait d'urgence aux ambitions économiques des provinces, il n'y avait qu'un pas, vite franchi par plusieurs délégations. Sauf, évidemment, par l'Ontario — on comprend pourquoi — qui se déclara en principe d'accord avec la position fédérale.

Ce texte, comme le document beaucoup plus volumineux distribué la semaine suivante sur le même sujet, eut un énorme effet. Les provinces en furent stupéfaites, consternées même. Elles y virent une attaque caractérisée d'Ottawa contre leurs attributions constitutionnelles, une véritable agression, sans précédent dans l'histoire des relations fédérales-provinciales.

Voilà donc en quoi consistaient le fameux *give and take* et les «concessions mutuelles» dont les porte-parole fédéraux s'étaient faits depuis quelque temps les propagandistes et que, après Trudeau, Chrétien avait réaffirmés dans sa déclaration initiale. Voilà donc où devait mener la nouvelle fermeté fédérale manifestée depuis quelque temps.

Je m'expliquais encore mal cette façon d'agir. Ottawa, sans y mettre de formes, attaquait tout le monde de front. Pas seulement le Québec.

Étrange, tout cela.

En fait, on ne paraissait nullement se préoccuper de nous. De nous, en tant que représentants du Québec. En anglais, cela s'appelle du *benign neglect,* cette condescendance apitoyée qui fait qu'on écoute gentiment quelqu'un, en lui souriant peut-être, avec patience sans doute, politesse sûrement, mais sans vraiment l'écouter ni l'entendre. On attend que son tour de parole soit passé. Car son opinion importe peu. Non pas parce qu'il soit intrinsèquement devenu insignifiant, mais parce qu'il a lui-même choisi d'être non significatif.

On aurait dit qu'aux yeux des fédéraux notre cas était réglé. Probablement à cause du référendum. En un sens, ils n'avaient pas tort. Les Québécois étaient alors, jusqu'à preuve du contraire, le seul peuple au monde à s'être refusé à lui-même le bénéfice du doute. Cela n'arrive pas tous les jours. Autant en profiter, se disait-on à Ottawa.

Voilà pourquoi, le cas du Québec résolu, c'était maintenant, dans la perspective fédérale, le tour des autres provinces de passer à la caisse et de se conformer à la volonté du gouvernement central.

Voulue ou non, l'agressivité d'Ottawa changea quand même le cours des choses. En un sens, elle facilita notre tâche pour un temps.

6
Profiter de la situation

Deux constatations se dégageaient du comportement d'Ottawa.

La première est que nous nous trouvions en face d'une obstination politique qui ne céderait devant rien, qui tenterait d'écraser tous les obstacles. C'est pourquoi Trudeau, ces derniers temps, s'était permis autant de remarques désobligeantes, pourquoi il avait si fréquemment évoqué une action unilatérale éventuelle. Et c'est pourquoi, maintenant, la délégation fédérale n'hésitait pas à heurter les provinces, mettait en cause leurs actions d'ordre économique et s'apprêtait même à exiger d'elles l'abandon de certaines de leurs compétences au profit du gouvernement central. On ne se mesurait plus aux provinces, on les bousculait sans égards. Celles-ci, un moment sur la défensive, ébranlées, n'avaient désormais d'autre choix que de résister. Elles venaient d'apprendre qu'elles se trouvaient au pied du mur.

Seconde constatation: par ses positions offensantes, son manque de diplomatie pourrait-on dire, Ottawa venait de se créer des adversaires. Pour le Québec, dans la conjoncture d'alors, cela constituait une aubaine; il gagnerait du temps, le temps pour les autres provinces de critiquer publiquement l'attitude fédérale. Quelques-unes, plus fermes, chercheraient aussi des moyens de bloquer l'offensive. Voilà qui permettrait au Québec d'en faire autant, d'être beaucoup plus dur dans ses positions et ses critiques qu'il n'aurait pu l'être autrement. Ce n'est pas le seul Québec qui s'en prendrait à Ottawa; toutes les provinces (sauf l'Ontario, ouvertement d'accord avec les fédéraux) étaient mises dans le même sac. Nous n'étions plus seuls. Grâce à Ottawa.

Le vent tourne

Notre marge de manœuvre, elle, venait soudainement de s'élargir. Nous étions de moins en moins suspects aux yeux de la pluplart des délégations. Celles qui avaient cru, un instant, devoir passivement assister à un match constitutionnel Québec-Ottawa, ou qui craignaient de nous voir retarder les négociations, comprenaient désormais que le danger se trouvait du côté fédéral, et qu'il fallait le conjurer, même en s'alliant ponctuellement au Québec «séparatiste».

Précisons-le: cette transformation inattendue de la conjoncture survint dès la première semaine de nos travaux et se répercuta sur les comportements à partir de la seconde. Elle contribua à modifier notre stratégie. Sans forcer la note, nous pouvions maintenant jouer dans notre forum estival un rôle nettement plus étendu, prendre des initiatives qui eussent autrement paru guidées par le souci de rendre à Ottawa la monnaie de sa pièce référendaire. En un sens (fort superficiel au demeurant), le Québec était devenu une «province comme les autres» parce qu'elle était, comme les autres, attaquée par Ottawa.

À partir de ce moment, une chose nous sembla évidente, que tout confirmait: non seulement Ottawa n'avait nulle intention de donner suite à des promesses référendaires — nous le savions déjà —, mais il était également résolu à «mettre les provinces à leur place», c'est-à-dire à instaurer le type de fédéralisme dont Trudeau rêvait. Celui-ci pourrait certes, au besoin, consentir des mini-concessions sur tel ou tel pouvoir secondaire (cela arriva de temps à autre, surtout quand la situation devenait trop tendue), mais il ne flancherait pas sur ce qui, dans son optique, constituait l'essentiel.

Pour Trudeau, la conférence de la «dernière chance», celle de septembre que nous étions chargés de préparer, était bien nommée. Elle lui offrait en fait son ultime chance à lui de modeler enfin le Canada à sa manière. Il venait d'être réélu, quelques mois plus tôt, en février; le Non référendaire avait été victorieux en mai au Québec; et, selon l'interprétation fédérale, les politiciens provinciaux seraient mal venus, par conservatisme ou autrement, de rejeter une charte des droits et de refuser à Ottawa les pouvoirs dont tout gouvernement national a besoin pour sauvegarder l'union économique du pays. En somme, les fédéraux se trouvaient facilement des motifs d'optimisme et avaient pleine confiance en leur méthode. Sûrs d'eux, ils ne feraient de cadeau à personne. Ils croyaient surtout ne pas avoir besoin d'en faire. Ils avaient le haut du pavé.

Nous en étions désormais convaincus: l'aboutissement prévisible de l'exercice qui débutait n'apporterait rien de bon au Québec et pourrait même lui enlever des choses.

Ottawa était d'humeur conquérante. Fallait-il, pour autant, nous résigner, nous considérer comme battus d'avance?

Non, mais que faire?

Nouvelle situation, nouvelle stratégie

Rechercher une alliance quelconque avec Ottawa dans l'espoir de mieux nous en tirer? C'eût été une démarche tactiquement invraisemblable, parfaitement illusoire quant aux résultats et, ce qui a son importance, politiquement incompréhensible pour le public.

Bloquer le processus? Fort bien, si l'on veut, mais comment? Il demeurait de toute façon exclu, dans les circonstances de l'époque, que le Québec fût la cause immédiate d'un échec. Au fait, comment bloque-t-on, à son tout début, une entreprise dont pratiquement personne, à l'extérieur de la salle de conférence, n'a encore saisi les dangers? Quel poids une dénonciation québécoise (ou de quiconque) aurait-elle dans l'opinion publique? Les autres provinces seraient-elles disposées à s'associer au Québec dans une telle initiative? Comment, ensuite, empêcher Ottawa d'agir unilatéralement?

Il existait une autre possibilité: orienter systématiquement le processus dans une direction quelque peu redoutée par Ottawa, ne serait-ce qu'à cause de son pouvoir de nuisance, celle des fronts communs interprovinciaux. Cela ne donnerait peut-être rien, et peut-être était-il trop tôt, mais pourquoi ne pas essayer? Ici quelques mots d'explications.

On l'a dit il y a un instant: les fédéraux se sentaient sûrs d'eux. Ils avaient l'impression que, sauf accident et malgré les remous normaux, ils atteindraient leurs objectifs. Leurs sondages montraient que l'insertion d'une charte dans la constitution, le rapatriement de celle-ci, le *people's package* en somme, recueillaient la faveur de la population à travers le Canada. Et puis il y avait tellement longtemps qu'on parlait, au Canada, de constitution qu'il était temps, n'est-ce pas, d'en finir. Il y avait aussi une échéance, hautement proclamée: la conférence de la «dernière chance», en septembre.

Dans ces conditions, quelle province anglophone oserait se mettre en travers de la trajectoire conçue par Ottawa? Pour aider le Québec «séparatiste»? Pour défendre, dans des domaines d'importance nationale, comme le pétrole, une autonomie égoïste et dépassée d'après les fédéraux? Ou pour s'opposer à la reconnaissance constitutionnelle de droits personnels fondamentaux? La pression publique sur les provinces serait donc, selon Ottawa, suffisamment forte pour qu'à la longue une majorité d'entre elles, par conviction ou lassitude, appuient ses plans. Ou, au moins, qu'elles s'y plient.

Car — cet élément était capital dans le calcul fédéral — ce qui comptait, c'était qu'Ottawa réussisse tout simplement à obtenir l'assentiment d'une majorité de provinces. Un appui unanime était non seulement impossible à réaliser (jamais le Québec ne marchera, se disait-on, ni peut-être l'Alberta), mais l'unanimité n'était pas essentielle pour modifier et rapatrier la constitution. Du moins c'était l'avis de spécialistes du ministère fédéral de la Justice et du Conseil privé. Mais, toujours selon eux, l'accord d'une majorité de provinces était, lui, nécessaire. Six ou sept sur dix, par exemple, s'alliant à Ottawa, ouvriraient la porte au rapatriement de la constitution et même à des modifications qui ne conviendraient pas aux provinces minoritaires récalcitrantes.

Je connaissais bien ce raisonnement. Sans être politiquement impeccable ou juridiquement indiscutable, il demeurait dangereux pour nous. Le Québec risquait d'être fâcheusement minorisé. Même en compagnie éventuelle d'une ou deux autres provinces, notre position serait inconfortable.

Mais — hypothèse intéressante — qu'arriverait-il si une majorité de provinces, plutôt que de se ranger du côté fédéral, décidait de faire alliance *contre* Ottawa? Cela mettrait certes du sable dans l'engrenage et éviterait l'isolement du Québec; sans nous garantir l'acquisition de pouvoirs substantiels nouveaux (nous n'avions là-dessus absolument aucun espoir), cela pourrait empêcher l'érosion de ceux que nous possédions. En tout cas, l'organisation éventuelle de fronts communs restait à peu près le seul moyen de défense à notre disposition. Nous n'avions pas tellement le choix des armes.

Comment construire des fronts communs?

Cette méthode soulevait diverses interrogations.

Son plus grand inconvénient était le caractère historiquement éphémère et fragile des fronts communs interprovinciaux. Dans *Le combat québécois*, publié en 1973, j'expliquais que, quoique fréquentes en diplomatie fédérale-provinciale, les alliances offensives ou défensives entre provinces ne duraient jamais plus que quelques semaines et ne portaient que sur des questions immédiatement concrètes, souvent d'ampleur limitée: «Dans ces conditions, vouloir former un front commun cohérent et durable relève de l'utopie politique». J'écrivais aussi que

> à l'intérieur du fédéralisme actuel, il est inutile d'espérer que les autres provinces feront ensemble pression sur Ottawa pour qu'il cède aux revendications autonomistes du Québec. Cela ne s'est jamais produit (p. 87).

Morale: si fronts communs il devait y avoir, ce ne serait sûrement pas en vue de la seule défense des positions québécoises.

Cette stratégie pourrait aussi paraître un peu trop engageante pour les autres provinces, compromettante même. On les obligerait, d'une part, à se déclarer opposées à Ottawa (ce qui pour certaines serait prématuré) et, d'autre part, à faire formellement équipe avec le Québec. Mieux valait donc viser à des alliances ponctuelles et les fonder sur divers intérêts convergents, en fait sur des réclamations provinciales assez largement partagées que les provinces consentiraient à formuler ensemble. Le Québec irait ainsi au front, abrité dans un groupe.

Restait à découvrir comment amener les provinces à agir de concert et comment, dans leurs positions communes, faire en sorte que les vues du Québec soient respectées. Autrement dit, le goût pour une concertation de cette nature existait-il, ce goût pourrait-il déboucher sur des fronts communs interprovinciaux solides, structurés, et où se logeaient les intérêts convergents capables de nous y conduire?

Il nous sembla que les fédéraux avaient, dans leurs estimations initiales de la situation post-référendaire, quelque peu négligé la présence de certains facteurs politiques et psychologiques dont la l'influence fut bientôt évidente.

Autour de la table de négociation, aucun gouvernement, sauf celui d'Ottawa, n'était d'allégeance libérale. Celui du Québec était souverainiste, celui de la Saskatchewan néo-démocrate et celui de la Colombie-Britannique créditiste, les autres conservateurs. Beaucoup plus lourd de conséquences encore: pour des raisons qui variaient d'une province à l'autre, trop longues à analyser ici, on sentait une méfiance généralisée et profonde envers le premier ministre Trudeau, un rejet tacite de son approche et de ses idées. C'était là en fait que se cachait le commun dénominateur qui donnerait naissance aux autres: ces gens-là n'aimaient pas Trudeau, mais pas du tout.

Cette attitude critique envers lui (et envers Marc Lalonde lorsque son évocation, spectrale, surgissait dans les conversations) ne s'étendait curieusement pas à la personne de Jean Chrétien. Québec exclu, ce ministre fédéral était bien vu de toutes les provinces, même s'il était membre d'un gouvernement jugé par elles déplorable. Sa manière directe d'aborder les problèmes facilitaient les rapports. En général, on l'appréciait. J'ai toujours pensé que les anglophones aimaient bien Chrétien, pour une raison en particulier. Il était, à leurs yeux, le *French-Canadian* idéal: il les faisait volontiers rire, se montrait disposé à «mettre le Québec à sa place» et n'était pas naturellement porté à les déranger. S'il devait parfois, hélas, les brusquer, c'est qu'il se conformait aux instructions dogmatiques d'un patron intransigeant auquel il était forcément fidèle. C'est pourquoi, dans notre édification de fronts communs, il fallut toujours bien prendre soin de ne pas les orienter contre le messager, mais plutôt contre son distant chef.

Il se produisit aussi autre chose, de nature à nourrir les antipathies provinciales latentes envers Ottawa.

À mesure que les fédéraux dévoilaient leurs positions, les délégations firent une constatation étonnante: les offres du gouvernement fédéral étaient dans l'ensemble beaucoup moins généreuses que celles qu'il avait présentées deux ans plus tôt sur les mêmes sujets.

En 1978, en effet, probablement pour rendre la tâche plus difficile aux partisans québécois de la souveraineté-association, Ottawa avait lancé, dans l'espoir d'y réussir un ou deux coups d'éclat, une brève ronde de négociations constitutionnelles. Les libéraux fédéraux se trouvaient alors dans une situation politique beaucoup moins confortable que celle de l'été 1980 (ils perdirent d'ailleurs le pouvoir peu après). Sur certaines questions, par exemple les richesses naturelles ou le pouvoir fédéral de dépenser, ils firent preuve d'une souplesse assez inhabituelle chez eux. Les circonstances l'exigeaient. Mais cette souplesse resta insuffisante pour les provinces de l'Ouest, particulièrement l'Alberta en pleine croissance pétrolière et peu disposée à céder à Ottawa en matière de richesses naturelles. Or, deux ans plus tard, les offres de 1978 étaient à toutes fins utiles retirées et remplacées par des propositions jugées tout à fait décevantes par les intéressés. Animés par une rigidité renouvelée, les fédéraux reconnurent volontiers qu'ils restaient maintenant bien en deçà de leurs «ouvertures» antérieures. Autres temps, autres mœurs.

Cela ne réchauffa en rien l'atmosphère. Bien des provinces eurent le sentiment qu'on se moquait d'elles. Pourquoi ce qui était bon pour les fédéraux en 1978 était-il désormais rejeté par eux? Elles en conservèrent un sentiment d'amertume, jugeant que les offres de 1978 auraient tout de même pu servir de «plancher» pour la nouvelle ronde de négociations.

Pour le Québec, le recul fédéral était tristement éloquent: Ottawa se montrait, *après* le référendum, encore moins disposé à des compromis qu'il ne l'était *avant*.

Les prétentions d'Ottawa sur l'économie et les menaces qu'elles faisaient planer sur les attributions des provinces avaient déjà suscité, plus que toute autre cause, un besoin de cohésion interprovinciale. Ce fut visible dès la deuxième semaine de nos travaux. Le souhait implicite d'une telle cohésion, s'il se manifesta d'abord à propos d'un point de l'ordre du jour (les «pouvoirs sur l'économie»), s'étendit graduellement à tous les sujets, quand devint patent le retrait des offres de 1978.

Si Ottawa les attaquait ensemble, pourquoi les provinces ne se protégeraient-elles pas conjointement? Divisées sur l'économie ou sur le reste, les fédéraux les grugeraient les unes après les autres. Seule l'Ontario se sentait en sécurité.

L'idée de se grouper n'était pas encore officiellement admise, encore moins annoncée publiquement, mais elle faisait rapidement son chemin. Comment ne pas laisser se perdre l'impulsion naissante et comment lui donner forme, et, surtout, comment profiter du mouvement amorcé pour défendre les intérêts du Québec? Un danger: si nous nous montrions trop enthousiastes, trop «activistes», trop directifs, d'aucuns, toujours un peu suspicieux, décèleraient peut-être, dans la construction de positions communes, quelque stratégie à la fois péquiste et diabolique, perfidement destinée moins à aider les provinces qu'à promouvoir les intérêts du seul Québec et, qui sait, ceux d'une option politique, la souveraineté-association.

Je recourus donc à une méthode parfaitement innocente et d'une plausibilité à toute épreuve. Chaque fois que, sur un des sujets étudiés entre ministres ou en comités de fonctionnaires, un consensus de plusieurs provinces semblerait se dégager, le représentant québécois prendrait la parole pour appuyer quiconque formulerait une proposition ou soumettrait un texte confirmant le consensus interprovincial. Il pourrait s'exprimer tout de suite après le proposeur, mais préférablement après qu'un ou deux autres délégués aient formulé leur propre appui. Ou même, si les choses allaient bien, n'interviendrait pas du tout. De la sorte, nous éviterions de nous mettre en évidence.

Ces précautions prévalurent lors de la première moitié de nos délibérations de l'été. Nous nous permîmes à la longue une plus grande spontanéité et une visibilité davantage marquée. Pour dire le vrai, des provinces avaient fini par comprendre notre méthode; complicité aidant, celle-ci leur paraissait d'autant plus séduisante qu'elle compliquerait la tâche de Trudeau! Les fédéraux surent aussi bientôt à quoi s'en tenir. Le mouvement était cependant déjà amorcé. Difficile de l'arrêter.

Il n'était pas question de donner notre appui à n'importe quel point de vue commun. Celui-ci devait obligatoirement correspondre au contenu ou au sens des positions autonomistes préconisées, au cours des récentes années, par l'un ou l'autre des gouvernements du Québec. Ces positions, fort connues chez nous, ou bien convergeaient ou bien se complétaient. En 1979, nous les avions réunies dans *Les positions traditionnelles du Québec*, document qui nous servait dorénavant de texte de références.

Bien que le Parti québécois fût souverainiste, son programme prévoyait depuis l'automne 1974 que, tant qu'il aurait à œuvrer à l'intérieur d'un régime fédéral, il pratiquerait une politique fortement autonomiste. C'est cette partie du programme que nous appliquions au cours de l'été 1980. Le repli sur les «positions traditionnelles du Québec» ne forçait donc pas son gouvernement à se livrer à une acrobatie politique impro-visée. Le cas avait en quelque sorte été prévu.

Ainsi, entre le 8 juillet et la fin d'août, notre comité ministériel fut en mesure d'élaborer, sur les douze points de l'ordre du jour ou sur certaines de leurs composantes, des positions communes convenant à sept, huit, neuf et même, dans un cas, à toutes les provinces (les communications). Pour chaque question, les provinces identifiaient une compétence constitutionnelle ou un rôle dont elles souhaitaient la confirmation ou le transfert d'Ottawa.

Petit train va loin

Il est impossible de relater ici le déroulement complet des discussions pendant nos semaines intensives de l'été. Quelques observations suffiront cependant à rendre compte de l'atmosphère régnant dans notre «conclave».

Inutile de dire que la construction progressive de positions pro-vinciales communes allait directement à l'encontre du *give and take* demandé par Chrétien. À aucun moment en effet n'envisagea-t-on sérieusement la possibilité de confier à Ottawa, en échange de concessions de sa part, des attributions jusque-là provinciales. Les réclamations des provinces s'orientaient dans une seule direction: un accroissement de leurs pouvoirs.

Cette tendance, d'abord peu perceptible, déplaisait évidemment aux fédéraux. Ils ne l'avaient pas prévue, du moins pas avec l'ampleur qu'elle finit par prendre. Optimistes, ils aimèrent néammoins longtemps croire que cette concertation résultait purement et simplement d'un souci défensif et de cette tactique, normale au début de toute négociation, qui consiste à situer les enchères à un niveau suffisamment élevé.

Demander plus pour obtenir moins; c'est la pratique courante de tout syndicat expérimenté. Ainsi en allait-il des provinces. Rien là de bien inquiétant.

Pourtant, ce n'était pas si simple.

L'attitude des provinces découlait en droite ligne non seulement de leurs préventions initiales contre Trudeau, mais du retrait des offres de 1978 et de l'agression dont elles se sentaient victimes quant à leurs pouvoirs économiques. Celle-ci avait d'ailleurs amené Roy Romanow, tout coprésident qu'il était de nos travaux, à s'en prendre publiquement et violemment aux ambitions fédérales, une dizaine de jours à peine après le début des négociations. Cela créa, pour le reste de l'été, une distance entre lui et Chrétien qui se répercuta sur d'autres questions de l'ordre du jour. Les prises de position de Romanow et les réticences que plusieurs provinces en vinrent à émettre devant des journalistes me mirent particulièrement à l'aise pour formuler nos propres critiques devant la presse. Pourquoi m'en serais-je privé?

Bien sûr, la vigueur des réactions et la fermeté des positions avancées variaient d'une province à l'autre. Elles n'étaient pas toutes aussi loquaces ni aussi déterminées les unes que les autres. Chacune obéissait à ses propres motivations.

L'Alberta, par exemple, demeurait plutôt silencieuse. Non pas qu'elle fût indifférente à l'exercice constitutionnel, ni favorable au vues fédérales, bien au contraire. Cependant, nos négociations se déroulaient au moment même où son contentieux pétrolier avec Ottawa (perception des redevances et droit d'exporter) se trouvait dans une phase aiguë. De nouveaux pourparlers venaient d'échouer. Pour elle, la solution satisfaisante de ce contentieux était un préalable à toute entente constitutionnelle. D'ici là, inutile pour les fédéraux de s'attendre à une collaboration de sa part. Elle n'avait pas digéré l'annonce par Trudeau et Chrétien que la propriété des richesses naturelles, élément de notre ordre du jour très important pour elle, était indissociable de la confirmation des pouvoirs d'Ottawa sur l'économie. Cela revenait à lui dire: nous admettrons certaines de vos prétentions sur le pétrole, si, de votre côté, vous reconnaissez qu'il appartient au gouvernement fédéral d'orienter l'économie sans entraves provinciales. Ce que l'Alberta traduisait ainsi: nous consentirons à vous donner d'une main ce qu'à tout moment nous pourrons reprendre de l'autre. Ces divergences firent beaucoup pour entretenir, jusqu'à la fin de 1981, l'hostilité de cette province envers à peu près toute proposition fédérale.

Le Manitoba, dirigé par Sterling Lyon, s'opposait notamment à la constitutionnalisation d'une charte des droits. La Colombie-Britannique tenait à une réforme du Sénat conçue de façon à lui donner, comme province, une influence sur les politiques dites «nationales» que lui interdisait, croyait-elle, le nombre insuffisant de ses députés à Ottawa, comparativement au contingent provenant de l'Ontario et du Québec. Terre-Neuve, entre autres préoccupations, voulait obtenir une compétence claire sur les richesses naturelles en bordure des côtes (*offshore resources*). Et ainsi de suite. Chaque délégation avait au moins une ou deux réclamations prioritaires, souvent formulées sans succès depuis des années. Comme on l'a dit, elles les avaient fait inscrire à l'ordre du jour et profitaient des négociations en cours pour en discuter de nouveau.

Sur cette base, il était assez facile d'édifier des positions conjointes. Ce qui l'était moins — mais on y arriva — ce fut d'éviter que les provinces ne se disputent entre elles sur des divergences parfois très marquées de l'une à l'autre sur tel ou tel aspect de ces questions. Nous recherchions toujours les convergences. Les provinces étaient d'ailleurs convaincues que, divisées, elles ne résisteraient pas aux ambitions fédérales.

Pas toutes les provinces. Sur certains sujets, le Nouveau-Brunswick se sentait naturellement d'accord avec Ottawa, par exemple sur la charte des droits. Le premier ministre Hatfield, qui siégea avec nous tout l'été, y voyait sincèrement une façon de protéger les droits des Acadiens, ce qui, dans cette partie de la population de sa province, pouvait aussi lui valoir certains dividendes électoraux.

Du côté de l'Ontario, aucun doute possible: cette province afficha dès le départ son soutien non équivoque d'Ottawa. Le *people's package* lui allait à merveille; il correspondait à ses propres priorités; lui convenait également le refus fédéral de transférer des compétences nouvelles aux provinces, parce que de tout temps elle avait opté pour le maintien et la consolidation d'un gouvernement central fort, donc centralisé. La récupération de pouvoirs économiques par Ottawa serait aussi dans son intérêt.

Globalement et pour les longs mois à venir, Ottawa et Toronto allaient marcher la main dans la main. D'autant plus, comme on le verra plus loin, que Trudeau exempta l'Ontario, quant au français, d'obligations linguistiques auxquelles il soumit cependant le Québec, quant à l'anglais! On se dirigeait peut-être vers un «fédéralisme renouvelé», mais c'était vers celui que rêvait l'Ontario!

De temps à autre, les fédéraux proposèrent des amendements constitutionnels de nature, espéraient-ils, à rallier la majorité des participants. Ainsi, même s'ils n'eurent pas de suite pour diverses raisons, des accords s'esquissèrent sur le droit de la famille (la responsabilité en matière de divorce irait aux provinces), sur des dispositions touchant les communications ou même sur la composition de la Cour suprême. Les «concessions fédérales» ne portaient cependant en rien sur les demandes les plus insistantes des provinces, surtout de celles d'entre elles qui exerçaient un certain ascendant sur les autres.

Il ne s'y trouvait rien non plus qui pût convenir particulièrement au Québec. Nous sentions d'ailleurs que les fédéraux ne cherchaient nullement à faire un effort en ce sens. Le «problème québécois» s'était dissous de lui-même. On avait oublié les promesses référendaires, mais pas le résultat du référendum.

En contrepartie, dès lors qu'il s'agissait des pouvoirs sur l'économie, des richesses naturelles ou de la charte des droits, Ottawa se montrait résolument inflexible, nourrissant ainsi les déceptions des provinces.

Ce qui, en un sens, ne nous décevait pas. Nous n'aurions pas voulu que le Québec fût la seule cible de l'obstination fédérale. Par contre, il était évident que si Ottawa en venait, un jour, à rechercher des compromis, nos ententes ponctuelles et sectorielles s'effondreraient peut-être. Il faudra se souvenir de cela lorsqu'on abordera la phase cruciale des négociations post-référendaires, celle d'octobre-novembre 1981. Pour l'instant toutefois, l'attitude fédérale contribuait à cimenter des alliances interprovinciales qui feront bientôt obstacle aux grands projets du premier ministre Trudeau.

Nous sommes alors au début d'août 1980. Comment, du point de vue d'Ottawa, évaluait-on à ce moment la situation? Pour le savoir, le mieux est d'aller consulter les textes fédéraux eux-mêmes.

7

La lumière venue de l'intérieur

Trudeau accordait une importance extrême à nos discussions préparatoires de l'été.

De la façon dont elles se dérouleraient dépendrait son attitude à la conférence de septembre. Les ministres pourraient en arriver ensemble à certains accords. Ce serait autant de gagné; on les entérinerait en septembre. Sur les autres sujets, nos négociations permettraient de faire ressortir clairement les points de mésentente et de mesurer le degré d'opposition de telle ou telle province ou la fermeté relative de ses positions. Il reviendrait ensuite à Trudeau de jouer.

Des textes éclairants

Comme je l'appris plus tard, chaque vendredi, immédiatement après nos travaux de la semaine, un des membres importants de la délégation fédérale, le directeur des relations fédérales-provinciales au Conseil privé, Michael Kirby (devenu par la suite sénateur libéral), mettait la dernière main à un rapport confidentiel de vingt à trente pages, simple interligne, à l'intention du Pierre Elliott Trudeau. Jean Chrétien en recevait une copie, de même que John Roberts, ministre de l'Environnement, qui l'accompagna durant l'été. Ce document circonstancié décrivait l'état de la situation pour chacun des sujets de l'ordre du jour, contenait des commentaires sur le comportement de telle ou telle délégation provinciale et évaluait l'efficacité de la stratégie fédérale pour la semaine écoulée.

Il est bien sûr impossible de citer ici ces rapports en entier. Je devrai me limiter à quelques passages. Commençons par celui du 11 juillet, là où il résume l'allure des travaux:

> En gros, nous avons accompli une bonne partie de ce que nous voulions réussir la première semaine. Notre stratégie générale et le fait que le

gouvernement fédéral a pris l'offensive ont semé dans les rangs provinciaux une confusion au moins temporaire et ont modifié la dynamique des négociations. Néanmoins, le succès à long terme n'est nullement assuré et dépendra largement de la façon dont nous pourrons profiter de notre avantage et de la rapidité avec laquelle les provinces s'ajusteront aux circonstances.

Le succès à long terme dépendra aussi de ce que les provinces croiront ou non que le gouvernement fédéral est disposé à agir unilatéralement dans des domaines autres que ceux des droits ou du rapatriement (...) Si les provinces en viennent à croire que nous agirons, même en matière de répartition des pouvoirs, où il y a un fort consensus mais pas l'unanimité, alors des progrès réels peuvent intervenir dans les négociations, car les provinces sentiront l'urgence de réaliser le meilleur arrangement possible, même si elles n'obtiennent pas tout ce qu'elles veulent. Bref, créer l'impression (mais sans le dire aussi explicitement) que nous sommes déterminés à agir unilatéralement dans plusieurs domaines devrait faire partie de notre attitude fondamentale[1].

Nous nous étions interrogés sur la détermination fort peu diplomatique dont les fédéraux faisaient preuve depuis le début de nos rencontres et même pendant les semaines précédentes. Or, le document de Kirby montrait que cela était planifié. Ils voulaient en somme ébranler les provinces, donner l'impression d'une grande rigidité et laisser entendre qu'ils recourraient si nécessaire à divers gestes unilatéraux. L'époque ne se prêtait pas au compromis sur les sujets essentiels. Les provinces devaient le comprendre et se résigner à de modestes accommodements. Voilà la conviction qu'elles devaient bien se mettre dans la tête.

L'élément choc de la stratégie d'Ottawa était ce point de l'ordre du jour, les «pouvoirs sur l'économie», inscrit en juin à la demande même de Trudeau. Kirby paraissait assez satisfait de l'effet provoqué:

Ce sujet a déstabilisé les provinces. Elles ne semblent pas s'être attendues à ce que le gouvernement fédéral soit aussi direct dans ses demandes à leur endroit[2].

Plusieurs paragraphes du rapport analysaient le comportement de la délégation québécoise. J'en cite les premières et les dernières lignes, le texte complet se trouvant à l'Annexe 2:

Le gouvernement du PQ, mal placé entre une défaite référendaire et une élection provinciale prochaine, fait face à un ensemble compliqué de circonstances. Si, d'un côté, on peut volontiers reconnaître la dextérité avec laquelle il défend ses positions et couvre ses flancs, on doit aussi se rappeler que la difficulté qu'on éprouve présentement à déceler une stratégie claire de sa part peut autant être due à l'incertitude de ce gouvernement qu'à sa sophistication (...).

Le gouvernement du Québec fera des efforts particuliers pour éviter de se retrouver seul contre tous, excepté sur deux questions, à savoir le rapatriement et la constitutionnalisation des droits scolaires linguistiques des minorités. Là-dessus il est prêt à être seul, si nécessaire. Ce désir de ne pas être isolé donne au gouvernement fédéral une latitude qu'il n'avait pas avant, s'il joue bien ses cartes. Il vaut aussi la peine de mentionner que la délégation du Québec participe beaucoup plus activement au processus que la dernière fois[3].

Les fédéraux n'étaient pas encore tout à fait sûrs de la stratégie que nous suivions, mais commençaient à en avoir une idée. Ils avaient particulièrement constaté notre désir de ne pas être isolés, ce qui ne requérait pas une trop grande perspicacité.

Cette idée — ne pas être isolés —, ils la retinrent. Seize mois plus tard, en novembre 1981, elle leur donna à croire, faussement, que nous nous résignerions à pratiquement tout arrangement constitutionnel, même peu appétissant pour nous, de peur d'être les seuls à le refuser. Par contre, il était exact que nous étions beaucoup plus actifs dans les discussions à l'été 1980 qu'antérieurement. La dernière fois, on le sait, se situait en 1978-1979 alors qu'Ottawa, en bonne partie pour nous couper l'herbe sous le pied avant le référendum, avait effectué une tentative (avortée) de révision constitutionnelle. Effectivement, les conditions avaient changé...

À la fin de la deuxième semaine de nos travaux, Kirby rédigea une autre note à l'intention de Trudeau. Reconnaissant que les provinces étaient encore, pour la plupart, davantage opposées que la semaine précédente aux positions d'Ottawa sur les pouvoirs économiques, il se félicitait néanmoins de l'efficacité de la stratégie fédérale:

Les provinces semblent accepter en privé le fait que le gouvernement du Canada est en train de gagner la présente ronde de négociations. Selon les renseignements qui nous parviennent, elles n'ont pas concédé la victoire, mais croient plutôt que le gouvernement du Canada trouvera difficile de conserver son élan et son initiative pendant la troisième semaine. Cela signifie que nous devrions maintenir une incessante pression sur les provinces.

Au cours des deux semaines de négociations qui se terminent, nous n'avons rien cédé qui soit stratégique. En fait, nous avons acquis un important terrain stratégique en mettant l'accent principal sur les pouvoirs concernant l'économie. Les provinces s'étaient attendues à ce que nous insistions seulement sur le *people's package*. Elles constatent maintenant que nous sommes également fermes sur la question des pouvoirs. Cela nous a aidés à garder les discussions sur notre terrain, à l'intérieur de notre stratégie et selon notre échéancier[4].

Prudent, Kirby ajoutait que, pour la troisième semaine, Ottawa devrait peut-être songer à montrer un peu plus de souplesse, mais sans faire de compromis sur l'essentiel. Il faut rappeler ici, pour se replacer dans le contexte, qu'en plus des sujets majeurs comme les droits fondamentaux, la déclaration de principes, les pouvoirs sur l'économie et les richesses naturelles, les discussions se poursuivaient parallèlement sur les autres.

Un de ceux-ci prit temporairement une importance particulière: la réforme du Sénat. Quelques provinces, notamment la Colombie-Britannique, s'étant rendu compte de l'inflexibilité d'Ottawa sur le partage des pouvoirs et sur le *people's package,* crurent pouvoir contrebalancer cette attitude rigide en obtenant une représentation accrue au sein d'un Sénat renouvelé. En somme, elles n'obtiendraient probablement pas de nouveaux pouvoirs, mais leur influence, espéraient-elles, croîtrait ainsi dans les institutions centrales du fédéralisme canadien.

Tour d'horizon

Le troisième rapport de Kirby, daté du 28 juillet, était beaucoup plus long que les deux précédents. La première phase des négociations constitutionnelles venait en fait de se terminer. Le processus ne reprendrait, au niveau ministériel, qu'à la fin d'août, après la conférence annuelle régulière des premiers ministres des provinces et aussi après la tenue de la commission parlementaire sur la constitution à Québec. Ottawa devait donc faire le point

Il est vraiment dommage de ne pouvoir citer ici en entier ce document détaillé de quarante pages, grand format, simple interligne. Je m'en tiendrai donc à quelques passages.

Ce texte, quoique encore optimiste, s'étendait longuement sur les diverses possibilités d'action fédérale unilatérale au cas où, en septembre, les négociations se solderaient par un échec. Plusieurs scénarios étaient examinés. Ce n'était pas la première fois qu'à Ottawa on envisageait des gestes unilatéraux. Pour bien préparer les esprits, cette possibilité avait souvent été évoquée en public par Trudeau et d'autres ministres fédéraux. Cette fois-ci on avait davantage mûri le sujet. Le texte comprenait aussi des précisions sur le projet de publicité constitutionnelle qui venait d'être approuvé par le comité du cabinet sur les communications.

Comme un autre comité du cabinet, celui sur les priorités, devait se réunir dans les jours suivants, Kirby posait, dans sa note, la question d'un référendum pancanadien en cas d'échec et ajoutait:

> Nos récents sondages montrent qu'une majorité substantielle du peuple canadien croit que le gouvernement fédéral ne devrait *pas* agir unilatéralement dans des domaines de juridiction partagée ou purement provinciale sans l'appui de gouvernements provinciaux représentant 75% de la population. Le peuple canadien est cependant fortement d'accord avec la tenue d'un référendum national si cet objectif de 75% n'est pas atteint au terme de négociations fédérales-provinciales[5].

Kirby procédait aussi à une revue détaillée de l'attitude de chaque province et soulevait divers problèmes de stratégie et de tactique. D'abord une remarque révélatrice sur l'Ontario:

> Dans ces pourparlers, l'Ontario s'est révélée la plus forte partisane de la position globale du gouvernement du Canada, spécialement dans le domaine de la répartition des pouvoirs et en matière économique (...). L'intensité de son appui a parfois mis sa crédibilité en danger. Il ne serait pas étonnant qu'elle décide, pour des raisons tactiques, de mettre pour un certain temps quelque distance entre elle et le gouvernement fédéral(...)[6].

Puis, celle-ci sur la Saskatchewan, dont le représentant était, on le sait, Roy Romanow, notre coprésident:

> La Saskatchewan a sans contredit été, au cours de ces pourparlers, la province la plus turbulente et la plus récalcitrante(...)[7].

Quant à l'Alberta, elle

> a joué un rôle minimal dans les négociations et a été virtuellement silencieuse sur plusieurs questions (...)[8].

Motif: l'Alberta ne s'engagerait à rien et ferait même la vie difficile à Ottawa tant et aussi longtemps qu'il n'y aurait pas entente sur l'épineuse question du pétrole.

Sur le Québec maintenant, ce passage, un peu plus long:

> Jusqu'à maintenant l'approche du gouvernement du Québec n'a en aucune façon miné le processus ni compromis l'intégrité des pourparlers ou celle du cadre fédéraliste dans lequel ils sont conduits.
>
> Lors des échanges sur la Cour suprême, sur la déclaration de principes/préambule, sur le Sénat ou le droit de la famille, le Québec a été direct, tout en indiquant que le partage des pouvoirs était prioritaire. M. Morin a

souligné qu'un Sénat réformé ne constituait pas une alternative à des modifications dans la répartition des pouvoirs. Pour la première fois, le Québec a activement pris part aux discussions sur le rapatriement et la formule d'amendement. Sa position sur le partage des compétences et sur les pouvoirs concernant l'économie était entièrement prévisible; il est totalement opposé à toute démarche qui conduirait à une réduction de ses pouvoirs. Le Québec a aussi demandé des transferts majeurs en matières de ressources, de communications et de pêcheries. Bien que disposé à examiner le problème de la constitutionnalisation de certains droits fondamentaux, il s'oppose résolument à ce que celle-ci s'applique aux droits linguistiques[9].

Le document passait aussi en revue certaines questions délicates, par exemple la façon dont avait été accueillie la position fédérale sur l'économie et les ressources:

> Comme groupe (...) les provinces ont été quelque peu prises de court par la stratégie du gouvernement fédéral, en particulier par le fait qu'il a mis en avant, dans le domaine économique, des propositions précises qui représentent un défi à la liberté provinciale d'action(...). La suspicion de départ quant aux intentions du gouvernement fédéral a été graduellement remplacée(...) par la constatation qu'Ottawa était sérieux dans ses propositions et dans son approche ferme[10].

La déclaration de principes ou, si l'on veut, le préambule de la future constitution, un des douze points à examiner, donna lieu à un échange intéressant au cours dela dernière semaine de juillet. Voici une partie de ce qu'en disait Kirby dans son rapport à Trudeau:

> Sur cette question, les discussions entre ministres se déroulèrent étonnamment bien. Les principaux objectifs fédéraux furent tous atteints. Le but le plus important est d'obtenir des divers participants une idée aussi claire que possible des éléments qui devraient, selon eux, apparaître dans un préambule (...).
> Le Québec (...) fut spécialement actif. M. Morin souligna l'importance du préambule et suggéra, entre autres choses, qu'il fasse état du caractère distinct de la société québécoise et du Québec comme point d'appui du Canada français, à l'engagement du Québec envers le fédéralisme, résultat de sa libre adhésion au régime fédéral (...). (Appuyé par le premier ministre Hatfield du Nouveau-Brunswick) le Québec demanda une clause sur l'auto-détermination, mais ajouta être disposé à accepter que l'auto-détermination soit exprimée de manière positive (par exemple, en disant qu'au départ les Canadiens se sont unis volontairement, ce qui implique, selon le Québec, qu'ils pourraient volontairement quitter l'union).Cette suggestion rencontra un large accord et personne n'exprima d'opposition[11].

Perspectives

Les fédéraux devaient désormais penser à l'avenir prochain, c'est-à-dire à la reprise, à la fin d'août, des rencontres ministérielles. Entre-temps, se tiendrait aussi, à Winnipeg, la conférence annuelle des premiers ministres des provinces. Ils estimaient que, jusqu'à maintenant, les choses s'étaient, somme toute, bien déroulées pour eux, mais ne croyaient pas pour autant être au bout de leurs peines. Sait-on jamais: mieux valait donc être vigilant, alerte et astucieux. Et surtout, réaliste. Les provinces n'étaient pas de bonne humeur. D'où le conseil suivant de Kirby à Trudeau:

> De façon à rendre plus difficile aux provinces la formation d'un front commun, il nous est essentiel d'entreprendre des discussions *bilatérales* avec certaines d'entre elles (par exemple, Terre-Neuve et la Nouvelle-Écosse sur les ressources en bordure des côtes, la Saskatchewan sur les richesses naturelles) avant la conférence des premiers ministres des provinces, les 21 et 22 août (...)[12].

Cet avis était formulé à la page 6 du rapport de Kirby, qui y revenait à la page 33 (les italiques sont de lui), plaidant presque pour une plus grande souplesse et annonçant que des représentants fédéraux procéderaient à des pourparlers bilatéraux dans les semaines suivantes:

> Si aucune des provinces ne relève d'indices significatifs d'évolution du côté fédéral avant la rencontre des premiers ministres des provinces les 21 et 22 août, il est très probable que cette rencontre conduira à un durcissement des positions provinciales et à la création d'un front commun. *Nous devons essayer d'empêcher cela de se produire.*
>
> *En résumé*, une entente à la conférence de septembre est possible (sans être probable) sur un bon nombre de questions, mais cela n'arrivera que si chaque province croit avoir obtenu quelque chose des négociations dans un domaine l'intéressant en particulier (...).
>
> Il serait éminemment préférable de réaliser un accord auquel tous les gouvernements peuvent souscrire, dans la mesure où cet accord respecte les objectifs essentiels du gouvernement fédéral (...). En même temps, une négociation de bonne foi est essentielle de la part du gouvernement fédéral, *même si la négociation aboutit finalement à un échec.* Car, le cas échéant, le gouvernement fédéral doit être en mesure de présenter efficacement sa position au public au moment où il procédera unilatéralement[13].

Quelques brefs commentaires s'imposent ici. L'élaboration, par les provinces, de positions communes tracassait sérieusement les fédéraux. Ils songeaient donc à l'antidote classique: s'arranger individuellement avec celle-ci ou celle-là sur un sujet précis la concernant. Si possible, le faire avec toutes en vue d'un accord général en septembre, mais de préférence avant la conférence des premiers ministres des provinces qui, vu l'état d'esprit ambiant à la fin de juillet, risquait de donner lieu à des prises de positions négatives à l'endroit d'Ottawa. Autrement dit, nonobstant la fermeté d'Ottawa jusque-là, il commençait à être temps de jeter du lest.

L'entente souhaitée ne mettait cependant strictement pas en cause les objectifs fédéraux énoncés depuis le début: *people's package* , pouvoirs sur l'économie, etc. En somme on offrirait un petit quelque chose à chacune des provinces. Ce serait bien sûr beaucoup moins qu'elles n'auraient espéré, très peu même, mais, compte tenu de la détermination farouche manifestée par Ottawa, cela constituerait quand même un «gain» relatif. Ottawa aurait l'air d'avoir assoupli ses exigences et cela donnerait bonne impression dans le public. Si jamais on devait agir unilatéralement, cette bonne impression (ou cette impression de bonne foi) créerait un préjugé favorable envers le gouvernement fédéral.

En ce qui concernait la plupart des provinces, le raisonnement était assez juste: dans le passé, plusieurs fronts communs interprovinciaux sur des sujets administratifs ou fiscaux avaient été fissurés par un «petit quelque chose». Cette fois-ci, il s'agissait de matières constitutionnelles et l'humeur de plusieurs provinces était politiquement massacrante. Le vieux truc éprouvé fonctionnerait-il encore?

Pour le Québec, l'approche fédérale était complètement décrochée de la réalité.

Comment pouvait-on en effet croire qu'après les promesses référendaires et à la lumière de ses nombreuses réclamations des années antérieures, sous tous les gouvernements, le Québec consentirait à donner satisfaction à Ottawa sur ses propres réclamations, donc à voir réduire ses pouvoirs (notamment en matière de langue), en échange de concessions fragmentaires? Peut-être s'est-il trouvé du côté d'Ottawa des gens pour penser s'en tirer avec un pareil *give and take*. Si tel était le cas, ces mêmes gens, si peu au fait du point de vue québécois, n'auraient pas gagné le prix du jugement politique.

On a dû finir par se raviser, puisque, ni au cours de l'été 1980 ni jamais par la suite, aucun représentant fédéral n'a tenté d'entrer en négociation bilatérale sérieuse avec nous. Une seule fois, brièvement, Jean Chrétien, me prenant à part, demanda à peu près: «Bon, Claude, il te faudrait quoi pour régler?» Je lui répondis en substance, aimablement toutefois, qu'il était mieux placé que quiconque pour savoir ce que Trudeau avait en tête en formulant ses fameuses promesses référendaires et que j'attendais toujours des précisions lumineuses à cet égard.

Épître de Pierre Elliott Trudeau aux Québécois

Un mot maintenant sur un autre document fédéral, public celui-là.

On se souvient que la déclaration de principes diffusée, au début de juin, par le premier ministre fédéral avait soulevé bien des commentaires au Québec, notamment dans la classe politique et chez les intellectuels. Cette déclaration devait servir de matière première pour un éventuel préambule à la constitution. Trudeau y parlait du «peuple canadien» en des termes qui ne paraissaient pas respecter suffisamment le caractère distinct de la société québécoise. Les choses ne devaient pas en rester là.

Le 15 juillet, par l'entremise des journaux, Trudeau transmit une lettre ouverte aux Québécois. Elle était brillante et apparemment logique. Il y attribuait en bonne partie au piège des mots les interprétations négatives suscitées par son projet du 9 juin. Selon lui, le sens de ces mots — peuple, nation — aurait «été perverti par des siècles de pensée hypernationaliste». En réalité, cette lettre ouverte remettait une fois encore en lumière les deux conceptions opposées du Canada, celle de ce nationaliste canadien qu'était le premier ministre fédéral et celle des nationalistes québécois. De ce côté-là, rien de différent de ce que nous savions déjà. Le lendemain, précisant son intention, Trudeau affirma d'ailleurs devant des journalistes n'avoir «rien dit de nouveau», ce qui était parfaitement exact. Certains avaient en effet cru à un changement d'opinion de sa part, notamment à cause du passage suivant de sa lettre ouverte:

> Le préambule d'une nouvelle constitution que nous avons soumis aux premiers ministres étant perfectible, je ne demande qu'à le modifier pour reconnaître plus explicitement encore l'existence des deux principales communautés linguistiques du pays, dont la française a son premier foyer et son centre de gravité au Québec, quoiqu'elle s'étende à l'ensemble du Canada. Il s'agit là d'un fait social et politique que nul ne songe à nier et dont nous devons tenir compte si nous voulons rebâtir un Canada nouveau, solidement ancré dans la réalité.

En somme, il existait bien, au Canada, une communauté linguistique francophone, mais, comme Trudeau l'avait souvent répété, cela ne devait en rien modifier le statut provincial du Québec ni justifier l'acquisition de pouvoirs spéciaux. Interrogé sur la reconnaissance du particularisme québécois, il répondit que le régime fédéral permettait à chaque province de développer son statut particulier; il donna comme exemples l'Alberta et la Colombie britannique qui, selon lui, se sentaient aussi différentes des autres provinces que le Québec. Syllogisme implicite sinon impeccable:

Toutes les provinces se sentent différentes;
Or le Québec se sent différent;
Donc le Québec est une province comme les autres!

Une semaine plus tard, René Lévesque répliquait de la manière suivante, dans un texte qu'il fit lui aussi parvenir aux journaux:

Selon (le premier ministre fédéral), les Québécois ne seraient qu'une ethnie ou une nation sociologique comme il en existe une foule d'exemplaires au Canada, et cette ethnie n'aurait aucun droit à une dimension politique particulière. Pour M. Trudeau, il n'y a, au Canada, qu'un seul grand ensemble politique, un seul électorat, un seul peuple composé de plusieurs nations sociologiques (...). Sur ce plan, non seulement les conceptions de M. Trudeau sont absolument inacceptables pour le gouvernement du Québec, mais sa lettre ouverte démontre jusqu'à quel point nous avions raison de refuser son projet de déclaration de principes (...).

Puis, la semaine d'après, le ministre ontarien des Affaires intergouvernementales, Tom Wells, émit son opinion sur l'allure des négociations constitutionnelles. Sa province ne s'interrogeait pas, elle, sur des concepts comme nation, peuple, société ou ethnie, et pouvait donc nous ramener sur la terre ferme. Faisant une revue des divers sujets de notre ordre du jour estival, il estima donc que, malgré tout, une entente sur plusieurs d'entre eux demeurait possible pour septembre. C'était là, selon lui, une chance que les provinces devaient s'empresser de saisir. Sinon: danger. Ottawa procéderait peut-être unilatéralement. Puis il ajoutait: «Et nous l'aurons bien mérité.»

Bon, il ne manquait plus que cette nouvelle et curieuse forme de logique: la culpabilité préventive. Il fallait y penser. D'après la dernière note citée de Kirby à Trudeau, une entente pouvait effectivement survenir. Sauf que — rappelons-le — celle-ci ne pourrait se produire que si l'on respectait les objectifs fédéraux essentiels. Dans cette optique, la déclaration de Wells revenait donc à peu près à ceci: ou bien les provinces, en désespoir de cause, consentiront à la révision constitutionnelle souhaitée par les fédéraux, ou bien ceux-ci arriveront au même but, mais en se passant d'elles.

Morale: Si le rouleau compresseur doit, de toute façon, vous écraser, mieux vaut ne pas résister; cela vous fera peut-être moins souffrir. N'y a-t-il pas un proverbe anglais qui dit: «If you can't beat them, join them!»

Sans nier ses qualités, personne ne pourra jamais prétendre de Tom Wells, ultérieurement délégué général de sa province à Londres, qu'il fût un personnage politique pétillant. Il savait au moins transmettre, de la manière pondérée et sans aspérités qui était la sienne, des messages appropriés à certaines provinces en instance de rébellion contre des méthodes fédérales jugées par elles abruptes. C'est ce qu'il venait de faire.

Ses convictions à ce propos rejoignaient son rejet de la Loi 101. Ce qui, comme porte-parole ontarien, en fit bientôt un des plus ardents défenseurs des contraintes linguistiques qu'imposerait au Québec la charte des droits imaginée par Ottawa. À condition, évidemment, que celle-ci soit moins contraignante pour l'Ontario, qu'elle n'exige pas, à propos des francophones de cette province, des services et des privilèges équivalents à ceux dont jouiraient, notamment en vertu de la doctrine des droits acquis, les anglophones du Québec. C'est de là que naquit, pour accommoder l'Ontario et, par la suite, les autres provinces, la notion que ces services et avantages ne seraient disponibles que «là où le nombre le justifie». Notion sur laquelle nous aurons l'occasion de revenir.

Nous en étions alors à la fin de juillet 1980. Que nous réservait août?

8
Où cela nous mènera-t-il?

Au début d'août, nous étions à la fois satisfaits et inquiets.

Satisfaits d'avoir réussi, grâce à Ottawa et en si peu de temps, à surmonter un de nos handicaps post-référendaires: le scepticisme quant à notre bonne foi. Nous n'hésiterions plus à nous servir de la marge de manœuvre politique ainsi acquise.

Inquiets toutefois de l'avenir immédiat: Ottawa s'était lancé dans une vaste offensive contre les provinces et, bousculant tout le monde, irait au besoin jusqu'à agir unilatéralement. D'où crise en perspective.

Tenterait-on d'en rendre le Québec responsable? C'était heureusement devenu peu probable. Les divers ministres provinciaux, surtout Romanow, avaient suffisamment critiqué la méthode d'Ottawa pour qu'une bonne portion du public soit désormais consciente de l'agression dont les provinces étaient, comme groupe, victimes.

Les fédéraux essaieraient-ils d'imposer au Québec un fédéralisme inacceptable, en réduisant par exemple ses pouvoirs économiques et en diminuant la portée de sa Loi 101? Cela nous paraissait absolument évident. Dès lors notre principale préoccupation consista à faire tout notre possible pour prémunir le Québec contre un éventuel coup de force fédéral.

Tout notre possible: cela exigeait, d'abord et avant tout, de conserver intactes et bien vivantes les diverses positions communes adoptées jusqu'ici par les provinces. Bien sûr, il y avait rarement unanimité, l'Ontario prenant pratiquement toujours parti pour Ottawa. N'empêche que les fédéraux trouvaient de plus en plus embarrassantes des alliances de sept, huit ou même neuf provinces sur telle ou telle question.

À ce propos, notre seule crainte — un crainte permanente qui finit, hélas!, par se matérialiser en octobre-novembre 1981 — était qu'Ottawa brisât ces alliances par des ententes bilatérales capables de nous priver de l'appui de certaines provinces plus malléables.

Une nouvelle malvenue

Au début d'août 1980, nous n'en étions pas là, au contraire.

Le 9, les médias nous apprirent en effet qu'Ottawa lançait, dans l'ensemble du Canada, une énorme campagne de publicité, de 6 millions de dollars, en vue de «vendre ses positions» à la population.

Cette initiative rendit la plupart des provinces furieuses. En plein milieu de nos pourparlers, les fédéraux se comportaient comme si un échec s'était déjà produit et que le temps était venu de recourir à la propagande pour mettre le public de son côté. Le 14 août, Roy Romanow prit sur lui de prononcer une condamnation virulente de ce procédé, devant le Cercle national de la presse, à Ottawa. Il le fit au nom de l'ensemble des provinces et n'y alla pas de main morte, ajoutant même que le gouvernement fédéral ne négociait pas de bonne foi et qu'il avait toujours l'intention d'agir unilatéralement.

Dans notre perspective, l'intervention de Romanow était la bienvenue. Elle contribuait à souder un peu plus la cohésion inter-provinciale contre Ottawa. Il demanda à Jean Chrétien d'abandonner sa propagande, ce que celui-ci refusa. Un peu plus tard cependant, Ottawa suspendit sa publicité, moins à cause des provinces que parce qu'il craignait d'indisposer gravement les partis fédéraux d'opposition dont il espérait l'appui advenant une action unilatérale.

L'utilité d'une commission parlementaire

Nous aussi, nous avions à tenir compte des partis d'opposition.

Les 14 et 15 août, la commission parlementaire, annoncée depuis juin, siégea à l'Assemblée nationale, devant une assez nombreuse assistance, parmi laquelle se trouvaient quelques observateurs fédéraux.

Notre objectif n'avait rien de mystérieux. Si les alliances inter-provinciales allaient dans le sens des intérêts du Québec, il en était de même d'un front commun, fût-il partiel, de notre Assemblée nationale, contre les objectifs et les méthodes d'Ottawa. Je ne voulais donc pas que la commission parlementaire se transformât en arène pour une dispute québéco-québécoise. Sur l'essentiel, nous avions grandement besoin d'un soutien des autres partis. Auprès des autres gouvernements, notre crédibilité était acquise; il fallait maintenant y ajouter une certaine dose de force politique. La commission pouvait nous la fournir.

Je fis donc préparer un volumineux document faisant le point sur les négociations de l'été. Aussi objectif et factuel que possible, ce document, remis aux membres de la commission, aux autres parlementaires et aux journalistes, contenait à peu près tout ce que je pouvais alors révéler publiquement de nos travaux. Mes interventions, ainsi que celles de Claude Charron et des autres représentants du gouvernement, furent également calibrées de façon à faciliter des échanges sereins. Certes, c'est le moins qu'on puisse dire, un gouvernement n'est jamais sûr que les partis d'opposition coopéreront avec lui, mais nous tâchions de mettre les chances de notre côté. Je connaissais les fortes réticences de Claude Ryan devant l'attitude fédérale, celles aussi de Michel Lemoignan. Cela nous aiderait.

Les choses se déroulèrent plutôt bien et, sur ce qui nous paraissait fondamental, de façon généralement positive. Claude Ryan fit preuve de beaucoup d'ouverture d'esprit. Visiblement, le Parti libéral du Québec, ainsi que l'Union nationale et même le Parti créditiste, alliés des libéraux fédéraux dans le camp du Non, avaient été blessés par l'arrogance d'Ottawa. Leur «fédéralisme renouvelé» n'avait rien à voir avec celui que Trudeau s'apprêtait à imposer au Canada et au Québec.

Comme il fallait bien s'y attendre, ces partis critiquèrent certaines de nos positions, mirent en cause notre aptitude à représenter le Québec après avoir subi une défaite référendaire et nous prodiguèrent maints conseils plus ou moins désintéressés. C'était de bonne guerre.

L'important est qu'ils acceptèrent quand même de s'entendre avec nous sur des questions majeures: par exemple, la reconnaissance, dans la nouvelle constitution, du caractère distinct du Québec, l'inscription (selon une formule à déterminer) du droit du Québec à l'autodétermination et le refus de gestes fédéraux unilatéraux. Cela se passa dès la première journée de la commission.

Le lendemain, des divergences sérieuses apparurent, notamment sur les richesses naturelles et sur l'économie. Les libéraux nous reprochèrent notre position trop autonomiste à cet égard. Ils consentaient à Ottawa un rôle très influent dans ces domaines, même si cela pouvait conduire à limiter davantage l'exercice des compétences du Québec. Les libéraux de 1980 n'étaient plus ceux de la Révolution tranquille!

Cette attitude de leur part ne nous surprit pas. En temps normal, nous y aurions trouvé ample matière pour nourrir une attaque en règle contre les choix libéraux. Nous fûmes plutôt discrets; mieux valait ne pas trop souligner publiquement nos divergences. Dans une semaine, une conférence interprovinciale des premiers ministres aurait lieu à Winnipeg et, la semaine d'après, les ministres fédéraux et provinciaux tiendraient leur dernière ronde de négociations avant la fameuse conférence constitutionnelle de septembre. L'essentiel pour nous était d'arriver à ces rencontres munis d'un consensus québécois sur certains thèmes stratégiques, viatique utile pour traverser sans trop de peine les péripéties agitées que nous promettaient les semaines à venir.

À la fin de la commission, Claude Charron confirma que le gouvernement du Québec ne resterait pas inactif face devant la campagne publicitaire fédérale annoncée (nous ne savions pas à ce moment qu'elle serait suspendue). La veille, Jacques Parizeau, intervenant sur l'économie, avait fait allusion à un programme québécois d'information sur les enjeux constitutionnels. L'intention du gouvernement déplut à Claude Ryan, mais sa protestation ne fut pas particulièrement destructrice. S'étant déjà violemment opposé à la campagne préparée par Ottawa, il lui était difficile de proposer que le Québec se tînt coi, si cette campagne devait se poursuivre. Il se contenta de trouver les deux attitudes répréhensibles, sans plus.

En réalité, notre programme d'information pour la fin d'août était prêt. Aussitôt informés du projet fédéral, nous avions mis le nôtre au point. Il s'agissait de sensibiliser la population sur deux thèmes: «Face à la constitution, les faits ça compte» et «Le Québec, une province pas comme les autres; ça c'est la réalité». Dans une pleine page de journal, on résumait côte à côte, en trois colonnes, les positions d'Ottawa, celles des autres provinces et celles du Québec, sur chacun des points de notre ordre du jour estival. La publication de notre annonce devait commencer dans les tout prochains jours, avant la conférence de Winnipeg.

Pour éviter qu'on nous accuse de «cachotterie», nous avions jugé opportun d'ébruiter le tout lors de la commission parlementaire.

Indignation à Winnipeg

En 1980, c'est à Winnipeg que devait se tenir la conférence* annuelle des premiers ministres des provinces. Elle serait cette année présidée par Sterling Lyon, premier ministre conservateur du Manitoba.

Pour des raisons nombreuses et, parfois, obscures, Trudeau ne plaisait pas à Lyon. Au point où nous en étions, cela nous suffisait. Lyon n'était certes pas un ami du Québec, mais il réprouvait *surtout* Trudeau, ses manières et ses opinions. Nous n'étions pas sûrs de l'attitude qu'il

* Pendant sa campagne électorale de 1960, Jean Lesage avait promis que, suivant l'exemple d'Honoré Mercier, premier ministre du Québec à la fin du siècle dernier, il prendrait l'initiative d'organiser des conférences régulières des premiers ministres des provinces pour que ceux-ci, ensemble, sans formalisme, en dehors de la présence d'une multitude de conseillers et sans la participation active d'Ottawa, puissent résoudre des problèmes les concernant. Lesage tentait ainsi d'inaugurer l'ère de l'*interprovincialisme,* chaînon jusque-là manquant du fédéralisme canadien et, croyait-il, susceptible d'en améliorer le fonctionnement. Les autres provinces, un moment indécises, acceptèrent sa suggestion *à la condition* que, lors de ces réunions, nul sujet concernant Ottawa ne fût abordé. À leurs yeux, Ottawa constituait le *senior government* auquel il était normal, en régime fédéral, qu'elles se soumissent et qu'il serait inconvenant de mettre en cause en son absence. Si, au début des années 1960 et du fait de leur nouveauté, ces conférences interprovinciales attirèrent quelque attention des médias et du public, elles sombrèrent bientôt dans l'indifférence générale et en vinrent à être perçues comme des réunions de type presque uniquement mondain, où les premiers ministres des provinces allaient ensemble à la pêche ou jouaient au golf. Rien d'important n'y était décidé, précisément parce que l'interlocuteur essentiel qu'était le gouvernement central s'en trouvait physiquement et politiquement exclu. On y traitait de sujets anodins ou soporifiques comme la taxation interprovinciale, la réglementation de la vente des alcools, la perception réciproque des amendes et le transport par camions d'une province à l'autre. À certains moments, cinq ou six seulement des dix premiers ministres provinciaux participèrent en personne à leur rencontre annuelle, et certains d'entre eux pour quelques heures seulement, d'autres tâches plus pressantes réclamant leur présence ailleurs. Toutefois, à compter de 1973 ou 1974, surtout à cause de la crise du pétrole, quelques provinces de l'Ouest profitèrent de ces réunions annuelles pour s'en prendre vertement à certaines politiques fédérales. D'autres provinces, désormais moins soumises au gouvernement central, s'en servirent aussi pour établir entre elles des positions communes sur des questions les opposant à Ottawa. Dès lors, ces conférences interprovinciales furent davantage suivies par les intéressés eux-mêmes, les premiers ministres, qui se firent un devoir politique d'y prendre part et d'y faire des déclarations parfois tonitruantes, ainsi que par les médias qui, précisément à cause de cela, y déléguèrent de nombreux journalistes. Voilà pourquoi celle d'août 1980, du fait qu'elle se tenait en pleines négociations constitutionnelles, soulevait un intérêt particulier, spécialement à Ottawa.

adopterait sur les questions retenues pour la rencontre interprovinciale de Winnipeg, mais cela ne nous importait pas vraiment. Au-delà des déclarations désamorçantes et lénifiantes que les politiciens (dont Lyon lui-même en l'occurrence) ont l'habitude de formuler avant toute réunion potentiellement significative, il était certain que le premier ministre manitobain, si l'occasion s'en présentait, ne manifesterait aucune indulgence pour le premier ministre fédéral. Il n'était pas seulement indisposé à son endroit, mais hostile.

On commençait à savoir dans le public que la majorité des provinces étaient insatisfaites de la manière dont se déroulaient les négociations de l'été. Par contre, le public, au Canada anglais, n'était pas porté à approuver les prises de positions intempestives des provinces contre le gouvernement central, le *senior government*. C'est pourquoi les premiers ministres à Winnipeg, même les plus opposés à Ottawa, avaient plus ou moins tacitement décidé d'adopter une attitude officielle sinon ouverte à l'endroit du fédéral, du moins un peu plus tolérante que celle à laquelle on aurait normalement pu s'attendre dans les circonstances. La présence, dans le groupe, de l'Ontario, décidément pro-Ottawa, et du Nouveau-Brunswick, favorable à la charte des droits, contribuait aussi à tempérer les débats.

Cette accalmie ne dura pas.

Le 22 août, un vendredi, dernier jour de la conférence de Winnipeg, l'*Ottawa Citizen* publiait de larges extraits d'une note secrète de Michael Pitfield, secrétaire du cabinet fédéral (et par la suite sénateur libéral), à Pierre Elliott Trudeau. Cette note eut l'effet d'une bombe parmi les premiers ministres provinciaux. Elle semblait tenir pour acquis que la conférence de septembre aboutirait à un échec et proposait une procédure parlementaire détaillée en vue du rapatriement unilatéral de la constitution, y compris la date (avant la fin de septembre) à laquelle le gouvernement déposerait une motion, déjà rédigée, à cette fin.

Se trouvaient ainsi confirmées les craintes de plusieurs provinces. Bien sûr, Trudeau et Chrétien avaient, à quelques reprises, indiqué qu'Ottawa irait au besoin jusqu'à agir malgré elles, mais jamais encore n'avait-on pu voir décrite, noir sur blanc, une démarche unilatérale aussi circonstanciée et apparemment aussi déterminée. Peut-être, comme le prétendirent tout de suite l'Ontario et, plus tard, des porte-parole fédéraux, la note de Pitfield n'était-elle que l'explicitation d'un des nombreux scénarios possibles. Sauf que son contenu était perturbant et que personne, dans la capitale fédérale, ne fournit d'indications sur d'autres scénarios moins irritants.

Qui plus était, la divulgation de la désormais célèbre note survenait peu de temps après le début d'une campagne publicitaire d'Ottawa peu appréciée par les provinces. Elle faisait après tout suite à une agression contre leurs compétences économiques et se plaçait dans la foulée de menaces fondées sur des gestes unilatéraux potentiels, le tout occasionnellement décoré de remarques fédérales plus ou moins désobligeantes sur les horizons bornés et égoïstes de certains premiers ministres et de leurs gouvernements.

En conséquence, commencée sur le mode mineur, la conférence de Winnipeg se termina sur un ton d'indignation à peu près générale. Quelques premiers ministres songèrent même un instant à boycotter les pourparlers constitutionnels, puisque tout semblait décidé d'avance. Dans les jours suivants, Sterling Lyon évoqua un recours possible aux tribunaux si jamais Ottawa s'avisait d'opter pour la voie unilatérale.

C'était la première fois qu'on faisait ainsi allusion aux tribunaux; ce ne sera pas la dernière.

Un discours agressif

Les ministres chargés des questions constitutionnelles avaient encore, à la fin d'août, une semaine de négociations préliminaires à compléter avant la conférence dite «de la dernière chance», celle des premiers ministres en septembre.

La note de Pitfield n'avait peut-être pas suffisamment indisposé la plupart des provinces. C'est l'idée qui me vint à l'esprit quand je pris connaissance des propos de Jean Chrétien devant le Barreau canadien, le 25 août, la journée même où nous reprenions nos travaux.

D'une part, le ministre fédéral annonçait qu'il ferait, dans les heures subséquentes, de nouvelles propositions aux provinces. Appliquait-il ainsi une des recommandations de Kirby selon qui, après la période du bâton, Ottawa devrait maintenant de préférence recourir à la carotte, c'était à voir.

D'autre part cependant, Chrétien réitérait à toutes fins utiles le contenu de la note de Pitfield (action unilatérale rapide s'il le faut — et il le faudra sans doute) et expliquait que les provinces devraient se résoudre, pour le bien du Canada et le maintien d'un véritable marché commun à l'intérieur du pays, à accepter le transfert vers Ottawa de certains de leurs pouvoirs économiques actuels. En d'autres termes, ses nouvelles propositions ne modifieraient en rien les exigences fédérales relatives à l'économie ou au rapatriement, ni en ce qui concernait la charte des droits.

Sur cette dernière question, Chrétien déclara que

> le gouvernement (fédéral) demeure flexible quant à la portée et au libellé de la charte, pourvu qu'elle protège les libertés et les droits fondamentaux,

y compris les droits à l'éducation des minorités linguistiques et les droits de libre circulation.

Il importe de décoder ce passage. En voulant inscrire dans la charte les«droits à l'éducation des minorités linguistiques», Ottawa entendait mettre directement en cause certaines stipulations importantes de la Loi 101 sur la langue d'enseignement. Il songeait à ce qui deviendra la fameuse clause Canada, celle en vertu de laquelle les enfants de tout citoyen canadien ayant reçu l'enseignement primaire en langue anglaise au Canada pourraient fréquenter les écoles anglophones du Québec. En «échange» de quoi, la même charte prévoirait que l'enseignement en français sera disponible aux francophones de l'extérieur du Québec, «là où le nombre le justifie».

L'odieux de ce *quid pro quo* se trouvait dans le fait que le Québec était déjà doté d'un réseau complet d'écoles de langue anglaise et que, par conséquent, les enfants des citoyens canadiens anglophones dont on vient de parler y auraient immédiatement accès. Par contre, de tels réseaux francophones n'existaient pas dans les autres provinces, sauf pour une partie du Nouveau-Brunswick. La charte n'obligerait ces provinces à fournir de l'enseignement en français que «là où le nombre le justifie». Résultat concret: cette charte donnerait aux anglophones du Canada un avantage immédiat — se servir des écoles anglophones du Québec —, alors que les francophones hors Québec n'auraient d'autre choix que de continuer à se battre pour des écoles encore inexistantes, à charge pour eux de démontrer devant leurs *school boards* ou même les tribunaux que leur nombre est «suffisant» pour recevoir un enseignement en français. Deux poids, deux mesures.

Dépourvus des moyens constitutionnels pour imposer leurs normes en éducation et pour mettre la hache dans la Loi 101, les fédéraux comptaient y arriver par le truchement de la charte des droits. Étrange façon de donner suite à leurs promesses référendaires!

Un raisonnement identique s'appliquait aux «droits de libre circulation». Si jamais échouait la tentative d'Ottawa pour récupérer certains pouvoirs économiques jusque-là détenus par les provinces, la charte des droits viendrait au moins réduire leur marge de manœuvre en rendant illégales certaines politiques préférentielles relatives à l'emploi dans le secteur public, à la pratique des professions, aux lois du travail ou, éventuellement, à l'octroi de subventions aux individus ou aux entreprises. Sous couvert d'un noble objectif, le droit à la mobilité, Ottawa s'en prenait là aussi aux compétences des provinces.

Chose certaine, le discours de Chrétien devant le Barreau canadien contenait tout ce qu'il fallait pour, une fois de plus, heurter les provinces.

L'«avant-dernière chance» à Ottawa

Dès le début de notre dernière semaine de négociations préliminaires, la mauvaise humeur de la majorité des ministres provinciaux était palpable. Ottawa, selon eux, méprisait leurs gouvernements de toutes sortes de manières: publicité massive, trop peu de temps pour conduire les négociations à bien, menaces, rigidité, etc. Interrogé par ses collègues sur la note de Pitfield, Chrétien déplora sa divulgation, mais n'arrangea rien en se déclarant pleinement d'accord avec son contenu.

Il avait pourtant annoncé certaines ouvertures. Il y en eut effectivement, sur un point ou sur un autre de l'ordre du jour, mais à aucun moment Ottawa ne manifesta vraiment de souplesse. Les fédéraux appliquaient plutôt cette bonne vieille technique de négociation qui consiste, dans un premier temps, à paraître d'une intransigeance totale et décourageante pour l'interlocuteur, quitte, dans un second temps, à prendre une attitude moins déraisonnable. L'interlocuteur est alors soulagé. Convenablement cuisiné, heureux d'avoir évité le pire, il peut même en venir à juger fort acceptable une offre se situant en réalité bien en deçà de ses réclamations initiales.

Il faut croire que les provinces n'avaient pas été assez cuisinées.

Toujours est-il que les «ouvertures» de Chrétien ne les impressionnèrent pas. Les positions communes, esquissées le mois précédent, furent maintenues. Elles touchaient la péréquation, les communications, les pêches, les ressources au large des côtes, les ressources naturelles et les pouvoirs sur l'économie. L'attitude des provinces sur la péréquation n'était pas de nature à inquiéter le gouvernement fédéral, celui-ci étant du même avis qu'elles, mais les autres positions communes étaient moins rassurantes pour lui, particulièrement celles qui portaient sur les ressources et sur l'économie. Relativement aux autres sujets de l'ordre du jour, il y avait ressemblance dans les opinions de cinq ou six provinces, mais pas encore de front commun puissant.

Ce qui incita quelques provinces, notamment le Québec, l'Alberta, la Saskatchewan et, occasionnellement, Terre-Neuve, à chercher, sur les sujets qui restaient, l'expression de points de vue interprovinciaux communs. À la fin d'août, nous n'en avions toutefois plus le temps. Quoique fortement opposées aux intentions fédérales, les provinces n'arrivaient pas à s'accorder entre elles sur ces questions. Cela finirait par se produire, mais, on le verra, seulement pendant la conférence des premiers ministres, en septembre.

Une surprise toutefois: l'Ontario si spontanément pro-Ottawa trouva le moyen, en août, de se joindre aux fronts communs sur les communications et sur les ressources en bordure des côtes (alors qu'elle n'a accès à aucun océan). Mais elle ne participa pas aux prises de positions communes sur le reste. Autre surprise: elle révéla disposer d'une étude juridique démontrant qu'Ottawa ne pouvait rapatrier unilatéralement la constitution. Sauf qu'elle refusa de la distribuer aux participants. Quel jeu cette province jouait-elle?

Pour ce qui était des «droits à l'éducation des minorités linguistiques» — cette façon pudique de miner la Loi 101 —, le jeu ontarien était cependant plus limpide.

Je m'en rendis compte un après-midi de la dernière semaine d'août, lors d'une réunion réservée aux chefs de délégations. Claude Charron m'accompagnait, ainsi que mon adjoint parlementaire, Pierre de Bellefeuille, mais aucun fonctionnaire. À notre ordre du jour: la charte des droits. Tom Wells, ministre ontarien des Affaires intergouvernementales, intervint, avec une émotivité insoupçonnée et une verve non coutumière chez lui, pour blâmer le Québec de brimer, par la Loi 101, les droits des anglophones québécois. Je prenais mon souffle pour lui répondre, mais Richard Hatfield parla avant moi. Le premier ministre du Nouveau-Brunswick était certes imprévisible, mais pas nécessairement incohérent. Il affirma avec conviction que si le Québec n'avait peut-être pas raison d'être aussi sévère en matière linguistique, l'Ontario avait certainement tort de lui faire la leçon. Je n'eus pas l'occasion d'intervenir dans ce débat qui laissait les autres témoins provinciaux indifférents. Charron et de Bellefeuille s'en chargèrent au nom du Québec. Chrétien, j'en fus presque gêné comme francophone, donna à toutes fins utiles raison à l'Ontario, selon qui la Loi 101 était inadmissible parce que contraire aux droits historiquement acquis des anglophones québécois. Et les droits des francophones ontariens?

Il survint aussi un autre moment intéressant: la discussion sur le préambule de la nouvelle constitution. On se souvient que nous voulions y faire reconnaître le caractère distinct de la société québécoise et admettre le principe de l'autodétermination du Québec. Sauf pour nous et pour les fédéraux, ce sujet — le préambule — n'était pas prioritaire. On ne l'avait abordé jusque-là qu'en de rares occasions, et jamais à fond. Je dus insister pour qu'on s'y arrête sérieusement, ce qui se produisit dans la dernière semaine de nos réunions ministérielles.

Les provinces reconnaissaient d'emblée que le Québec avait des caractéristiques particulières et étaient en général prêtes à y faire allusion dans le préambule. À certaines conditions cependant, par exemple qu'une telle mention n'eût pas d'impact sur le partage des compétences, c'est-à-dire qu'elle demeurât strictement interprétative. Je compris dès lors que la notion de «société distincte» n'aurait pas beaucoup de portée: le Canada anglais ne consentirait à son inscription dans un texte constitutionnel que dans la mesure où elle n'entraînerait pas de conséquence concrète.

Chrétien réagit plutôt positivement à notre suggestion, ce qui étonna un peu les autres participants, et nous, en tout premier lieu. Oui, disait-il, les francophones du Québec font partie d'une société distincte et la constitution doit indiscutablement noter ce fait. Sauf qu'on découvrit qu'il ne parlait pas de la même réalité que nous. Pour lui, ce caractère distinct s'appliquait non pas au Québec, mais à la société canadienne de langue française qui, elle, était concentrée au Québec, mais aussi présente dans les autres provinces. Il reprenait ainsi l'opinion que Trudeau avait formulée dans sa fameuse lettre ouverte aux Québécois. Nous n'étions guère avancés.

Peut-être serions-nous plus heureux avec le droit à l'autodétermination?

L'Ontario en rejeta tout de suite l'idée, mais les autres provinces furent plus ouvertes. Dans notre projet de préambule (voir le Document 1, en annexe), nous avions pris soin d'exprimer ce droit d'une façon qui nous paraissait généralement acceptable pour les autres. Nous y disions que le Canada avait historiquement été formé par «l'union de deux peuples fondateurs, libres et responsables, chacun, de sa destinée». Nous pensions aussi à une formulation de rechange comme: le Canada fédéral résulte de la décision libre des provinces d'en faire partie, ou quelque chose du genre. Chrétien ne se montra pas hostile à ces diverses versions possibles, mais s'empressa de mentionner qu'il ne faudrait pas oublier que la population du pays comprenait aussi les Autochtones et les Néo-Canadiens. Selon lui, il conviendrait de parler de la libre adhésion au Canada des *citoyens* , plutôt que de celle des *provinces* . Ce qui changeait tout.

Les autres délégations réagirent tout aussi bien à ses suggestions qu'elles s'étaient montrées sympathiques aux nôtres. Pour la plupart d'entre elles, nos propositions et celles de Chrétien étaient assez voisines, ne comportant que des nuances sémantiques somme toute mineures.

Pourtant, lui et nous étions aux antipodes.

Conclusion de tous ces échanges: vu l'incompréhension des autres provinces, nous n'irions pas loin avec notre projet de préambule. Au mieux, la conférence des premiers ministres, en septembre, en reporterait l'étude à plus tard, lors d'une «deuxième ronde de négociations», ainsi qu'on le dit en dialecte fédéral-provincial quand on veut poliment rejeter une idée ou qu'elle n'est vraiment pas assez mûrie. Plus probablement, Trudeau ferait accepter son propre projet de préambule, en y ajoutant des considérations sur le caractère distinct de la société canadienne-française, niant ainsi celui du Québec. À cause du piège des mots, les autres provinces, et bien des Québécois, verraient là une surprenante concession fédérale à notre endroit et, pour cela, comprendraient mal nos objections.

Le Québec mieux placé

Dans deux semaines, la grande conférence constitutionnelle des premiers ministres aurait lieu, suivie par des centaines de journalistes et diffusée en direct à la télévision. Comment se terminerait-elle? Après cette conférence, dite de «la dernière chance», qu'en serait-il du Québec?

Fin août, des choses étaient claires. Les libéraux fédéraux, élus en février précédent, profitaient de leur position de force et détournaient le référendum québécois de son sens pour imposer, enfin, leur vision du Canada — plus exactement celle de Trudeau — et pour l'inscrire dans le granit constitutionnel, une fois pour toutes. Cette fin justifiait les moyens. Ils ne reculeraient devant rien pour y arriver, propagande et menaces comprises, avec coups de force à l'avenant et réduction des pouvoirs économiques des provinces. Ils étaient également prêts à contredire l'esprit du fédéralisme en agissant unilatéralement. Leurs plans à ce propos étaient au point depuis des mois.

Cette manière de procéder avait choqué la plupart des provinces. Heureusement pour nous, en un sens. J'ai déjà expliqué pourquoi.

Selon notre évaluation* de la situation, toutes les provinces n'étaient pas également opposées aux intentions fédérales. Certaines, ennuyées par les débats constitutionnels, gardaient toujours quelque espoir d'un virage fédéral positif. Elles avaient aussi de la difficulté à croire les fédéraux aussi entêtés. Elles étaient mal à l'aise d'avoir à lutter contre une charte des droits qui, semblait-il, recueillait un large appui populaire. Dans des moments d'euphorie, un ou deux ministres provinciaux s'imaginaient même qu'en septembre surgirait peut-être un Trudeau nouveau style qui jouerait soudainement le rôle de grand conciliateur et offrirait un arrangement satisfaisant. Néammoins, dans les milieux politiques provinciaux, Trudeau était de façon générale détesté. L'euphorie pouvait tout aussi bien, à quelques heures d'intervalle, laisser place à une sourde méfiance.

---

* Dans notre évaluation des attitudes de chacun, nous faisions face (ainsi que les fédéraux dans leurs propres analyses) à un problème dont je dois dire un mot pour situer les événements dans leur contexte. Un chef de délégation à une conférence ministérielle exprime en principe les vues de son gouvernement. Dans quelques cas cependant, nous ne savions pas toujours à quoi nous en tenir. Quand un représentant d'Ottawa, de l'Ontario, de l'Alberta ou de la Saskatchewan s'exprimait, on pouvait supposer que ses opinions étaient appuyées par son premier ministre, car ses interventions avaient été précédées, chez lui, par des consultations parfois poussées (il en était également ainsi pour le Québec). Pour les autres provinces, soit dit sans mépriser qui que ce soit, il arrivait à l'occasion qu'un ministre avançât sa propre opinion provisoire ou se fondât, pour formuler une orientation, sur des interprétations personnelles qui n'étaient pas nécessairement partagées par son gouvernement. Il fallait alors attendre la déclaration officielle de son premier ministre avant d'en déduire la véritable position de son gouvernement. Toutes les provinces n'accordaient pas en effet la même importance aux pourparlers en cours.

Le Québec, lui, se trouvait en face du même rouleau compresseur, mais il y avait, dans son cas, un élément supplémentaire. Ottawa ne respectait en rien ses promesses référendaires, je l'ai suffisamment répété jusqu'ici, et il y avait belle lurette que celles-ci ne servaient même plus de points de repère valables dans nos discussions avec les représentants fédéraux. De temps à autre nous en évoquions l'esprit, mais peine perdue. Ottawa agissait comme si, en votant majoritairement Non, les Québécois avaient automatiquement opté pour la conception que Trudeau se faisait du Canada et, par conséquent, de sa loi fondamentale, la constitution. Conception à laquelle, selon les libéraux fédéraux, ces mêmes Québécois devaient maintenant et logiquement se soumettre par l'entremise de leur délégation gouvernementale aux pourparlers constitutionnels.

Nous n'étions certes plus seuls comme au début de l'été. Nous avions plusieurs points d'entente avec la plupart des autres provinces et nous réclamions souvent les mêmes transferts de pouvoirs. Le même adversaire, Ottawa, s'attaquait à nos compétences économiques comme il s'en prenait aux leurs. On voulait nous imposer, à nous comme aux autres, une charte des droits qui réduirait notre autonomie. En plus, pour le Québec, cette charte signifierait la destruction progressive d'une mesure essentielle pour la protection de la langue française chez nous, la Loi 101.

Nous n'étions plus seuls parce que, la popularité de René Lévesque aidant, de larges segments de la société québécoise réprouvaient la démarche des libéraux fédéraux. Les partis d'opposition avaient emboîté le pas et il ne se passait pas de semaine sans que Claude Ryan n'intervienne avec autorité contre les attitudes de ses anciens alliés du camp du Non.

Que nous offrirait-on en échange de la réduction du pouvoir politique québécois à laquelle conduisait fatalement le projet fédéral? Des mini-corrections à la loi fondamentale du Canada. Ainsi on nous proposerait peut-être le transfert aux provinces du divorce (domaine fédéral), l'inscription du principe de la péréquation dans la constitution, un arrangement constitutionnel sur les pêches ou même, si les choses allaient bien, une réforme partielle de la Cour suprême!

Mais rien qui n'eût quelque chose à voir avec le sens des promesses référendaires.

Voilà où nous en étions à la fin d'août 1980.

Que faire? Se résigner, pour faire ensuite jouer au Québec le rôle de victime et attirer de la sorte la sympathie d'une population qui regretterait son Non référendaire? Cette «politique du pire» fut immédiatement écartée. En vérité, elle ne fut même pas considérée. Elle aurait été nuisible au Québec qui en serait fatalement sorti amoindri et aucune garantie n'existait non plus quant à la manifestation de la sympathie espérée.

Nous devions plutôt continuer à lutter, pas seulement en dénonçant verbalement l'entreprise des libéraux fédéraux, mais en faisant tout notre possible pour la bloquer. Nous avions déjà commencé avec l'élaboration de positions interprovinciales communes. Il fallait maintenir ces positions, les transformer éventuellement en un front commun solide, mais aussi trouver autre chose.

Mais laquelle?

Cette autre chose, les provinces ne l'inventèrent pas. Elle survint sous la forme inattendue d'un extraordinaire document fédéral.

9
Qui sème le vent...

La conférence constitutionnelle des premiers ministres promettait d'être tout un spectacle.

À peu près entièrement télévisée, elle s'ouvrirait le matin du 8 septembre, un lundi, et se terminerait le vendredi suivant. Normalement, une conférence fédérale-provinciale dure une journée ou deux; elle peut occasionnellement déborder sur une troisième journée. Mais s'étendre sur cinq jours entiers, c'était du jamais vu.

Comme ministre ou sous-ministre, j'ai dû participer à plus d'une centaine de rencontres intergouvernementales. J'en avais rarement vu qui fussent précédées d'autant de commentaires, d'analyses prospectives et de supputations journalistiques que celle de septembre 1980. La pression sur les provinces, la situation particulière du Québec, le sprint constitutionnel de l'été, les menaces fédérales, la durée même de la conférence, tout contribuait à créer une atmosphère d'expectative un peu nerveuse. On devinait qu'il y aurait confrontation entre Ottawa et les provinces, mais les observateurs, au Canada anglais surtout, faisaient grand état de la détermination de Trudeau à réussir son opération, coûte que coûte. À travers leur satisfaction prospective parfois mal dissimulée, on sentait chez la plupart la conviction qu'il parviendrait enfin à concrétiser sa vision du Canada, malgré la résistance d'arrière-garde de ceux qu'ils estimaient être des barons provinciaux. Le *people's package* n'était-il pas hautement attrayant pour la population?

On aurait dit que Trudeau, comme personnage politique, était, aux yeux de certains, nimbé d'une aura d'invincibilité contre laquelle, si l'on peut dire, se fracasseraient les provinces démunies et divisées, et notamment le Québec encore sous le choc d'une défaite référendaire principalement due, estimait-on, à ses interventions percutantes.

Plusieurs en semblaient persuadés: la conférence conduirait à une transformation sans précédent de la loi fondamentale du Canada. Cette rencontre de premiers ministres ne représentait pas une des étapes importantes d'une longue et difficile démarche. Elle serait l'aboutissement final d'une volonté politique inébranlable, celle de Trudeau.

Ou bien il amènera une majorité de provinces à agir de concert avec lui pour réaliser *son* plan; ou bien il agira unilatéralement. *Mais il agira*, aucun doute là-dessus.

Où en sommes-nous?

Une majorité de provinces? C'était là ce qui nous inquiétait le plus à la veille de cette déjà célèbre «conférence de la dernière chance». Nos fronts communs résisteraient-ils, le cas échéant, à des propositions bilatérales d'arrangement?

Certes rien n'entamerait, pour le moment du moins, le bloc solide que formait l'Alberta, virtuellement en guerre politique avec Ottawa sur la question du pétrole. Sauf que ce «bloc» ne représentait qu'une province, plutôt impopulaire auprès de celles moins bien pourvues en richesses naturelles valorisées par la conjoncture arabe.

Le Manitoba? Sterling Lyon détestait Trudeau et s'opposait viscéralement à ce qu'il appelait le «gouvernement par les juges», c'est-à-dire au fait qu'une éventuelle charte constitutionnelle des droits conférerait à des non-élus un pouvoir politique qui, selon lui et aussi plusieurs autres, ne devait appartenir, en démocratie, qu'à des élus. Là-dessus nous étions pleinement d'accord avec lui, mais sur pas grand-chose d'autre. Résisterait-il à des offres bilatérales? Oui, probablement, car il n'avait jusque-là à peu près rien demandé. Et, en plus, il ne voulait surtout pas d'une charte constitutionnelle des droits qui l'obligeât à fournir un enseignement en français aux francophones de sa province.

Terre-Neuve? Brian Peckford, quoique d'accord avec certaines positions fédérales, n'aimait pas Trudeau, lui non plus. Sur le fond, il tenait à obtenir une compétence sur les ressources naturelles en bordure des côtes, ce qui n'était pas, en septembre 1980 en tout cas, dans les intentions d'Ottawa. Il y avait donc des chances sérieuses qu'il s'opposât globalement à Trudeau.

Alberta, Manitoba, Terre-Neuve et Québec: quatre provinces, ponctuellement fermes contre Ottawa, chacune pour ses raisons, mais non nécessairement d'accord entre elles sur le reste. C'est ce qu'on appelle une alliance conjoncturelle: s'entendre sur ce qui tend à unir, rester silencieux sur ce qui risque de séparer. Le tout, contre un adversaire commun. Il restait donc six provinces potentiellement favorables, ou moins opposées, aux vues fédérales que les quatre autres, en échange d'arrangements satisfaisants.

La Saskatchewan? Vu les interventions fréquentes et franchement hostiles à Ottawa de Roy Romanow, les chances d'un accord de sa province avec Ottawa étaient relativement minces. Cela aurait exigé, quant aux richesses naturelles et surtout aux pouvoirs sur l'économie, un virage fédéral que rien, au début de septembre 1980, ne laissait prévoir. Les fédéraux étaient encore trop sûrs d'eux. Donc une province de plus à s'opposer aux visées du gouvernement central.

Ce qui donnait, à ce moment là, un décompte provisoire: cinq probablement contre et cinq potentiellement pour.

Potentiellement? Le mot n'était pas exact, au moins pour deux des cinq provinces qui restaient: l'Ontario et le Nouveau-Brunswick. La première s'était tout l'été comportée comme un véritable écho des vues fédérales sur à peu près tout. La seconde penchait du côté d'Ottawa, essentiellement à cause de l'adhésion du premier ministre Hatfield à la charte des droits. Quoi qu'il en fût, inutile de compter sur ces deux provinces pour s'opposer aux plans fédéraux.

Restaient l'Île-du-Prince-Édouard, la Nouvelle-Écosse et la Colombie-Britannique. Les deux premières réprouvaient les intentions d'Ottawa, mais plutôt passivement. Des promesses fédérales de subventions accrues emporteraient peut-être le morceau. Ou encore, pour la Nouvelle-Écosse, une entente sur les ressources en bordure des côtes ou sur la pêche, et, pour l'Île-du-Prince-Édouard, une meilleure représentation au Sénat. Quant à la Colombie-Britannique, elle avait une sorte de fixation sur la réforme du Sénat. Si on lui garantissait davantage de sièges dans un Sénat modifié (comme pour l'Île-du-Prince-Édouard) et si, corollairement, elle accédait au rang symbolique de «région» (la «région du Pacifique»), elle en serait satisfaite et ne songerait peut-être plus à faire partie de fronts communs anti-Ottawa. Mais voilà, nous n'en étions pas là. On avait certes parlé du Sénat au cours de l'été, mais aucune réforme concrète n'était en vue. Il était difficile de voir comment, pendant notre conférence d'une semaine, on pourrait en proposer une qui rallierait l'assentiment général.

Bilan: cinq provinces résolument contre la démarche d'Ottawa, deux nettement pour et trois probablement opposées, si les fédéraux conservaient leurs attitudes rigides. Tel était le décompte dans la première semaine de septembre. Les chances étaient de notre côté, en ce sens que le «bulldozer» d'Ottawa rencontrerait peut-être un mur sur son chemin.

Cependant, tout ou presque pouvait être chambardé à quelques minutes d'avis, pour peu qu'Ottawa fît preuve de souplesse par des accommodements bilatéraux. Aux deux provinces a priori favorables à leurs visées, les fédéraux pouvaient, par des concessions ou des promesses, espérer en annexer sans trop de peine trois ou même quatre autres, la Saskatchewan par exemple, qui éviteraient ainsi, face à leur opinion publique, de se trouver dans le camp inconfortable des opposants au *national government.*

Si cela se produisait, le Québec ferait partie du groupe restant de deux ou trois provinces irréductibles, chacune pouvant être aisément accusée par Ottawa de défendre ses intérêts immédiats à l'encontre d'un renouvellement du fédéralisme visant au bien de l'ensemble canadien. Appuyé par une majorité de provinces, le gouvernement fédéral pourrait ainsi se lancer dans une entreprise de rapatriement constitutionnel désormais axée sur la lutte à l'égoïsme albertain (ou terreneuvien) et au «séparatisme» québécois!

Les libéraux fédéraux ne demandaient pas mieux . C'était exactement là où leur stratégie voulait en venir. Leurs chances étaient maintenant minces d'y arriver, mais sait-on jamais? Vu l'énorme enjeu que tout cela représentait pour le Québec, il n'y avait donc, pour nous, aucun risque à prendre. Toute autre attitude, attentiste, résignée ou défaitiste, eût été naïveté coupable ou «politique du pire», celle dont on a souvent dit qu'elle était la pire des politiques.

Que les libéraux fédéraux renient leurs promesses référendaires, c'était déjà profondément inacceptable. Qu'ils tentent en plus d'écraser constitutionnellement le Québec, c'en était trop. Nous n'avions pas le choix. La machine fédérale devait, d'une façon ou d'une autre, être arrêtée.

L'arme ultime?

Jeudi, 4 septembre. Vers midi, quelqu'un insista pour me rencontrer. De toute urgence. Moi, le ministre des Affaires intergouvernementales, personne d'autre. Sans témoin, non plus.

D'après les indications hâtivement jetées au téléphone, j'allais soit perdre mon temps, soit recevoir une provocation, soit faire une riche découverte. Mais l'affaire me paraissait assez sérieuse pour y consacrer quelques heures.

Elle l'était en effet. On me remit un dossier de 64 pages grand format, simple interligne, daté du 30 août et intitulé: *Report to Cabinet on Constitutional Discussions, Summer 1980, and the Outlook for the First Ministers Conference and Beyond*. En haut de la première page, à droite, les trois mots suivants, en lettres majuscules et soulignées, attiraient l'attention: *Ministers' eyes only*. C'est-à-dire: réservé aux ministres.

De quoi s'agissait-il? Du document de réflexion stratégique préparé pour la réunion spéciale du comité ministériel fédéral sur les priorités, au lac Louise, en Alberta. Cette réunion — les journaux en avaient abondamment parlé — venait tout juste d'avoir lieu. On y avait discuté de l'attitude qu'Ottawa devrait adopter lors de la conférence constitutionnelle de la semaine suivante. Voilà donc qu'on me remettait le document de référence dont les ministres d'Ottawa s'étaient servis! Et qui correspondait à la ligne de conduite que Trudeau avait décidé de suivre!

Ce texte contenait tout. Aussi bien l'état d'esprit de chacune des provinces à la fin d'août 1980, que le point sur chaque élément de l'ordre du jour de l'été. Plus de multiples suggestions sur la suite des événements. Chacune était accompagnée d'une analyse fouillée de ses avantages politiques et de ses inconvénients. Y figuraient également diverses solutions, elles aussi analysées, de même que la façon dont tel ou tel arrangement conviendrait à une province ou à une autre, l'objectif étant de ruiner le plus possible les chances des fronts communs interprovinciaux. On y trouvait en outre toute une argumentation juridique «prouvant» que le gouvernement fédéral était en mesure d'agir unilatéralement et en avait le droit. Le tout se terminait sur une citation de Machiavel!

Quoique ce document fût rédigé de la façon aseptisée propre aux textes fédéraux de cette nature, certains passages en étaient passablement choquants.

S'il était évident qu'on souhaitait en principe une issue heureuse des pourparlers constitutionnels (c'est-à-dire le succès de l'entreprise fédérale), les auteurs du mémoire* réfléchissaient longuement et avec un surprenant luxe de détails sur les stratégies politiques et les tactiques parlementaires à utiliser en cas d'échec. Ce qui, parfois, les amenait à traiter un peu les provinces comme des pions plus ou moins manipulables sur l'échiquier constitutionnel et surtout comme d'ennuyeux obstacles à circonvenir dans la conduite à bonne fin de toute l'opération. Le pire était cette impression d'ensemble qu'Ottawa se préparait depuis le début à agir unilatéralement, impression doublée du sentiment corollaire que les fédéraux n'avaient peut-être pas, après tout, négocié de bonne foi. On rejoignait là la note, secrète elle aussi, de Pitfield divulguée peu de temps avant. Tout cela semblait expliquer, rétrospectivement, l'attitude si manifestement rigide des fédéraux au cours des dernières semaines.

---

* Le mémoire avait été préparé par des fonctionnaires assignés au dossier constitutionnel et provenant de divers ministères. Leurs expressions, analyses et commentaires, quoique enrobés d'un vernis de neutralité et même d'une froideur technocratique de bon aloi, demeuraient fondamentalement très engagés. J'ai eu l'occasion, au cours des années, de prendre connaissance de plusieurs textes internes émanant de hauts fonctionnaires fédéraux et j'ai souvent été frappé de les voir volontiers exprimer par écrit, à travers les précautions stylistiques requises, de véritables avis politiques et même, à certains égards, partisans. À Québec, on n'alla jamais aussi loin. Selon nous, cette sorte d'avis relevait plutôt des cabinets ministériels.

Ce document était donc vraiment extraordinaire. Et particulièrement utile.

J'alertai tout de suite Louise Beaudoin, Robert Normand et Louis Bernard. Ce dernier se rendit sur le champ à Montréal, où se trouvait René Lévesque, pour l'informer de notre trouvaille. Méfiant, le premier ministre craignit tout d'abord une vaste manipulation. Ce document était-il authentique ou fabriqué exprès pour nous piéger? Je le rassurai là-dessus.

Tout cela était bien joli, mais comment nous servir de notre découverte?

Convoquer une conférence de presse, à deux ou trois jours de la conférence, et rendre le tout public? À peine évoquée, cette idée fut écartée. Pour aucune considération le Québec ne devait lui-même et ouvertement paraître menacer le bon déroulement de la conférence. Sans compter qu'en dévoilant ce texte si tôt, les fédéraux auraient peut-être «le temps de se retourner» et de parer le coup. Nous ignorions aussi comment les autres provinces réagiraient.

C'est Lévesque qui eut la meilleure idée. Je me souviendrai toujours de sa phrase imagée, mais combien exacte: «Si, dans le jeu des fédéraux, les provinces sont des quilles, elles ont bien le droit de savoir d'où vient la boule!» Autrement dit, nous ne rendrions pas le document public, mais nous en informerions les provinces. En attendant, discrétion totale.

Avertir les autres

Le dimanche précédant la conférence nous étions tôt installés au Plaza de la Chaudière, à Hull, hôtel où, depuis quelques années, descendaient les membres des délégations québécoises aux multiples rencontres fédérales-provinciales. Vu la nature du document en question, nous avions attendu la dernière minute pour en faire des copies. Ce qui fut finalement complété, sous la direction personnelle de Robert Normand, dans une des chambres de l'hôtel au cours de l'après-midi. Avec un photocopieur Xerox loué pour l'occasion.

Notre plan de distribution était le suivant. Comme cela se produit en certaines circonstances, le gouverneur général, Ed Schreyer, recevrait le soir même tous les premiers ministres à dîner, accompagnés d'un de leurs ministres. René Lévesque et moi nous nous chargerions, chacun de notre côté, d'avertir quatre ou cinq des premiers ministres provinciaux qu'entre onze heures et minuit, à leur hôtel, un messager leur remettrait en *personne* un texte *confidentiel et destiné à leur seul usage.*Cela devait être très clair. Il était également entendu que ni Lévesque ni moi ne leur fournirions d'indications sur le contenu du fameux texte.

Ce qui fut fait.

Ce document, je l'ai dit, renfermait de précieuses indications sur la stratégie qu'Ottawa entendait suivre. On continuerait à appliquer la méthode suivie pendant l'été, avec la même fermeté inébranlable. Le *people's package* serait inséré dans la constitution, que les provinces le veuillent ou non. Quant aux institutions et aux pouvoirs, il y aurait peut-être des concessions fédérales, mais les provinces devraient également en faire, c'est-à-dire céder certaines compétences à Ottawa. On pensait évidemment aux pouvoirs sur l'économie. Voici d'ailleurs comment le texte fédéral traitait de ce sujet:

> Sur le *people's package*, la stratégie est en fait très simple. Les positions fédérales à ce propos sont manifestement très populaires auprès de la population canadienne et devraient être présentées à la télévision sous leur jour le plus favorable. On devrait mettre très rapidement sur la défensive les premiers ministres provinciaux qui s'y opposent et les faire paraître préférer que la protection des droits fondamentaux des citoyens dans une société démocratique soit confiée à des politiciens plutôt qu'à des cours impartiales et non partisanes. Il est évident que la population canadienne préfère que ses droits soient protégés par des juges plutôt que par des politiciens.
>
> Quant au rapatriement, il est très facile d'orienter la discussion de façon que les provinces opposantes donnent l'impression d'être heureuses

de voir les problèmes canadiens débattus dans le Parlement d'un autre pays.

En privé, les provinces doivent être averties qu'il est absolument acquis que le gouvernement fédéral procédera très rapidement avec *au moins* tous les éléments du *people's package* et qu'en conséquence il serait dans leur intérêt de négocier de bonne foi sur les autres questions, de manière à être relativement satisfaites après la conférence. Il devrait être entièrement clair que, sur les pouvoirs et les institutions, le gouvernement fédéral s'attend, de la part des provinces, à du *donner* autant qu'à du *recevoir*[1].

On soupçonnait que cette attitude ne ravirait pas les provinces. Certaines, pour éviter le pire, pourraient prétexter manquer de temps pour en arriver à une entente et suggéreraient peut-être une autre conférence quelques mois plus tard. Les stratèges fédéraux avaient prévu le coup. Trudeau les prendrait au mot et proposerait tout bonnement de poursuivre les travaux le samedi et le dimanche, et même, au besoin, toute la semaine suivante!

On avait aussi conçu toute une campagne de publicité pour convaincre la population, par-dessus la tête des provinces, du bien-fondé des positions fédérales et pour justifier une action unilatérale d'Ottawa. Les messages publicitaires étaient prêts; on les trouvait en annexe au document de stratégie.

Ce document comprenait également une série de suggestions sur les «concessions» à faire à telle ou telle province sur les institutions ou les pouvoirs. L'objectif était de contrer les fronts communs interprovinciaux éventuels en divisant les provinces. Quant au *people's package*, il n'était pas, lui, négociable.

Inutile de dire que les provinces ne furent pas plus enthousiastes que nous lorsqu'elles prirent connaissance des dispositions d'Ottawa à leur endroit et de la façon dont on les décrivait.

Je ne relève ici que le passage concernant le Québec (pour le reste, voir le Document 3 en annexe):

Le Québec se trouve dans une situation très spéciale; s'il est disposé à signer quoi que ce soit, il lui faut, au moins quelque chose sur la Cour suprême, une formulation convenable dans le préambule et peut-être quelque chose sur les communications[2].

On mentionnait aussi, comme pouvant nous intéresser, la mise sur pied d'un conseil intergouvernemental, sorte de comité consultatif permanent.

Ainsi donc, aussi invraisemblable que cela puisse sembler, des représentants fédéraux* s'imaginaient à Ottawa que le Québec, en échange de quelques réformes partielles et aux effets incertains, consentirait, *entre autres concessions de sa part*, à une charte des droits réduisant ses pouvoirs en matière de langue! Cela montre, une fois de plus, jusqu'à quel point on était à des années-lumière du «fédéralisme renouvelé» dont il avait été tellement question pendant le référendum.

---

* On pourrait penser que l'interprétation de ces représentants fédéraux quant à la «réceptivité» québécoise (l'acceptation d'une nouvelle constitution en échange de quelques mini-réformes) tenait au fait que la majorité des fonctionnaires auteurs du document de stratégie étudié ici étaient anglophones, donc peut-être peu familiers avec ce que représentait au Québec, depuis des années, la notion de «fédéralisme renouvelé» et de ce qu'y signifiaient les promesses référendaires de mai 1980. D'où leur définition aberrante du «minimum» apte à convenir au Québec. Hélas, dans ce groupe de fonctionnaires se trouvaient des francophones québécois, minoritaires bien sûr, mais tout de même actifs (certains, haut placés). Sauf qu'ils étaient plus trudeauistes que québécois. Un de leurs ancêtres idéologiques, une douzaine d'années plus tôt, alors que j'étais sous-ministre, avait sérieusement entrepris de m'expliquer que, dans le Canada contemporain, la notion de *province* (donc celle d'»autonomie provinciale») était désormais dépassée, et qu'il fallait, pour le bien de tout le monde, en venir à un autre concept pour désigner le Québec, celui de *région*, dont le gouvernement aurait dans l'avenir, entre autres nobles fonctions administratives, celle d'appliquer chez lui les politiques générales établies à Ottawa, mais en prenant soin de les adapter aux réalités locales. Dans la perspective de ce fédéraliste nouvelle vague, l'«autonomie provinciale» se résumait à une tâche d'adaptation.

Le 27 août, à la suite d'un caucus, Claude Ryan avait fait connaître la position de son parti sur l'attitude d'Ottawa. J'aurais pu signer une partie de son texte écrit, dont je cite, en vrac, quelques très brefs passages:

> Le rapatriement de la constitution (...) ne doit pas être fait sous l'autorité d'un seul ordre de gouvernement (...). (Ottawa agirait alors) comme s'il voulait s'attribuer en exclusivité la propriété et le contrôle d'un document qui est le bien commun de deux ordres de gouvernement (...). Le rapatriement unilatéral constituerait un véritable affront la la dignité des provinces (...).

Qu'y avait-il de tellement inquiétant à canadianiser une loi britannique? Réponse: en soi *rien*. Rien, mais à la *condition essentielle* que cette opération ne consistât pas à demander au Parlement britannique, *avant* de s'exécuter, de changer la loi fondamentale du Canada à la *seule* demande du gouvernement central. Or, c'est exactement ce que les fédéraux avaient en tête: faire modifier notre constitution par le Parlement britannique, *avant* de la transformer en loi canadienne. Et, si nécessaire, le faire à l'encontre de la volonté des provinces.

Ce qui, comme on le constatera plus loin, revenait notamment à dire que les fédéraux demanderaient à un parlement étranger, de langue anglaise, d'incrire dans la constitution, entre autres additions, des stipulations réduisant la marge de manœuvre québécoise en matière de protection et de promotion de la langue française.

Mauvais départ

Officiellement, la conférence constitutionnelle ne commençait que le lundi matin. En pratique, cependant, le dîner du gouverneur général, le dimanche soir, offrait aux participants une occasion utile de sentir l'atmosphère et d'échanger des impressions préliminaires.

Une chose fut immédiatement perceptible. Pour des raisons que j'ignore, Trudeau parut arriver au dîner de mauvaise humeur, comme s'il avait été ennuyé de s'y trouver. L'occasion aidant, il formula quelques remarques assez vives, sarcastiques même, à l'intention de tel ou tel premier ministre, mais, incidemment, ne s'en prit jamais à Lévesque ou à moi. Vers la fin du repas, il laissa presque ouvertement entendre, d'un air détaché, que, selon lui, le dîner avait assez duré! Sur quoi, Ed Schreyer prononça une petite allocution inoffensive et tout le monde se sépara.

Il faut dire que Trudeau avait reçu une curieuse proposition. Parlant au nom de six ou sept premiers ministres provinciaux (ils s'étaient réunis chez Sterling Lyon juste avant le dîner), Bill Bennett, de la Colombie-Britannique, lui demanda d'accepter que Lyon, du Manitoba, copréside la conférence constitutionnelle, en tant que représentant des provinces. C'était en effet maintenant le tour du Manitoba d'accéder à la présidence des réunions interprovinciales pour l'année en cours. Il y avait eu un coprésident provincial pour les réunions ministérielles de l'été. N'était-il pas logique de songer à agir de même pour la conférence des premiers ministres? Trudeau refusa net (il réitéra publiquement ce refus le lendemain matin, au début de la conférence). Il consentit par contre, mais d'assez mauvaise grâce, à une modification de l'ordre du jour: comme pendant l'été, on parlerait en premier lieu du partage des pouvoirs et non, d'abord, ce qu'il aurait voulu, du *people's package*. Les provinces pourraient aussi prononcer une déclaration liminaire de 10-15 minutes, au début de la conférence. Dans une note récente transmise à chaque premier ministre, Trudeau avait proposé qu'on s'en abstienne pour passer plutôt aux «choses sérieuses», ce qui en avait choqué plusieurs.

Trudeau, probablement humilié par tout cela, n'avait pas fait preuve d'une grande amabilité lors des échanges de la soirée. C'était peut-être un peu compréhensible de sa part, mais l'attitude des provinces n'était pas tellement étonnante elle non plus, vu la façon dont les pourparlers s'étaient déroulés pendant l'été. Il y avait plus d'animosité dans l'air que les fédéraux, toujours aussi sûrs d'eux, ne semblaient le croire.

Quoi qu'il en soit, ceux des premiers ministres qui espéraient encore un assouplissement de la part de Trudeau demeurèrent perplexes. Allaient-ils être bousculés par lui comme leurs ministres l'avaient été au cours de l'été? Apparemment oui, puisque tout de suite après la réunion du comité ministériel fédéral sur les priorités, au lac Louise, la semaine précédente, il avait de nouveau affirmé que la constitution serait rapatriée avant la fin de l'année 1980, avec ou sans l'accord des provinces, et qu'elle comprendrait le fameux *people's package*, notamment la charte des droits. Petite consolation: des échos de Londres laissaient croire qu'on n'était pas, là-bas, aussi pressé.

Juste avant la conférence, plusieurs provinces, en bonne partie parce qu'elles redoutaient l'intransigeance d'Ottawa, étaient devenues moins persuadées de la nécessité, encore moins de l'urgence, de conclure rapidement les négociations. Il leur fallait gagner du temps. Pour elles, la conférence de septembre ne pouvait logiquement être qu'une étape dans un long processus. Sur les questions les plus importantes en effet, les travaux ministériels de l'été n'avaient pas abouti et sur les autres une entente demeurait problématique. Comment concevoir que les premiers ministres régleraient tout en quelques jours? Pourquoi se presser?

Cette perspective, qui contredisait celle d'Ottawa, contribua à une certaine dédramatisation et incita quelques provinces, comptant sur l'avenir, à plus d'audace.

Autrement dit, selon elles, la fin du monde n'était pas fatalement pour demain. Non, mais la tempête politique oui.

10
... récolte la tempête

Le lundi matin, 8 septembre, en tant que président* de la conférence, Trudeau eut recours à une procédure inhabituelle. Plutôt que de parler en premier, au nom du gouvernement fédéral — coutume depuis longtemps établie —, il demanda aux provinces de prononcer d'abord leurs déclarations d'ouverture de 10-15 minutes et décida de prendre la parole après elles.

---

* Au Canada, lors de conférences fédérales-provinciales, le représentant d'Ottawa (premier ministre, ministre ou haut fonctionnaire) agit aussi d'office comme président de la rencontre. Ce double rôle — président des travaux *et* chef de sa délégation — confère certains avantages au représentant fédéral, celui, en particulier, de reconnaître le droit de parole des autres participants et surtout celui de se le donner à lui-même à volonté. C'est ainsi que, le 8 septembre 1980, sans en avertir personne à l'avance, le *président* Trudeau modifia l'ordre attendu des prestations et permit au *premier ministre* du même nom de parler, après avoir écouté les autres chefs de délégations. Cette coutume du «double chapeau» avait été contestée par le Québec en 1968, lors d'une ronde antérieure de négociations constitutionnelles. À la demande du premier ministre Daniel Johnson, j'avais proposé, au cours d'une réunion de hauts fonctionnaires, que le président des conférences fût, non pas le porte-parole d'Ottawa, mais une personnalité canadienne respectée de tous, quoique considérée neutre. Sans succès, cependant. Les autres provinces adhéraient alors encore fidèlement à la conception selon laquelle les fédéraux, parce qu'issus du *senior government*, jouissaient, de ce fait, d'une sorte de droit d'aînesse. Quant à la délégation fédérale de l'époque, elle réagit un peu comme si la proposition québécoise relevait du blasphème. L'idée d'une présidence neutre (ou, à la rigueur, d'une coprésidence provinciale) refit surface à la fin des années 1970, mais davantage en réaction contre l'arrogance

des libéraux fédéraux qu'en vertu d'une perception nouvelle du fédéralisme canadien. Depuis 1968, les provinces (surtout celles de l'Ouest, ainsi que Terre-Neuve) avaient pris de l'assurance et cherchaient à s'affirmer comme entités politiques régionales. Cet état d'esprit explique pourquoi Roy Romanow fut choisi comme coprésident, avec Jean Chrétien, qui l'accepta, de nos réunions ministérielles de l'été 1980.

La conférence de la «dernière chance»

Trudeau livra une remarquable prestation télévisée. À l'exception de l'Ontario, toutes les provinces avaient exprimé de sérieuses réserves à l'égard des plans fédéraux. Je ne résumerai pas ici les opinions de chacune, sauf pour dire qu'Ottawa, malgré le ton généralement modéré des interventions, fut critiqué pendant la plus grande partie de l'avant-midi, notamment par l'Alberta et le Québec. À son tour de parole, plutôt que de répondre, Trudeau fit un peu une leçon magistrale à tout le monde, brossant à sa manière un historique des tentatives manquées de rapatrier la constitution, faute d'une entente sur une formule d'amendement, et s'efforçant de montrer que, hormis un seul point de l'ordre du jour (les pouvoirs sur l'économie), c'est Ottawa qui cédait des pouvoirs aux provinces.

Le problème était que ces «concessions» étaient minimales par rapport aux attentes des provinces à qui, par contre, Trudeau tenait toujours à imposer sa charte des droits. Le public fut peut-être favorablement impressionné par sa performance. Pas les délégations. Trudeau avait plus ou moins repris à son compte les «ouvertures» évoquées par Jean Chrétien pendant l'été. Donc à peu près rien de nouveau. Ou plutôt, si: les provinces ne devaient pas espérer d'autres offres plus généreuses avant la fin de la conférence.

Depuis la veille, les premiers ministres provinciaux avaient pu prendre connaissance du document de stratégie que nous leur avions remis, Lévesque et moi. Personne autour de la table n'en dit publiquement mot. Personne non plus ne sembla avoir modifié ses positions à cause de ce document. Peter Lougheed de l'Alberta et Allan Blakeney de la Saskatchewan m'en firent de furtifs commentaires. Lougheed n'en revenait pas de ce qu'il avait lu, mais n'en parut pas surpris. Blakeney, lui, sembla attristé d'avoir appris, noir sur blanc, les intentions fédérales; il eût préféré, aurait-on dit, garder confiance jusqu'à la fin. Lévesque reçut lui aussi quelques réactions d'autres premiers ministres. Comme nous le leur avions demandé, tous étaient d'accord pour ne pas divulguer ce texte.

Je ne sais pas si quelqu'un, dans le groupe, avait eu le courage d'annoncer privément à Trudeau que nous étions en possession de son précieux document. En tout cas, rien n'en transpira dans ses paroles.

Le lundi soir, Richard Hatfield me téléphona à mon hôtel pour m'annoncer, me disait-il, une mauvaise nouvelle: quelqu'un avait remis le document secret à des journalistes. Les journaux du lendemain et des jours suivants en seraient remplis. Cela ferait tout un éclat. On apprendrait que le texte avait été transmis aux provinces par le Québec, bien qu'on le saurait aussi non responsable de la fuite. Hatfield m'avertissait amicalement, au cas où, dans les heures à venir, des journalistes essaieraient de m'atteindre. Le faire savoir aussi à Lévesque. C'était, d'une certaine façon, gentil de sa part, mais, du coup, je le soupçonnai d'être à l'origine de la fuite.

À vrai dire, nous n'avions pas pensé un instant que ce document demeurerait indéfiniment secret. Un journaliste aurait bien fini par mettre la main dessus.

Lévesque se montra satisfait* de la tournure des événements. Non seulement quelques personnes, mais le public en général saurait, selon son expression, d'«où vient la boule» lancée sur les quilles provinciales. Peut-être, mais, pour ma part, je dormis plutôt mal cette nuit-là. Ce n'est pas tous les jours qu'une torpille frappe une conférence constitutionnelle.

---

* Lévesque était plutôt satisfait de la divulgation du document fédéral en bonne partie parce que, durant toute sa carrière politique, il s'était souvent élevé, en privé comme en public, contre les manipulations politiciennes et les manœuvres des stratèges en coulisses (d'où, incidemment, son aversion envers les caisses électorales occultes). Il n'était donc pas mécontent du tout de savoir que, grâce à la publication du texte d'Ottawa, les gens apprendraient comment, en réalité, les choses se passaient dans le domaine apparemment terne et feutré de la diplomatie fédérale-provinciale.

Le lendemain, le document fédéral faisait la manchette de plusieurs journaux. La radio et la télévision en parlaient déjà. La population apprenait ce que nous savions depuis longtemps: Ottawa s'attendait à un échec, ne ferait pas de concessions sérieuses et était fermement décidé à agir seul et contre les provinces s'il le fallait.

Je me demandais comment les fédéraux réagiraient. Or, quoique intérieurement furieux, Trudeau se comporta admirablement. Froidement. Pas un mot sur le document. Il présida la conférence comme si rien ne s'était produit. Les autres participants gardèrent aussi le silence. On suivit fidèlement l'ordre du jour établi la veille. Il fut surtout question de richesses naturelles, le tout provoquant un échange animé entre Trudeau et Lougheed. Ce qui n'empêcha pas la «fuite» de demeurer la grande nouvelle de la journée, tous les médias requérant des commentaires de chaque délégation. La délégation fédérale, comme il fallait s'y attendre, minimisa la portée de son document de stratégie. Terre-Neuve, l'Alberta et le Québec s'en montrèrent outrés, mais d'autres provinces prirent officiellement les choses moins au tragique.

Curieusement, le lendemain matin, mercredi, il n'en fut presque plus question. Il était toutefois visible que toute cette affaire préoccupait grandement la délégation fédérale: comment continuer à suivre une stratégie alors qu'elle est connue de tous et comment paraître de bonne foi avec des interlocuteurs qui s'estiment avoir été manipulés?

D'autant plus que, cette journée-là, un morceau d'importance nous attendait: la charte des droits. Le tour de table fut particulièrement révélateur. Sterling Lyon et Allan Blakeney firent des interventions de grande qualité sur les dangers, dans une démocratie, du «gouvernement par les juges». Au total, seuls le Nouveau-Brunswick et l'Ontario (celle-ci avec des réserves sur l'enchâssement* des droits linguistiques) se rangèrent du côté de Trudeau. Les autres provinces demeuraient opposées à son projet, certaines de façon véhémente (Manitoba, Alberta, Saskatchewan et Québec).

---

* À l'opposé d'une loi courante qu'un vote majoritaire du Parlement fédéral ou des Assemblées législatives provinciales peut changer, l'enchâssement d'une disposition dans la loi fondamentale du Canada signifiait que cette disposition ne serait désormais modifiée qu'en vertu d'une procédure d'amendement constitutionnel nécessairement longue et complexe.

À propos des pouvoirs sur l'économie, le lendemain, jeudi, les choses ne furent pas plus roses pour Ottawa, au contraire. Les objections provinciales déjà formulées au cours de l'été refirent surface. Jacques Parizeau, venu spécialement à Ottawa pour la circonstance, réussit avec beaucoup d'éloquence à défendre la position du Québec.

Ce fut ce jour-là, à mon avis, que les fédéraux commencèrent à perdre la bataille. Non seulement aucune entente solide sur le reste n'était-elle intervenue, mais, quant aux deux questions majeures de l'ordre du jour (la charte et l'économie), ils faisaient face à une opposition structurée de la part des provinces. Ils avaient peut-être espéré que cette opposition fondrait humblement devant l'argumentation de Trudeau ou à cause des sondages favorisant (disaient-ils) leurs positions. Ils oubliaient cependant la surprise et la frustration des provinces, pendant l'été, devant une attitude fédérale à l'arrogance doctrinale hautaine. Et ce, malgré le «populisme» calculé de Jean Chrétien.

Quant aux promesses référendaires faites aux Québécois...

À ce sujet d'ailleurs, au moins indirectement, il y eut un échange significatif entre Lévesque et Trudeau au moment où, le jeudi, fut abordée la question du préambule. Le premier ministre fédéral se déclara prêt à en accepter la version proposée par le Québec (voir Document 1), mais à deux conditions, refusées par Lévesque: biffer l'expression «peuple québécois» (que Lévesque avait substitué à celle de «société québécoise» dans le texte que j'avais soumis pendant l'été!) et enlever l'idée que le Canada existe de par la volonté libre des provinces d'en faire partie (ce qui était, pour nous, une façon oblique d'affirmer le droit des Québécois à l'autodétermination). Trudeau préférait «société», dans le premier cas, et «individus» dans le deuxième. Ce débat se déroula dans l'indifférence générale des autres provinces, sauf pour l'Ontario, qui fut d'emblée totalement d'accord avec Trudeau, et pour Terre-Neuve qui, malgré son différend avec nous sur l'électricité du Labrador, nous appuya.

Ottawa reprit aussi un peu de terrain sur la question du rapatriement. Peut-être du fait qu'elles s'étaient si promptement opposées à la charte des droits et aux prétentions fédérales sur l'économie, les provinces voulurent-elles compenser par une attitude plus positive sur d'autres points de l'ordre du jour. Toujours est-il qu'elles se montrèrent finalement assez réceptives à l'idée d'un rapatriement hâtif de la constitution, pourvu qu'on se limitât à ce geste et qu'il fût accompagné d'une formule convenable d'amendement. Un résultat aussi modeste ne plaisait certes pas à Ottawa, Trudeau tenant mordicus à sa charte, mais il demeurait inquiétant pour nous de constater que les autres provinces cherchaient vraiment un truc pour prétendre que la conférence ne serait pas un échec complet. Il suffirait de peu pour qu'elles concluent une entente quelconque avec Ottawa.

D'après notre échéancier, la conférence devait se terminer le vendredi. Il fut plutôt décidé que cette journée servirait à des rencontres privées, quitte à clore publiquement la conférence dans la soirée. Ou même, à déborder sur le samedi. Ces accrocs à l'horaire officiel ne découlaient pas des indications fournies par le document fédéral de stratégie, mais de la résistance inattendue des provinces. Inattendue par Ottawa. De notre côté, nous ne nous attendions pas à ce qu'elle fût aussi intense.

Selon les lois de la météorologie intergouvernementale canadienne, les tempêtes en provenance des provinces sont généralement suivies d'accalmies où, traditionnellement, Ottawa profite alors d'un climat plus favorable à ses intérêts. Les réunions à huis clos du vendredi seraient donc décisives.

Les provinces avaient certes tenu bon devant Trudeau, en ce sens qu'elles avaient, pour la plupart, globalement rejeté son approche et ses intentions. Elles n'avaient cependant pas proposé de solutions de remplacement. Non à Trudeau, mais oui à quoi?

En outre, plusieurs d'entre elles demeuraient vulnérables à un arrangement de dernière minute propre, si l'on peut dire, à sauver la face de la conférence. Pourquoi ne se contenterait-on pas, à la rigueur, du rapatriement de la constitution? Seul élément rassurant, dans cette perspective: Trudeau ne consentirait vraisemblablement pas à ce que sa montagne constitutionnelle n'accouchât que d'une souris aussi malingre.

Mais était-ce si sûr? N'allions-nous pas nous trouver devant une proposition soudaine qui, même à reculons, rallierait en désespoir de cause les autres délégations? Et qui serait tout juste suffisante pour nous embarrasser si nous devions la refuser, alléguant son incompatibilité avec le sens des promesses référendaires? En vertu, par exemple, de la «logique» trudeauforme suivante: «Voyez-vous, nous nous sommes finalement entendus pour renouveler le fédéralisme en commençant, ce qui va de soi, par le rapatriement de la constitution. Mais les séparatistes du Québec sont tellement opposés à ce renouvellement qu'ils préféreraient, quant à eux, demeurer soumis au Parlement britannique!»

En principe, nous n'avions pas plus de risques à prendre à ce moment-là que n'importe quand avant. La situation était délicate et pouvait basculer d'un côté comme de l'autre. Pourtant il nous fallait tenter quelque chose pour éviter que les fédéraux ne fussent les seuls à agir dans les heures cruciales qui restaient avant la fin de la conférence. Ce qui revenait à dire qu'il nous fallait prendre au moins le risque de passer à l'offensive, de nous manifester ouvertement, comme jamais jusque-là depuis le référendum de mai.

Étions-nous en position de le faire, nous, représentants d'un gouvernement «séparatiste», défait au référendum? Pouvions-nous nous payer le luxe un peu ironique de prendre carrément une initiative impensable quelques semaines plus tôt? Nous pensions que oui.

D'accord, donc, pour le risque!

Signez ici s'il vous plaît!

Un phénomène nous avait frappés. Bien que plusieurs provinces s'en fussent, l'une après l'autre, prises aux intentions fédérales lors de leurs interventions pendant la conférence, elles avaient assez peu parlé des nombreuse positions interprovinciales communes arrêtées pendant l'été sur chacun des points de l'ordre du jour. À en juger par leurs prestations devant les autres délégations, chacune s'exprimait pour elle-même, oubliant que ses propres positions avaient, précisément, été influencées par celles des autres. Ce qui facilitait la tâche des fédéraux, décidés à diviser ce qui, autrement, eût été uni.

Morale: de la même façon que les fédéraux appliquaient à la conférence constitutionnelle de septembre leur stratégie estivale (fermeté, rigidité et menaces à l'avenant), les provinces ne devraient-elles pas, elles aussi, s'en tenir à leur règle de conduite adoptée jusque-là? En clair: faire revivre les positions communes (parfois laborieuses) de l'été. C'était le moment ou jamais de les rappeler et de s'en servir.

Comment? *En les résumant par écrit dans un document dont les provinces confirmeraient la teneur et qui serait ensuite présenté officiellement au premier ministre fédéral lors d'une réunion à huis clos.* Cette façon d'agir, en plus de donner l'initiative aux provinces, comblerait une grave lacune stratégique: elles s'étaient certes, pour la plupart, opposées aux intentions fédérales, mais elles n'avaient pas encore offert de solution de rechange, ce qu'à quelques reprises leur avaient reproché des représentants d'Ottawa et plusieurs observateurs. «Vous critiquez, leur disait-on, mais qu'avez-vous à proposer?»

Voici comment les choses se passèrent. Elles furent déterminantes.

Le jeudi soir, Trudeau avait invité les chefs de délégations à sa résidence pour un dîner. Atmosphère lourde. Aucun progrès. On se reverrait le lendemain. Entre-temps, on réfléchirait.

Le vendredi matin, au petit déjeuner, avant leur nouvelle rencontre avec Trudeau, les premiers ministres des provinces examinèrent un court texte que j'avais remis la veille à leurs ministres, lors d'un dîner parallèle à celui offert par Trudeau. Titre: *Proposal for a Common Stand of the Provinces.* Ce texte avait été préparé par la délégation du Québec, sous la direction de Robert Normand. À partir des fronts communs de l'été et pour chacun des douze points de l'ordre du jour, s'y trouvait résumée, en quelques mots soigneusement choisis et avec certaines modifications secondaires, la substance de ce qui pourrait former la *base* d'un accord interprovincial global.

La *base,* c'est-à-dire ce sur quoi on pourrait éventuellement construire quelque chose de plus élaboré, si jamais Trudeau ne régimbait pas trop. D'où le titre peu ambitieux de *proposal.* L'opération était en effet hautement délicate. Parce que des provinces pouvaient encore nourrir des réticences sur un point ou sur un autre, il n'était pas question d'exiger d'elles, à la vapeur, un assentiment final et formel sur chacun des sujets. En même temps, il fallait éviter un autre piège: que seulement quelques-unes des propositions fussent retenues. Lévesque expliqua donc à ses collègues qu'aux yeux du Québec la *proposal* constituait un ensemble, un *tout* raisonnable («vous pourriez vivre avec cela, n'est-ce pas?») destiné à mesurer l'ouverture de Trudeau à des suggestions convenant aux provinces.

Inutile de dire que la *proposal* ne contenait rien sur les pouvoirs économiques provinciaux convoités par Ottawa et que, pour la charte des droits, elle restait bien en deçà des ambitions fédérales. Elle prévoyait cependant le rapatriement de la constitution, avec une formule d'amendement comportant une clause de retrait (je reviendrai plus loin sur cette formule). En outre, il était entendu entre les premiers ministres que leur *proposal* , si Trudeau l'acceptait, serait la première étape d'une révision constitutionnelle qui, trois mois plus tard, aborderait d'autres sujets: le pouvoir fédéral de dépenser, le pouvoir déclaratoire d'Ottawa, la culture, les affaires sociales, le développement régional, les relations internationales, etc. Tout un contrat pour le premier ministre fédéral.

La *proposal* de Lévesque fut quelque peu modifiée par ses collègues, mais pas substantiellement. Pour notre part, bien que nous inspirant toujours des positions prises au cours des années par le gouvernement du Québec sur le partage fédéral-provincial des pouvoirs, nous acceptâmes d'arrondir quelques angles. Sur le droit à l'autodétermination, nous fûmes aussi d'accord avec une formulation plus diplomatique du genre suivant: selon le vœu des Canadiens, les provinces désirent demeurer librement unies dans une fédération. Le mot important, *librement,* demeura. C'est ce qui comptait.

Les provinces, y compris l'Ontario (qui tint, bien sûr, à être exemptée de l'obligation de devenir institutionnellement bilingue!), furent d'accord pour présenter la *proposal* à Trudeau. Cela ne signifiait pas que chacune se sentait liée pour toujours par la *proposal.* Comme le répétait Lévesque: «Il y a encore des fils qui pendent, mais ça se tient; c'est positif, cohérent et défendable en public.» On s'occuperait des détails plus tard. Pour le moment, on verrait ce que cela donnerait.

Refus

Cela ne donna rien. Ou plutôt les provinces durent de nouveau se rendre à l'évidence: le premier ministre fédéral n'approuverait aucune entente qui n'inclurait pas *sa* charte des droits et la confirmation des pouvoirs d'Ottawa sur l'économie, précisément les deux sujets auxquels elles s'opposaient le plus.

En prenant connaissance des éléments de la *proposal,* il se contenta de dire: non à ceci, non à cela, peut-être oui à ceci, mais avec des changements, non à ceci, non à cela, etc. Quatre ou cinq propositions auraient pu lui convenir (le droit de la famille, la Cour suprême, la péréquation, le Sénat et (à la rigueur mais avec des modifications) la formule d'amendement, mais, en contrepartie, il exigeait la charte et l'accroissement du pouvoir économique fédéral.

Cette discussion se déroula à la résidence de Trudeau, le vendredi, entre 10h30 et 15h30. Reprise à 20h00. À 21h30 tout était terminé. Trudeau n'avait pas bougé. Les provinces non plus. Elles avaient cependant désormais la satisfaction d'avoir présenté une contre-proposition positive.

C'était l'impasse.

Pendant le reste de la soirée, des premiers ministres, notamment Blakeney de la Saskatchewan et Davis de l'Ontario (celui-ci entremetteur par excellence d'Ottawa — en dialecte anglo-canadien, un *honest broker*), ainsi que des ministres et des hauts fonctionnaires fédéraux et provinciaux tentèrent bien, par des appels téléphoniques parfois frénétiques à nos hôtels respectifs, de réunir à la hâte (Lévesque disait: «grappiller», expression inconnue de moi jusqu'alors) les morceaux possibles d'une éventuelle entente intergouvernementale, mais peine perdue. Lougheed, Peckford, Lyon et Bennett en avaient assez entendu pour savoir à quoi s'en tenir. Lévesque aussi. Aucun d'eux n'avait rien obtenu qui eût pu, par rapport à leurs provinces, justifier un assentiment à l'opération envisagée par Trudeau. Ni n'espérait plus rien.

D'autres premiers ministres provinciaux ne savaient trop quoi penser. Dont Angus MacLean de l'Île-du-Prince-Édouard, personnage sincère et attachant, une sorte de philosophe politique partisan convaincu du sens commun, issu d'une province, malheureusement pour elle, minuscule et à laquelle personne ne portait beaucoup d'attention au moment des grands débats. Mais dont les porte-parole exprimaient parfois des avis sur lesquels les autres gouvernements auraient eu avantage à méditer.

Tout cela était fort intéressant, sauf qu'en cette nuit du 12 au 13 septembre 1980 il était patent qu'on n'arriverait à rien à partir de nulle part. Le «nulle part», c'était l'obstination de Trudeau sur sa charte et sur l'économie.

Conclusion: échec complet de la conférence de la «dernière chance».

Ici, une question se pose. Si Trudeau avait accepté la proposition interprovinciale, le Québec aurait-il souscrit à l'entente constitutionnelle qui en aurait découlé? Réponse: oui. C'est le Québec qui avait conçu la proposition initiale et, au chapitre du partage des pouvoirs, elle contenait plusieurs changements avantageux, sans diminution des compétences provinciales. En plus, elle ouvrait la porte à des négociations prochaines sur des sujets majeurs.

Alors quel était le risque dont je parlais plus haut? En réalité, il y en avait deux. D'abord, celui de prendre trop ouvertement l'initiative de la *proposal*, ce qui eût pu indisposer certaines provinces, non parce qu'elle émanait de «séparatistes», mais parce qu'elle était québécoise, donc d'intention peut-être suspecte. Ensuite, celui, plus inquiétant, d'avoir à nous prononcer éventuellement sur une proposition émanant à l'origine de nous, mais qui aurait été largement tronquée par la suite et que, pour cette raison, nous aurions alors dû refuser. Nous aurions ainsi, candidement et paradoxalement, fourni aux autres gouvernements le matériau de base pour élaborer entre eux une entente dont nous aurions dû nous-mêmes nous exclure, choisissant ainsi, volontairement, de nous isoler. Cela aurait été, de loin, incomparablement moins excusable que de nous en faire imposer une, sans notre participation, comme cela se produira en novembre 1981.

Un isolement du Québec, en septembre 1980 et peu important ses causes et nos explications, aurait été interprété, par des adversaires qui ne demandaient pas mieux, comme la preuve manifeste de l'absence de bonne foi et de bonne volonté de la part d'un gouvernement souverainiste qui, malgré sa défaite référendaire, se serait montré peu soucieux de contribuer activement au renouvellement du fédéralisme.

À quelques semaines des élections générales au Québec (du moins, nous le pensions à l'époque), c'eût été le pire des scénarios.

Rideau

Il y eut isolement, mais ce fut celui du gouvernement fédéral.

Comme groupe et malgré certaines divergences profondes entre elles, les provinces anglophones n'avaient pas adhéré à un aspect majeur de la conception que le premier ministre fédéral se faisait du Canada. Pour lui, l'unité du pays ne serait garantie que si la constitution contenait une volumineuse charte des droits et accroissait la suprématie d'Ottawa en matière économique.

Pour la plupart des provinces, l'opposition à cette conception n'était cependant pas d'abord d'ordre idéologique. Elles auraient probablement pu consentir au projet de Trudeau si celui-ci avait été, de son côté, plus souple. Depuis le début de l'été, la stratégie fédérale consistait, entre autres composantes, à dissocier le *people's package* des questions relatives au partage des pouvoirs. En réalité, les provinces n'acceptèrent jamais cette façon de présenter et de voir les choses. Jusqu'à la fin elles persistèrent pragmatiquement à croire, malgré les affirmations fédérales dans le sens contraire, que Trudeau, afin d'obtenir l'appui des provinces, finirait bien par lâcher du lest sur les pouvoirs. C'était d'ailleurs ce que nous pensions nous-mêmes. D'où notre idée, pour éviter un arrangement minimal qui nous eût isolés, de soumettre à Trudeau la fameuse *proposal* interprovinciale.

De fait, la conférence aurait fort bien pu se terminer d'une manière beaucoup plus satisfaisante pour les fédéraux. Il suffisait de voir jusqu'à quel point certains délégués provinciaux étaient déçus du manque de résultats concrets pour les imaginer allègrement rangés du côté d'Ottawa pour peu qu'ils en eussent obtenu, comme ils le souhaitaient, un «petit quelque chose».

En octobre et novembre 1981, les fédéraux devaient se souvenir des leçons apprises en septembre 1980...

Pour l'instant, ils n'en menaient pas large. Par-dessus le marché, le samedi matin, dernier jour de la conférence, on assista au comble du paradoxe. Dans leur ultime intervention télévisée, trois premiers ministres provinciaux, après avoir fortement blâmé Trudeau pour sa rigidité et sa conception, selon eux, inacceptable du Canada, firent littéralement l'éloge de René Lévesque! Lyon: «René Lévesque et son gouvernement ont négocié de bonne foi.» Peckford (malgré le conflit hydro-électrique de Terre-Neuve avec le Québec): «Je devrais être le dernier à le dire, mais je dois reconnaître que le premier ministre du Québec nous a montré ici qu'il est capable de souplesse et d'ouverture d'esprit.» Bennett abonda dans le même sens, reprochant en plus à Trudeau de transformer les négociations constitutionnelles en vendetta personnelle contre Lévesque. Nous n'en croyions pas nos oreilles. Nous savions certes que Lévesque avait réussi, par sa simplicité et sa franchise, à établir une relation presque complice avec la plupart des premiers ministres provinciaux, mais pas à ce point.

Quel chemin parcouru depuis ces moments angoissants, en juin, où nous nous demandions comment reconstruire la crédibilité du Québec après la défaite référendaire!

Trudeau, contenant son exaspération, admit l'échec, mais laissa entendre que les choses n'en resteraient pas là. Et il déclara la conférence ajournée.

Nous avions gagné une bataille. Mais, hélas, pas la guerre...

Deuxième époque
Le coup de force unilatéral d'Ottawa
(octobre 1980 - août 1981)

11
Les grands moyens

Jeudi, 2 octobre 1980, vingt heures.

Émission spéciale à la télévision. Le premier ministre fédéral s'adresse, dans les deux langues, à la «nation» canadienne.

La nouvelle avait été annoncée, sans préavis, le matin même, suivie de toutes les interrogations, prévisions et supputations qu'on peut imaginer. Trudeau allait-il opter pour un rapatriement unilatéral de la constitution? Ou pour un référendum pancanadien sur ses propositions? Ou peut-être même pour une reprise des négociations fédérales-provinciales?

Le 13 septembre, en constatant l'échec de la conférence dite de la «dernière chance», Trudeau avait eu ces mots énigmatiques: «C'est le commencement de la fin ou la fin du commencement.» Il ajouta aussi avoir beaucoup compris et beaucoup appris de l'expérience qu'il venait de vivre avec les provinces. Que fallait-il entendre par là?

Peut-être allait-t-on l'apprendre ce soir?

Le calme relatif...

Depuis des semaines déjà, pour préparer les esprits et pour conjurer un échec possible des négociations constitutionnelles, les porte-parole fédéraux avaient, on le sait, multiplié les menaces d'action unilatérale auxquelles, de temps à autre, ils joignaient celle d'un référendum «national» par-dessus la tête des provinces récalcitrantes.

Étrangement, pendant les trois semaines qui suivirent la conférence, Trudeau resta silencieux.

À vrai dire, il avait de quoi réfléchir.

Peut-être avait-il espéré que, persuadées de sa détermination inébranlable, les provinces préféreraient plutôt céder à sa volonté politique, que de livrer un combat présumé d'avance perdu pour elles? C'était en tout cas la stratégie qui avait guidé les notes estivales de Michael Kirby: inquiéter pour ne pas être inquiet. Quoi qu'il en fût, le premier ministre fédéral avait depuis le début, dans son style caractéristique, allégrement et régulièrement brandi le recours aux grands moyens en cas d'échec des négociations.

Or la conférence de septembre s'était terminée par un échec. Ne se trouvait-il pas, pour cette raison, pris à son propre piège et forcé, sous peine de perdre la face, de jouer le tout pour le tout? Quand on annonce avec assurance qu'on saura, au besoin, faire intervenir le tonnerre, de quoi a-t-on l'air s'il n'y a pas d'orage? C'était, du moins, l'avis de bien des commentateurs intrigués par le silence du premier ministre canadien.

Les députés fédéraux étaient, eux, plus loquaces.

Les représentants libéraux se livraient volontiers aux journalistes. On assista ainsi à l'émergence de certaines notoriétés plus ou moins éphémères: Jean-Claude Malépart (député de Sainte-Marie), Jean Lapierre (Shefford), Michel Gourd (Argenteuil), André Bachand (Missisquoi) et ainsi de suite. Selon ces croisés trudeauistes, il fallait en finir. Ottawa devait agir sans s'occuper des provinces. Réuni au milieu de septembre, le caucus libéral se déclara solidement derrière les «grands moyens» éventuels de leur chef. Sauf deux députés: Jacques Olivier (Longueuil), qui y mettait des nuances, et, surtout, Louis Duclos (Montmorency), le seul qui, jusqu'à la fin, conserva une attitude courageuse.

Les conservateurs étaient sur leurs gardes. De temps à autre, ils lançaient des avertissements à l'intention des libéraux, qui ne les entendaient pas, et du premier ministre canadien, qui ne les écoutait pas. Chose certaine, ils rejetteraient toute démarche unilatérale

Ed Broadbent, chef du NPD, se montrait assez disposé à se ranger du côté de Trudeau. L'enchâssement constitutionnel des droits individuels lui avait toujours plu. Quant au caractère unilatéral de l'opération envisagée, il lui paraissait relever de ce ferme leadership qu'un gouvernement fédéral doit savoir de temps à autre exercer. Pour concrétiser son soutien et selon les vœux de la Saskatchewan, où le NPD formait le gouvernement, il exigera plus tard des concessions sur les richesses naturelles. Les libéraux finiront par le satisfaire. Ils avaient besoin — calcul politique et parlementaire oblige — d'un allié sûr et crédible à la Chambre des communes. Broadbent devint l'un des plus farouches opposants des provinces récalcitrantes.

L'Ontario, depuis 1978 favorable à un rapatriement unilatéral, avait réitéré son appui public à Trudeau dans les jours qui suivirent la conférence de septembre.

Le Nouveau-Brunswick paraissait devoir opter pour le même camp, le rapatriement et la charte des droits lui convenant.

De la Saskatchewan provinrent deux échos difficilement conciliables: celui de Roy Romanow, qui prédisait qu'un geste fédéral unilatéral provoquerait une longue et féroce lutte politique et judiciaire, et celui du premier ministre Blakeney, qui jugea bon, Dieu savait pourquoi, de déclarer que les choses iraient mieux si Trudeau négociait avec Claude Ryan plutôt qu'avec René Lévesque!

Justement, Ryan venait de nouveau de s'en prendre aux intentions imputées à Ottawa. Il critiqua l'attitude régionaliste des provinces, mais affirma que, malgré tout, l'échec de septembre n'était pas si catastrophique qu'on dût perdre espoir dans le renouvellement du fédéralisme.

À Ottawa, les rumeurs se succédaient. Selon la plus répandue, Trudeau rapatrierait la constitution avant Noël, agrémentée d'une formule d'amendement fondée sur l'unanimité des gouvernements, et réunirait ensuite les provinces pour une dernière fois. En cas d'échec de cette conférence de l'«ultime chance», il procéderait à un référendum pan-canadien au printemps suivant.

Autre rumeur: en raison de la crise constitutionnelle, le Parlement fédéral serait convoqué avant la date prévue du 15 octobre. Cette dernière rumeur était fondée. On annonça effectivement la reprise des travaux parlementaires pour le 6 octobre. Dans l'ordre du jour prioritaire: la constitution.

Autre nouvelle qui n'était pas non plus une invention: le Centre d'information sur l'unité canadienne, organisme financé par Ottawa et qui s'était rendu célèbre par sa propagande avant et pendant le référendum québécois, voyait son budget annuel passer de 10 à 33 millions de dollars. L'augmentation spectaculaire avait été proposée par Jean Chrétien. Cette fois, on devait «informer» tous les Canadiens, pas seulement les Québécois...

À Québec, comme un peu partout ailleurs, nous étions dans l'expectative. René Lévesque eut quelques conversations avec certains autres premiers ministres. Je me tenais, pour ma part, en contact téléphonique avec d'autres ministres provinciaux, particulièrement Roy Romanow et Dick Johnston, ministre albertain des Affaires intergouvernementales. De leur côté, Robert Normand, Louise Beaudoin et Florent Gagné demeuraient en rapport avec les fonctionnaires des autres provinces qui avaient participé à la ronde constitutionnelle de l'été. Il était entendu que celles-ci se réuniraient sitôt connus les projets de Trudeau. Notre but, comme celui de l'Alberta, du Manitoba et de Terre-Neuve, était de conserver intact notre alliance interprovinciale de l'été, de la «renchausser» comme disait Marc-André Bédard.

... avant la tempête?

Sur ces entrefaites, donc, Pierre Elliott Trudeau intervint auprès de la «nation» canadienne par le truchement solennel de la télévision:

> (...) les Canadiens doivent trouver un moyen de se sortir de 53 ans de paralysie constitutionnelle.
>
> Ce moyen existe. C'est un moyen légal, mais qui exige la manifestation d'une volonté collective. Grâce à la seule institution où ils sont tous représentés, le Parlement du Canada, les Canadiens peuvent briser l'impasse où se trouvent leurs onze gouvernements.
>
> (...) Le gouvernement a fait inscrire (...) une résolution (...) qui débloquera l'avenir du pays. (Le Parlement) entreprendra dès lundi l'étude de cette résolution. Chaque membre du Parlement a été convoqué des quatre coins du pays pour participer à ce geste historique. La résolution propose d'abord que la constitution soit rapatriée (...).
>
> (Par l'insertion d'une charte des droits) la constitution garantira également à tous (...) les parents, qu'ils soient francophones ou anglophones, la possibilité de faire éduquer leurs enfants dans leur langue. À Montréal, en 1978, tous et chacun des premiers ministres provinciaux se sont engagés à respecter ce principe en reconnaissant «que tout enfant appartenant à une minorité francophone ou anglophone a droit à l'enseignement dans sa langue, à l'école primaire ou secondaire, dans toutes les provinces, là où le nombre le justifie». Il nous appartient maintenant d'inscrire cet accord des premiers ministres provinciaux dans la constitution.
>
> Le troisième élément de notre résolution vise à faire inscrire dans la constitution le principe de la péréquation ou du partage à l'échelle du pays, qui est l'une des raisons d'être fondamentales du Canada.
>
> Le Parlement devra s'assurer, bien entendu, que la résolution satisfait pleinement aux désirs de la population canadienne. Mais le Parlement devra aussi poser un geste (*sic*) sans tarder indûment. La raison en est bien simple: les Canadiens ont promis d'agir.
>
> Au printemps dernier, lorsque le gouvernement de la province de Québec a demandé à sa population si elle voulait quitter le Canada, les Canadiens de partout au pays ont réaffirmé le pacte, le contrat social, qui a rendu possible la Confédération: ils ont confirmé la promesse que tous obtiennent leur juste part du patrimoine du Canada.

> L'engagement du gouvernement canadien ne laissait aucun doute possible. Celui des chefs des autres partis nationaux et de chacun des premiers ministres provinciaux était aussi clair. Enfin, des milliers de citoyens canadiens ont signé des pétitions; et un grand nombre d'écoles, d'églises et de conseils de ville ont également pris position.
>
> C'était là plus qu'un engagement envers les Québécois, même si le référendum québécois a déclenché le mouvement. C'était un engagement de chaque Canadien envers chaque Canadien de changer pour le mieux ce pays qui est le nôtre.
>
> La population, par l'intermédiaire du Parlement, peut maintenant honorer son engagement (...).

Ces quelques phrases, tirées d'une allocution beaucoup plus longue, méritent certains commentaires.

Il était faux de prétendre que, pendant 53 ans, le Canada ait été constitutionnellement paralysé. Les faits démontrent le contraire. Pendant cette période, les amendements à la loi fondamentale du pays ont été nombreux, importants et variés. Certes, on était soumis, faute d'une formule d'amendement sur laquelle on n'avait pas réussi à s'entendre, à une règle interne rigide, l'unanimité, qui exigeait pour tout changement l'accord du gouvernement fédéral et des dix provinces. Certes, on devait aussi procéder par le truchement humiliant du Parlement britannique. Si ces contraintes n'avaient pas facilité l'évolution constitutionnelle du Canada, ce dont tout le monde était conscient, elles ne l'avaient pas bloquée.

Le passage sur la langue d'enseignement présageait une attaque contre la Loi 101 et la réduction des pouvoirs linguistiques du Québec. Pour justifier son geste, Trudeau prétendait se fonder sur un principe accepté par les premiers ministres provinciaux en 1978 et laissait entendre qu'il ne ferait qu'appliquer ce principe. Il l'extrayait cependant de son contexte et négligeait de rappeler un élément historique pourtant capital: ce principe se situait dans le cadre de discussions interprovinciales sur une proposition de réciprocité* prévue par la Loi 101, où Ottawa n'avait pas à intervenir et qui ne demandait pas d'amendement constitutionnel.

Selon Trudeau, le référendum québécois aurait conduit «les Canadiens de partout» à «réaffirmer le pacte, le contrat social, qui a rendu possible la Confédération» et à confirmer «la promesse que tous obtiennent leur juste part du patrimoine du Canada». Force est de se demander quand et où cette «réaffirmation» a bien pu se produire! En tout cas, aucun des médias n'en avait fait état à l'époque, même si, toujours selon Trudeau, les Canadiens avaient «promis d'agir» et même

* La réciprocité avait été offerte par le Québec, en août 1977, à la conférence interprovinciale des premiers ministres. Même si la Loi 101 réservait l'enseignement en anglais aux enfants dont l'un des parents avait lui-même été éduqué au Québec dans cette langue («clause Québec»), on consentirait la même chose aux enfants de parents ayant été éduqués en langue anglaise dans une autre province, à la condition que celle-ci dispose, chez elle, d'écoles françaises pour les enfants des Québécois s'y établissant. En fait, notre but était d'améliorer ainsi la situation des minorités canadiennes-françaises. Trudeau voulait plutôt se servir de la charte des droits pour garantir aux anglophones des autres provinces l'accès automatique, comme avant la Loi 101, au réseau québécois de langue anglaise, ce qui serait fort facile puisqu'il existait déjà. Par contre, dans ces provinces, les francophones auraient à faire la preuve que le nombre de leurs enfants justifiait la mise sur pied d'écoles françaises. Grâce à la charte, et comme je l'ai dit précédemment les anglophones acquerraient donc tout de suite un avantage tangible au Québec, alors qu'ailleurs au Canada (sauf au Nouveau-Brunswick et dans quelques parties de l'Ontario) les minorités francophones demeureraient privées du même avantage immédiat. La politique de Trudeau était beaucoup moins contraignante pour les autres provinces que la réciprocité. Il y avait cependant pire. En établissant le droit pour tout parent de langue *maternelle* anglaise d'inscrire ses enfants dans le réseau scolaire anglophone du Québec, la charte remplacerait la «clause Québec» de la Loi 101 non pas seulement par une «clause Canada», comme on le prétendait, mais par une «clause Commonwealth» et même une «clause USA». Car on donnait un droit d'accès au réseau anglophone québécois à tout immigrant de langue maternelle anglaise, sitôt devenu citoyen canadien, d'où qu'il provienne au monde. On se rapprochait ainsi de la «clause universelle» qu'aurait préférée Trudeau. En outre, le critère de la langue maternelle était difficile à appliquer concrètement, ce qu'avait clairement démontré l'ancienne Loi 22 du Québec et ses tests linguistiques. La charte des droits mettait donc directement en cause le principe même de la Loi 101.

si «l'engagement du gouvernement canadien ne laissait aucun doute possible», pas plus d'ailleurs que «celui des chefs des autres partis nationaux et de chacun des premiers ministres provinciaux».

Toute cette ébullition réaffirmatrice à l'échelle du Canada entier se révélait être «plus qu'un engagement envers les Québécois même si le référendum québécois a déclenché le mouvement», mais aussi «un engagement de chaque Canadien envers chaque Canadien de changer pour le mieux ce pays qui est le nôtre». Ni plus, ni moins. Nous avions pourtant cru, à l'époque, faire un référendum portant sur le mandat de négocier la souveraineté-association. Et, selon l'impression générale, ce référendum ne s'était tenu qu'au Québec. Profonde erreur. À en croire Trudeau, c'est dans tout le Canada que la consultation se serait produite; la population aurait alors, avec enthousiasme, pleinement endossé sa vision constitutionnelle. Nous n'assistions plus seulement à un détournement de référendum, mais à une mutation.

Les premiers ministres provinciaux étaient demeurés sourds à l'appel de la «nation»? Fort bien. On se passerait d'eux et de leurs provinces, annonçait Trudeau. On recourrait au Parlement fédéral où les Canadiens «sont tous représentés» pour, dans un «geste historique», «briser l'impasse où se trouvent leurs onze gouvernements». Petit oubli: les Canadiens sont aussi «tous représentés» par leurs gouvernements provinciaux qui, comme dans toute fédération, possèdent leurs propres compétences.

C'est à cause de ce genre de raccourcis considérés comme brillants par ses admirateurs et dont le premier ministre fédéral était friand, que certains observateurs, aisément impressionnés mais ignorant sans doute le sens du mot sophisme, lui firent une réputation de redoutable logicien.

Dans l'espoir d'amadouer quelques provinces, Trudeau omit d'inclure dans son projet le principe de l'«union économique» qui avait soulevé tant de débats pendant l'été (il y revint toutefois dans le mandat de la commission MacDonald créée quelques années plus tard et qui devait opter pour le libre-échange avec les États-Unis). Il retira également son préambule. Il laissait enfin une «nouvelle chance» aux provinces de s'entendre avec lui sur une formule d'amendement dans les deux ans après le rapatriement. Pendant cette période, on s'en tiendrait à la règle de l'unanimité. Si aucun accord n'intervenait, Ottawa imposerait alors, encore unilatéralement, une formule inspirée de celle qu'il avait suggérée à Victoria, en 1971, et qui prévoyait notamment un droit de veto pour l'Ontario, pour le Québec et pour les provinces de l'Ouest et de l'Atlantique suivant certains regroupements. Par contre, nouveauté qui n'était pas de nature à rassurer les provinces, on ferait un référendum pancanadien dans le cas où, sur la formule d'amendement ou sur une modification constitutionnelle future, celles-ci et Ottawa ne s'entendraient pas. C'est le gouvernement fédéral seul qui déciderait des règles du jeu. Qui plus est, les provinces n'auraient pas, elles, la latitude de se servir, même conjointement, de ce type de consultation si jamais elles éprouvaient le besoin de contourner Ottawa.

Ainsi donc, il s'agissait de «changer ce pays». Mais uniquement selon les volontés du premier ministre fédéral et grâce à des méthodes choisies par lui.

Message reçu?

Après l'échec de la conférence de septembre, devant la presse, Trudeau avait évoqué brièvement son projet à lui de réforme constitutionnelle (rapatriement, charte des droits, etc.), son «fédéralisme renouvelé» en somme, disant: «Je sais bien que ce n'est pas le renouvellement dont parlait le Parti québécois.»

Là-dessus, il avait raison, mais, encore une fois, notre dialecticien oubliait quelque chose: ce n'était pas non plus le renouvellement souhaité par bien des fédéralistes, à commencer, comme on le sait, par Claude Ryan, qui s'était à maintes reprises élevé contre les conceptions et les méthodes de Trudeau.

Quelques minutes après l'allocution télévisée, Ryan proposa un recours aux tribunaux; il n'était pas sûr que le plan fédéral fût légal. Le même soir, le député libéral de Notre-Dame-de-Grâce, Reed Scowen, alla plus loin que son chef et qualifia l'intention fédérale de «trahison envers le Québec et les Québécois». Joe Clark, alors chef conservateur, émit une opinion similaire. Pour le sénateur Arthur Tremblay, son conseiller constitutionnel, la réforme proposée par Trudeau équivalait à «une destruction de la fédération». Reed Scowen, pour en revenir à lui, avait aussi dit, ce qui n'appelle aucun commentaire, qu'il

> n'existe aucune ressemblance entre ce que les fédéralistes souhaitaient au lendemain du 20 mai et ce que M. Trudeau nous apporte maintenant.

Le premier ministre de l'Ontario, Bill Davis, comme bien d'autres, y alla de ses impressions, certaines révélatrices, celle-ci par exemple, plutôt candide, qui expliquait en partie son appui aux fédéraux:

> Ottawa a fait une concession importante en décidant de changer son plan de révision (de l'article 133 de la constitution) et de mettre au rancart le plan d'imposer le bilinguisme institutionnalisé pour l'Ontario.

J'ignore la règle de logique trudeauiste qui s'appliquait ici: rétablir, pour les anglophones des autres provinces et du reste du monde, certains privilèges linguistiques au Québec, se présenter en même temps comme un champion des minorités francophones, mais sans imposer aux autres provinces les contraintes voulues, et exempter l'Ontario du bilinguisme institutionnel. Comme quoi on peut agir unilatéralement dans une seule direction.

De la part des autres provinces, les premiers commentaires furent critiques, certains virulents comme ceux de Terre-Neuve, du Manitoba, de l'Alberta et de la Colombie-Britannique. Et, bien sûr, ceux du Québec.

Le Nouveau-Brunswick, quoique en sympathie avec Trudeau sur les aspects linguistiques de la charte des droits, ne s'était pas encore clairement rangé du côté d'Ottawa. Quelques minutes après l'allocution de Trudeau, le premier ministre Hatfield me téléphona. Il n'en revenait pas de ce qu'il avait entendu. C'était, dit-il, sans précédent dans l'histoire de la fédération canadienne. Et tout cela sans aucun mandat de la population, précisa Hatfield.

C'était vrai, et on l'avait un peu oublié. De toutes les campagnes électorales du premier ministre fédéral — elles étaient nombreuses —, la *seule* où il n'avait pas soufflé mot de la question constitutionnelle était celle de février 1980 qui avait permis son retour au pouvoir. Or, précisément après une telle campagne, il entreprenait, sans respecter l'esprit du fédéralisme et en dépit de l'opposition de la majorité des gouvernements provinciaux, un chambardement unilatéral de la loi fondamentale du Canada.

Dans les mois qui suivirent, Lévesque lui reprochera souvent d'agir sans avoir consulté la population. À quoi il rétorquera, pour défendre son respect de la volonté populaire, qu'outre l'approbation au fédéralisme (le sien, bien sûr!) donnée par les citoyens du Québec, le 20 mai, son projet comportait, *pour l'avenir*, des garanties démocratiques: l'utilisation du référendum national comme mécanisme de déblocage constitutionnel. Bizarre de raisonnement*. Il n'y a pas pire sourd...

---

* Ce type insolite de raisonnement finit par déteindre sur d'autres ministres fédéraux moins portés que leur patron aux subtilités dialectiques. Jean Chrétien, par exemple, déclara au début d'octobre que l'action d'Ottawa correspondait sûrement aux désirs des Québécois puisque, dans son comté, 80% des électeurs avaient voté pour lui! Léger anachronisme: ceux-ci avaient en effet voté à l'élection de *février 1980*, ignorant *alors*, comme l'ensemble des Québécois, des décisions fédérales qui seraient arrêtées *huit mois plus tard*.

Dans tout le Canada, le soir du 2 octobre, on se mit à étudier le sens et la portée de l'annonce de Trudeau. On sentait qu'une gigantesque bataille commençait.

Les libéraux fédéraux en étaient eux aussi convaincus. Ils ne perdirent pas de temps: le débat sur la résolution de rapatriement unilatéral s'amorçait à peine à la Chambre des communes qu'ils lancèrent, financée à même les fonds publics, une énorme campagne de propagande télévisée sur les mérites de leur projet.

John Roberts, qui avait accompagné Jean Chrétien tout l'été, et Mark MacGuigan, ministre des Affaires extérieures, se rendirent aussi à Londres pour informer les Britanniques des plans de Trudeau à leur endroit. Au retour, ils déclarèrent en substance et avec une belle assurance que l'affaire était dans le sac. Le Parlement britannique, pour eux c'était l'évidence même, ne se poserait pas de question sur le contenu du projet et approuverait le tout.

Cet optimisme était, pour dire le moins, exagéré. En réalité, les choses allaient tellement se compliquer que les porte-parole fédéraux, pour sauver la face, impressionner quelques provinces et forcer le Parlement britannique à se conformer à leurs vœux, en vinrent dans les mois qui suivirent à donner des interprétations sciemment fausses de l'état d'esprit régnant à Londres. Nous verrons un peu plus loin dans quelles circonstances.

Problème plus immédiat: que pouvaient et que devaient dorénavant faire les provinces en désaccord avec la méthode et les objectifs de Trudeau?

Peut-on arrêter Trudeau?

Bien des questions juridiques se posaient. Ottawa avait-il le droit de rapatrier seul la constitution? Pouvait-il, à l'occasion de cette opération, faire modifier la constitution par Londres et toucher aux compétences provinciales? Si oui, ce changement requérait-il l'approbation préalable des provinces? Dans ce cas, de combien d'entre elles: la totalité? la majorité? Était-il exact que le Parlement britannique ne pouvait refuser de donner suite à une démarche fédérale de rapatriement, quelle qu'elle fût?

D'habitude, quand surgissent des interrogations comme celles-là, les politiciens et les experts cherchent des réponses dans les textes de lois, les décisions des tribunaux, les précédents ou les coutumes constitutionnelles. À Ottawa, on affirma avoir déjà procédé à toutes les vérifications pertinentes. Les réponses étaient catégoriques: légalement, rien ne pouvait arrêter le gouvernement fédéral et les Britanniques se plieraient à sa volonté. Message: les provinces, dépourvues de moyens pour bloquer le processus, devaient se faire une raison et capituler.

Mais, était-ce si évident?

Dans toute l'histoire canadienne, on ne découvrait aucun précédent d'une transformation de la constitution qui fût à la fois unilatérale et aussi vaste que celle envisagée par Trudeau. Les tribunaux n'avaient jamais non plus eu à se pencher sur ce type de problèmes. Certes, des coutumes s'étaient établies, mais les interprétations des experts variaient quant à leur portée. En somme, il n'était pas sûr, dans ces conditions, qu'Ottawa agissait légalement. C'est pourquoi l'idée de soumettre le tout à l'avis des tribunaux fut la première ligne de défense à venir à l'esprit des premiers ministres provinciaux consultés par nous peu après l'allocution du 2 octobre.

Vu la situation (la constitution canadienne était une loi britannique), le Parlement de Londres aurait nécessairement à intervenir dans le processus choisi par Ottawa. D'où, pour les provinces, seconde voie possible: s'activer auprès des parlementaires britanniques pour les convaincre de ne pas donner suite à la démarche fédérale. Déjà la délégation du Québec à Londres s'affairait à cette tâche et avait pris contact avec les autres délégués provinciaux* sur place.

---

* Londres est la ville du monde où se trouve le plus grand nombre de délégués provinciaux canadiens. À l'époque, sept provinces (dont le Québec depuis 1964) y possédaient une délégation souvent de dimensions modestes. En vertu du fait que le Canada était membre du Commonwealth, ses provinces étaient autorisées, sans grandes formalités, à être représentées dans la capitale de la Grande-Bretagne. Le même privilège s'appliquait aux provinces ou aux États des autres fédérations du Commonwealth, l'Australie par exemple. À Londres, les ambassades de pays comme le Canada portent le nom de *house* (et non d'*embassy*) pour bien montrer que ces pays ne sont pas vraiment étrangers, mais membres de la grande famille du Commonwealth, et parce que le souverain britannique est aussi roi (ou reine) de ces pays. Il ne peut donc s'accréditer d'ambassadeurs à lui-même! La désignation *house* s'applique également aux délégations de provinces ou d'États, ce qui ne confère cependant pas à celles-ci le rôle diplomatique réservé aux ambassades.

Il restait à s'occuper de l'opinion publique.

Jusqu'alors Ottawa n'avait cessé de prétendre que ses sondages révélaient, partout au Canada, un appui massif et constant de la population au contenu de son projet. Malgré les demandes pressantes de l'opposition, les libéraux refusèrent longtemps de divulguer les résultats de ces sondages payés par le gouvernement fédéral; quand ils le firent, ils gardèrent les plus importants pour eux. Ils poursuivirent aussi pendant des semaines leur offensive de publicité et n'y mirent un terme temporaire que lorsque leur attitude devint indéfendable à la Chambre des communes.

Les provinces auraient pu, elles aussi, partir en campagne contre le projet constitutionnel et mettre au point leur propre propagande. D'après nos indications préliminaires, elles éprouvaient de la réticence à se lancer dans cette direction. Le recours aux tribunaux leur convenait mieux.Elles acceptaient à la rigueur une certaine action à Londres, quoique sans grande conviction quant aux bienfaits de ce type d'agitation Il leur paraissait toutefois périlleux de tenter un renversement de l'opinion publique. Sur ce terrain, elles s'estimaient pratiquement battues d'avance, tant leur semblait insurmontable l'emprise fédérale. Nous aurions du chemin à faire.

Avec qui?

Combien sommes-nous?

Avant d'élaborer les modalités d'une stratégie quelconque, il importait d'abord de savoir exactement combien de provinces étaient prêtes à entreprendre une lutte contre les intentions fédérales, et avec quelle détermination.

C'est à cela que devait servir, à Toronto, le 14 octobre, une conférence des premiers ministres provinciaux, convoquée d'urgence par Sterling Lyon, président en exercice. Il importait de se réunir rapidement. Les fédéraux étaient déjà actifs, on le sait, et la semaine précédente, en conférence de presse, Trudeau s'était demandé publiquement, à la surprise de tous, s'il ne finirait pas par être d'accord avec une des exigences de Broadbent, dont il espérait l'appui: l'octroi aux provinces d'un pouvoir de taxation indirecte sur les richesses naturelles. Ce genre de réflexion à voix haute pouvait ébranler la Saskatchewan, car elle concernait précisément une de ses réclamations. Trudeau savait ce qu'il faisait.

Effectivement, à Toronto, la Saskatchewan choisit de ne pas prendre parti. D'un côté, Blakeney et Romanow s'opposaient à maints aspects du projet fédéral. Pour cette raison, il était logique de supposer que leur province n'irait pas, dans un avenir immédiat, s'en déclarer partisane. Par contre, ils ne tenaient pas à partir tout de suite en guerre contre Ottawa car — ils le reconnurent ouvertement — leur souci était de découvrir un terrain d'entente avec les fédéraux. À cet égard, l'«ouverture» de Trudeau, la semaine d'avant, paraissait prometteuse à la Saskatchewan, quoique encore insuffisante. En plus de formuler des demandes insistantes sur la propriété, la taxation et l'exportation des richesses naturelles, cette province s'élevait aussi, comme plusieurs autres, contre un des éléments du plan de Trudeau qui, selon elle, risquait de modifier tout l'équilibre du fédéralisme canadien. Il s'agissait de la disposition selon laquelle, en vertu de la constitution rapatriée, Ottawa pourrait recourir à un référendum pancanadien en cas de mésentente entre le gouvernement central et les provinces.

L'Ontario prit l'attitude attendue d'elle, confirmant son appui aux fédéraux, ce qui commençait à créer quelques tensions entre Clark et Davis, le premier ministre de cette province, deux conservateurs. Richard Hatfield du Nouveau-Brunswick, un autre conservateur, choisit lui aussi de prendre le parti de Trudeau. Quelques observateurs prédirent en conséquence des jours difficiles au chef de l'opposition, Joe Clark, faisant remarquer que, dans les coulisses, se profilait un *challenger* possible qui, lui, était d'accord avec Trudeau: Brian Mulroney.

Au cours de la réunion de Toronto, l'Ontario émit aussi des conseils: le projet fédéral est légal, il faut sortir de l'impasse, mieux vaut améliorer le projet qui existe, inutile donc de perdre son temps à des contestations devant les tribunaux. Cinq provinces (Colombie-Britannique, Alberta, Manitoba, Québec et Terre-Neuve) décidèrent quand même de s'adresser aux tribunaux. Les deux autres (Nouvelle-Écosse et Île-du-Prince-Édouard) se déclarèrent en principe d'accord avec cette décision, sous réserve de l'approbation de leur cabinet.

La voie judiciaire

Ce fut là la principale nouvelle de la journée, annoncée au public, en conférence de presse à la fin de la rencontre. Quoique privé de trois membres, un front commun interprovincial avait pris forme concrète dans le sillage des alliances ponctuelles de l'été. Et, surtout, il passait à l'action. Le compte: sept provinces contre Ottawa, deux pour et une préférant, pour l'instant, rechercher un accommodement.

Même si cette décision constituait un précédent, ni Trudeau ni Chrétien ne se montrèrent ébranlés par la contestation judiciaire de sept provinces. Priés par Joe Clark et plusieurs députés de soumettre sans tarder leur démarche à la Cour suprême, ils refusèrent: pour eux, sa légalité ne faisait aucun doute et il ne convenait pas de mêler des juges à une controverse politique. Pourtant, en 1978, devant les interrogations qu'il avait suscitées, Ottawa avait accepté de référer à cette cour un plan de réforme du Sénat. Ce plan avait été déclaré inconstitutionnel.

En fait, la décision des provinces embarrassait les fédéraux. L'idée d'un recours aux tribunaux venait d'être lancée et les commentateurs l'analysèrent à qui mieux mieux, se demandant pourquoi Ottawa n'en ferait pas autant. Ainsi, on en aurait le cœur net. On apprendrait si le projet fédéral était constitutionnel ou non. Le gouvernement central pouvait poser directement la question à la Cour suprême, les provinces non. Leur contestation judiciaire entraînerait des délais substantiels et finirait de toute façon par aboutir à la Cour suprême. Pourquoi ne pas y aller tout de suite? Pendant des mois, Trudeau s'y opposa. On verra qu'il dut plus tard s'y résoudre à cause des pressions des parlementaires britanniques, peu désireux de voter sur un projet qui risquait d'être illégal.

À la réunion du 14 octobre, on aborda aussi d'autres sujets, en particulier, justement, celui d'une action commune possible des provinces à Londres. Bien qu'en principe d'accord, les provinces contestataires préféraient visiblement s'en tenir, pour l'instant et en priorité, à la voie judiciaire. Elles ne semblaient pas non plus pressées d'agir sur l'opinion publique canadienne, opération selon elles particulièrement délicate, vu l'appui présumé de la population aux thèses fédérales.

Nous aurions, quant à nous, souhaité que le front commun s'engageât immédiatement sur tous ces plans: tribunaux, Londres et opinion publique. On y viendrait. Du moins l'espérions-nous. Le moment eût cependant été mal choisi pour insister et tirer des plans à long terme.

En effet, chaque chose en son temps, René Lévesque avait une préoccupation plus pressante que la stratégie future de notre front commun. Le Parti québécois, élu le 15 novembre 1976, était au pouvoir depuis bientôt quatre ans révolus. Le premier ministre ne devait-il pas penser à ordonner des élections générales au plus tôt?

12
Continuer le combat

Dans les milieux fédéralistes, il est concevable qu'on ait pu un moment craindre que le Oui ne l'emportât au référendum de mai 1980. Bien que prédisant habituellement plutôt la victoire du Non, les sondages diffusés par les journaux ne dégageaient pas toujours, entre les deux options, une marge telle que le résultat parût acquis d'avance au grand public.

Par contraste, entre juin et octobre 1980, la perspective d'une défaite électorale du Parti québécois relevait, aurait-on dit, de l'évidence même. Dans tous les milieux, elle allait de soi. On s'interrogeait seulement sur son ampleur. Ce parti n'avait-il pas vu son option fondamentale rejetée par la majorité de la population? Cette majorité n'en profiterait-elle pas, à la première occasion, pour rejeter aussi la formation politique qui lui avait proposé l'option exclue? Complétant de la sorte son vote du 20 mai?

Et ne choisirait-elle pas, à la place, le parti dont l'option — le fédéralisme renouvelé — avait été, disait-on, retenue à travers le Non référendaire: le Parti libéral du Québec?

N'était-ce pas élémentairement logique?

Une perspective peu brillante

Pas étonnant en conséquence, cette insistance de Claude Ryan, dès le soir du 20 mai et de si nombreuses fois par la suite, sur l'urgence d'en appeler au peuple pour lui faire confirmer son verdict référendaire. Il ne croyait pas, disait-il, aux sondages, mais il avait sa méthode à lui de savoir ce que les gens pensaient. Les gens, selon lui, voulaient que le Parti québécois s'en aille.

Il n'avait pas tort.

Entre juin et octobre 1980, d'après les sondages internes du parti et malgré un taux de satisfaction assez élevé à l'endroit du gouvernement, les libéraux québécois auraient effectivement été élus sans beaucoup de difficultés. C'était un de ces rarissimes cas— le Parti québécois fut peut-être, là-dessus, unique en son genre —, où l'électorat voulait se départir d'un gouvernement dont, de façon générale, il était heureux et qui était dirigé par un premier ministre très populaire.

Certains experts nous expliquèrent qu'il fallait voir là une des résultantes du Non. Le public continuait sur sa lancée référendaire. Cela avait du sens. Peut-être les choses changeraient-elles à compter du moment où les électeurs se dégageraient psychologiquement de l'impact du Non. On devait laisser la poussière retomber sur le champ de bataille de mai 1980.

Ces experts n'avaient pas tort non plus. Curieusement en effet, toujours selon les sondages mensuels du parti, l'appui de la population aux libéraux provinciaux s'effritait d'une fois à l'autre. Pas beaucoup, certes, ni jamais assez pour nous redonner une majorité électorale, mais tout de même suffisamment — quelques points ou fractions de point de pourcentage — pour laisser croire au début possible d'une nouvelle tendance.

Disons les choses autrement. S'il se présentait devant l'électorat à l'automne 1980, le Parti québécois serait sûrement défait, mais au printemps 1981 (à peu près la seule autre période possible), sa défaite serait moins inévitable, quoique rien ne garantissait pour autant sa victoire.

Voilà, en gros, la problématique devant laquelle René Lévesque se trouvait en septembre-octobre 1980.

La décision

Dans notre régime, on sait qu'il appartient au premier ministre seul de décider du moment des élections.

Par discrétion et stratégie, ce n'est pas là une question dont il parle normalement à tout venant. Selon mon sentiment personnel appuyé sur quelques remarques fortuites de sa part, Lévesque aurait de prime abord été porté à fixer la date des élections quelque part en novembre, à peu près quatre ans exactement après le 15 novembre 1976. Malgré son droit strict d'exercer un mandat s'étendant sur cinq années, il lui répugnait par conviction de ne pas respecter la tradition qui voulait qu'un gouvernement demande le renouvellement de la confiance du public après quatre ans de pouvoir. En 1979, il avait fortement blâmé Trudeau d'avoir largement dépassé cette «limite» avant de se représenter devant la population. Selon lui, l'étirement de son mandat risquait aussi de donner au gouvernement une image néfaste de pusillanimité. D'ailleurs, disait-il parfois, l'expérience montrait amplement que ce genre d'«abus» se soldait presque invariablement par une dégelée électorale. Pourquoi prolonger l'agonie?

Tel était, je crois, le sentiment spontané, naturel, de René Lévesque. Toutefois, selon sa manière caractéristique, il admettait volontiers aussi ne pas s'être «coulé dans le béton». Il tendait vers novembre, mais il pourrait au besoin changer d'avis.

Pour ma part, il y avait longtemps que je préférais un report des élections. Marc-André Bédard et Claude Charron étaient du même avis. Pourquoi? D'abord, pour une raison* terre-à-terre: nous avions, je l'ai dit, le choix entre une défaite sûre à l'automne et la mince possibilité de ne pas subir ce sort au printemps. Quoi qu'il arrivât alors, cela donnait environ six mois de plus pour continuer la lutte au plan Trudeau. D'ici là, autre raison, l'attitude fédérale agressive, jointe au degré élevé de satisfaction de la population envers le Parti québécois, amènerait peut-être les gens à opter en notre faveur plutôt que pour les libéraux provinciaux, inconfortablement coincés entre Ottawa et nous. Au cours

---

* J'avais aussi ma petite raison personnelle, bien secondaire par rapport aux autres, plus sérieuses, de souhaiter ce report. Je ne songeais pas, en 1976, à une longue carrière politique. Je pensais qu'elle durerait un mandat au maximum, comme celle de mon prédécesseur dans le comté de Louis-Hébert, Claude Castonguay, à qui je m'en étais ouvert bien avant d'être candidat pour la première fois. Mon idée était de quitter le gouvernement sitôt après le référendum, peu importe le résultat (au début de mai 1980, en prévision de ce départ, j'avais même fait transporter six caisses de documents personnels chez moi). Le Oui l'emportant, j'aurais pu agir comme conseiller pour les négociations ultérieures. En cas de victoire du Non, il me semblait normal que le personnage à l'origine de la stratégie référendaire quittât la place. La ronde des négociations de l'été, amorcée dès le 21 mai, m'empêcha de réaliser ce projet. Accaparé ensuite par la conférence de septembre et ses suites, je n'étais pas revenu sur le sujet avec René Lévesque et, sauf rares allusions obscures, je n'en avais pas non plus parlé aux militants de mon comté. Des élections en novembre m'auraient obligé, au début d'octobre, à annoncer mon brusque retrait à tout ce monde.

des derniers mois, nous avions résolu notre problème post-référendaire de crédibilité. En compagnie des autres provinces, nous étions loin d'être les seuls à nous opposer à un projet que même des partisans québécois du Non rejetaient. Peut-être cela nous vaudrait-il à la longue des dividendes? Et la défense des intérêts du Québec, notamment en matière de langue, contre l'intention visible d'Ottawa de s'en prendre à la Loi 101, ne constituerait-elle pas, pour nous, un remarquable thème électoral?

Toute cette réflexion risquait néanmoins d'être privée de fondement s'il advenait un fléchissement de la part des provinces récalcitrantes. La réunion du 14 octobre à Toronto devait nous éclairer là-dessus. Elle se situait en plus à la toute limite du délai qui restait encore au premier ministre pour annoncer sa décision. Pour des élections avant l'hiver, il lui faudrait être fixé au plus tard au milieu du mois.

Un point ennuyant toutefois: si les élections générales étaient déplacées au printemps, le gouvernement devrait sous peu faire face à quatre élections complémentaires que, vraisemblablement, il perdrait, comme toutes les autres auparavant. Mais au point où nous en étions...

Sans le dire, Lévesque faisait en réalité le même raisonnement que Charron, Bédard et moi. Nous l'apprendrions plus tard.

Séance du cabinet, dans l'avant-midi du 16 octobre, au retour de Toronto. Lévesque, sans se prononcer lui-même, procéda encore, avec ses ministres, à un de ces «tours de table» auxquels nous étions si habitués depuis quatre ans et où chacun, sur la question de l'heure, exposait son point de vue avec conviction. Je fus surpris de découvrir que certains collègues, comme quelques-uns de leurs conseillers politiques, étaient toujours en faveur d'élections à l'automne. René Lévesque, serein, décidé — ce serait le printemps, je n'en doutais plus —, écouta patiemment tout son monde, prenant des notes, réclamant des précisions. Comme si souvent en d'autres occasions importantes, j'eus la nette impression que, s'abstenant d'entrer dans le débat, il espérait au fond de lui-même que les ministres qui ne partageaient pas son avis se feraient convaincre par ceux qui pensaient comme lui. À vrai dire, lors d'une réunion précédente, Claude Charron avait déjà commencé à remporter le morceau par une analyse politique aussi impeccable qu'humoristique.

Le 16 octobre à 16 heures, Lévesque annonça que les élections n'auraient pas lieu à l'automne:

> Au moment même où il faut plutôt tâcher de maintenir entre nous un front commun pour contrer une atteinte sans précédent à nos droits les plus fondamentaux, il paraîtrait irresponsable de créer un vide gouvernemental

qui nous empêcherait de jouer le rôle qu'attendent de nous les autres provinces qui s'opposent, elles aussi, au chambardement unilatéral de la constitution.

Répit de six mois. Du moins sur la scène québécoise. Car, sur un autre plan, il fallait, comme on dit, «continuer le combat». D'autant plus qu'à Ottawa on essaierait habilement de diviser le front commun interprovincial, jusque-là unique obstacle politique de poids aux ambitions fédérales.

Nouvel allié de Trudeau: le NPD

Dès le début, Joe Clark et ses conservateurs s'étaient clairement opposés à l'opération rapatriement unilatéral. On sentait par contre que le NPD d'Ed Broadbent ne demandait pas mieux, à certaines conditions, que de se ranger du côté des libéraux. Pour ces derniers, presque politiquement absents de l'Ouest canadien, l'appui éventuel du NPD qui y était, lui, fortement enraciné (26 députés), s'imposait. Il donnerait au projet libéral une image plus crédible, moins partisane, moins géographiquement concentrée pourrait-on dire.

Ici et là au Canada, surtout dans les milieux anglophones, on avait réagi assez positivement au contenu du projet libéral, mais le caractère unilatéral de l'ensemble déplaisait. On se devait sans tarder d'atténuer cette impression. À cette fin, quoi de mieux qu'un NPD rapidement amadoué qui, en fin de compte, endosserait la démarche libérale? Mais comment l'amadouer? Par des modifications ou des additions à la résolution de rapatriement soumise à la Chambre des communes. Comme on l'a vu, juste avant la rencontre interprovinciale de Toronto, Trudeau avait laissé entrevoir là-dessus une certaine ouverture de sa part.

Le 21 octobre, à Ottawa, le bureau du premier ministre canadien publia un échange récent de lettres entre lui-même et le chef du NPD. Le premier acceptait d'apporter, à sa résolution constitutionnelle maintenant devant la Chambre des communes, des changements conformes aux réclamations du NPD. En échange, le second annonçait qu'il accorderait son appui à cette résolution, même si, selon lui, elle devrait encore être améliorée.

De quels changements s'agissait-il?

Le NPD songeait à trois éléments compris dans les propositions fédérales examinées lors de la ronde constitutionnelle de 1978, mais retirés ultérieurement: confirmation de la compétence provinciale en matière de richesses naturelles, renouvelables ou non; reconnaissance de la compétence des provinces sur le commerce interprovincial des ressources non renouvelables, et droit, pour les provinces, d'imposer des taxes indirectes sur ces ressources. Le premier élément était davantage une clarification de vocabulaire qu'une nouveauté, les provinces jouissant déjà de la compétence en cause. Les deux autres demeuraient soumis à des limitations significatives: pour sauvegarder l'union économique canadienne, on ne pourrait pas s'en servir dans le but d'établir des différences discriminatoires de prix entre les provinces et, surtout, Ottawa conservait son autorité suprême sur le commerce interprovincial et la taxation indirecte En langage constitutionnel, cela s'appelle des pouvoirs partagés mais avec primauté fédérale. Traduction: les provinces peuvent agir, mais, en cas de conflits, les politiques du gouvernement central ont préséance sur les leurs.

Diviser pour régner

Bien que prévisible, l'adhésion de Broadbent au plan Trudeau était un dur coup, aux inquiétantes retombées possibles. Elle révélait que des pourparlers intenses et suivis s'étaient déroulés entre lui et le premier ministre fédéral, mais aussi, comme on nous en avertit, que la Saskatchewan avait également été mise dans le coup. Les fédéraux tenaient absolument à l'éloigner du front commun; les concessions obtenues par Broadbent pouvaient en effet partiellement lui convenir.

Partiellement oui, mais encore insuffisantes pour faire fléchir cette province. Vérification faite, en effet, la Saskatchewan maintenait son non-alignement. Le pouvoir arbitraire d'Ottawa sur le commerce interprovincial et la taxation demeurait trop considérable à son goût. En plus, elle continuait à s'opposer à des aspects importants de la résolution constitutionnelle fédérale: le référendum et la formule d'amendement, entre autres. Peut-être les fédéraux feraient-ils d'autres concessions? La Saskatchewan, toujours en quête d'un accommodement, décida d'attendre encore.

Aucune autre province ne se montra impressionnée par les propositions qui avaient convaincu Broadbent. Pour le moment, le front commun n'avait pas bougé, mais déjà on pouvait prévoir la future stratégie d'Ottawa: la stratégie du «petit quelque chose» en échange d'un appui.

D'ailleurs, on tentait à ce moment même de l'appliquer à la Nouvelle-Écosse dont le premier ministre, le conservateur John Buchanan, confirma espérer la conclusion d'un arrangement administratif avec les fédéraux sur les richesses naturelles en bordure des côtes. Contrairement à la Saskatchewan, la Nouvelle-Écosse avait donné son accord à l'action judiciaire des provinces contestataires, mais rien n'interdisait évidemment de penser que, satisfaite sur sa principale revendication, elle se rallierait en définitive à Ottawa.

Ce qui laissait entendre que d'autres provinces étaient peut-être simultanément l'objet de la sollicitude des libéraux fédéraux. Difficile de le savoir. On pouvait seulement présumer que Terre-Neuve, le Manitoba, l'Alberta, la Colombie-Britannique et le Québec demeuraient fermes dans leur opposition.

La méthode d'Ottawa se précisait: dans les semaines suivantes les fédéraux intensifieraient la recherche d'appuis pour leur plan constitutionnel. Ces appuis, on les trouverait dans plusieurs camps.

Chez les partis fédéraux, l'accord du NPD était maintenant acquis. Du côté des provinces, Ottawa ne perdait pas espoir, par des négociations bilatérales, d'en réduire le front commun à une minorité d'entre elles. Jean-Luc Pépin et John Robarts, les deux ex-coprésidents de la Commission de l'unité canadienne avaient, malgré quelques réticences, endossé la démarche de Trudeau. Claude Ryan, son allié dans le camp du Non, avait émis de très sérieuses objections. Qu'à cela ne tienne: le 21 octobre, Ottawa retint les services du constitutionnaliste Gérald Beaudoin, conseiller de Ryan au moment de la commission parlementaire, à Québec, en août. Les services d'un autre membre éminent de l'entourage de Ryan étaient déjà assurés aux fédéraux, ceux de Raynold Langlois, important inspirateur du Livre beige où se trouvaient consignées les positions constitutionnelles du Parti libéral du Québec.

On s'adresserait aussi directement à la population. Seize ministres fédéraux parcourraient chacun une partie du Canada pour «vendre» leur projet.

À commencer par Trudeau lui-même qui, avant de se rendre à Regina la semaine suivante, prit la parole à Québec, le 22 octobre, devant l'auditoire* d'avance gagné à sa cause de la Chambre de commerce et d'industrie du Québec métropolitain:

> La dernière fois que je vous ai adressé la parole, c'était au lendemain de la prise du pouvoir par le PQ. La situation était grave, tragique. Aujourd'hui elle est plutôt comique.

* En 1976, devant le même auditoire, Trudeau avait ridiculisé le premier ministre québécois de l'époque, Robert Bourassa, alors qualifié par lui de «Ti-Pit» et, plus tôt dans la journée, de «mangeur de hot-dogs». Ce qui eut, dans la population du Québec, un effet dévastateur sur le prestige de Bourassa. Le premier ministre fédéral était venu expressément à Québec lui parler d'un projet de rapatriement. À la grande déception de son éminent collègue, Bourassa avait, selon lui, atermoyé, évoquant son éventuelle opposition au projet (à ce moment, on croyait généralement que le Québec possédait un droit de veto sur toute modification constitutionnelle). Trudeau fut indisposé par la pusillanimité de son vis-à-vis libéral et provincial. Il faut aussi dire, pour expliquer le comportement de Trudeau, qu'en 1971, après avoir donné devant les autres gouvernements l'impression qu'il y souscrirait, mais voyant ensuite surgir des oppositions au Québec, Bourassa avait finalement, à la surprise de plusieurs, rejeté la charte de Victoria, le projet constitutionnel de Trudeau à l'époque. Celui-ci en tira dès lors la conclusion définitive que, chaque fois que, dans sa carrière, il sentirait la soupe chaude, Robert Bourassa, malgré ses convictions intimes, manquerait de cran, de courage et de vision. Et, tel un roseau, qu'il plierait devant des pressions suffisamment fortes. Le traitant, de sa façon méprisante, de «Ti-Pit», Trudeau se vengeait donc un peu du premier ministre québécois. Cependant, du même coup, en se faisant plaisir à lui-même, il détruisait un peu plus l'image alors déjà érodée de Bourassa.

Selon l'orateur, un visiteur étranger n'aurait rien pu comprendre à ce qui se passait:

> Mais qu'est-ce qui a bien pu arriver dans ce pays? Hier, tous les fédéralistes étaient d'accord pour condamner M. Lévesque. Cinq mois plus tard, à Ottawa, en septembre, neuf premiers ministres provinciaux traitent M. Lévesque de grand Canadien!
>
> Des premiers ministres qui, encore tout récemment, dénonçaient la Cour suprême, y font aujourd'hui appel!
>
> D'anciens tenants du Oui, qui se battaient pour faire sortir le Québec du Canada, s'opposent aujourd'hui à ce qu'on sorte le Canada de la Grande-Bretagne!
>
> Les partis politiques sont divisés. M. Ryan n'est pas d'accord avec moi. M. Blakeney ne suit pas les traces de son chef, Ed Broadbent. M. Davis et M. Hatfield s'opposent à M. Clark (...).
>
> Et tout cela, pour quelle raison? Tout simplement parce qu'il y a ce projet qui veut essentiellement trois choses: ramener la constitution chez nous, trouver un moyen légal pour y apporter des changements par la suite et enchâsser des droits fondamentaux des citoyens.

Poursuivant sa simplification, Trudeau expliqua ne pouvoir se contenter seulement du rapatriement et d'une formule d'amendement (comme l'avaient proposé plusieurs opposants, dont Joe Clark): une charte des droits était essentielle pour «rendre le bilinguisme inviolable d'une mer (*sic*) à l'autre». Il fallait l'intégrer tout de suite à la constitution; autrement cela ne se ferait jamais. Devant son auditoire, il s'étonna que les minorités francophones ne lui soient pas plus reconnaissantes et, surtout, que le gouvernement du Québec ne l'appuie pas avec empressement.

En un sens, le premier ministre fédéral avait raison: un observateur étranger n'aurait rien compris à ce qui se passait. Il lui aurait en effet manqué une bonne partie du dossier. Car l'orateur avait passé sous silence aussi bien ses engagements référendaires que son inflexibilité de septembre devant les réclamations des provinces.

Le branle-bas continue

Le 24 octobre, à la Chambre des communes à Ottawa, aux petites heures du matin et dans un brouhaha général, les libéraux imposaient le règlement de clôture. Ils mettaient ainsi brusquement terme à la première phase du débat sur leur résolution constitutionnelle. Celle-ci ne reviendrait devant les députés qu'après étude par un comité spécial mixte du Sénat et de la Chambre des communes, ce comité devant présenter son rapport au plus tard le 9 décembre, juste à temps, espéraient les libéraux, pour transmettre la demande canadienne à Londres, avant Noël.

Cette décision souleva bien sûr la colère de l'opposition conservatrice, et aussi celle des provinces contestataires. Voulait-on les prendre de court? Empêcher les opposants de s'exprimer? Même Bill Davis de l'Ontario se permit de réprouver la motion de clôture.

Pour Ottawa, les choses pressaient.

Pendant l'été, les provinces avaient été soumises à un programme de travail invraisemblable: résoudre en dix semaines une douzaine de dossiers constitutionnels, certains vieux de plusieurs années, d'autres soulevant d'énormes questions de principe et quelques-uns portant sur la nature et le fonctionnement même du Canada.

Ce fut ensuite l'échec de la conférence de septembre.

Voici maintenant que la bousculade se poursuivait de plus belle: la majorité libérale, prenant le fédéralisme canadien en main, visait ouvertement à terminer toute l'opération dans les deux prochains mois. Quels que fussent les obstacles. Ce n'était plus de la détermination, mais de l'obstination.

Qui eût cru, en mai 1980, que Trudeau se servirait du référendum québécois pour déclencher une telle tempête politique sur tout le pays?

Déjà, à Londres, l'ambassade du Canada avait reçu instruction de préparer le terrain. De temps à autre nous parvenaient des échos à cet égard. Les fédéraux insistaient invariablement sur l'acquiescement automatique à prévoir de la part des Britanniques; ceux-ci, prétendait-on, seraient obligés de donner suite, sans délai, à toute demande émanant d'Ottawa. Notre délégation en Grande-Bretagne n'était pas de cet avis. Les fédéraux éprouveraient plus de difficultés qu'ils ne voulaient bien l'admettre publiquement.

À Londres, on ne peut pas dire que les problèmes constitutionnels du Canada intéressaient grand monde, ni qu'ils faisaient la manchette. Certains parlementaires furent cependant tout étonnés, contrairement à leur impression première, d'apprendre que la démarche fédérale ne concernerait pas simplement le seul rapatriement. On leur demanderait aussi de changer la constitution, et ce sans l'accord de l'ensemble des provinces. Peu au fait des us, coutumes et lois régissant la fédération canadienne, d'aucuns commençaient à s'interroger sur la légalité de toute l'opération. Allait-on exiger d'eux de participer à une opération douteuse? *Shocking!*

À Winnipeg, les procureurs généraux de six provinces (la Nouvelle-Écosse était absente) venaient de se réunir. Trois d'entre elles contesteraient devant leur Cour d'appel les intentions fédérales: le Québec, en tant que province fondatrice de la fédération, le Manitoba parce que le gouvernement central lui avait conféré son statut de province en 1870 et Terre-Neuve parce qu'elle s'était jointe au Canada après les autres, en 1949. On s'entendit pour poser aux tribunaux substantiellement les mêmes questions. Pour cette bataille, le Québec avait retenu les services d'un éminent juriste, Yves Pratte, ancien juge de la Cour suprême.

Nous n'avions jamais pensé que, dans la lutte au projet d'Ottawa, les recours judiciaires suffiraient. Il n'était pas sûr, en effet, que les tribunaux nous donneraient raison. Cependant, l'action judiciaire comportait selon nous certains avantages. Si les tribunaux ne soutenaient pas entièrement notre thèse, les chances étaient qu'ils reconnaîtraient au moins en partie le bien-fondé de nos positions; nous pourrions alors en tirer des arguments contre ceux qui, depuis le début, avaient prétendu agir dans une totale et indiscutable légalité. Il nous paraissait en tout cas peu probable d'avoir entièrement tort devant chacune des trois cours auxquelles les provinces s'adresseraient. Parlant de lois, celle des grands nombres jouait en notre faveur!

Nous ne devions pas perdre de vue que la lutte contre Ottawa demeurait d'abord politique. Dans cette perspective, la contestation judiciaire comporterait nécessairement des conséquences. Peut-être, par exemple, forcerait-elle les fédéraux à soumettre éventuellement leur projet à la Cour suprême, d'où des délais fâcheux dans leur échéancier et, sait-on jamais, des revers sur la légalité de leur opération, ou du moins sur quelques aspects de celle-ci.

Pour les Britanniques il deviendrait difficile de donner suite à une demande fédérale contestée jusque devant les cours et sans avoir obtenu au préalable d'assurances quant à sa légalité. L'action judiciaire retarderait donc sûrement, et de plusieurs mois, l'entrée de Londres dans le dossier constitutionnel canadien. C'était autant de gagné.

Nous avions en effet une «côte à remonter» du côté de l'opinion publique. Non pas que la population québécoise fût d'accord avec l'attitude et les méthodes de Trudeau, mais elle manquait d'explications sur les véritables enjeux, très difficiles à vulgariser, de toute l'opération.

Les gouvernements des provinces anglophones opposantes mettraient-ils hardiment et systématiquement sur pied le plan d'information requis dans les circonstances? On pouvait en douter. À Terre-Neuve, Brian Peckford ne se gênerait certes pas pour s'en prendre aux libéraux fédéraux, mais il n'irait peut-être pas jusqu'à soutenir une campagne de publicité en bonne et due forme. En Alberta non plus, quoique le premier ministre Lougheed ne mâcherait pas ses mots sur les droits de sa province au pétrole (incidemment, l'Alberta songeait à ce propos à se doter d'une loi autorisant les référendums). Les provinces anglophones du front commun ne privilégiaient pas une action directe sur l'opinion publique. Il leur aurait fallu en particulier s'en prendre à la charte des droits. Comment en expliquer les dangers à des citoyens a priori persuadés que cette charte les protégerait contre les abus des gouvernements? La population de ces provinces ne faisait pas non plus preuve d'une tendance autonomiste* aussi ancrée et aussi profonde que, bien connue, celle de la population québécoise.

---

* On est parfois porté à croire à l'existence, dans les autres provinces, d'une tendance autonomiste comparable à celle qu'on remarque au Québec. S'il est vrai qu'à l'occasion leurs gouvernements sont disposés à lutter contre une mainmise fédérale — comme l'avait montré leur opposition aux prétentions économiques d'Ottawa au cours de l'été 1980 —, les aspirations autonomistes de ces provinces, plus ou moins marquées de l'une à l'autre, demeurent ponctuelles et sectorielles. Elles ne sont surtout pas et n'ont jamais été aussi globales, ni aussi

constantes que celles du Québec, historiquement et culturellement différent d'elles. Leur opinion publique est, beaucoup plus qu'au Québec, indifférente aux problèmes fédéraux-provinciaux de juridiction ou aux questions constitutionnelles. Dans aucune d'elles, et à aucun moment, le régime fédéral n'a été remis en cause comme il le fut au Québec, et aucune n'a jamais proposé de réformes aussi vastes que celles ayant pu émaner du Québec. Au fond, on trouve, dans la population anglophone de ces provinces, un réflexe *régionaliste* souvent puissant, mais pas, comme au Québec, de sentiment *national* fondé sur l'appartenance à une province vue davantage comme une patrie, ni celui de former, sur ce territoire, un véritable peuple ou une société distincte. Il ne s'agit pas ici, ce qui serait une grave erreur, de considérer le Canada anglais comme un tout aux composantes uniformes, mais simplement de rappeler quelques lignes de force toujours présentes en politique canadienne.

Québec agit

À Québec, pas d'hésitation: nous ne ménagerions aucun effort pour faire connaître à la population le point de vue du gouvernement.

Déjà, dans *Le Journal de Montréal* et *Le Journal de Québec*, le Conseil d'expansion économique, organisme montréalais privé, avait commencé à faire paraître une série de publi-reportages sur chacun des aspects du projet fédéral. Cette publicité, qui avait reçu un modeste support gouvernemental, couvrait chaque semaine huit pages de journal et contenait des analyses ou des entrevues de personnalités québécoises provenant de divers milieux. Bien que fort utile, cela ne serait pas assez. Le gouvernement lui-même devait agir. On mit à cette fin la dernière main à un programme complet d'information. Nous y reviendrons.

Élément numéro un de ce programme: une intervention publique du premier ministre. L'ancien journaliste qu'était René Lévesque entreprit de rédiger lui-même un long texte faisant le point sur l'évolution des discussions constitutionnelles. Titre: *Un coup de force qui est aussi une trahison*. Samedi le 25 octobre, tous les journaux du Québec en publiaient de très larges extraits. Dans son style particulier, Lévesque passait en revue l'état de la question sur chacun des sujets en cause. Cette analyse était précédée de commentaires dont l'allure annonçait le ton de la campagne d'information prévue:

> Nous sommes devant la pire et la plus dangereuse offensive centralisatrice depuis la Seconde Guerre mondiale.
>
> (...) C'est le résultat du référendum qui sert de prétexte. Le fédéral prétend en profiter pour nous imposer exactement le contraire de ce tous

souhaitent depuis longtemps. En effet, on était en droit de s'attendre à tout le moins à la reprise par le Québec de leviers additionnels pour mieux assurer notre sécurité et notre développement collectifs. C'était la promesse explicite du camp du Non au référendum. C'était aussi l'engagement implicite de monsieur Pierre Elliott Trudeau lui-même, sinon il aurait dû avoir le courage et la franchise de nous le dire avant, pas après.(...)

Or, non seulement le premier ministre fédéral balaie-t-il aujourd'hui du revers de la main ces aspirations qu'il avait fait semblant d'endosser (...), mais le voilà qui amorce, en envoyant promener une majorité des provinces et les tribunaux eux-mêmes, une démarche à la fois unilatérale, coloniale et foncièrement pernicieuse pour l'avenir (...).

Ainsi, dans le cas du Québec, un parlement majoritairement anglophone, le Parlement fédéral, irait demander à un parlement totalement anglophone, celui de Westminster, d'arracher au Parlement québécois son pouvoir séculaire et exclusif d'appliquer ses propres lois en matière d'éducation et de promotion de la langue française(...).

Bref, même si la dictature des idées fixes et un bataillon servile y tiennent le rôle classique des colonels, c'est d'un véritable coup d'état qu'il s'agit. Un coup d'État, par-dessus le marché, qu'on ferait perpétrer à l'étranger, parce qu'on n'arrivait pas à le faire avaler au pays!

Le lendemain du message de Lévesque, Claude Ryan s'en prit également, plus catégorique que jamais, au projet de Trudeau. Parlant devant un auditoire libéral, il déclara:

Je ne veux pas que ça se décide par un seul individu, par un seul niveau de gouvernement, parce que c'est un projet qui, dans plusieurs de ses aspects, n'est pas acceptable(...). Il bouleverse l'équilibre fondamental du régime fédéral(...). L'histoire des 75 dernières années en ce pays nous montre que personne n'a jamais agi de cette manière. Je suis contre. Je désapprouve ce geste.

Et puis cette remarque sur le recours à Londres pour changer la constitution canadienne:

C'est une opération qui est supposée nous libérer du colonialisme et on va demander à Londres de faire cela pour nous. C'est un pensez-y bien. Comment imaginer que la constitution canadienne soit modifiée en profondeur par une loi britannique adoptée à Londres? C'est le contraire du bon sens, c'est absolument irréaliste et j'espère que les législateurs britanniques, quand ils se trouveront devant le paquet, auront assez de bon sens pour se dire que cela regarde uniquement les Canadiens, que les Anglais n'ont pas d'affaires là-dedans et qu'ils vont tout retourner à Ottawa.

À la fin d'octobre, on n'avait pas encore réussi, à Ottawa, à mettre sur pied le comité mixte du Sénat et de la Chambre des communes qui devait étudier la résolution constitutionnelle. Pourtant, ce comité devait toujours faire rapport le 9 décembre au plus tard. Au Sénat, où le projet de rapatriement avait été discuté, les sénateurs conservateurs l'avaient vivement attaqué. À la surprise de plusieurs, même des sénateurs libéraux exprimèrent de fortes réticences. L'échéancier de Trudeau allait-il subir des retards irréparables? Si son projet ne parvenait pas à Londres au début de janvier, le Parlement britannique, surchargé par son propre programme législatif, ne pourrait pas l'adopter avant plusieurs mois. Ce délai supplémentaire permettrait aux divers opposants canadiens de se manifester davantage, épreuve que les fédéraux voulaient à tout prix s'épargner.

Mais, au fait, était-on si sûr que Londres allait adopter ce projet d'Ottawa?

Le «cadeau» du rapatriement arrivera-t-il à temps pour Noël?

Dans l'entourage de Trudeau, la réponse, toujours la même, ne laissait place à aucun doute: Londres n'aurait pas d'autre choix que d'approuver le tout, sans se poser de questions, dès lors que le Canada, pays souverain, le lui demanderait. Problème cependant: le Canada étant une fédération, les Britanniques se contenteraient-ils d'une démarche appuyée par le gouvernement central et par seulement deux provinces sur dix? Ou bien, cette demande devrait-elle aussi recueillir l'assentiment d'une majorité de provinces? Car, détail non négligeable, le projet fédéral allait modifier leurs compétences sans leur accord.

Pour l'instant, les rumeurs en provenance de Londres se faisaient de moins en moins rassurantes pour les tenants fédéraux de l'unilatéralisme. Les parlementaires britanniques paraissaient réticents à voter autre chose qu'un rapatriement pur et simple.

Si réticents, en tout cas, que Trudeau, le 3 novembre, profita de sa réponse à un député pour lancer cet avertissement:

> Je pense qu'il serait tout naturel pour le gouvernement et le Parlement britanniques de ne pas s'immiscer dans les affaires internes du Canada.

Voilà donc que le personnage qui s'apprêtait à demander à la Grande-Bretagne d'intervenir dans le fonctionnement du pays en changeant sa constitution, priait maintenant cette même Grande-Bretagne «de ne pas s'immiscer dans les affaires internes du Canada»! Dialecticien remarquable et doué par la Providence d'une rare logique, Trudeau ne voyait là aucune contradiction. En effet, si la Grande-Bretagne acceptait docilement de transformer la constitution canadienne au goût du premier ministre fédéral, elle ferait œuvre pie et il n'y aurait pas immixtion de sa part; en revanche, si elle se montrait moins obéissante et qu'ainsi elle mettait en cause le grand dessein de l'homme d'État canadien, son immixtion serait alors patente et inexcusable.

Comme quoi une certaine logique peut avoir des raisons que la raison ne connaît pas!

Sur ce, il est temps d'aller voir en Grande-Bretagne ce qui s'y passait.

13
Pendant ce temps, en Grande-Bretagne...

D'après les libéraux fédéraux, trois obstacles seulement auraient pu les empêcher de réaliser leur objectif constitutionnel: le Parlement d'Ottawa, la Cour suprême et le Parlement de Westminster.

Obstacles uniquement théoriques selon eux.

À Ottawa, à la Chambre des Communes et au Sénat, ils détenaient la majorité. Tôt ou tard, ils finiraient bien par y imposer leur projet.

Les provinces, elles? Détail sans véritable importance. Sur le plan de l'image et des relations publiques, leur adhésion majoritaire au projet eût sans doute facilité les choses, mais elle n'était pas indispensable, expliquaient les libéraux.

«Rien ne peut nous arrêter», clamaient-ils. Rien?

Un détour par Londres

En 1965, la Rhodésie avait unilatéralement déclaré son indépendance de la Grande-Bretagne.

À Ottawa, capitale d'un pays déjà indépendant, personne n'avait sérieusement envisagé une procédure analogue. La problématique n'était pas de la même nature. Pour le Canada, il ne restait en effet plus qu'une «technicalité» à accomplir. En gros, la suivante: un simple vote du Parlement britannique pour laisser savoir qu'une de ses lois, le *British North America Act* adopté par lui en 1867, ne relevait plus de sa compétence.

Les parlementaires britanniques ne demandaient pas mieux, eux qui, au milieu de leurs affaires politiques et électorales courantes, devaient parfois adopter les modifications à cette loi requises par les autorités canadiennes, avec l'accord des provinces.

À l'été 1980, ils entendirent vaguement parler, pour la première fois, du projet constitutionnel fédéral. Ils eurent tout naturellement une double impression: ce geste serait sans doute, comme à l'accoutumée, approuvé par l'ensemble des gouvernements au Canada, et il ne toucherait que le rapatriement lui-même, plus, évidemment, une formule d'amendement. Ils s'aperçurent par la suite qu'il s'agissait de bien autre chose, et de beaucoup plus. Le geste soulevait en effet la désapprobation d'une majorité de provinces: il en découlerait une transformation profonde de la loi fondamentale du Canada à laquelle elles ne souscrivaient pas.

Voilà qui ne s'était jamais produit. De ce fait, n'y avait-il pas dans la démarche canadienne une remise en cause de certaines traditions ou coutumes depuis longtemps établies? Incidemment, cette démarche était-elle vraiment légale?

Des journaux influents commencèrent à poser la question. Des parlementaires finirent par s'inquiéter.

Ceux-là, au début, étaient très rares. A priori et dans leur immense majorité, les membres du Parlement de Grande-Bretagne étaient indifférents au projet fédéral, n'y voyant tout d'abord qu'une formalité. Il soulevait peut-être quelques remous au Canada, mais en quoi les rivalités partisanes des Canadiens les concernaient-ils?

Pour franchir sans encombre, en temps opportun, l'étape britannique de son projet, Ottawa comptait précisément sur cette indifférence générale. Là-dessus, le gouvernement fédéral détenait une longueur d'avance. Peu de gens encore devinaient combien toute l'affaire pourrait se compliquer.

Les stratèges fédéraux déduisaient aisément comment se comporter pour la suite: essentiellement, ne pas «faire de vagues» dans l'étang londonien. À cette fin, insister calmement, auprès du gouvernement sur le caractère bénin et la légalité assurée de leur démarche. Et aussi lui présenter sans tarder le texte à voter, de façon à l'insérer en douce dans son programme législatif courant. Surtout éviter de se laisser entraîner dans des discussions de contenu. Ne jamais perdre de vue ceci: Londres n'avait pas à juger, mais à approuver.

Nous comprenions la situation exactement de la même manière que les fédéraux: l'indifférence était effectivement, à Londres, leur plus grande alliée et la méconnaissance des faits, leur meilleur soutien.

Pour bloquer le projet, si jamais nous devions y arriver, il nous importait donc d'abord de susciter un intérêt envers la démarche canadienne chez le plus grand nombre possible de parlementaires. Ensuite, nous aurions peut-être l'occasion, leur attention éveillée, de leur décrire les implications politiques de ce plan soi-disant neutre.

Comment sonner l'alerte?

Parce que le gouvernement britannique risquait de devenir un intervenant majeur dans l'opération constitutionnelle fédérale, il eût été normal, pour notre délégation générale en Grande-Bretagne, de défendre le point de vue du Québec directement auprès de certains ministres de ce gouvernement. C'était la méthode suivie par l'ambassade du Canada, selon les voies diplomatiques ordinaires.

Notre délégation ne représentait cependant pas un pays souverain. Elle n'avait donc pas, comme l'ambassade, un accès facile et rapide aux hautes autorités gouvernementales. À vrai dire, elle n'avait de contacts directs qu'avec certains hauts fonctionnaires. Nous étions privés d'un moyen indispensable de communication. D'une certaine façon, nous n'avions pas droit de parole, même sur un sujet de la première importance pour nous.

Cela posait un stimulant problème stratégique: comment atteindre et influencer en notre faveur un gouvernement avec qui, en principe, nous ne pouvions pas officiellement parler? L'ambassade canadienne exerçait à Londres comme ailleurs un soin jaloux à préserver son monopole.

Devions-nous donc dénoncer publiquement cette situation comme honteuse et inacceptable? Exiger bruyamment d'Ottawa le respect de notre droit à l'expression? Demander solennellement au gouvernement de Grande-Bretagne de changer ses pratiques?

Dans les circonstances, il y avait autre chose de plus efficace à faire. Familiers avec le milieu londonien, la politique anglaise et les coutumes parlementaires britanniques, nos représentants sur place inventèrent une tout autre approche.

À la voie diplomatique, on allait substituer la voie oblique.

Même si l'opération fédérale envisagée n'avait pas encore, en octobre 1980, attiré beaucoup l'attention, il existait en Grande-Bretagne, particulièrement à Londres, tout un milieu passionné par les questions juridiques et constitutionnelles. Il y a même, dans cette ville, une sorte de tradition à cet égard qu'on ne retrouve pas ailleurs. Les questions constitutionnelles, qu'elles touchent la Grande-Bretagne ou d'autres pays, y deviennent aisément des questions de principes. Formé de spécialistes — juristes et professeurs — et aussi de parlementaires, ce milieu de personnes potentiellement influentes raffolerait de se pencher sur un sujet aussi complexe que le contenu du projet fédéral et sur ses implications pour le Commonwealth. Les méthodes d'Ottawa les intéresseraient sûrement aussi.

En somme, le rapatriement unilatéral pouvait leur être présenté, ainsi qu'on le dit dans les milieux médicaux, comme un beau «cas». Il l'était.

Dès octobre, notre délégation se mit systématiquement à prendre contact avec ces personnalités et à leur fournir une abondante documentation. Pour les aider à se former une opinion au cas où, un jour, ils aimeraient formuler publiquement leur point de vue...

Sous la direction de Gilles Loiselle et de Jacques Frémont, conseiller constitutionnel, nos représentants avaient soigneusement établi une liste d'environ 200 parlementaires de tous les partis, retenant les noms de ceux qu'une discussion du problème canadien pouvait attirer, en raison de leur formation (journalistes, juristes, professeurs ou spécialistes du genre), de leur origine (écossaise, galloise), de leurs liens familiaux ou d'affaires, de leur connaissance du Canada ou du Québec, de leur participation à des débats antérieurs sur des sujets analogues, de leur intérêt personnel (Autochtones, politique canadienne) ou de leur influence dans leur parti. La délégation avait aussi systématiquement pris contact avec tous les constitutionnalistes vivant en Grande-Bretagne.

Au cours des mois qui suivirent, Loiselle rencontra lui-même chacun des parlementaires identifiés. Il en invita un nombre surprenant à sa résidence, seuls ou en petits groupes. Cela, le gouvernement britannique ne pouvait pas l'empêcher. Ni l'ambassade du Canada, que l'entreprise de «relations publiques» de Loiselle agaçait.

La délégation fit également préparer, par des spécialistes britanniques de haut niveau, des opinions très fouillées sur la signification réelle du projet fédéral. Ces opinions fort crédibles furent remises à certains députés et lords ou encore fournirent le matériel de base des divers mémoires présentés aux instances qui durent se pencher sur la question.

La délégation organisa également plusieurs missions de parlementaires et de journalistes au Québec et dans quelques provinces. Jamais auparavant nous n'avions eu autant de rapports avec des leaders d'opinion britanniques. Des ministres québécois (Jacques-Yvan Morin, notamment, et moi-même) prirent la parole devant des auditoires londoniens et rencontrèrent sur place ceux, de plus en plus nombreux, que le projet fédéral tracassait.

L'idéal eût été qu'une majorité de parlementaires, nonobstant les promesses gouvernementales et les lignes de parti, finissent par voter, au moment voulu, contre la proposition d'Ottawa. Cet objectif était un peu illusoire. La Chambre des communes de Grande-Bretagne compte plus de 600 députés. Plusieurs d'entre eux ne pourraient jamais être joints, Même s'ils l'étaient, il demeurait impossible de les amener tous à se préoccuper de notre problème. Après tout, l'imbroglio constitutionnel canadien ne contenait rien qui menaçât l'équilibre mondial ou la paix universelle.

En Grande-Bretagne, la discipline de parti n'est pas aussi rigide qu'au Canada et le droit, pour les députés, d'exprimer leur propre avis n'est pas pris à la légère. Si plusieurs en manifestaient formellement l'intention, il serait difficile au gouvernement ou aux partis d'opposition de les empêcher de prendre la parole sur le rapatriement et ses conséquences. Ce qui risquait d'introduire, dans l'échéancier des travaux de la Chambre des communes (et, par conséquent, dans celui de la Chambre des lords), des perturbations aux retombées internes dommageables. Leurs interventions pouvaient même bousculer complètement le programme législatif du gouvernement, avec conséquences électorales à l'avenant.

Nous voulions sonner l'alerte. Ce fut chose faite avant la fin de l'année.

Le front commun interprovincial le long de la Tamise

Dans ce qui précède, j'ai à peu près uniquement traité de l'action du Québec à Londres. S'il demeure historiquement vrai qu'au départ la délégation générale du Québec était pratiquement seule à pouvoir y exercer un lobby* efficace et que, dans les mois subséquents, elle maintint toujours son leadership, cela ne signifie pas que les autres provinces furent passives, inconscientes ou politiquement inexistantes dans la capitale britannique.

---

* Ce lobby québécois fit l'objet de fréquentes mentions, entre novembre 1980 et l'été 1981, dans les messages transmis au ministère des Affaires extérieures par l'ambassade du Canada en Grande-Bretagne. Par exemple, cet extrait d'un message de Londres, daté du 22 décembre 1980 (traduction): «(...) le Québec a été, de loin, le lobbyiste le plus actif et le plus agressif. Le délégué général du Québec a consacré un temps et des ressources énormes pour atteindre autant d'experts, de médias, de journalistes, de députés et de lords que possible[1].»

En réalité, celles-ci s'activèrent également. Ce fut particulièrement vrai de l'Alberta et (quand elle se joindra au front commun interprovincial, en mars 1981) de la Saskatchewan, ainsi que, à l'occasion, de la

Colombie-Britannique et même de la Nouvelle-Écosse. Ces provinces, les premières surtout, envoyèrent sur place le personnel voulu et, tout comme le Québec, établirent des contacts suivis avec des leaders d'opinion. Ensemble, les provinces conçurent des stratégies communes, préparèrent maints documents et s'efforcèrent, pas toujours avec succès, de se coordonner (qui dit quoi à qui, et quand?). Les premiers ministres Lougheed, Lyon et Peckford, ainsi que des ministres et hauts fonctionnaires de ces provinces rencontrèrent divers représentants britanniques. Il serait fastidieux d'entrer ici dans tous les détails de l'action interprovinciale en Grande-Bretagne. Disons qu'elle fut intense et soutenue.

Jamais autant de provinces ne s'étaient de concert et aussi longtemps agitées dans une capitale étrangère.

Au tout début, les fédéraux se contentèrent de regarder passer la parade provinciale, mais ils en vinrent rapidement à changer d'attitude. Même privés d'un accès facile au gouvernement lui-même, nous étions en voie de nous attirer la sympathie de milieux britanniques influents. Le vent commençait à tourner en notre faveur. Ottawa devait réagir.

Les fédéraux imitèrent alors les provinces.

Sans abandonner leurs contacts gouvernementaux officiels, ils établirent des relations plus suivies avec les personnes et les groupes déjà alertés par le Québec et les autres. Ils organisèrent à leur tour des missions au Canada et firent venir en Grande-Bretagne des ministres et des hauts fonctionnaires du gouvernement central, ainsi que de l'Ontario et du Nouveau-Brunswick*.

---

* Ottawa ne fut pas toujours heureux dans le choix de ses défenseurs à Londres. Le 13 janvier 1981, le premier ministre du Nouveau-Brunswick, Richard Hatfield, rendit son auditoire britannique perplexe en déclarant, sous forme de menace, que le rejet du plan Trudeau par les parlementaires de Grande-Bretagne conduirait à une déclaration canadienne unilatérale d'indépendance et mettrait en danger la monarchie au Canada!

Ils furent ainsi amenés à discuter du fond même de leur démarche, alors qu'il était pourtant bien entendu, depuis le début, que cela ne concernait en rien les parlementaires de Westminster.

À cette première contradiction, s'en ajouta une seconde. Bien que désireux de ne pas soulever de vagues et reprochant en privé aux provinces contestataires leurs efforts de sensibilisation, les fédéraux contribuèrent par leur soudain déploiement londonien à attirer encore davantage l'attention sur toute leur opération constitutionnelle.

Nous étions convaincus, à la fin de 1980, que le projet de Trudeau ne passerait plus inaperçu et ne serait pas adopté à la vapeur, dans l'indifférence générale. Le vent avait vraiment tourné. La bataille de Londres n'était pas gagnée, mais nos positions s'étaient considérablement améliorées

C'est ce que l'ambassade du Canada à Londres annonça à Ottawa dans une note du 19 décembre, la journée même où, comme on le verra bientôt, un émissaire de Margaret Thatcher vint faire part au premier ministre Trudeau de la problématique londonienne. Selon ce message, un représentant britannique de haut rang venait de

> confirmer (à l'ambassade) en termes non équivoques les indications très réelles selon lesquelles, au Parlement du Royaume-Uni, le débat sur le rapatriement avait évolué en faveur des provinces[2].

Cette heureuse évolution de la conjoncture tenait aussi à l'argumentation utilisée par le Québec auprès des Britanniques. On mit l'accent non pas sur les problèmes que le projet fédéral causerait aux provinces — ce qui évitait au Québec d'évoquer, en territoire anglophone, la remise en cause de la Loi 101 par Ottawa — mais plutôt sur les responsabilités de la Grande-Bretagne dans une affaire constitutionnelle sans précédent. Au fond, il s'agissait de rappeler à nos interlocuteurs, avec preuves juridiques et historiques à l'appui, que les parlementaires de leur pays, à l'origine du fédéralisme canadien en 1867, conservaient à propos de ce régime politique, sinon des droits, du moins un devoir moral: celui d'en maintenir des principes et des pratiques que Trudeau visait unilatéralement à modifier à son avantage.

Était-ce là une demande d'immixtion dans les affaires internes du Canada? Non, le contraire, justement. Notre position était claire: laissez les Canadiens décider eux-mêmes, entre eux, du genre de pays qu'ils veulent. N'intervenez pas. Le projet qui vous sera soumis par Ottawa n'est pas suffisamment appuyé chez nous.

Cette argumentation, jointe à l'activité incessante des provinces, transforma bientôt le projet d'Ottawa en «patate chaude».

Entre l'arbre et l'écorce

Par quel moyen la Grande-Bretagne, qui en avait vu d'autres, arriverait-elle à s'extirper de la situation inconfortable où la plongeaient de plus en plus la demande fédérale et les réactions négatives qu'elle suscitait?

Trouver un prétexte plausible pour reporter cette corvée à beaucoup plus tard n'était pas si facile. Déjà Londres avait invoqué un programme législatif chargé pour presser Ottawa de lui transmettre rapidement sa demande, laissant entendre que tout délai du côté canadien retarderait le vote de plusieurs mois chez elle. En fin de compte, cette mesure dilatoire n'empêcherait cependant pas les parlementaires, au moment du vote, de se servir du rapatriement pour embourber le gouvernement à la Chambre des communes, puis à celle des lords.

La Grande-Bretagne songea à obtenir du gouvernement fédéral qu'il enlève de son projet l'élément le plus conflictuel, la charte des droits, de manière à réduire l'opposition des provinces. Pour un pays qui n'avait jamais jugé opportun de se doter d'une telle charte, il était assez paradoxal de l'imposer à un autre. Surtout quand cet autre pays est une fédération dont la majorité des États membres rejettent la charte en question.

Or les fédéraux ne voulaient absolument pas entendre parler de réduire l'envergure de leur projet; celui-ci formait un tout dont la charte était précisément, pour eux, une composante essentielle. Dans cette perspective, l'insistance de la Grande-Bretagne aurait pu être interprétée par Ottawa comme une tentative d'immixtion dans les affaires canadiennes et présentée comme telle aux Canadiens. Par contre, vu l'obstination d'Ottawa, un refus pur et simple du projet fédéral à cause de la charte eût gâché les relations entre les deux pays. C'est d'ailleurs ce qu'expliquait un document fédéral signé par Chrétien.

Voyons plutôt comment les Britanniques manœuvrèrent.

À Londres, est-on vraiment d'accord?

Stratégiquement, les libéraux fédéraux devaient décourager leurs opposants, leur enlever tout espoir de réussite. Une bonne façon d'y arriver consistait à affirmer avec force leur certitude totale que la Grande-Bretagne, intervenante majeure dans le processus amorcé, agirait conformément à la volonté exprimée par Ottawa. Et qu'elle ne tiendrait nullement compte des réticences provinciales, ni des doutes «exagérés» que certains entretenaient sur la légalité du rapatriement.

Ottawa pouvait, en cette matière, dire n'importe quoi ou presque avec une relative impunité. Jamais Margaret Thatcher n'irait publiquement confondre son collègue canadien en exprimant ouvertement son agacement devant ses méthodes, ni sa surprise de le voir traduire à sa manière certaines de ses paroles. En Grande-Bretagne, la logique un peu spéciale du premier ministre canadien était moins connue qu'ici.

Mme Thatcher ne cherchait pas non plus à se compliquer elle-même la vie; moins on parlerait de l'affaire canadienne chez elle, mieux ce serait au plan intérieur

Mais les spéculations continuaient. Selon certains, la possibilité d'un refus britannique n'était plus à exclure. Si Margaret Thatcher n'intervenait pas publiquement, on finirait par croire à un blocage prémédité. Par contre, vu les réticences de nombreux parlementaires, une intervention de sa part trop favorable à Ottawa risquait de provoquer un débat prématuré à Londres. Il lui fallait donc dire quelque chose d'assez neutre, en ménageant ses arrières. Le 10 décembre, intervenant pour la première fois en public, elle déclara ceci à la Chambre des communes:

> Nous n'avons pas encore reçu de demande de la part du Canada. Quand la demande viendra, nous essaierons de nous en occuper aussi rapidement que possible et conformément aux précédents[3].

Par notre délégation générale dans cette ville, nous savions toutefois, dès octobre 1980 et jusqu'à octobre 1981, que les choses n'étaient ni aussi simples ni aussi automatiques que le prétendait Ottawa. Les fédéraux faisaient face à des difficultés graves. Leur projet soulevait des interrogations et des hésitations sérieuses.

Traverserait-il l'étape londonienne de sa cahoteuse trajectoire?

Une missive dont on reparlera

Il y a deux ans environ, j'ai pu à loisir parcourir plusieurs documents fédéraux révélateurs des années 1980 et 1981. Sur des points majeurs, on y découvrait une réalité bien éloignée de la version qu'en donna à l'époque le premier ministre Trudeau et certains de ses collègues comme Jean Chrétien ou Mark MacGuigan, ministre des Affaires extérieures.

Un exemple. Le 5 décembre 1980, le premier ministre Thatcher transmit la lettre suivante à son homologue canadien:

> À la suite de notre rencontre en juin, vous avez bien voulu, en septembre, envoyer deux de vos collègues me voir, (...) MM. Mark MacGuigan et John Roberts. J'ai trouvé fort utile cette façon de me tenir au courant de votre progrès sur la question constitutionnelle.

(...) Pour poursuivre le dialogue, j'aimerais suggérer une visite à Ottawa du secrétaire d'État à la Défense, Francis Pym. Si cela vous convenait, il pourrait vous voir le 18 ou le 19 décembre.

Je tiens à dire tout de suite qu'il ne s'est produit aucun changement dans notre attitude depuis que je vous ai vu en juin (...). En ce qui nous concerne, il se trouve cependant, à propos de la séquence des événements, certains points qui peuvent, je crois, vous être plus utilement exposés de vive voix (...).

Je devrais peut-être ajouter que j'ai demandé à M. Pym de vous rencontrer non seulement en raison de sa séniorité dans le cabinet, mais aussi parce qu'il a une vaste expérience de nos affaires parlementaires[4].

Cette lettre illustrait bien jusqu'à quel point la démarche canadienne commençait à inquiéter le gouvernement britannique.

Pym était ministre de la Défense dans le cabinet Thatcher, mais il ne venait pas à ce titre, bien qu'on justifiât son passage à Ottawa en déterrant une ancienne invitation du ministre canadien correspondant, Gilles Lamontagne. Mme Thatcher réitérait certes que son attitude était demeurée la même qu'en juin précédent, mais elle avait expressément demandé à Pym de transmettre un message capital à Trudeau et à MacGuigan. En fait, là était le but primordial de sa venue à Ottawa.

Son message changerait tout.

Londres s'inquiète

Le 19 décembre, Pym prit le lunch avec Trudeau. Tout de suite après, il se rendit chez Mark MacGuigan, accompagné de son secrétaire particulier et d'un conseiller juridique. Voici quelques extraits du compte rendu fédéral de l'échange entre Pym et MacGuigan. D'abord, ce tour d'horizon:

PYM: (...) Pour le moment, les membres des deux Chambres (communes et lords) seraient réticents à faire ce qui, selon eux, revient aux Canadiens, notamment la charte (des droits). Ils considèrent aussi les procédures judiciaires et se disent, quoi qu'en pense le gouvernement britannique: comment savoir ce qui est correct? (...)

MACGUIGAN: (...) Nous sommes profondément attachés à la charte. Au besoin, nous la préférerions au rapatriement (...). Les six provinces contestataires ne s'opposent pas à une chose davantage qu'à une autre. Elles rejettent le processus en cours. Nous leur enlevons leur jouet. Elles ont essayé d'obtenir des pouvoirs provinciaux en échange du rapatriement et de droits fondamentaux. (...). Même s'il n'y avait presque rien dans la requête, elles s'y opposeraient quand même[5].

Manière fédérale classique de présenter à des étrangers le point de vue des provinces! Pym répondit diplomatiquement qu'il comprenait la situation, mais ajouta:

L'opinion au Parlement britannique est que le Canada devrait sûrement avoir sa propre constitution ainsi que le pouvoir de l'amender; après, c'est son affaire. (...) Cela n'a pas encore été expliqué chez nous. À Westminster on n'entend que la position des provinces (...)[6].

Et puis, il y avait cette contestation provinciale devant les tribunaux. En votant intégralement le projet fédéral, les députés craindraient de donner leur appui à un geste qui pourrait être déclaré illégal au Canada. C'est ce que Pym laissa entendre, ajoutant, à propos de la démarche canadienne que la question risquait d'être «dommageable à nos relations, au Commonwealth, même au plan international[7]».

Le rapport de la rencontre résumait ainsi l'opinion du ministre britannique:

C'est extraordinairement difficile. Il (le gouvernement) n'a connu l'existence de ces complications que sur le tard. Ce fut seulement le 6 octobre que son premier ministre a appris (l'inclusion de) la charte. De la même façon, il ne fut informé qu'en octobre de la possibilité de recours judiciaires au Canada. En plus, en prenant de l'ampleur au Canada, la controverse est évoquée chaque jour dans la presse de Grande-Bretagne. Voilà pourquoi son premier ministre (...) lui a demandé de venir (...)[8].

Sur la charte, MacGuigan se justifia ainsi:

La charte des droits n'a pas été mentionnée en juin, mais elle faisait clairement partie de l'ordre du jour des discussions avec les provinces[9].

Incroyable, mais authentique: *Margaret Thatcher apprit le 6 octobre 1980 seulement que le projet fédéral contiendrait une charte des droits.*

Cette étonnante information se trouvait d'ailleurs confirmée, le 16 décembre, dans un message de l'ambassade du Canada à Londres. On y faisait état d'une conversation avec le secrétaire privé de la reine sir Philip Moore:

(Moore) juge malheureux que (Trudeau) n'ait pas informé Thatcher, en juin, du fait que la charte pourrait être incluse. Son sentiment est que l'étendue du projet (constitutionnel) a pris le gouvernement britannique par surprise (...)[10].

Autrement dit, lors de son entrevue avec Mme Thatcher en juin, le premier ministre fédéral lui avait donné l'impression que l'opération envisagée ne concernerait que le rapatriement et l'inclusion d'une formule d'amendement. Alors que, depuis le début, son intention était d'y greffer plusieurs additions, dont une charte des droits. On comprend maintenant pourquoi elle s'était alors montrée si spontanément disposée à donner suite à la demande d'Ottawa.

En plus d'expliquer que l'apparition subite de la charte («the sudden appearance of the charter») avait créé de la confusion et retardé une prise de position publique de Mme Thatcher, le rapport sur les propos de Moore ajouta un commentaire utile pour comprendre l'état d'esprit à Londres :

> (Il) pense que les députés et les lords éprouveront beaucoup de difficultés à accepter la charte, puisqu'on leur demandera de légiférer sur un projet que le gouvernement canadien ne peut pas mener à bien au Canada[11].

En réalité, les Britanniques avaient depuis peu trouvé l'excuse idéale pour se tirer de leur mauvais pas. Les fédéraux la connaissaient déjà. Le 7 décembre, douze jours avant la rencontre Pym-Trudeau, l'ambassade du Canada au Portugal faisait en effet rapport aux Affaires extérieures, à Ottawa, d'un échange entre Mark MacGuigan et un représentant important de la Grande-Bretagne (ils assistaient tous les deux aux funérailles du premier ministre portugais). MacGuigan avait appris ceci :

> Le Parlement britannique vient de recevoir un avis juridique de ses légistes selon lequel la résolution (constitutionnelle) canadienne ne pourra pas être considérée par lui alors qu'elle est contestée devant des cours canadiennes. Malheureusement, de tels avis juridiques lient le gouvernement britannique[12].

Voilà ce que le ministre Pym avait été chargé d'exposer à Ottawa. Cela s'exprimait effectivement mieux de vive voix que par lettre. Londres ne bougerait pas tant qu'on ne serait pas assuré de la légalité de la demande fédérale. Autrement, on plongerait le Parlement britannique et le gouvernement de Grande-Bretagne dans une situation inextricable.

Un mois plus tard, l'ambassadrice du Canada, Mme Jean Wadds, reprit contact avec Pym. Il fut encore plus ferme. À moins d'en retrancher la charte des droits qui ne concernait pas son pays, la demande d'Ottawa n'aurait pas de suite dans les circonstances présentes. Elle devrait être davantage appuyée par les provinces et sa légalité assurée. D'ailleurs, il était désormais trop tard pour aborder cette question pendant la session actuelle.

Le projet constitutionnel d'Ottawa venait de heurter un récif.

Un autre devait surgir en janvier 1981.

Un rapport perturbant

Au tout début, en plus d'y être indifférents, les parlementaires britanniques avaient tendance à mal saisir en quoi l'opération constitutionnelle d'Ottawa devait amener le Québec et les autres provinces à s'agiter. Aussi curieux que cela puisse paraître dans le pays à l'origine du fédéralisme canadien, ils en connaissaient mal les caractéristiques concrètes. À leurs yeux, il allait de soi que le gouvernement central, celui d'Ottawa, exprimait les souhaits de l'ensemble des Canadiens et que ce gouvernement détenait la totalité du pouvoir politique, comme en Grande-Bretagne, État unitaire. Pour plusieurs — certains demeurèrent de cet avis pendant des mois —, les provinces constituaient de simples subdivisions administratives et régionales à qui l'autorité centrale *déléguait* la gestion courante de programmes et de mesures dont elle gardait ultimement la responsabilité. Ce n'est que graduellement qu'ils finirent par comprendre l'existence, au Canada, de deux ordres de gouvernement, chacun autonome dans ses sphères de compétence et chacun doté de sa propre légitimité.

Les fédéraux exploitèrent cette confusion initiale sur la nature du régime politique canadien. Ils ne se gênèrent pas, aussi longtemps qu'ils le purent, pour confirmer la perception erronée* des Britanniques et pour minimiser le rôle des provinces, en assimilant leur comportement à une simple volonté de nuisance.

---

* Dans le cas du Québec, on aggrava même cette perception erronée. Le 4 décembre 1980, l'ambassadrice du Canada alla jusqu'à faire état (auprès d'un important interlocuteur qui s'inquiétait des retombées, à Londres, de l'insistance d'Ottawa) de «la détermination du gouvernement (fédéral) à remplir son engagement à l'égard du Québec[13]». Autrement dit, la démarche unilatérale de Trudeau découlait de ses promesses référendaires aux Québécois! On expliqua par la suite l'opposition du Québec à cette démarche par la présence, à la tête de cette province, d'un parti «séparatiste». L'histoire ne dit pas quels motifs on attribuait aux provinces anglophones «non séparatistes» qui s'y opposaient également...

Sir Anthony Kershaw était président de la Commission des affaires étrangères du Parlement britannique. Pourquoi sa commission, formée de membres de tous les partis, ne se pencherait-elle pas sur l'intéressant problème posé par le rapatriement exigé par Ottawa?

C'est ce que Gilles Loiselle fit valoir à Kershaw en octobre. D'ailleurs, la question intéressait le président de la commission, qui commença donc à siéger le 4 novembre et se réunit en tout dix fois. Pour être adéquatement éclairée, elle demanda qu'on lui soumît des avis juridiques et divers documents d'ordre historique. Les provinces, le Québec surtout, ne se firent pas dire deux fois. Les constitutionnalistes les plus réputés de Londres furent mis à contribution et préparèrent de volumineuses études juridiques, peut-être les plus importantes jamais faites à Londres sur la place et le rôle des provinces dans le régime fédéral canadien.

Étrangement, Ottawa jugea superflu de se préoccuper de ce comité. On se disait, ce qui était vrai, que son rapport n'engagerait pas le gouvernement. On préféra s'en tenir aux contacts diplomatiques habituels. On ne voulait pas non plus inviter les Britanniques à examiner le contenu de la requête fédérale; ce n'était pas leur affaire.

Le 29 janvier 1981, publication du rapport Kershaw. Sa conclusion unanime disait en substance ceci: parce qu'elle n'est pas suffisamment appuyée par les provinces et parce qu'elle affecterait, sans leur accord, le fonctionnement du régime fédéral canadien, le gouvernement ne devrait pas donner suite à la requête d'Ottawa.

Au Canada, cette recommandation eut l'effet d'une bombe et fit sortir Trudeau de ses gonds. En conférence de presse le lendemain, il fut plutôt direct:

> Ils (les Britanniques) n'ont pas d'affaire à décider ce qui est bon pour le Canada. C'est aussi simple que ça. C'est de l'ingérence de la Grande-Bretagne, enfin, de M. Kershaw. C'est un peu comme les grenouilleurs dont parlait De Gaulle (...).
>
> (S'ils) croient qu'en laissant traîner l'affaire, ça va devenir plus facile, ils se trompent gravement. Parce qu'une requête pour obtenir formellement notre indépendance qui poireaute sur les tablettes britanniques parce qu'ils sont trop occupés pour en décider, j'ai l'impression que ça ne serait pas bien vu en Grande-Bretagne, ni ailleurs dans le Commonwealth, ni au Canada surtout.

Mme Thatcher savait-elle?

À Québec, comme on l'imagine, le premier ministre Lévesque se montra enchanté du rapport Kershaw. Je me trouvais alors à Bucarest où Robert Normand me fit part, par téléphone, de la tournure des événements.

Claude Charron fut chargé de présenter publiquement la réaction du gouvernement. Il insista particulièrement sur un des points les plus obscurs de toute l'affaire qui, de plus en plus, revenait dans les médias: Trudeau avait-il, en juin, induit Margaret Thatcher en erreur sur la nature de sa requête constitutionnelle éventuelle? Et, par conséquent, disait-il la vérité aux Canadiens lorsqu'il prétendait que celle-ci s'était formellement engagée à approuver cette requête, quoi qu'elle contînt et nonobstant l'attitude des provinces? (À l'époque, nous ne disposions pas des documents fédéraux internes cités plus haut.)

À la fin de janvier 1981, les journalistes anglo-canadiens, surtout ceux de Toronto, s'interrogeaient beaucoup à ce propos. Leurs journaux, fort bien renseignés, publiaient jour après jour des renseignements nouveaux, puisés à Londres ou à Ottawa même, selon lesquels le premier ministre fédéral n'avait pas, en juin, expliqué à Mme Thatcher le fond de sa pensée.

La conférence de presse sur le rapport Kershaw leur donna l'occasion de revenir à la charge, tout comme elle le permit, la même journée, à l'opposition conservatrice. Réponse de Trudeau à Joe Clark:

> «Je peux dire à l'honorable député que (Mme Thatcher) a été informée du contenu, le jour où, à la fin de juin, je l'ai rencontrée à Downing Street[14].»

Aux journalistes, il dit en substance là même chose, précisant que Mme Thatcher savait depuis le début qu'il pourrait y avoir une opposition de la part des provinces et qu'il le lui avait mentionné au cours d'une longue conversation.

Mal lui en prit.

Des journalistes se souvinrent de ce que leur avaient dit les porte-parole fédéraux à l'époque: la rencontre avait duré deux heures environ, mais on n'avait consacré que cinq à huit minutes à la question constitutionnelle... Voilà pour la «longue conversation». Un autre journaliste, qui l'avait accompagné en juin, lui rappela sa réponse d'alors sur l'opposition possible des provinces:

> «Je n'ai pas soulevé cette hypothèse et je ne crois pas que Mme Thatcher l'ait soulevée non plus[15].»

À quoi, Trudeau, embarrassé, rétorqua:

«Si j'ai dit cela, j'ai dû le faire à la blague. Je ne me souviens honnêtement pas d'avoir dit cela. Il ne m'apparait pas logique que j'aie pu le faire[16]».

Quelques jours plus tard, le 4 février, pressé de questions par l'opposition, il admit finalement avoir à dessein induit la presse en erreur, au mois de juin précédent. Il avait alors, reconnut-il, brièvement indiqué à Mme Thatcher que des provinces pourraient s'opposer à son projet de rapatriement. Cependant, il ne voulait pas révéler au public cette partie de la conversation car les négociations avec les provinces n'étaient même pas commencées. Il ne tenait pas, dit-il, à ce qu'on l'accusât de préjuger de leur résultat.

Sans jamais lui-même révéler toute la vérité — avait-il parlé de la charte des droits à Thatcher? — Trudeau fut tout de même forcé de reconnaître que, depuis novembre, oui, les Britanniques montraient quelque hésitation, se posaient des questions, etc.

En réalité, il n'avait pas vraiment le choix. Le *Globe and Mail* de Toronto publiait en effet, les 4 et 5 février (et aussi à d'autres moments), des documents fédéraux secrets contredisant ses affirmations antérieures, dont le compte rendu de la rencontre Pym-MacGuigan que j'ai cité précédemment.

En plus, les alliés d'Ottawa, l'Ontario et le Nouveau-Brunswick, n'étaient pas très optimistes. Hatfield était revenu de Londres assez découragé. Roy McMurtry, procureur général de l'Ontario, un des deux ministres à représenter sa province au réunions constitutionnnelles de l'été 1980 (et qui devint, par la suite, ambassadeur du Canada en Grande-Bretagne), avait, au retour d'un séjour à Londres dans le cadre de la contre-offensive fédérale, mis en doute la solidité des appuis britanniques envers le projet de rapatriement.

Trudeau, moins transparent, continuait, comme si de rien n'était, à proclamer que la Grande-Bretagne se devait en définitive de répondre affirmativement à sa requête. Et qu'il avait des assurances absolues à cet égard, celles, justement, de Margaret Thatcher.

Celle-ci ne parlait pas beaucoup. Du moins, pas souvent de la question canadienne. Poussée au pied du mur — ce qui arrivait rarement — elle s'en tenait à sa réponse, commode et bientôt classique, du 10 décembre. Trudeau fut, lui aussi, poussé au pied du mur, le 4 février 1981, à la Chambre des communes. Il lança alors une sorte de défi à sa correspondante britannique:

Tout ce que je peux dire c'est que, jusqu'à ce que Mme Thatcher dise le contraire, on doit me croire sur parole. Si elle refuse de commenter parce qu'elle révélerait ainsi des propos confidentiels, je l'autorise à le faire[17].

Propos courageux, audacieux? Pas vraiment.

Mme Thatcher se trouvait coincée entre l'écorce fédérale, l'arbre provincial et son propre Parlement. Pour les raisons déjà expliquées, le premier ministre fédéral savait très bien que sa collègue britannique n'irait surtout pas accentuer le litige au Canada et, par ricochet, chez elle.

Un jour, excédé par les questions de l'opposition sur les réactions des parlementaires britanniques, Trudeau suggérera que ceux d'entre eux qui n'aimaient pas son projet le votent en se bouchant le nez... Des aménités comme celle-là n'amélioraient pas l'atmosphère entre le Canada et la Grande-Bretagne. Ni, non plus, les deux incidents qui suivent.

La lettre mystérieuse

Fin janvier début février, au milieu des contradictions de Trudeau et des nouvelles inquiétantes de Londres, les spéculations allaient donc bon train: l'appui de Mme Thatcher était-il sérieux? existait-il vraiment? avait-il même déjà existé?

Pour rassurer tout son monde, Mark MacGuigan usa d'un argument d'autorité inattendu. Le dimanche 1er février, interrogé par un journaliste, il déclara qu'Ottawa avait reçu, à l'automne, des engagements écrits et formels de la part de Margaret Thatcher. Selon ces engagements, le gouvernement britannique, comme c'était entendu depuis le début, approuverait sans discussion le projet fédéral.

Inutile de dire que, dès le lundi matin, toute la presse parlementaire d'Ottawa se mit à la recherche de la fameuse lettre. Si MacGuigan disait vrai, la situation se transformait alors complètement. On trouvait cependant curieux que personne, à commencer par Trudeau, n'ait jusqu'ici révélé la teneur d'une aussi importante missive.

Au bureau du premier ministre à Ottawa, les journalistes n'obtinrent aucune précision, ni confirmation. Ils se firent répondre que le protocole diplomatique interdisait la publication d'une lettre de cette nature sans la permission de son auteur. Bon.

Joint à Londres, un membre du cabinet de Mme Thatcher s'étonna: «Je ne suis pas au courant de l'existence d'une telle lettre.»

On rappliqua au bureau du premier ministre fédéral. Étonnement à propos de l'étonnement du fonctionnaire britannique. Oui, la lettre existait. Non, on ne pouvait pas la rendre publique. Preuve que tout cela était vrai: c'est dans cette lettre que Mme Thatcher annonçait la visite du ministre Pym. Oui, celle-ci approuverait le projet fédéral.

Les choses en restèrent là.

En réalité, cette mystérieuse lettre est celle du 5 décembre qui apparait quelques pages plus haut. Si Margaret Thatcher avait écrit à Trudeau, ce n'était pas, comme le laissait entendre MacGuigan, pour lui renouveler son appui, mais bien au contraire pour l'avertir que le ministre Pym avait quelque chose d'essentiel à lui communiquer «de vive voix». Ce quelque chose d'essentiel, on le sait maintenant, c'était que la Grande-Bretagne se refusait, dans les circonstances d'alors, à accepter telle quelle la demande constitutionnelle d'Ottawa.

Thatcher écrivait peut-être diplomatiquement qu'il ne s'était «produit aucun changement dans notre attitude depuis que je vous au vu en juin», mais c'est ensuite qu'arrivait l'élément capital de son message, précédé de l'expression en *conséquence* (*therefore*): les problèmes posés chez elle par la «séquence des événements» (*timing*). MacGuigan savait, depuis le 19 décembre, jour de sa rencontre avec Pym, que le mot *timing*, autre expression diplomatique, recouvrait bien davantage que le simple agencement des travaux sessionnels en Grande-Bretagne; il connaissait aussi parfaitement l'attitude britannique. Pourtant, le 1er février, pour confondre les incrédules, il sortit de son contexte une phrase de la lettre et lui conféra sciemment un sens qu'elle n'avait pas.

Ce fut ainsi qu'on présenta comme une approbation ferme de la demande fédérale une lettre non publiée qui signifiait exactement le contraire.

Un ambassadeur malmené

Il était normal que sir John Ford, ambassadeur (haut commissaire) de Grande-Bretagne au Canada, explique à ses interlocuteurs les obstacles que rencontrait dans son pays la requête constitutionnelle fédérale. Ce faisant, il les informait d'une réalité que les libéraux fédéraux tentaient depuis des semaines de masquer.

Cela déplut à Ed Broadbent, un des alliés les plus enthousiastes de Trudeau. John Ford avait osé, lors d'une réception, annoncer à deux députés de son parti qu'à Londres l'opération rapatriement ne passerait pas comme lettre à la poste.

Le 5 février, sortie indignée de Broadbent à la Chambre des communes. Selon lui, Ford aurait «tenté d'influencer des membres du Parlement», geste hautement «inapproprié» et montrant de sa part «une ingérence intolérable dans les affaires du Canada».

MacGuigan promit d'enquêter.

Or, plutôt que d'attendre la fin de la tempête en se drapant derrière des commentaires anodins, l'ambassadeur prit sur lui de mettre les points sur les i. Procédé inhabituel, il convoqua sur-le-champ une conférence de presse et livra deux messages:

> C'est le rôle d'un ambassadeur que de se tenir au courant de la situation politique du pays où il se trouve et de renseigner les gens sur la situation chez lui (...).
>
> C'est une grave erreur d'imaginer que les parlementaires britanniques exécuteront rapidement ce qu'on leur demandera de faire. Ils prennent trop leur travail au sérieux, surtout dans ce genre de questions.

Quelques mois plus tard, sir John Ford prenait sa retraite...

14
La priorité

Limité pendant l'été 1980 à certains ministres et à leurs conseillers, atteignant ensuite les premiers ministres en septembre, le débat constitutionnel prit d'une semaine à l'autre de plus en plus d'ampleur. À la fin de l'année, il débordait partout.

À Ottawa et à Québec, les gouvernements et, pour beaucoup, les médias en firent une indiscutable priorité. Par moments, même si on s'affairait aussi à d'autres problèmes, on aurait pu penser que tout ou presque y était subordonné: les travaux sessionnels, les discours des élus, leur horaire, etc. À un moindre degré, on observa le même phénomène dans plusieurs capitales provinciales.

Cette sorte de frénésie allait durer des mois et ne se terminerait (provisoirement...) qu'au début de 1982.

À partir de l'annonce, le 2 octobre, du rapatriement unilatéral de la constitution par le premier ministre fédéral, les événements, d'importance variable mais souvent simultanés, se recoupèrent selon une dialectique où l'effet d'un geste devenait la cause d'un autre, alors que la conséquence d'une décision prise ici servait de déclencheur à une réaction ailleurs. Et ainsi de suite.

C'est pourquoi il serait présomptueux et même inutile, dans le cadre de cet ouvrage*, d'essayer de tout raconter. Par méthode, par choix et par souci de me concentrer sur l'essentiel, je continuerai dans ces pages à m'en tenir aux questions et aux situations qui, selon moi, concernaient particulièrement le Québec. Car c'est d'abord et avant tout aux Québécois que je veux expliquer un certain nombre de choses.

* Sur le sujet traité dans le présent ouvrage, on a jusqu'à maintenant beaucoup plus écrit au Canada anglais qu'au Québec. Sans compter plusieurs articles, je pense à deux volumes en particulier: The *National Deal* (Fleet Books, Toronto, 1982), récit puissamment documenté et fort vivant de toute l'opération constitutionnelle fédérale, écrit par deux journalistes du *Globe and Mail*, Robert Sheppard et Michael Valpy, et *Canada... Notwithstanding*, de Roy Romanow, John Whyte et Howard Leeson (Carswell/Methuen, Toronto, 1984).

L'engrenage parlementaire

Au début de novembre à Ottawa, après un interminable et tumultueux débat de procédure, le comité conjoint du Sénat et de la Chambre des communes avait finalement entrepris l'examen de la proposition libérale de rapatriement unilatéral. Il était composé de vingt-cinq membres, soit quinze députés (huit libéraux, cinq conservateurs et deux néo-démocrates) et dix sénateurs (sept libéraux et trois conservateurs). On décida un peu plus tard d'en téléviser les séances.

Le comité reçut mandat de remettre son rapport pour le 9 décembre.

Cet échéancier serré était conforme aux vœux des libéraux et collait à leur comportement depuis juin.

Les conservateurs, en plus de réprouver la façon d'agir des libéraux, comptaient s'opposer avec la dernière énergie à une disposition troublante de la résolution: le recours à un référendum pancanadien en cas de mésentente Ottawa-provinces sur une modification constitutionnelle.

Quant aux néo-démocrates, ils appuyaient toujours aussi chaleureusement et ouvertement la démarche libérale, mais souhaitaient aussi, selon leurs affirmations, en «bonifier» le contenu*. Broadbent se découvrit ainsi des motifs pour être d'accord sur tel point, plus critique sur tel autre. Un homme de nuances. Mais, tout compte fait, l'ensemble de la proposition d'Ottawa lui convenait, à l'exception cependant de la disposition sur le référendum.

Cette réticence et quelques autres exprimées, pourquoi la charte des droits ne protégerait-elle pas encore mieux les droits individuels? Il faudrait peut-être même en ajouter qu'on avait oubliés. Ne serait-il pas également indiqué de satisfaire en même temps les réclamations de la Saskatchewan sur l'épineuse question des richesses naturelles? Cette province, toujours à la recherche d'un arrangement qui la satisferait, ne s'était pas encore associée au front commun interprovincial.

* Selon les néo-démocrates, ce contenu aurait aussi dû comprendre l'obligation du bilinguisme officiel pour l'Ontario, ce à quoi s'opposait, on le sait, le premier ministre conservateur de cette province, Bill Davis. Pour obtenir son appui, Trudeau avait consenti à cette «exemption». La confirmation de cet étrange troc parut dans une brochure publiée à l'automne 1980, où le parti conservateur ontarien expliquait à ses membres pourquoi Davis appuyait le projet libéral fédéral (traduction): «L'Ontario a travaillé et négocié ardemment pour éviter (qu'un article) qui aurait rendu l'Ontario bilingue soit inclus dans la constitution. Cette réussite est largement due à la persévérance et au travail soutenu du premier ministre de l'Ontario.»

Broadbent aurait été enchanté de la voir se joindre à Ottawa.

Comme c'était à prévoir, des dizaines d'intervenants, groupes ou individus, tenaient à s'exprimer devant le comité. Plusieurs pour s'opposer au projet constitutionnel, certains pour l'appuyer. D'autres, pour ajouter ceci ou cela, et encore ceci, à la charte des droits dont Londres devait gratifier le Canada.

Une chose était évidente: on n'aurait jamais assez de temps pour entendre tout ce monde avant le 9 décembre. Tous les ingrédients étaient réunis pour provoquer des retards éventuels. Effectivement, le 12 novembre, on décida de prolonger de deux semaines les travaux du comité.

Cela commençait bien! Et cela continuerait longtemps ainsi. Ce n'était pas demain que la demande fédérale parviendrait à Westminster. Ni après-demain.

Saisir l'opinion publique

D'une certaine manière et quoique essentiel (nous le verrons plus loin), le recours aux tribunaux contre l'action fédérale unilatérale n'était pas de nature, à lui seul, à convaincre l'opinion publique québécoise de l'importance des enjeux. Il était capital, pour nous, de suppléer à la haute technicité des débats juridiques et d'occuper le terrain pendant les longs délais inhérents à ce genre de démarche. On en avait en effet peut-être pour des mois à attendre les décisions des trois cours auxquelles les provinces contestataires avaient, en octobre, décidé de s'adresser.

Au Québec, il n'y aurait pas d'élections avant le printemps. Un certain répit, mais pas de temps à perdre.

D'abord, informer la population, mais aussi la mettre dans le coup.

Sitôt revenu de la rencontre interprovinciale de Toronto, en octobre, et sa décision prise sur le report des élections, René Lévesque ordonna la préparation d'un programme complet d'information. À l'intérieur de limites budgétaires raisonnables et sans tomber, comme il le disait, dans le «charriage», il fallait tout mettre en œuvre pour expliquer au public de quoi il retournait. Ce qui nous amena à nous servir de tous les moyens à notre disposition: publicité payée à la télévision, à la radio, dans les journaux, dépliants, brochures, posters, mais aussi publicité gratuite par les discours, les tournées et autres interventions des députés et des ministres. Budget: environ un million de dollars, modeste mise de fonds* comparativement aux exubérances publicitaires fédérales.

---

* D'autres fonds gouvernementaux avaient auparavant été consacrés à l'information constitutionnelle. Une première campagne de publicité de 600 000 $ avait eu lieu, en août et septembre, quelque temps après l'annonce, par Ottawa, d'un programme d'information pancanadien de six millions de dollars, dont deux millions pour le Québec. Puis, à compter de septembre, quelques ministères et sociétés d'État avaient financé, pour 120 000 $, une campagne de publi-reportages organisée par le Conseil d'expansion économique. Tout l'automne, cet organisme montréalais fit ainsi paraître, chaque semaine, dans *Le Journal de Montréal*, plusieurs pages d'information sur les positions traditionnelles du Québec en matière constitutionnelle.

Fin octobre début novembre, ce fut la mobilisation générale.

Je suis incapable (faute de notes que j'aurais peut-être dû rédiger à ce moment aussi bien qu'à d'autres, mais, hélas...) de me rappeler le nombre et la fréquence des multiples réunions et rencontres régulières, soudaines ou fortuites auxquelles, avec plusieurs, je participai alors. Dans des maisons, des appartements, des hôtels, des bureaux, des restaurants, des bars, des corridors, des ascenseurs, des sous-sol et des taxis.

Comme ministre des Affaires intergouvernementales, toute cette question — le problème constitutionnel et ses multiples aspects, y compris l'information destinée au public — dépendait certes de ma compétence générale, mais non exclusivement. C'était et ce devait être, comme c'est normal, l'affaire de tout le gouvernement, le premier ministre en tête et tous ses collègues. L'avenir du Québec ne relevait pas ni n'a jamais relevé d'un seul ministre. Ni d'un ministre seul. Chacun pouvait donc s'attendre à être mis à contribution: ministres, adjoints parlementaires, députés et membres de cabinets ministériels. Mais chacun aussi, comme il advint, était volontaire pour participer à la lutte.

Ce qui posait au moins deux problèmes: l'organisation de notre action et le contenu de nos messages.

René Lévesque mit sur pied un comité interministériel de coordination formé, comme noyau de départ, de Claude Charron, Marc-André Bédard et moi-même, auxquels se joignirent Louis Bernard, secrétaire général du gouvernement, Jean-Roch Boivin, chef de cabinet du premier ministre, Martine Tremblay, conseillère du premier ministre, et Denis Blais du cabinet de Marc-André Bédard. Cette liste est cependant bien incomplète car, tour à tour, d'autres ministres (notamment Camille Laurin et Jacques Parizeau) et divers spécialistes ou conseillers prirent part à nos travaux. Jean Paul L'Allier fut aussi consulté.

Le plus souvent, nous nous réunissions dans un des bureaux du premier ministre qui, toujours au courant de nos rencontres, venait parfois à l'improviste «faire un tour», suggérer ceci, corriger cela, s'excusant, selon son habitude, de nous déranger...

Pour des raisons de contrôle budgétaire et pour éviter, comme c'est souvent le cas dans les comités, que certaines bonnes idées restent en plan, nous avions besoin d'un responsable loyal, expérimenté et efficace. Robert Normand, sous-ministre des Affaires intergouvernementales, fut donc choisi sans aucune hésitation. On lui adjoignit Roger Cyr, spécialiste en information qui avait autrefois conseillé Daniel Johnson, et Jean-François Cloutier, responsable des opérations.

Mais quel message transmettre à la population? Ou, si l'on veut, quel devait être le slogan, le résumé, l'idée de base de notre vaste campagne d'information (de propagande comme diraient bientôt les libéraux de Claude Ryan)?

Pendant une dizaine de jours, chacun formula sa petite proposition que chacun des autres, bien entendu, trouva plus ou moins adéquate.

Peine perdue, nous n'aboutissions pas.

«Faut pas se faire avoir!»

Pourtant, nous nous en posions des questions!

Fallait-il concentrer l'attention sur la charte des droits? le rapatriement? la formule d'amendement? l'action unilatérale? Tout cela était ou bien difficile à faire, ou bien trop vague, ou bien trop éloigné des préoccupations du public.

Défendre l'«autonomie provinciale» contre les «centralisateurs d'Ottawa»? Invitation unioniste plutôt surannée.

Promouvoir un «véritable fédéralisme» à l'encontre des plans de Trudeau? Pas très crédible de la part d'un parti souverainiste, ni très indiqué dans les circonstances.

Ou encore, reprocher leur vote aux partisans du Non? attaquer les libéraux fédéraux et leurs alliés provinciaux? Nous aurions alors puisé dans la catégorie des messages dits «péquistes», donnant ainsi l'impression, à quelques mois des élections, de canaliser aux fins propres du Parti québécois une campagne publicitaire légitimée par un projet fédéral inacceptable.

De ce jeu de questions-réponses, des éléments utiles se dégageaient. Nous pourrions nous en servir en temps opportun. Sauf qu'il nous manquait toujours notre commun dénominateur, c'est-à-dire cette *Idée* à la fois simple, exacte et percutante qui résumerait tout notre message, le chapeauterait, le cristalliserait dans la publicité et le fixerait dans l'imagination populaire. En somme, nous ne parvenions pas à trouver notre thème de base, notre slogan. Dans la bataille politique que nous voulions mener, cela pouvait se révéler fâcheux.

Au milieu de notre nième réunion de stratégie, excédé par notre incapacité collective à découvrir un mot d'ordre, alors que la situation était, prétendions-nous, aussi grave, Marc-André Bédard éclata soudain dans un fécond élan du cœur: «Pourtant c'est simple. Qu'est qu'on veut dire au gens, après tout? On veut leur dire qu'il ne faut pas se faire avoir par le projet de Trudeau!»

Faut pas se faire avoir!

C'est ainsi que, le 11 novembre, naquit le thème principal et le slogan de la campagne publicitaire tous azimuts du gouvernement québécois de décembre 1980 à mars 1981.

Cette idée-force engendra à son tour nos divers messages. Les uns portaient sur le caractère inacceptable d'une action unilatérale en régime fédéral. Les autres, par des exemples concrets, illustraient la réduction du pouvoir québécois qu'entraîneraient la charte des droits et les autres dispositions du projet fédéral. L'accent fut mis sur l'agression contre nos politiques linguistiques et sur la remise en cause éventuelle des mesures visant à donner, dans les occasions d'emploi ou l'octroi de subventions, la préférence aux citoyens et aux entreprises du Québec. Cette campagne publicitaire se termina en mars 1981, au début de la période électorale*.

* Pour la période électorale de mars-avril 1981, le Parti québécois avait choisi, comme slogan, *Faut rester forts au Québec!* Ce slogan ne découlait pas de celui adopté pour la campagne d'information constitutionnelle. De fait, celui du Parti québécois était antérieur à l'autre et la plupart des membres du comité de coordination (dont moi-même) l'ignoraient. Il avait été déterminé dès septembre 1980, par les responsables du parti, avant même l'annonce du rapatriement unilatéral, au cas où des élections auraient lieu à l'automne.

Solidarité-Québec

Il importait également de mettre la population dans le coup.

Le 10 novembre, fut créé le Regroupement pour les droits politiques du Québec, mieux connu par la suite sous le nom de Solidarité-Québec, organisme privé que, non sans difficulté, nous voulions non partisan et dont la mission devait consister à recueillir l'appui du plus grand nombre possible de Québécois contre le projet fédéral. Sous la présidence de Fernand Daoust de la Fédération des travailleurs du Québec (FTQ) et la vice-présidence de Thérèse Baron, ex-sous-ministre adjointe de l'Éducation, ce mouvement invita les autres groupes ou organismes à l'aider dans sa mission. Le Parti québécois s'y joignit bien sûr rapidement, de même que plusieurs groupements nationalistes, syndicats, associations. L'Union nationale, sans y adhérer, en appuya les buts. Roch LaSalle, député conservateur fédéral de Joliette également. Les libéraux de Claude Ryan refusèrent d'en faire partie ou d'en approuver l'action. La Centrale de l'enseignement du Québec (CEQ), bien que rejetant le projet fédéral, refusa aussi de s'associer au mouvement de protestation; elle ne voulait pas trop se rapprocher du gouvernement employeur...

De novembre 1980 à février 1981, Solidarité-Québec organisa plusieurs assemblées publiques à travers le Québec, dont la plus importante réunit 15 000 personnes au Forum de Montréal, le 7 décembre. Son initiative la plus spectaculaire fut le lancement d'une pétition en vue d'obtenir, avant la mi-décembre, les signatures d'un million de Québécois s'opposant au coup de force constitutionnel d'Ottawa. Cette pétition, en plus de démontrer où se situait l'opinion publique québécoise, serait ensuite transmise à Westminster. Elle était formulée de manière à éviter toute connotation partisane: «Je demande que la constitution du Canada ne soit pas rapatriée ni amendée sans l'accord du Québec.»

À Québec, les députés libéraux refusèrent de la signer.

Justement, parlons un peu d'une autre circonstance où ces députés s'illustrèrent.

Une résolution à longue portée

Le 4 novembre, vu le report des élections, une nouvelle session s'ouvrit à Québec. Comme tout le monde s'y attendait, elle se déroulerait sous le signe du coup de force fédéral.

René Lévesque n'avait pas été long à faire savoir qu'il chercherait à obtenir l'appui unanime de l'Assemblée nationale contre l'opération envisagée par Trudeau. Cela faisait partie de notre plan d'action. Nous avions décidé de recourir à tous les moyens légitimes à notre disposition. En régime parlementaire, le plus légitime moyen d'expression, le plus normal en somme, est effectivement notre Assemblée nationale. Face à Londres où les libéraux fédéraux prétendaient parler pour l'ensemble canadien, y compris donc pour les Québécois, une prise de position de l'Assemblée s'imposait.

Il s'agissait d'une priorité évidente et urgente. Dès le 5 novembre, Lévesque déposa le texte de la résolution qu'il demanderait à l'ensemble des députés de voter la semaine d'après.

J'avais été chargé de la rédiger, avec l'aide de Claude Charron (en tant que leader parlementaire), Marc-André Bédard, Louis Bernard et Robert Normand. Elle serait factuelle, le plus neutre possible, donc nullement partisane, ni souverainiste, ni «péquiste», ni hargneuse. Rien ne devrait y être inclus qui pût servir de prétexte à quiconque pour la rejeter. En fait, elle refléterait sereinement et fermement un commun dénominateur acceptable à tous les partis représentés à l'Assemblée. Nous devions non seulement dégager une position unanime, mais y parvenir sans débats diviseurs qui en terniraient la solennité, en prenant toutes les précautions pour éviter les ruses habituelles des partis politiques. Voici donc le texte de cette résolution:

> L'Assemblée nationale du Québec s'oppose formellement à la démarche entreprise par le gouvernement fédéral, de façon unilatérale et malgré l'opposition de la majorité des provinces, en vue de faire modifier la constitution du Canada par le Parlement britannique au lieu d'en poursuivre ici le renouvellement par voie de négociations.
>
> Puisque cette constitution définit, depuis 1867, les droits du Québec en tant qu'État-membre fondateur de la fédération canadienne, l'Assemblée nationale du Québec demande aux membres du Parlement du

Royaume-Uni de ne pas donner suite à cette démarche unilatérale qui est contraire à la nature même du système fédéral et à la règle bien établie du nécessaire consentement des provinces.

Autant le dire, j'étais plutôt fier de ce texte court et clair. Lévesque également. En pesant tous nos mots, nous avions, croyions-nous, réussi à présenter à Ryan «une offre qu'il ne pouvait pas refuser». En tout cas, il n'y aurait rien d'humiliant pour lui à l'appuyer. Nous y avions introduit ce que lui-même y aurait inscrit et soigneusement exclu tout argument souverainiste ou apparenté. Si Paris vaut une messe...

Hélas! Nous faisions erreur. Les délicates balances politiques dans lesquelles nous avions pesé nos mots étaient fausses quelque part. Voyons en quoi.

Le dilemme de Ryan

Ryan ne dit pas tout de suite s'il était ou non d'accord avec la résolution. Il y réfléchirait. Bon. Attendons.

La semaine suivante, le 11 novembre, le leader du gouvernement, Claude Charron, proposa de suspendre le débat sur le discours inaugural et d'aborder en priorité l'examen, pressant selon lui, de la résolution déjà présentée par le premier ministre. Le leader de l'opposition, Gérard-D. Lévesque, s'y refusa, répliquant que, si elle était importante, la question n'était pas urgente. Pas urgente? Et Ottawa qui voulait s'adresser à Londres avant le 16 décembre!

Il y avait anguille sous roche. Les libéraux n'avaient pas l'air très coopératifs. Ils ne l'étaient pas.

Le lendemain, catastrophe: Ryan, après des commentaires hautement moralisateurs, proposa un amendement substantiel à la résolution et annonça qu'il ne l'appuierait que si son amendement y était incorporé. Sinon, pas de collaboration avec un gouvernement qui refuserait de voir les faits en face, de les accepter humblement et, pourquoi pas, de faire amende honorable. Autrement, pas d'unanimité. Rien.

De quoi avait l'air cette résolution ainsi modifiée? Qu'exigeait Ryan du gouvernement? Je reproduis ici le texte de sa proposition, avec, en italique, les changements demandés qui, pour nous, faisaient problème (les autres étaient plutôt d'ordre stylistique, mais demeuraient immédiatement acceptables):

L'Assemblée nationale du Québec s'oppose formellement à la démarche entreprise par le gouvernement fédéral de façon unilatérale et malgré l'opposition de la majorité des provinces, en vue de faire modifier la constitution du Canada par le Parlement britannique.

Fidèle à la volonté de la majorité des citoyens du Québec qui a exprimé son attachement au fédéralisme canadien en rejetant l'option de la souveraineté-association lors du référendum du 20 mai 1980 et consciente des avantages du fédéralisme canadien et de la nécessité de l'adapter aux réalités d'aujourd'hui, l'Assemblée nationale affirme que le renouvellement de la constitution canadienne doit être réalisé au Canada en conformité avec les principes du fédéralisme et, en conséquence, par la voie de négociations entre les deux ordres de gouvernement et avec le consentement conjugué du Parlement fédéral et des Législatures des provinces.

Puisque cette constitution définit, depuis 1867, les droits du Québec en tant qu'État membre fondateur de la fédération canadienne, l'Assemblée nationale demande aux membres du Parlement du Canada de ne pas donner suite à cette démarche unilatérale qui est contraire à la nature même du système fédéral canadien et à la règle bien établie du nécessaire consentement des provinces.

L'Assemblée nationale met le Parlement britannique en garde contre toute intervention dans les affaires canadiennes par l'adoption de quelque modification à l'Acte de l'Amérique britannique du nord, qui n'aurait pas l'appui des provinces du Canada.

Les expressions et tournures proposées nous tracassèrent moins que l'état d'esprit les entourant. Ryan, c'était clair, ne pouvait ni ne voulait appuyer notre résolution.

Il ne le pouvait pas parce que son parti comptait trop de militants dévoués davantage à Trudeau qu'à lui, trop d'anglophones joyeusement stimulés par la perspective d'un ébrèchement en règle de «the abominable Bill 101» auquel conduirait, «hopefully», la charte constitutionnelle des droits, et trop de simples et sincères partisans qui ne comprendraient pas son adhésion, même réticente, à une proposition intrinsèquement viciée et vicieuse, parce qu'issue de l'imagination perverse d'adversaires «séparatistes» et nationalistes québécois grenouillants.

Il ne le voulait pas parce que c'eût été inadmissible du premier ministre potentiel, mais en attente (lui), de suivre une ligne tracée par un premier ministre actuel, mais en sursis (Lévesque). C'est malheureusement ainsi que les choses se passent en politique.

Mon impression d'alors était que Ryan eût surtout souhaité ne pas avoir à prendre parti pour ses libéraux de tendance québécoise, contre ses libéraux d'orientation trudeauiste. Qu'il eût préféré continuer à se dire en désaccord avec Trudeau quant à ses méthodes et sur certains éléments de son projet, mais pas opposé à tous, ni d'accord sur tout avec les provinces. En somme, prendre une position mitoyenne, réfléchie. Une position d'éditorialiste.

Ou encore, celle d'un arbitre entre ce qu'il interprétait comme deux extrémismes: le centralisme pancanadien horizontal, idéologique et dogmatique de Trudeau et le provincialisme vertical et exacerbé du front commun des provinces, celui du Québec péquiste en particulier.

Pour votre pénitence: un acte de contrition et d'humilité

L'amendement de Ryan réclamait du gouvernement trois «aveux» foncièrement impossibles à formuler. Cela, il devait le savoir.

Le premier: le 20 mai, les Québécois avaient, selon lui, exprimé «leur attachement au fédéralisme canadien, en rejetant l'option de la souveraineté-association» parce que conscients «des avantages du fédéralisme canadien». Mais, de quel «fédéralisme» s'agissait-il? De celui de Trudeau auquel Ryan lui-même paraissait s'opposer? De sa conception à lui du «fédéralisme renouvelé» qui n'avait pas été l'objet du référendum et dont personne, vu les variantes en usage, ne connaissait le contenu précis? Était-il aussi, à ce moment, vraiment opportun d'évoquer les «avantages du fédéralisme canadien» dans une résolution visant précisément à contrer une démarche inacceptable entreprise au nom et en vertu de ce même système? Le moins qu'on puisse dire, c'est que l'amendement de Ryan confondait les fédéralismes.

Le deuxième aveu était implicite, mais aussi peu attrayant que le premier: accepter l'amendement de Ryan eût en effet signifié que, pour l'Assemblée nationale du Québec, les promesses référendaires du camp du Non ne correspondaient à aucune intention réelle et qu'il s'agissait plutôt d'une vaste plaisanterie, d'un truc. L'amendement ne se référait nullement à ces promesses, ni ne faisait à quiconque obligation de les respecter. Au contraire, tous les protagonistes fédéraux du Non s'en trouveraient libérés, dédouanés par nous. On transformait ainsi, involontairement peut-être, la victoire du Non en une acceptation informe du fédéralisme comme système, alors qu'en mai elle était sensée, selon Ryan lui-même, ouvrir la voie à une révision fondamentale du régime politique canadien *conformément* aux aspirations québécoises.

Le troisième aveu était d'ordre moral: le gouvernement devait en pratique faire amende honorable et se comporter publiquement comme s'il avait commis une impardonnable faute en proposant, depuis 1976, une option rejetée par la population en 1980. Parce que non acceptée à ce moment, son option blasphématoire devait être abandonnée pour toujours par ceux-là mêmes qui l'avaient proposée et, naturellement, ne plus jamais refaire surface dans l'avenir. C'était un peu comme si on avait réclamé d'un parti défait à une élection qu'il disparût définitivement!

Ce que je viens d'écrire ici n'était évidemment pas affirmé tel quel dans l'amendement de Ryan. Mais c'en était bien la signification. En conférence de presse, il déclara d'ailleurs ceci:

> Le gouvernement veut acheter une marchandise extrêmement rare sur le marché politique, l'unanimité, et pour cela il faut qu'il paie le prix, le prix de la vérité.

Maquignonnage

Nous étions très embêtés, peinés même. Il était exclu que nous consentions intégralement à l'amendement de Ryan. Pouvions-nous toutefois en retenir quelque chose, ne fût-ce que pour faire preuve de bonne volonté?

Après rapide consultation, à l'Assemblée nationale même, avec René Lévesque, Claude Charron, Marc-André Bédard, ainsi que quelques autres ministres et députés, je proposai une modification à l'amendement. C'était humiliant, mais, puisqu'il le fallait, nous ferions un bon bout de chemin pour satisfaire Ryan. Il serait exagéré de prétendre que notre formation politique était enthousiaste à l'idée de se rendre, même partiellement, à des exigences jugées arrogantes par certains, mesquines par d'autres. D'autant plus que nous conserverions intacte la plus grande partie des modifications proposées par les libéraux, laissant notre propre résolution de côté. Ce n'était pas facile à avaler.

Je proposai donc un changement aux premières lignes du second paragraphe de Ryan:

> *Respectueuse de la volonté de la majorité des citoyens du Québec qui a voté, lors du référendum du 20 mai 1980, pour le maintien du fédéralisme canadien,* et consciente de la nécessité de l'adapter aux réalités d'aujourd'hui, l'Assemblée nationale (...)

et l'addition suivante à la toute fin, après le mot Canada: *et, en particulier, du Québec.*

Cette fois, les libéraux allaient-ils être d'accord?

Non, ils s'en tinrent mordicus à l'amendement avancé par Ryan. Ils rejetteraient ma contre-proposition dès qu'elle serait soumise au vote.

Le débat reprit mardi, le 18 novembre. La veille, les libéraux avaient remporté les quatre élections partielles* rendues nécessaires par le report de l'élection générale. Ils étaient à la fois jubilants, triomphalistes et intransigeants.

---

* À l'époque, peu de gens portèrent suffisamment attention aux résultats de ces élections partielles. On retint seulement que les libéraux les avaient remportées, comme toutes les autres avant. Exact, mais superficiel. La défaite du Parti québécois était moins marquée qu'on aurait pu l'imaginer. En réalité, le parti commençait tranquillement à remonter la pente. Nos sondages internes le montraient aussi. De décembre à mars, la situation continua à s'améliorer.

À l'Assemblée nationale, les libéraux s'en prirent durement au refus du gouvernement de se plier aux conditions de Ryan. Désormais, affirmèrent-ils, il leur appartiendrait à eux de fixer le cheminement constitutionnel du Québec. Surtout pas à un gouvernement du Parti québécois. Telle était la volonté populaire exprimée le 20 mai. Cela, disaient-ils, devait être reflété dans la résolution. À défaut de quoi, pas d'appui de leur part. C'était clair et absolu. Pas de compromis. Ils votèrent ensuite contre mon sous-amendement, l'Union nationale également. Il fut néammoins adopté grâce à notre majorité. Mais sans unanimité. Nous n'y étions pas parvenus.

Lévesque était le plus déçu de nous tous. Pour ma part, j'avais à peu près fait mon deuil de l'unanimité. Charron et Bédard également. Même si, par une acrobatie inédite, nous finissions par l'obtenir, la signification du geste était désormais passablement gaspillée. Non, inutile de compter sur les libéraux. C'est Trudeau qui avait gagné cette manche.

Lévesque était plus tenace. Il concocta sur-le-champ un nouvel amendement qui me fit moi-même hésiter et qu'il soumit à un caucus d'urgence des députés. Il y eut quelques grincements, car la résolution disait maintenant ceci (il s'agit toujours du deuxième paragraphe de celle de Ryan):

Respectueuse de la volonté de la majorité des citoyens du Québec qui, lors du référendum du 20 mai 1980, *a refusé d'accorder au gouvernement le mandat de négocier la souveraineté-association et opté pour le maintien des aspects positifs du fédéralisme*, et consciente de la nécessité de l'adapter aux réalités d'aujourd'hui, l'Assemblée nationale , etc.

Ryan qualifia le nouvel amendement de «parfaitement ridicule», de «façon enfantine d'interpréter le résultat du référendum» et ajouta:

S'il veut conduire les négociations devant mener à la réforme du fédéralisme canadien, au cours des prochains mois, qu'il se montre au moins capable de reconnaître les aspects positifs du fédéralisme canadien. Autrement, qu'il se désiste de son mandat et se présente devant le peuple en lui demandant de trancher la question une fois pour toutes.

À quoi Lévesque répliqua:

Il ne faut pas nous demander d'y voir plus d'aspects positifs que ceux qui ont voté Non le 20 mai. Il ne faut pas nous demander de renier, pardessus le marché, ce qui nous paraît être une position d'avenir valable pour le Québec. Il y a une limite au prix qu'on peut payer pour acheter l'unanimité.

De façon totalement inattendue et sous l'œil désapprobateur de plusieurs de ses députés, Lévesque fit alors un pas de plus. Revenant au texte de Ryan, il proposa pourtant de remplacer le mot «respectueuse» par le mot «fidèle», et d'insérer, après les «aspects positifs du fédéralisme», le passage suivant: «vu les avantages qu'elle y voit».

Ryan serait-il enfin satisfait? Eh non! Sa réponse livra le fond de la pensée de sa formation politique. Il reconnaissait déceler un certain progrès dans la formulation de la résolution, mais ajoutait:

Les remarques du premier ministre tendraient à circonscrire la perception des aspects positifs du fédéralisme à l'événement référendaire, c'est-à-dire à identifier cette perception au moment où (cet événement s'est produit). Je voudrais rappeler qu'il y a eu d'autres événements très importants depuis le référendum. Il y a eu en particulier les quatre élections partielles...

Les quatre élections partielles! Qu'est-ce que cela venait faire dans la discussion? Manière comme une autre de nier la légitimité du gouvernement. Les libéraux pensaient davantage à la prochaine campagne électorale qu'à s'opposer à leur manitou fédéral.

Manifestement, les libéraux se servaient depuis plusieurs jours de la résolution à des fins strictement partisanes. Certains nous avouèrent en privé leur conviction de faire ainsi du «millage*» dans l'opinion publique puisqu'ils forceraient le gouvernement à réitérer en public son attachement à une option politique rejetée au référendum.

---

* Grave erreur d'interprétation. Ils ne faisaient aucun «millage». On constata lors de la campagne électorale de mars-avril, que la population était bien davantage inquiète des visées de Trudeau que de l'adhésion du Parti québécois à la souveraineté-association. Pour elle, si on peut s'exprimer ainsi, cette «menace» avait disparu au référendum, celle de Trudeau avait surgi depuis. Les libéraux de Ryan s'attardaient sur le champ de bataille référendaire, alors que la lutte se poursuivait désormais ailleurs.

L'espoir de faire l'unanimité était-il à jamais évanoui? Peut-être pas. Ryan avait tout de même parlé de progrès; le gouvernement était, à ses yeux, dans la bonne voie.

De retour à son bureau (nous sommes en fin de soirée, mercredi, le 19 novembre), Ryan admit, dit-on, devant son entourage que René Lévesque avait montré du courage et qu'il appartenait maintenant aux libéraux de faire un effort. Gérard-D. Lévesque, leader de l'opposition, communiqua alors avec le premier ministre pour lui suggérer ce qui serait d'après lui une nouveauté: on n'essaierait plus d'interpréter, dans la résolution, le sens du référendum, on se contenterait de dire, de façon générale, que les Québécois voyaient des avantages au fédéralisme. Hum! Était-ce vraiment une si impressionnante concession?

Pour René Lévesque, on risquait ainsi («un peu beaucoup», disait-il) de revenir à la case départ. Cela poserait, à toutes fins utiles, les mêmes problèmes.

Reconnaître les avantages du fédéralisme: quelle formulation conviendrait cette fois-ci? Comment réagiraient les députés et les militants au spectacle de leur premier ministre et de leur gouvernement s'obstinant désespérément à jongler avec les mots pour faire plaisir au chef de l'opposition et lui donner l'occasion de clamer victoire? Ils commençaient — le public aussi — à en avoir assez d'un maquignonnage* qui avait pratiquement déjà fait perdre toute sa valeur politique à la résolution, tout son impact. Pour qu'elle eût quelque chance d'influencer Londres, son adoption aurait dû être rapide, spontanée. L'occasion avait été manquée.

---

* Le mot maquignonnage s'applique en l'occurrence à ces pourparlers et échanges qui se produisirent alors à l'Assemblée nationale elle-même, entre chefs de partis, leaders parlementaires et députés de formations opposées. Les débats de l'Assemblée étaient télévisés depuis plusieurs années, mais, selon les règles (encore en vigueur), les caméramen devaient (et doivent) fixer leur instrument sur l'orateur du moment, pas sur les autres députés. Donc, pas de vue circulaire, ni *long shots* inopinés sur quiconque d'autre. Ce qui permettait (et permet toujours) à tout un chacun, momentanément hors du champ de la caméra, de circuler «sans être vu» et de procéder aux va-et-vient requis par les circonstances. Il y eut beaucoup de cette sorte de «va-et-vient», du 5 au 21 novembre 1980, entre péquistes, libéraux et unionistes. Cela s'était su, autant chez les militants du Parti québécois que chez ceux du Parti libéral. La télédiffusion des débats de l'Assemblée nationale ne révélait pas tout ce qui s'y passait, mais elle ne pouvait le cacher.

Pourquoi se triturer l'esprit à travers des arabesques politico-sémantiques laborieuses et humiliantes? Pour faire dire oui à des gens qui, viscéralement, auraient préféré offrir un non; et qui étaient, en fait, les mêmes à avoir, en mai précédent, choisi le Non parce que, prétendaient-ils, il équivalait à un Oui au fédéralisme renouvelé.

On n'en sortirait pas.

Trop c'est trop

Il se produisit alors un incident qui mit le feu à ce qu'il nous restait de poudre.

En quittant l'Assemblée nationale et en route vers son bureau, Ryan avait déclaré à quelques journalistes de la radio anglophone que les libéraux ne consentiraient à voter en faveur de la résolution que si elle reconnaissait explicitement et sans détour les avantages du fédéralisme comme régime politique. Autant dire que le gouvernement, implicitement, considérerait désuète l'option de la souveraineté-association. Guy Chevrette, alors whip du Parti québécois, entendit la remarque. Pour éviter toute méprise, il demanda aux journalistes d'en écouter l'enregistrement.

Informés, nos députés virent dans cette intervention un mélange d'arrogance et de chantage. Lévesque s'en montra indisposé. Ryan ne changerait donc jamais! Il venait pourtant, en chambre, de soulever un certain espoir: il avait dit avoir noté des progrès dans la formulation de la résolution.

À compter de ce moment, toute possibilité d'entente avec les libéraux fut exclue. Les dernières concessions de Lévesque seraient retirées. Le gouvernement prendrait ses responsabilités et l'opposition les siennes. Trop c'était trop.

Le vendredi 21 novembre, mise au vote de la résolution telle qu'amendée par moi dès le départ, pour convenir aux libéraux. L'Union nationale vota avec le gouvernement, les libéraux contre. Résultat: 63 pour, 21 contre.

Voilà qui ne serait pas très puissant contre l'offensive fédérale.

Seule consolation, mais qui viendrait un peu plus tard: comme nous l'apprendrions au cours de la campagne électorale, l'attitude de Ryan et de son parti affecta négativement leur image et facilita notre victoire du 13 avril 1981.

15
Le poids des circonstances

De décembre 1980 à avril 1981, les événements continuèrent sur leur lancée, à peine ralentis par la période des Fêtes. Les gouvernements en cause manœuvraient soigneusement leurs pions politiques sur l'échiquier constitutionnel. Les objectifs de chacun demeuraient toujours aussi évidents: Ottawa ferait tout en son pouvoir pour forcer l'adoption rapide de son projet, les provinces dissidentes mettraient dans les roues fédérales tous les bâtons qu'elles pourraient découvrir et Londres essaierait de retarder le plus possible le moment désagréable où le problème canadien aboutirait au Parlement de Westminster.

De part et d'autre, on dut adapter ses tactiques aux circonstances et à certains développements inattendus. À Ottawa, par exemple, les choses ne tournaient pas aussi bien qu'on l'aurait souhaité. Elles se compliquèrent aussi bientôt pour les provinces.

Des signes de nervosité?

Le 30 novembre, à Montréal, au déjeuner-bénéfice de la section du Québec du parti libéral fédéral, Pierre Elliott Trudeau était d'humeur belliqueuse.

Peut-être inquiet des réticences que les Britanniques commençaient diplomatiquement à manifester, mais certainement conscient de l'opposition grandissante, au Canada, envers sa démarche unilatérale, il s'en prit violemment à ceux qui, au Québec, n'approuvaient pas d'emblée son projet. Les nationalistes, «séparatistes» et intellectuels (ces «troubadours de l'ex-souveraineté», selon lui) firent les frais d'envolées ironiques ou à l'emporte-pièce fort bien reçues d'un auditoire partisan.

Il attaqua aussi les positions défendues par le gouvernement québécois au cours du débat constitutionnel, disant qu'elles ne prenaient pas en compte «le bien de l'ensemble du Canada» et qu'elles s'inspiraient tout simplement de «la théologie de l'indépendance». Il prédit également que 1981, tout comme 1980 l'avait été pour le référendum, serait «une autre année historique» puisque le Parti québécois succomberait devant les libéraux de Claude Ryan.

Dans sa harangue, Trudeau fit une fois de plus preuve de cette «dialectique» soi-disant imparable et incomparable, apte à foudroyer les contradicteurs les plus coriaces.

On sait qu'en juin 1980, plutôt que d'attendre «logiquement» l'arrivée au pouvoir, inéluctable à l'époque, des libéraux de Claude Ryan, il entreprit des négociations constitutionnelles avec un Québec dirigé par un gouvernement souverainiste. Il avait pourtant déjà affirmé qu'on n'arriverait jamais à renouveler le fédéralisme si on comptait pour cela sur la collaboration des «séparatistes». Tout de suite après le référendum, ceux-ci s'étaient apparemment mutés en interlocuteurs valables car il les préféra aux fédéralistes de Ryan. Mais voilà que, dans son discours du 30 novembre, six mois et quelques déboires plus tard, ces mêmes «séparatistes» et leurs alliés étaient derechef recalés dans la catégorie des torpilleurs du fédéralisme.

Ryan était-il pour autant promu au rang enviable d'interlocuteur désormais privilégié du premier ministre fédéral? Pas sûr.

Le 3 décembre, Claude Ryan prit la parole devant le Cercle national des journalistes, à Ottawa. Il préféra cet auditoire plutôt que le comité mixte Sénat-Chambre des communes qui siégeait alors. Ce n'était pas en soi une mauvaise idée, mais ce qu'il dit parut en être une à Trudeau.

Un peu pour se racheter de n'avoir par fait cause commune avec le Parti québécois, lors du vote de l'Assemblée nationale sur le projet fédéral, il fustigea en termes plus acides que d'habitude les intentions de Trudeau. Il voulait ainsi faire comprendre, entre autres choses, que sa décision de rejeter la résolution du Parti québécois tenait moins au contenu de celle-ci qu'à son refus de s'associer au gouvernement qui l'avait proposée. Subtile distinction.

Quoi qu'il en soit, Ryan déclara notamment ceci:

> Il est inconcevable que l'on songe à maintenir l'article 133 au Québec et au Manitoba et que l'on veuille en dispenser une province aussi importante et aussi capable de s'y soumettre que la province d'Ontario.

Trudeau prit mal l'observation de Ryan. Pour y répondre, il puisa dans les ressources de sa logique proverbiale. Comme Ryan avait attaqué le caractère unilatéral de son projet, aussi bien que plusieurs de ses composantes, il répliqua ceci le 5 décembre:

> Voudrait-on qu'on impose encore plus de contraintes aux provinces ou moins? Si M. Ryan suggère que nous devrions imposer l'article 133 à l'Ontario, pourquoi ne l'imposerions-nous pas aussi à la Saskatchewan, à la Colombie-Britannique? Alors il faut se brancher, il faut décider si on trouve que le gouvernement est allé trop loin en imposant des choses aux provinces contre leur gré, ou si on voudrait nous appuyer pour en imposer davantage. Quand j'aurai cette réponse, je pourrai ensuite traiter de l'article 133. Mais, encore une fois, qu'il se branche, qu'il ne nous accuse pas de violer la constitution et la liberté des Québécois en imposant des choses, pour nous demander ensuite d'en imposer davantage à tout le monde.

Bref, selon Trudeau, puisque Ryan déplorait l'imposition de certaines contraintes au Québec, comment pouvait-il logiquement demander aussi leur application à d'autres provinces?

À Ottawa, après avoir péremptoirement prétendu une multitude de fois que la demande canadienne devait parvenir à Londres pour la mi-décembre et qu'en conséquence le comité mixte du Sénat et de la Chambre des communes devait soumettre son rapport pour le 9, les libéraux, le 2 décembre, se rendirent soudain aux demandes pressantes des deux partis d'opposition. Ils reportèrent de deux mois la fin des travaux du comité. Celui-ci n'avait en fait entendu qu'une dizaine de groupes et d'organismes. Plus de 400 demandes de comparution étaient en suspens et, déjà, le comité avait au-delà de 600 mémoires écrits. Prétendant toujours que le Parlement britannique se soumettrait à ses volontés, Trudeau maintint son affirmation* selon laquelle toute l'opération constitutionnelle serait quand même complétée pour le 1er juillet 1981.

---

* Déjà douteuse dès novembre, selon les échos en provenance de Londres, cette affirmation perdra toute crédibilité avec la divulgation dans le *Globe and Mail* de Toronto, en janvier et février, de certains documents fédéraux confidentiels (voir plus haut le chapitre traitant de la «bataille d'Angleterre»).

Puis, mauvaise nouvelle pour les fédéraux le 10 décembre: d'après un sondage Gallup, 58% de la population canadienne désapprouvait la démarche unilatérale d'Ottawa, alors que 27% était d'avis contraire (au

Québec: 55% et 28%). La nouvelle prit tout le monde par surprise, tellement les libéraux avaient fini par créer, dans le public, l'impression d'un appui général à leur démarche.

Les provinces préoccupées

Au Québec, la campagne d'information décidée dans les semaines précédentes se déroulait comme prévu. En plus des émissions publicitaires de radio et de télévision sur le thème constitutionnel, on procéda à la distribution, en deux millions d'exemplaires, d'un dépliant intitulé *Faut pas se faire avoir!* C'était la plus imposante campagne du genre jamais entreprise par le gouvernement du Québec. Beaucoup plus modestement, Terre-Neuve et le Manitoba avaient aussi commencé leur propre campagne. Quant à la pétition de Solidarité-Québec, elle recueillait déjà la signature de près de 340 000 personnes.

Toujours dans le but d'informer le public et de conserver la question constitutionnelle dans l'actualité, une commission parlementaire fut convoquée pour entendre un certain nombre d'experts et d'organismes dont nous tenions à connaître l'avis. Et aussi à le faire connaître. Le témoignage d'Yves Pratte, conseiller du gouvernement, sur les effets juridiques de la charte des droits fut particulièrement convaincant. Robert Normand, coordonnateur de notre campagne de publicité, vint à ma suggestion en exposer la portée et répondre aux interrogations des députés. Cela était une sorte d'innovation: rarement en effet un sous-ministre était-il appelé à comparaître devant une commission parlementaire.

Pendant tout ce temps et malgré une visite officielle de René Lévesque en Belgique et en France, les provinces dissidentes gardaient un contact étroit *. Il fallait coordonner les recours devant les tribunaux, la publicité constitutionnelle et l'action interprovinciale à Londres.

---

* Entre décembre 1980 et octobre 1981, ce contact étroit donna lieu, pour les provinces contestataires, à de nombreuses réunions ministérielles ici ou là au Canada, ainsi qu'à des conférences téléphoniques fréquentes entre ministres et à quelques-unes entre premiers ministres. Incidemment, après que la Saskatchewan se fût, sur le tard, jointe aux sept provinces déjà dissidentes, on dut, par moments, demander aux deux autres (Ontario et Nouveau-Brunswick) de bien vouloir quitter le groupe pour permettre des échanges «entre nous». Procédé désagréable mais nécessaire.

Cependant, une préoccupation, déjà présente en novembre, perçait de plus en plus chez certaines provinces, notamment l'Alberta et la Colombie-Britannique.

Selon ces provinces, notre front commun avait certes jusque-là réussi à soutenir la lutte contre le projet d'Ottawa; il y parvenait même de façon plutôt efficace. Fort bien pour l'instant. Sauf qu'à leurs yeux un tel comportement, sans doute indiqué dans les circonstances immédiates, demeurait surtout défensif, peu susceptible pour cette raison d'orienter l'opinion publique canadienne en faveur des provinces et inapte, en fin de compte, à stimuler l'imagination et les sentiments des simples citoyens.

En somme, disaient ces provinces, le front commun risquait d'être perçu négativement par la population: il *s'opposait* fermement, mais ne *proposait* rien de ferme. Il offrait une *réaction*, mais pas d'*action*. Ultimement, les Canadiens actuellement en désaccord avec le plan des libéraux fédéraux finiraient par s'en accommoder. Faute de mieux. De guerre lasse.

De passage à Montréal au début de janvier 1981, ce fut à peu près en ces termes que le ministre des Affaires intergouvernementales de la Colombie-Britannique, Garde Gardom, s'inquiéta devant moi de la démarche du front commun. Pour lui et pour plusieurs de nos collègues, vu l'obstination d'Ottawa, cette démarche paraissait fâcheusement incomplète: nous savions contre quoi lutter, mais nous ignorions quoi proposer à la place.

À la place!

Je souligne à dessein ces trois mots. Ils devaient transformer toute la stratégie pratiquée par notre front commun depuis octobre, depuis l'annonce du coup de force fédéral. Pour le Québec, ils conféreraient surtout un sens inattendu à la crise constitutionnelle post-référendaire.

Des objectifs peu compatibles

De leur point de vue, il était normal que les autres provinces contestataires s'interrogent sur l'orientation du front commun.

Face à leur opinion publique, une opposition pure et simple au projet fédéral aurait à la rigueur convenu si elle avait poussé Ottawa à retraiter, en coupant court à sa démarche ou en modifiant substantiellement le contenu de son projet. Toutefois, dans la mesure où le cap fédéral était rigidement maintenu et où la crise constitutionnelle s'éternisait, leur dynamique politique interne obligeait les provinces anglophones du front commun non plus seulement à combattre le plan d'Ottawa comme elles le faisaient depuis le début, mais à offrir dorénavant une alternative apte à remplacer ce plan. Dans ces provinces, le raisonnement suivant avait cours, relayé par leurs oppositions parlementaires, par maints commentateurs et par les libéraux fédéraux ainsi que les néo-démocrates: vous rejetez ce que propose Ottawa, mais avez-vous quelque chose de constructif à offrir à la place? *À la place!*

Au Québec, la perspective était bien différente, du moins au départ. Le référendum de mai 1980 avait déclenché tout le processus de discussion constitutionnelle. Ou avait servi de prétexte à son déclenchement. Quoi qu'il en soit, même s'ils étaient en droit de l'espérer, les Québécois avaient vainement attendu de ce processus le respect des promesses référendaires. On connaît la suite.

Pour ces raisons politico-historiques et parce qu'il appartenait à Ottawa de «livrer la marchandise», virtuellement aucune pression interne ne s'exerçait sur le gouvernement québécois pour l'inciter à inventer une alternative au plan fédéral. La population, même celle d'allégeance fédéraliste, comprenait tacitement la lutte de son gouvernement contre ce plan. Quoique informe, l'alternative était en effet déjà connue: il s'agissait du «fédéralisme renouvelé». On n'éprouvait pas le besoin d'en inventer une autre. Repousser le projet d'Ottawa équivalait donc à demander la concrétisation des réformes promises mais non explicitées au moment du référendum. Voilà où se situait l'aspect positif de la démarche québécoise.

Ainsi donc, l'évolution de la conjoncture forçait les provinces anglophones du front commun, mais non le Québec, à mettre en avant une alternative au plan fédéral.

Différence de situation et d'optique entraînant une différence majeure d'objectifs: le Québec voulait bloquer le projet d'Ottawa, les autres provinces tenaient à le remplacer. Parce qu'elle était étrangère à leurs aspirations, l'orientation fortement autonomiste et globaliste sous-jacente à la notion québécoise de «fédéralisme renouvelé» ne pouvait convenir à ces provinces. Elles n'auraient pas très bien su quoi y mettre et se seraient opposées au contenu que le Québec aurait voulu y trouver.

Pour la stratégie des mois à venir, nous n'étions manifestement pas sur la même longueur d'ondes. Le front commun interprovincial avait été construit sur un commun dénominateur — le rejet du plan fédéral — qui, pour nos alliées anglophones, était désormais devenu insuffisant, frustrant même.

Il leur fallait de l'inédit. Du «positif».

Comment nous ajuster mutuellement? Le pourrions-nous?

Changer notre stratégie?

Un élément nouveau vint en quelque sorte nous aider à trouver la réponse à nos questions.

Si les nouvelles de Londres étaient généralement encourageantes (fin janvier le rapport Kershaw allait donner raison aux provinces), nous en recevions aussi certaines indications précieuses quant à la conduite à suivre. Notre délégation générale sur place, de même que des diplomates britanniques en poste au Canada, nous firent connaître, en janvier et en février, leurs avis convergents et complémentaires: l'opposition des provinces à Westminster serait d'autant plus crédible qu'elle paraîtrait fondée sur la défense d'un plan alternatif de rapatriement. Cela ne garantirait évidemment pas notre succès, mais son absence permettrait sûrement aux fédéraux de continuer à exploiter efficacement un de leurs meilleurs arguments politiques à Londres: l'impossibilité d'en arriver à une entente avec les provinces, celles-ci n'étant même pas capables d'élaborer entre elles un projet commun.

Lors d'une de ses visites à Québec, j'abordai cette question avec l'ambassadeur de Grande-Bretagne, sir John Ford. Selon lui, les représentants québécois à Londres nous avaient dit la vérité. Auprès des parlementaires britanniques, les provinces pouvaient, dans une large mesure, réfuter plusieurs des arguments juridiques d'Ottawa en faveur de sa démarche (à preuve, le rapport Kershaw), mais elles aideraient leur cause à Londres en mettant au point une entente quelconque entre elles. Les provinces feraient ainsi leur bout de chemin. Ce geste de bonne foi de leur part pourrait se révéler être la source d'un compromis fédéral-provincial éventuel qui dégagerait le Parlement britannique de son embarras actuel.

Familier avec l'obstination idéologique de Trudeau et celle, soi-disant populiste, de Chrétien, cette possibilité d'un compromis fédéral-provincial me paraissait plus qu'éloignée. Tactiquement, la nécessité d'une entente interprovinciale s'imposait, elle, davantage. Et ce, précisément pour les raisons qu'on nous avait fait valoir de partout: elle améliorerait grandement nos chances à Londres.

Ces raisons s'additionnaient à celles que Gardom et d'autres ministres provinciaux avaient évoquées devant moi depuis quelques semaines: sous peine de paraître irrémédiablement négatives et têtues, donc revêches au bon sens, les provinces du front commun devraient aussi présenter à leurs électeurs canadiens une proposition crédible et stimulante.

Pour nous, cela simplifierait peut-être un peu les choses, mais cela les compliquerait aussi. La simplification tiendrait à ceci: s'il réussissait à élaborer un projet alternatif de rapatriement, notre front commun poserait un acte constructif que la population canadienne apprécierait et priverait aussi le plan de Trudeau de son caractère d'exclusivité. En Grande-Bretagne et au Canada, la «solution» d'Ottawa serait comparée à celle des provinces qui pourraient ainsi combattre Trudeau sur son propre terrain.

Sur son propre terrain? C'est justement là que, pour le Québec, se situerait la complication.

En effet, la recherche d'une alternative provinciale au projet fédéral risquait de faire que ce projet ne serait désormais plus jugé en fonction de son mépris des promesses référendaires, ce qui depuis le début formait la substance de la critique québécoise et lui donnait sa cohérence, mais en regard d'une nouvelle proposition relative au *rapatriement de la constitution* , question soulevant peu d'intérêt chez nous. Pour le Québec, tout le débat politique avec les libéraux fédéraux pourrait ainsi changer de sens.

Plutôt que d'attaquer le plan d'Ottawa avec des arguments collant bien à la réalité québécoise, serions-nous graduellement amenés, pour plaire à nos alliées du front commun, à défendre une simple contre-proposition interprovinciale de rapatriement? Aboutissement imprévu du référendum!

L'art du possible

Mais s'agissait-il uniquement, en janvier 1981, de plaire aux autres provinces?

Dans notre intérêt, le temps était venu de réévaluer l'importance du front commun pour le Québec. D'où plusieurs interrogations: devait-on le maintenir? Si oui, son maintien dépendrait-il de la mise au point de la contre-proposition souhaitée par nos alliées? Le cas échéant, que devrait-elle contenir? sous quelle forme? comment tout cela toucherait-il les positions constitutionnelles du Québec et, en conséquence, sa stratégie?

Le front commun n'était pas né d'une similitude de vues de ses membres sur la nature du Canada et du fédéralisme. Il était né d'une agression fédérale contre leurs compétences et avait ensuite été soutenu par l'idée, élémentaire mais fondée, qu'unies les provinces se défen-draient mieux contre Ottawa que divisées. Principale victime potentielle de l'offensive fédérale, mais profitant de certaines gaucheries d'Ottawa, le Québec avait encouragé la création de ce front commun. Il en était même devenu le membre le plus actif.

En janvier 1981, un examen réaliste de la situation démontrait que le maintien d'un front commun demeurait encore, pour le Québec, sa meilleure protection contre la menace d'Ottawa.

De fait, qu'aurait-il pu y substituer qui eût été davantage indiqué?

Une déclaration unilatérale d'indépendance par un vote majoritaire de l'Assemblée nationale? On voit mal comment cette démarche aurait été acceptée par la population, huit mois après le résultat négatif de mai.

Un nouveau référendum, où, cette fois, les Québécois auraient été invités à répondre Non à la proposition fédérale? Si peu de temps après le premier et dans l'état d'esprit de la population à l'époque, cette procédure n'était sérieusement envisagée par personne. Il faudrait peut-être en venir là, mais le moment paraissait mal indiqué. Le projet fédéral était devant les tribunaux et le Parlement d'Ottawa ne l'avait pas encore adopté.

Un veto à l'encontre du projet d'Ottawa? En un sens, c'était déjà fait, puisque le gouvernement avait clairement rejeté ce projet. En vain cependant. C'est cela qui était inusité: Ottawa maintenant passait outre à la volonté d'une majorité de provinces et, du même coup, à celle du Québec qui, croyait-on jusque-là, jouissait d'un droit de veto politique, exercé en 1965 et en 1971 (sujet sur lequel nous reviendrons). C'est précisément pourquoi on avait dû recourir aux tribunaux dont les décisions étaient alors attendues.

Un boycott des négociations? Les Québécois s'y seraient opposés.

Le front commun était donc conjoncturellement indispensable au Québec. Son maintien exigeait-il toutefois la mise au point d'une formule alternative de rapatriement?

Je l'ai dit plus haut: au Québec, nul véritable besoin d'alternative nouvelle. Il en existait déjà une. Puisque le référendum en avait décidé ainsi, c'était le «fédéralisme renouvelé», option constitutionnelle depuis toujours axée sur une confirmation et un accroissement des pouvoirs et du statut du Québec. En revanche, force était de reconnaître que l'absence, dans les positions des autres provinces, d'un volet jugé «positif» ou «constructif», les rendaient vulnérables à la critique autant interne que fédérale : «Vous vous opposez, mais ne proposez rien.» Air connu. Bref, les représentants politiques de ces provinces devaient chez eux justifier leur adhésion au front commun autrement que par le seul désir de faire obstacle au gouvernement central.

Il n'y avait pas à en sortir: notre alliance interprovinciale ne durerait que si une alternative «positive» au projet de Trudeau venait rapidement la cimenter. Autrement elle manquerait de substance et s'effriterait.

Une sérieuse réflexion politique

Cette alternative, il fallait maintenant y mettre un contenu.

Tâche ardue qui allait réclamer de nous un sérieux effort de réflexion sur la conduite à suivre, presque un examen de conscience. Le Québec avancerait sur du terrain nouveau, glissant. Mais avait-il le choix de refuser de s'y engager?

On convint tout de suite d'une chose avec les autres provinces: la proposition interprovinciale à venir ne devrait pas comprendre d'éléments n'intéressant qu'une ou deux d'entre elles (par exemple: les pêches pour Terre-Neuve, les richesses naturelles pour l'Alberta ou la réforme du Sénat pour la Colombie-Britannique). C'eût été une invitation à Ottawa de donner satisfaction à une province quant à sa réclamation, et à la détacher ensuite du front commun. Cela aurait également exigé que chaque province accepte d'avance d'appuyer les positions de chacune des autres auprès du gouvernement fédéral, les mettant ainsi sur le même plan que les siennes propres. C'eût été beaucoup demander. On voyait difficilement, par exemple, comment les provinces anglophones auraient consenti à épauler le Québec dans ses efforts pour défendre la Loi 101 contre certaines dispositions de la charte constitutionnelle des droits! Mieux valait donc une alternative plus modeste, mais qui conviendrait à tout le monde.

C'est pourquoi la proposition interprovinciale ne contiendrait pas non plus de charte des droits. Cette question ne regardait pas les Britanniques et, même si elles n'étaient pas toutes contre le principe de l'enchâssement constitutionnel d'une charte, les provinces du front commun rejetaient celle avancée par Trudeau. Chacune pour ses raisons particulières bien sûr. Les motifs du Québec étaient bien connus: outre son effet uniformisateur et le pouvoir énorme qu'elle conférerait aux juges non élus de la Cour suprême sur l'orientation ultime de la société québécoise, cette charte visait à détruire ses politiques linguistiques en faveur du français.

Sur le rapatriement de la constitution, c'est-à-dire sur le principe de «canadianiser» cette loi, aucune hésitation. L'opération ne serait cependant réalisable qu'avec la résolution d'un vieux problème jamais encore réglé au Canada: la mise au point d'une formule d'amendement acceptable. En l'espace de quelques brèves semaines (de janvier à mars), les provinces du front commun devraient se mettre une bonne fois d'accord sur un sujet qui, depuis deux générations, divisait les gouvernements au Canada. Un tour de force!

Au fait, pourquoi n'avait-t-on jamais pu s'entendre là-dessus?

Dans une fédération, toute formule d'amendement comporte une définition implicite de l'importance relative des États membres (des provinces au Canada) puisqu'elle détermine le rôle qui leur reviendra lors de changements dans la loi fondamentale du pays. En élaborant une telle formule, on se prononce donc du même coup, bien qu'indirectement, sur le statut politique* de ces États membres les uns par rapport aux autres. Voilà qui, depuis toujours, avait fait problème au Canada.

---

* Ce statut politique peut être touché de la manière suivante. Si une modification constitutionnelle exige l'unanimité des provinces, toutes sont alors juridiquement égales, mais les plus petites disposent d'un poids politique relatif supérieur à celui des grosses; malgré leur population minuscule (pensons à l'Île-du-Prince-Édouard), ces petites provinces auraient le pouvoir de bloquer un changement désiré par les autres. Si, au contraire, une majorité des provinces suffit pourvu, par exemple, qu'ensemble elles représentent 50% de la population du pays, il s'ensuit que le vote des petites provinces n'a pas le même poids que celui des provinces démographiquement plus costaudes; leur influence est moindre car elles contribuent peu au 50% de population requis. Autre variante: si un changement exige l'assentiment de certaines provinces, mais pas de toutes, les premières jouissent d'un veto, privilège refusé aux autres. Et ainsi de suite.

L'autre raison du blocage tenait à l'attitude du Québec. Depuis les années 1960, celui-ci hésitait à consentir à une formule d'amendement, sujet prioritaire au Canada anglais où l'on souhaitait le rapatriement de la constitution. Le Québec voulait d'abord régler la question, essentielle d'après lui, du partage fédéral-provincial des pouvoirs. Il craignait qu'une fois satisfaite la priorité constitutionnelle du Canada anglais, celui-ci perdrait intérêt au renouvellement du fédéralisme, priorité québécoise.

Le projet de mettre au point une formule alternative de rapatriement forçait donc le Québec, au début de 1981, à réévaluer son attitude des dernières années. Devait-il accepter officiellement d'inverser les priorités, c'est-à-dire opter pour un rapatriement accompagné d'une formule d'amendement, sans avoir obtenu, au préalable, une révision en profondeur du fédéralisme?

En réalité, cette attitude de principe avait déjà souffert quelques accrocs. En 1964, Jean Lesage avait accepté une formule d'amendement (dite formule Fulton-Favreau) en l'absence de garanties relativement à une révision du partage des pouvoirs. En 1971, Robert Bourassa avait accepté celle dite de Victoria, sans obtenir l'assurance d'un renouvellement du fédéralisme. Lors de la commission parlementaire de l'été 1980, Claude Ryan s'était aussi publiquement demandé s'il ne faudrait pas revoir toute cette question dans une autre optique, par exemple en arriver à une formule d'amendement avant de résoudre le reste.

De 1960 à 1975 environ, les autres provinces s'intéressaient assez peu à la discussion du partage des pouvoirs, du moins dans ses aspects constitutionnels. Pour elles, la réforme du fédéralisme, si on devait l'aborder, consisterait en quelques ajustements ponctuels, de toute façon peu urgents. Or cette «réforme», si on devait vraiment la faire, ne pourrait survenir, toujours selon elles, qu'*après* le rapatriement. Le rapatriement, lui, dépendait d'une entente sur la formule d'amendement. D'où la priorité traditionnellement accordée par elles à ce dernier sujet. Cette formule leur semblait préalable à toute réflexion éventuelle sur le réaménagement du régime politique canadien. Vu l'absence quasi totale, au Canada anglais, de motivation pour un renouvellement en profondeur du fédéralisme, le Québec avait bien raison, à l'époque, de penser qu'en acceptant trop vite une formule d'amendement, il satisferait les aspirations constitutionnelles limitées des autres Canadiens et perdrait une bonne partie de son propre pouvoir de négociation.

À partir de 1975, à cause du choc pétrolier et d'un dynamisme nouveau dans plusieurs provinces, la question constitutionnelle, sans être devenue angoissante (loin de là!), parut davantage attrayante à plusieurs provinces. Le partage des pouvoirs (en matière d'énergie, par exemple) ou la réforme d'institutions centrales (comme le Sénat) prirent à leurs yeux une tournure plus concrète, plus immédiate. Elles avaient désormais, elles aussi, des réclamations constitutionnelles à formuler tout comme le Québec, quoique bien moins étendues que les siennes.

En 1981, le risque était donc devenu beaucoup moins évident que l'acceptation par le Québec d'une formule d'amendement amènerait les autres provinces à se désintéresser ensuite de la réforme du régime politique canadien. Par contre, un refus québécois de participer activement à l'élaboration de cette formule aurait miné notre front commun et, à terme, provoqué son démembrement. Notre seul autre espoir de bloquer efficacement le projet fédéral résidait dans la décision à venir des tribunaux. Dans l'hypothèse où le plan d'Ottawa y serait déclaré illégal, il allait de soi que l'alliance interprovinciale n'aurait plus une grande pertinence pour la suite des événements.

Mais sur quoi se rabattre s'il arrivait que ce plan ne fût pas illégal?

Un revers juridique et ses conséquences

Le projet de rapatriement unilatéral avait, rappelons-le, été soumis aux Cours d'appel* du Manitoba (le 24 octobre 1980), de Terre-Neuve (le 5 décembre) et du Québec (le 17 décembre).

---

* Les questions posées par les provinces à ces Cours d'appel et les réponses données apparaissent en détail au Document 4, en annexe.

La réponse de la cour du Manitoba vint le 3 février. En substance, la voici: même si le projet fédéral modifiera les pouvoirs, droits et privilèges des provinces, *il n'existe ni convention ni disposition constitutionnelles obligeant Otawa à obtenir leur accord avant d'apporter un changement à la constitution.* Autrement dit, comme les fédéraux le prétendaient depuis le début, tout était légal.

Même si elle était partagée (trois juges pour, deux juges contre), cette réponse était navrante. Les fédéraux, il fallait s'y attendre, jubilèrent. Le front commun interprovincial, secoué, tint bon. Deux cours, celle de Terre-Neuve et celle du Québec, ne s'étaient en effet pas encore prononcées. Peut-être aussi le projet fédéral aboutirait-il en Cour suprême? Attendons voir. Pour l'instant, se dirent les provinces, mettons au point notre proposition alternative. Sinon les citoyens du Canada finiront par croire que le plan d'Ottawa, en plus d'être légal, est tout à fait indiqué dans les circonstances, les provinces n'ayant rien d'autre à offrir.

Sans être décourageantes, les nouvelles de Londres nous incitaient à croire que la décision manitobaine y avait eu son petit effet: tiens, se dit-on, le projet de Trudeau serait-il, après tout, légal? Si les autres cours confirmaient ce premier jugement, elles enlèveraient une épine du pied à Westminster. Ce qui n'augurait rien de bon pour les provinces. L'impact, positif pour elles, du récent rapport Kershaw s'en trouvait malheureusement un peu atténué.

Au Québec, en ce début de février 1981, une évidence nous crevait les yeux: de la manière dont les choses se déroulaient, le véritable danger pour nous résidait non pas dans une alliance plus poussée avec les autres provinces, mais dans le maintien de positions de principe conçues à une autre époque et en d'autres circonstances. «Orthodoxes» quant à la continuité, mais déphasées quant à l'utilité, ces positions nous auraient isolés à un moment où, pour toutes sortes de raisons, mieux valait ne pas être seuls.

Sans pour autant perdre l'essentiel de vue, sans oublier la façon dont, jusque-là, on s'était moqué du sens des engagements référendaires, il importait d'exploiter à fond tous les moyens de résistance alors utilisables par le Québec.

La mise au point d'un projet alternatif constituait un de ces moyens.

16
S'ajuster aux autres?

Le 19 février, bonne nouvelle.

La Saskatchewan annonça qu'elle se joignait au groupe des provinces contestataires. Après de multiples pourparlers depuis octobre, le premier ministre Allan Blakeney et son ministre Roy Romanow avaient finalement perdu espoir d'amener Pierre Elliott Trudeau à modifier ses positions sur les richesses naturelles et sur le recours à un référendum pancanadien dans le but de modifier la constitution. Deux mois plus tôt, Blakeney avait pourtant fait une intervention fort bien structurée devant le comité mixte du Sénat et de la Chambre des communes. Peine perdue.

Les libéraux auraient beaucoup tenu à l'appui de la Saskatchewan. Le 23 janvier, Marc Lalonde, ministre fédéral de l'Énergie, avait conduit des négociations secrètes avec Romanow, à Toronto. Elles s'étaient terminées, le 27, lors d'un échange téléphonique entre Trudeau et Blakeney, alors en vacances à Hawaï.

Désormais, Ottawa ferait face à un front commun de huit provinces sur dix, le «Groupe des huit» («The Gang of Eight» ou «La bande des Huit»), ainsi qu'on prendra l'habitude de l'appeler. Sitôt membre de ce groupe dont elle avait suivi attentivement l'évolution, la Saskatchewan en deviendra un partenaire très actif, aussi bien au Canada qu'à Londres.

Pour le grand public, le front commun interprovincial paraissait plus solide, plus déterminé et plus sûr de lui que jamais. En réalité, au début de 1981, il s'affairait anxieusement à mettre au point la «proposition de remplacement» qui, espérait-il, ferait définitivement échec au projet unilatéral fédéral.

On l'a vu dans les pages précédentes, cette proposition s'en tiendrait à un minimum: le rapatriement de la constitution, accompagné d'une formule d'amendement et d'un échéancier pour les travaux constitutionnels à venir. Mais il fallait d'abord s'entendre sur cette formule. Et y arriver avec huit provinces aux intérêts parfois divergents et aux motivations toujours complexes.

Entreprise pleine d'écueils possibles.

N'était-ce pas, au fond, un point juridique à confier à des experts constitutionnalistes? Pourquoi ne pas leur laisser la responsabilité, armés de leur science, de résoudre un problème aussi hautement technique?

Parce que, justement, il n'est pas uniquement technique. Une formule d'amendement est d'abord et avant tout un mécanisme *politique* servant à changer les règles du jeu à l'intérieur d'un pays. S'appliquant à un régime fédéral et parce qu'il détermine l'autorité constituante, ce mécanisme, comme je l'ai expliqué plus haut, suppose implicitement une *définition* du statut relatif des provinces (États membres) les unes par rapport aux autres.

La clarté du récit exige maintenant, cela devait arriver, une petite rétrospective historico-juridico-politique. Je l'ai, autant que possible, réduite et simplifiée. La voici, même au risque de certaines redites.

L'arrière-plan

En 1971, dans la charte de Victoria (le projet fédéral de révision constitutionnelle, à l'époque), le principe devant présider aux modifications futures de la constitution du Canada, quant au partage des pouvoirs, était le suivant: un changement pourrait intervenir avec, d'une part, l'assentiment (toujours nécessaire, soit dit en passant) d'Ottawa et, d'autre part, avec celui de six provinces, mais selon une combinaison particulière. Parmi les provinces approuvant le changement, on devait en effet obligatoirement trouver 1) celles qui comprenaient à ce moment-là (ou avaient déjà dans le passé compris) 25% de la population du Canada (c'est-à-dire, en pratique, l'Ontario et le Québec), 2) deux provinces maritimes sur quatre, pourvu que celles-ci représentent 50% de la population de cette région, et 3) deux provinces de l'Ouest, aux mêmes conditions.

Puisque l'accord de certaines provinces était requis, la formule dite «de Victoria» prévoyait par conséquent quatre droits de veto: un pour l'Ontario, un pour le Québec, un pour deux provinces maritimes (regroupées) et un pour deux provinces de l'Ouest (regroupées également). Dans quelques cas, qu'il est inutile d'expliciter ici et qui ne touchaient pas le partage des pouvoirs, l'unanimité des provinces était exigée.

En juin 1971, Robert Bourassa rejeta la charte de Victoria, non pas à cause de la formule d'amendement, mais parce que les autres dispositions de ce document ne résolvaient en rien les problèmes constitutionnels considérés prioritaires par le Québec. Comme elle faisait partie de la charte et qu'il fallait accepter ou rejeter celle-ci en bloc, la formule d'amendement prévue ne fut donc pas retenue. Le refus de la charte par le Québec mit ainsi un terme à une négociation constitutionnelle qui avait commencé en février 1968, sous Lester B. Pearson, pour se continuer ensuite sous Pierre Elliott Trudeau.

Peu après, l'Alberta se donna un gouvernement conservateur sous la direction du premier ministre Peter Lougheed. Celui-ci, passant outre à l'opinion de son prédécesseur créditiste, se déclara rapidement opposé à toute formule d'amendement reposant sur deux catégories de provinces, celles jouissant d'un droit de veto et les autres. Il reconnaissait sans doute que politiquement, économiquement et démographiquement les provinces se distinguaient les unes des autres, mais, selon lui, elles étaient *juridiquement* égales à l'intérieur de la fédération canadienne. C'est pourquoi, dans une formule d'amendement, elles devraient avoir toutes le même poids. Or l'attribution à certaines d'un droit de veto allait à l'encontre de ce principe et, ainsi, de l'égalité juridique recherchée.

Par la suite, d'autres provinces de l'Ouest exprimèrent le même avis, puis d'autres dans l'Est, plus tard. Si bien qu'émergea bientôt une majorité de provinces opposées à toute idée de veto pour quiconque. C'est ainsi que mourut la «formule de Victoria», même si Ottawa continua de s'en faire l'apôtre.

En 1978-1979, de nouveaux pourparlers constitutionnels eurent lieu. En prévision du référendum québécois, les libéraux fédéraux essayaient de prouver que, dans le cadre fédéral, des changements demeuraient possibles. La négociation avorta, mais on avait quand même eu le temps de parler de la formule d'amendement. On constata alors que sept provinces étaient devenues hostiles au principe du veto. Seuls le Québec, le Nouveau-Brunswick et l'Ontario continuaient à le préconiser. Mais, en réalité cette dernière province, comme elle le prouvera en novembre 1981, n'y tenait pas vraiment. Elle visait surtout à compenser, par son propre droit de veto, celui que pourrait se voir attribuer le Québec ou d'autres provinces.

À l'été 1980, l'offensive fédérale post-référendaire remit naturellement sur le tapis toute la question du veto, puisque la formule d'amendement faisait partie, et même de façon prioritaire pour Ottawa et le
Canada anglais, des problèmes à résoudre.

Les discussions ministérielles confirmèrent alors le rejet du veto
par sept provinces. Par contre, à cause de sa rigidité, toutes les provinces
s'opposaient également à la règle générale de l'unanimité, selon laquelle
des changements au partage constitutionnel des pouvoirs ne seraient
réalisables qu'avec l'accord des onze gouvernements au Canada. Elles
avaient leur solution alternative: ni veto, ni unanimité, mais une majorité
simple de provinces, disons six ou sept représentant 50% ou 60% de la
population du Canada. Plus, bien sûr, l'accord toujours nécessaire du
gouvernement fédéral.

Une telle formule, on le suppose aisément, ne convenait pas du
tout au Québec: il perdrait toute protection quant à ses pouvoirs. Une
majorité de provinces anglophones alliées au gouvernement fédéral
pourraient, en effet, sans son consentement, réduire ses compétences
constitutionnelles. Jamais nous n'accepterions cette formule. Mais ce
refus suffirait-il à nous épargner l'imposition éventuelle d'une formule
aussi dangereuse?

Il fallait voir les choses en face. D'où quelques graves interrogations.

Les fédéraux s'étaient certes engagés en faveur de la «formule de
Victoria» et la proposaient encore, mais comment, le cas échéant,
forceraient-ils sept provinces à s'y soumettre? Laisseraient-ils là-dessus
tomber le Québec en bout de route, si cet abandon leur permettait de
se rallier alors plusieurs provinces? Pour obtenir l'appui de l'Ontario ils
avaient déjà laissé tomber les Franco-ontariens! Pourquoi, dans ces
conditions de *Realpolitik* , feraient-ils des cadeaux aux «séparatistes» et
autres nationalistes du Québec, aux yeux de qui un droit de veto prenait
traditionnellement figure de symbole autonomiste contre la
centralisation des pouvoirs à Ottawa?

De l'utilité relative d'un droit de veto

D'où une deuxième série d'interrogations: quelle était, au fait, la valeur
réelle d'un droit de veto pour le Québec? Dans quelle mesure ce droit
était-il davantage un symbole politique qu'une garantie vraiment efficace?

L'histoire contemporaine du Québec montre que le droit de veto,
probablement parce qu'il était défendu surtout par des juristes et des
politiciens, a toujours été entouré de plusieurs vérités reçues jamais

vraiment «actualisées», si l'on peut dire. Fondé sur des postulats à aucun moment remis en cause, on l'a constamment perçu comme une sorte de bien en soi, un peu comme la quintessence de la protection constitutionnelle d'un Québec, «province pas comme les autres».

En 1980, les circonstances nous forcèrent à pénétrer au-delà de ces apparences. Le droit de veto devait en sortir assez démystifié. Voyons en quoi.

D'abord, une première constatation. Dans la mesure où elle prévoit le recours à un droit de veto, il va de soi, dans notre régime, que la formule d'amendement reconnaîtra ce droit non seulement au Québec, mais aussi à d'autres provinces. C'était le cas dans la «formule de Victoria». De la sorte, si le Québec peut repousser des orientations constitutionnelles convenant aux autres gouvernements, mais non à lui, l'inverse est également vrai: les aspirations du Québec peuvent être bloquées par les autres provinces aussi munies d'un droit de veto.

C'est précisément dans ce possible blocage mutuel que les tenants d'un fédéralisme symétrique voient un avantage particulier au droit de veto. Tout changement au partage des pouvoirs, dans un sens ou dans l'autre, s'appliquera de la même manière à chaque province et ne surviendra que s'il existe là-dessus un consensus global dans l'ensemble du pays, un peu comme ce serait le cas avec la règle de l'unanimité. C'est dire qu'il serait difficile à une province — disons le Québec — de se distinguer constitutionnellement des autres. Tout changement susceptible de modifier à la longue le statut politique de cette province par rapport aux autres ne se concrétisera que si personne ne s'y oppose par son veto. Il se trouve là un effet uniformisateur évident qui explique en partie pourquoi des fédéralistes orthodoxes tenaient tellement à ce que le Québec fût «protégé» par un droit de veto.

Un des problèmes du droit de veto est qu'il condamne le gouvernement qui l'exerce à un rôle d'«empêcheur de danser en rond». Celui-ci doit supporter l'odieux de refuser aux autres un changement désiré par eux . En 1965, Jean Lesage vécut cette difficile expérience lorsqu'il rejeta la formule d'amendement alors acceptée par tous les autres gouvernements (la «formule Fulton-Favreau»); il en fut de même, en 1971, pour Robert Bourassa, dans le cas de la charte de Victoria (ces années-là, on pensait qu'un changement constitutionnel exigeait, entre autres provinces, l'assentiment du Québec!). Pour en avoir été personnellement témoin les deux fois, je suis en mesure d'affirmer que, chaque fois, le premier ministre en cause a espéré trouver un moyen, une excuse au besoin, pour donner quand même son accord, tellement lui paraissait lourd à porter le fardeau d'un refus et pénible à vivre le ressentiment prévisible des autres gouvernements et du reste du Canada.

On peut donc concevoir que, tenant à conserver des relations amicales avec ses partenaires ou forcé, pour une raison ou pour une autre, d'en avoir, la tentation peut être grande pour un personnage politique de ne pas recourir au veto. Il n'est pas exclu, dans ces conditions, qu'il en vienne à consentir à certains amendements qu'il juge dangereux, de peur de poser un acte susceptible d'indisposer pour longtemps, à son désavantage ou à celui de sa province, les autres gouvernements. Notamment celui d'Ottawa qui détient toujours, à l'encontre des provinces turbulentes, des moyens de pression financiers efficaces. (Les remarques précédentes s'appliquent au comportement possible d'un personnage politique, mais elles peuvent aussi valoir pour l'ensemble d'un gouvernement.)

En fait, le droit de veto n'est ni politiquement ni financièrement gratuit: pour l'exercer, on doit payer un prix quelconque qui, dans certaines circonstances, pourrait même se révéler si élevé qu'on s'abstiendrait tout simplement d'y recourir. Ou, si l'on y recourait, on risquerait alors d'aboutir à un résultat qui laisse rêveur: une province autonomiste — le Québec en l'occurrence —, pourrait se voir politiquement ou financièrement pénalisée, punie si l'on veut, si sa conception du fédéralisme bloquait des ambitions fédérales centralisatrices, auxquelles une majorité de provinces concourraient.

L'usage du veto ne conduirait certes pas toujours à des situations aussi extrêmes, mais, chose certaine, sa caractéristique fondamentale est d'être négatif et de comporter, comme on l'a vu, des retombées peu agréables pour les autres gouvernements. Sa puissance de blocage est en effet énorme, ce qui explique partiellement l'attrait que les Québécois ont toujours spontanément ressenti à l'égard du droit de veto: dans une fédération, un peuple minoritaire est toujours ravi de savoir qu'il lui est loisible de tenir en échec le peuple majoritaire (on sait cependant que l'inverse serait également vrai) et d'exercer ainsi, comme «partenaire majeur», un contrôle sur l'évolution politique de l'ensemble du pays. Il est effectivement vrai que, par un veto, on peut arrêter toute l'évolution constitutionnelle d'une fédération. On peut aussi, en figeant le régime, provoquer des tensions intolérables. C'est pourquoi le veto représente une arme défensive à n'utiliser qu'avec précaution, rarement et seulement dans des situations vraiment exceptionnelles.

Justement à cause de sa portée, l'expression d'un veto est forcément toujours un geste solennel. En cette matière, on n'agit pas à la légère, ni à répétition. Le veto doit s'exercer à propos de sujets d'importance, soigneusement choisis et mettant visiblement en danger l'intégrité politique d'une province. Il ne saurait être question de l'appliquer chaque fois que se présentent des changements constitutionnels mineurs ou compris comme tels. La province qui le ferait serait vite accusée de faire de l'obstruction systématique.

On peut en effet imaginer des changements soi-disant mineurs pour lesquels un gouvernement provincial hésiterait peut-être à se servir du veto, mais qui seraient en fait lourds de conséquences. Par exemple, pour donner à Ottawa une compétence en éducation, il est possible de procéder de deux manières: en attaquant de front les pouvoirs provinciaux exclusifs en la matière (entreprise qui entraînerait, on peut le penser, un veto québécois automatique) ou encore en le faisant «sur une base *ad hoc* », comme on dit en dialecte fédéral-provincial, c'est-à-dire par tranches «anodines» se succédant dans le temps et visant à résoudre chaque fois un problème particulier, bien identifié et concret. Comparativement à une attaque en règle contre les attributions constitutionnelles d'une province, cette procédure dite «pragmatique» justifierait moins le veto, puisqu'elle attirerait moins l'attention. Un gouvernement provincial, peu porté à se prévaloir de ce droit ou tout simplement peu courageux, pourrait alors toujours prétexter qu'un geste aussi spectaculaire que le veto n'est pas indiqué dans les circonstances, l'ensemble de la compétence provinciale n'étant pas formellement remise en cause par les intentions du gouvernement central, etc.

Une fois exercé, combien de temps un veto resterait-t-il en vigueur? Juridiquement, aussi longtemps qu'il ne serait pas levé. Mais, en pratique, les choses se passeraient différemment. Après quelques mois, une ou deux années, ce veto serait fatalement remis en question pour une raison ou pour une autre, par exemple à la suite de «concessions» des partenaires, de l'élection d'un nouveau gouvernement, d'un changement dans la conjoncture ou tout simplement de la décision du gouvernement qui l'a formulé de le lever en échange d'un avantage quelconque. Un veto est et demeure un acte politique, posé à un moment précis et dans des circonstances données. Il n'élimine certainement pas pour toujours la cause qui l'a provoqué et ne peut pas être indéfiniment maintenu. Dans cette perspective, un veto a un effet essentiellement temporaire.

Et si, plutôt que d'exercer réellement son veto, un gouvernement se contentait de s'en servir comme d'une menace? Cela pourrait probablement entraîner les mêmes effets qu'un veto véritable dans la mesure où les autres gouvernements croiraient à la réalité de la menace. Mais on se ferait illusion en s'imaginant qu'un tell bluff est facile à monter. Dans la pratique de la diplomatie intergouvernementale canadienne, on finit toujours par connaître rapidement les véritables intentions de ses vis-à-vis.

Il faut rappeler enfin que le veto ne peut s'appliquer qu'aux cas où des modifications sont envisagées à la constitution elle-même, situation en réalité peu fréquente. En fait, historiquement, c'est dans l'exercice régulier par Ottawa de ses grands pouvoirs qu'a toujours résidé la plus grande menace aux compétences des provinces. L'usage de ces pouvoirs n'exige aucune modification à la constitution: ils y sont déjà prévus. Le pouvoir fédéral de dépenser a particulièrement été remarquable à cet égard car il a permis à Ottawa d'affecter, en toute légalité, des sommes considérables à des fins tombant normalement dans la sphère des attributions provinciales.

Conclusion de l'analyse: quoique potentiellement fort utile comme instrument défensif — fait indéniable —, le droit de veto ne renfermait cependant pas, contrairement à l'opinion courante, la force de frappe politique ni la garantie d'une sécurité constitutionnelle définitive qu'une ou deux générations de politiciens et de juristes québécois donnaient l'impression d'avoir cru y découvrir.

Une astuce albertaine...

Les deux considérations développées ici — le rejet de tout droit de veto par la majorité des provinces et les failles de ce droit lui-même — nous incitèrent, à l'été 1980, à nous demander s'il n'existerait pas une autre façon de protéger le Québec, tout en favorisant son évolution constitutionnelle. Idéalement, en supposant qu'on puisse l'imaginer, cette nouvelle protection devait respecter trois critères: comporter des garanties pour le Québec, dégager celui-ci de l'odieux auquel l'acculerait en permanence l'exercice du droit de veto classique et, en plus, être acceptable aux autres provinces avec qui nous définissions alors des positions communes.

Il demeurait évidemment entendu que la position québécoise traditionnelle en faveur d'un droit de veto était maintenue. Ce qui ne nous empêchait pas de réfléchir à une alternative valable au cas où nous en aurions finalement besoin dans nos négociations. Il fallait en effet surtout éviter de se retrouver sans solution de rechange si jamais, ce qu'on ne pouvait plus exclure comme aboutissement possible, disparaissait en cours de route la proposition fédérale d'inscrire le principe du veto dans la formule d'amendement.

Un jour de l'été 1980, lors d'une de nos réunions ministérielles, le ministre Dick Johnston de l'Alberta présenta une étonnante suggestion. Sa province l'avait déjà avancée en 1978-1979, mais elle n'avait pas, sur le coup, beaucoup retenu l'attention.

On sait que l'Alberta était farouchement opposée au droit de veto depuis la conférence de Victoria, en juin 1971. Elle tenait par contre à ses richesses naturelles, plus exactement à son pétrole, dont Ottawa convoitait alors les revenus. Devinette: comment, sans droit de veto (puisqu'elle le rejetait), cette province s'assurerait-elle la propriété de ses richesses naturelles? Une majorité de provinces alliées au gouvernement central ne seraient-elles pas dès lors en mesure de lui ravir cette propriété, tout simplement en changeant, à cet égard, sans son consentement, la loi fondamentale du Canada?

Voilà pourquoi Johnston proposa l'insertion, dans la formule d'amendement, d'un principe original et astucieux: dans le cas où les autres gouvernements souhaiteraient confier à Ottawa un domaine jusque-là provincial, une province pourrait conserver sa juridiction à ce propos, simplement en refusant le changement voulu par les autres. Elle se «retirerait» ainsi d'une modification constitutionnelle qui, de la sorte, s'appliquerait aux autres provinces, *mais pas à elle.*

Pour illustrer la chose, imaginons un exemple, fictif bien sûr. Les provinces sont majoritairement d'accord avec Ottawa pour que les richesses naturelles tombent désormais sous la juridiction fédérale. L'Alberta ne veut cependant pas de cette mainmise fédérale. Normalement, selon la règle courante dans les fédérations, elle devrait quand même se soumettre à la volonté de la majorité. Or le «droit de retrait» (comme on l'appela par la suite) lui permettrait de garder sa compétence sur les richesses naturelles, sans empêcher les autres provinces, si tel était leur désir, de confier la leur au gouvernement central.

J'ai utilisé les richesses naturelles dans mon exemple, précisément parce c'est dans le but de les protéger contre l'appétit fédéral que l'Alberta inventa l'idée du droit de retrait. À la vérité, il s'agissait d'un veto sectoriel, ne concernant qu'une province et grâce auquel celle-ci pourrait sauvegarder ses compétences propres, tout en évitant, contrairement au veto classique, d'imposer sa volonté aux autres gouvernements.

Le recours éventuel au droit de retrait ne comporterait donc aucun odieux. Pour cette raison, justement, rien ne s'opposerait non plus à son usage aussi fréquemment que ce serait nécessaire; le droit de retrait conviendrait aussi pour des changements mineurs à la constitution. Et, au plan de la dynamique politique, il instaurerait au Canada le principe d'une évolution différente des provinces les unes par rapport aux autres, ce que ne permettait pas le droit de veto classique.

Il va sans dire, précisément pour ces raisons et comme nous le verrons bientôt, que les fédéraux rejetteront vite une formule aussi peu orthodoxe.

...revue et corrigée par le Québec

La formule proposée par l'Alberta nous plut tout de suite.

Conçue pour s'appliquer au cas particulier des richesses naturelles, il fallait cependant la raffiner, en étendre la portée, l'adapter à nos propres préoccupations. Pour cela, nous devions d'abord faire admettre par les autres provinces que le droit constitutionnel de retrait couvrirait tout le champ du partage des pouvoirs, pas seulement le pétrole. Ce ne fut pas trop difficile, la formulation avancée par l'Alberta s'y prêtant bien.

Il fut plus ardu de faire accepter notre seconde exigence. Elle était absente de la proposition albertaine initiale et, visiblement, on n'y avait pas songé. Elle consistait à stipuler que l'exercice, par une province, du droit de retrait serait accompagné, dans les cas pertinents, d'une *compensation financière* à être versée à cette province par le gouvernement central.

Pourquoi une compensation financière? Parce qu'autrement le recours au droit de retrait pénaliserait tellement la province en cause qu'il pourrait ne plus rien signifier.

Prenons un exemple. Si on confiait la responsabilité constitutionnelle de la santé au gouvernement fédéral, il s'ensuivrait que les provinces consentantes seraient dégagées de leurs obligations en cette matière, donc qu'elles n'auraient plus à consacrer à la santé une portion importante de leur budget. Dorénavant, c'est Ottawa qui assumerait ces dépenses à leur place. Une province refusant le transfert de pouvoirs vers Ottawa pourrait, en vertu du droit de retrait, se soustraire à l'amendement constitutionnel requis. Elle continuerait ainsi à payer elle-même ses propres dépenses en santé. Cependant, si aucune compensation financière ne lui était versée, ses citoyens auraient, par leurs impôts, à contribuer non seulement au budget de leur province, ce qui va de soi, *mais aussi et en même temps à celui d'Ottawa* pour les dépenses fédérales nouvelles de santé dans les provinces ayant cédé leurs compétences au gouvernement central.

Pour éviter ce genre d'injustice, le Québec demandait donc l'octroi d'une compensation financière fédérale à une province qui aurait choisi de se retirer d'un amendement constitutionnel. Dans notre esprit, cette compensation devait être raisonnable, c'est-à-dire correspondre au montant des dépenses qu'Ottawa aurait effectuées dans cette province si celle-ci lui avait abandonné sa compétence.

Dans sa proposition, l'Alberta n'avait pas abordé le problème de la compensation soulevé par le Québec. Silence compréhensible: la question ne se posait pas pour elle. Elle tenait à protéger non pas l'ensemble de ses compétences, comme le Québec, mais *sa* juridiction sur les richesses naturelles, plus précisément sur le pétrole. Or cette responsabilité n'entraîne pas, pour un gouvernement, des dépenses comparables à celles qui découlent de la mise en œuvre de programmes de santé (de voirie ou d'éducation).

Il est même possible que l'exercice d'une compétence consti-tutionnelle, si elle se borne par exemple à de la réglementation, ne coûte rien ou presque à un gouvernement. Dans ces cas, une compen-sation financière n'est évidemment pas indiquée; la proposition de l'Alberta aurait alors suffi. Dans les autres cas cependant, le problème sautait aux yeux. Pour mettre au point une formule alternative d'amen-dement qui fût cohérente et pratique, on devait résoudre cette difficulté. Du moins, était-ce notre avis.

Un avis que tous ne partageaient pas d'emblée.

Qu'est-ce donc que le fédéralisme?

On s'en doute désormais: dans une fédération, toute discussion sur une formule d'amendement constitutionnel prend fatalement une couleur politique. En voici une confirmation.

Au cours des négociations ministérielles de l'été 1980, l'idée du droit de retrait avait été suffisamment bien reçue par la majorité des provinces pour faire partie, au moins sous forme de «piste à explorer», de la *proposal* interprovinciale globale présentée à Pierre Elliott Trudeau, le 12 septembre suivant, lors de la conférence des premiers ministres. Le premier ministre fédéral, on s'en souvient, accueillit mal la démarche des provinces et provoqua ainsi l'échec de la conférence.

Les provinces qui allaient, à partir d'octobre 1980, former un front commun, n'avaient donc pas encore, à ce moment, arrêté une opinion sur tous les aspects du droit de retrait, notamment sur la compensation financière. On eut à y venir au début de 1981, car on devait alors rédiger un accord interprovincial sur le processus de rapatriement constitutionnel et sur la formule d'amendement.

C'est en février et au début de mars 1981 que le Québec exprima plus clairement que jamais ses exigences sur la compensation financière. Nous accepterions la suggestion de l'Alberta, comme alternative à la formule d'amendement de Victoria, à condition qu'elle prévoie expressément la compensation. Sinon, nous nous en tiendrions au veto traditionnel, malgré ses limites. Un point, c'est tout.

Il s'ensuivit, avec les autres provinces du front commun, un curieux débat de fond où se heurtèrent des conceptions différentes du fédéralisme.

En réalité, l'idée d'une compensation financière déplaisait aux autres provinces. À la rigueur, va pour le droit de retrait comme tel. Son effet dissuasif sur les fédéraux aiderait l'Alberta à protéger son pétrole dans le cas où Ottawa voudrait s'en emparer. Décision qui n'aurait rien coûté à cette province; il lui aurait suffi de s'opposer. Sauf qu'on devait, selon elles, considérer ce droit comme un recours tout à fait exceptionnel, utilisable seulement dans de rarissimes situations. Voilà pourquoi il convenait d'en rendre l'exercice difficile, d'en faire un pensez-y-bien et même d'y accrocher, le cas échéant, une pénalité quelconque, budgétaire par exemple.

Or, l'exigence québécoise d'une compensation financière faciliterait au contraire le recours à cette procédure n'existant dans aucune fédération. Elle banaliserait l'abstention constitutionnelle, l'insoumission aux normes de l'ensemble canadien et pourrait même, à la longue, conduire une province à se tailler, au sein d'un fédéralisme devenu permissif, un statut si particulier que l'équilibre canadien global en serait modifié.

Les réticences énoncées par certaines des provinces du front commun renfermaient une certaine dose d'exagération. Elles semblaient cependant surtout nous en vouloir de chercher à transformer en pratique courante, aisée et normale un droit de retrait qu'il vaudrait mieux, selon elles, conserver comme dernier recours, en espérant, à vrai dire, que personne ne l'utiliserait jamais. Il était implicite qu'à leurs yeux seul le Québec était susceptible d'invoquer régulièrement un tel droit, comme il l'avait fait en 1965 à propos des programmes conjoints* fédéraux-provinciaux et du plan de pension du Canada.

* Peu après son accession au pouvoir en 1960, Jean Lesage avait rejeté le principe des programmes conjoints fédéraux-provinciaux grâce auxquels le gouvernement fédéral pouvait, en vertu de son pouvoir de dépenser, effectuer des versements aux provinces dans des domaines comme la santé, l'éducation, le bien-être social, etc. Ces versements étaient accompagnés de diverses conditions établies par Ottawa qui, ainsi, devenait en mesure d'orienter, selon ses priorités, l'action des provinces dans leurs propres domaines de compétence. Lesage réclama et obtint le droit, pour le Québec, de se retirer de ces programmes conjoints, contre compensation fiscale et financière. Voulant éviter que le Québec fût seul à exercer ce droit, le gouvernement fédéral de Lester B. Pearson l'étendit à toutes les provinces. Toutefois, seul le Québec s'en prévalut. Au même moment, le Québec réussit aussi à mettre sur pied son propre Régime de rentes et, de là, sa Caisse de dépôt, alors que le plan de pension fédéral s'appliqua au reste du Canada. (Devenu premier ministre en 1968, Pierre Elliott Trudeau réprouva la politique de son prédécesseur, mais ne put jamais rétablir le *statu quo ante*.) C'est des années 1960 que date, au Canada, la notion de «retrait avec compensation». Elle ne concernait alors que des programmes et non pas des amendements constitutionnels.

Derrière l'attitude des autres provinces, une certaine conception du fédéralisme se profilait. Selon elles, lorsqu'une majorité de provinces et le gouvernement central tombaient d'accord sur un changement constitutionnel, on était en présence d'une *national will* (une «volonté nationale») à laquelle, sauf situation vraiment extraordinaire, il incombait normalement aux provinces minoritaires, Québec compris, de se soumettre. Dans cette perspective, l'insistance mise par nous sur l'usage facile du droit de retrait (grâce à la compensation, il serait sans douleur) démontrait une volonté évidente de se soustraire, pour l'avenir et dans tous les cas, à la *national will*, ce qui, d'après elles, contredisait les principes du fédéralisme, lesquels, comme en démocratie, supposaient une soumission à la majorité.

Autant en 1981 qu'avant, jamais le Québec n'avait compris le fédéralisme de cette façon. Pour lui, ce régime politique devait comporter des garanties relativement aux droits et pouvoirs qu'il n'avait nulle intention prévisible de céder à Ottawa, *national will* ou non.

C'est parce qu'elles deviendront fort pertinentes en novembre 1981, que je développe ici, plus ouvertement qu'elles n'apparurent en février-mars 1980, les conceptions alors en présence. La discussion entre nous demeura toujours amicale, il ne se produisit aucun échange acerbe, mais on sentait que, quelque part, quelque chose accrochait.

Quoi qu'il en fût, nos alliées du front commun finirent par accepter le point de vue québécois. Sans animosité, mais sans enthousiasme non plus.

Certains autres points devaient encore être précisés. Par exemple, que faire dans le cas des institutions fédérales (Sénat et Cour suprême) où, bien sûr le droit de retrait ne pouvait convenir? Si on refusait le veto, pourquoi alors ne pas introduire le principe de l'unanimité pour ces cas? Ainsi, tout le monde serait protégé. L'idée fut mal reçue. L'intention était plutôt de mettre de la souplesse dans la formule d'amendement. L'unanimité créerait une rigidité, deviendrait un carcan et empêcherait toute réforme future. L'obstruction d'une province suffirait.

D'ailleurs qui oserait, nous répondit-on, entreprendre une réforme du Sénat ou de la Cour suprême imaginée à dessein pour aller à l'encontre des intérêts du Québec? Même Trudeau n'essaierait pas! Pour ces sujets, le Québec, comme l'Ontario, avait un tel poids politique qu'il équivalait à un veto virtuel.

Il y avait du vrai là-dedans, mais aussi un risque. Nous aurions certes souhaité une formule d'amendement sécuritaire «mur à mur». Par contre, en insistant davantage, compte tenu des progrès déjà réalisés et de la transformation que nous avions fait subir au droit de retrait, notre pression pour plus de protection aurait fortement indisposé nos alliées, mis en cause la conclusion de l'accord lui-même, donc le maintien de notre front commun, et laissé à toutes fins utiles la voie libre à Trudeau, risque de loin plus considérable et, surtout, plus immédiat que des changements problématiques au Sénat ou à la Cour suprême.

Allons-y pour une entente interprovinciale

Dans ces conditions, d'accord. Allons-y donc avec la rédaction d'un projet d'entente interprovinciale. Elle serait signée par les premiers ministres des huit provinces du front commun. Elle comprendrait une procédure de rapatriement de la constitution, une formule d'amendement et un programme de travail pour l'avenir. Rien de plus. Surtout pas de charte des droits.

Cela démontrerait bien, au Canada et à Londres (où le lobby des provinces se poursuivait), qu'il se trouvait une alternative raisonnable au coup de force de Trudeau.

Nous étions au début de mars, en réunion à Winnipeg. La campagne électorale venait de commencer au Québec. Je ne reverrais mes collègues que dans cinq semaines. D'ici là, ils rédigeraient notre projet d'accord et garderaient le contact avec moi. Entre-temps, Robert Normand, sous-ministre, et Florent Gagné, directeur des affaires canadiennes, me remplaceraient.

En me souhaitant bonne chance, électoralement parlant, le ministre Gardom de la Colombie-Britannique me dit ceci en aparté: «Claude, you must remember, our Accord has got to be palatable to Trudeau. Otherwise, it won't work and we'll be back to square one[1].» Il reprit à voix haute la même idée à l'intention du reste de nos collègues. Ils avaient l'air assez d'accord.

Tiens, il fallait maintenant s'ajuster à Trudeau!

Je voyais mal comment cela pourrait se produire avec le projet que nous étions en train de mijoter. Mettre de côté *sa* charte des droits et proposer une formule d'amendement plutôt inorthodoxe en régime fédéral: voilà qui ne serait pas, a priori, tellement *palatable* à Trudeau!

Alors, pourquoi cette idée d'adapter notre entente au seuil de tolérance du premier ministre fédéral?

En quittant Winnipeg cette journée-là, je me demandais si nous parlions bien du même accord.

17
Mariage de raison

La campagne électorale de mars-avril 1981 se déroula admirablement pour le Parti québécois. Le 13 avril, il fut réélu avec 80 députés sur 122, et pratiquement 50% des voix, soit un appui de plus de 60% des francophones.

La population reportait ainsi au pouvoir le gouvernement dont elle avait refusé l'option politique, moins d'un an avant. Curieux! Ce n'est pas le lieu ici d'analyser les tenants et aboutissants de ce résultat, mais il est sûr que, sans être l'unique facteur en cause, le conflit constitutionnel y joua un rôle.

Pour une période de cinq semaines, à cause de l'élection, aucun ministre du Québec ne participa aux réunions du front commun, mais la vie continuait dans le reste du Canada.

Vers la Cour suprême

À Ottawa, le comité conjoint du Sénat et de la Chambre des communes sur le projet de rapatriement avait remis son rapport le 13 février. Le 18, s'opposant à leur parti, quatre députés néo-démocrates firent connaître leur intention de voter contre ce projet si peu appuyé par les provinces. On sait que c'est le lendemain (coïncidence?) que le premier ministre de la Saskatchewan annonça son rejet du plan.

Tout comme au Québec, des élections eurent lieu en Ontario. Davis fut reporté au pouvoir le 19 mars. Cela n'étonna personne et n'influença en rien notre front commun. Pour faciliter la tâche électorale du NPD ontarien, le NPD fédéral avait toutefois annoncé, à la fin de janvier, qu'il n'insisterait plus autant qu'avant pour insérer, dans le projet fédéral de rapatriement, l'application de l'article 133 de la constitution (sur le bilinguisme institutionnel) à l'Ontario.

Le 23 mars, à la Chambre des communes, Trudeau prononça un impressionnant discours de deux heures sur la résolution de rapatriement. Le lendemain, les conservateurs, toujours aussi opposés, entreprirent un long *filibuster* de deux semaines. Leur objectif: retarder le plus possible la transmission à Londres de la requête fédérale. Tous leurs arguments contre le geste unilatéral de Trudeau y passèrent, notamment l'idée que ce geste était peut-être illégal.

Là-dessus, les conservateurs parurent avoir misé juste.

Le 31 mars, en effet, journée faste. La Cour d'appel de Terre-Neuve donna unanimement raison aux provinces. Trois réponses positives aux questions posées par elles: oui, le projet fédéral affecterait leurs compétences; oui, Ottawa avait besoin du consentement des provinces pour demander à Londres d'amender la constitution; oui, l'accord de celles-ci était nécessaire pour des changements touchant les relations fédérales-provinciales.

Paradoxalement, le jugement de cette cour n'eut pas, sur les provinces, l'effet stimulant qu'avait eu, sur Ottawa, le 3 février, la décision de la cour manitobaine. En réalité, cette décision était sans surprise. Les provinces s'attendaient aux réponses reçues. Elles s'inquiétaient davantage du jugement encore à venir de la Cour d'appel du Québec. Pour diverses raisons, les membres de cette cour leur paraissaient acquis aux vues de Trudeau.

Une décision de la cour de Terre-Neuve, favorable aux provinces, n'était quand même pas indifférente. Elle allait infléchir la démarche fédérale.

Désireux de repousser le plus loin possible le moment où ils auraient à se prononcer et craignant avoir à approuver un projet discutable, les Britanniques insistaient depuis novembre pour qu'Ottawa vérifie devant la Cour suprême la légalité de son projet. Jusque-là, Trudeau en tête, les fédéraux avaient toujours carrément refusé: leur projet était légal. Un point, c'était tout. Ils espéraient une confirmation de leur avancé, au plus tard en avril ou mai, par les trois Cours d'appel vers lesquelles les provinces s'étaient tournées. Ils gagnèrent leur pari avec celle du Manitoba. Si les deux autres cours devaient ensuite aller dans le même sens, nul besoin dans ces conditions, toujours selon eux, de s'en remettre à la Cour suprême.

Telle était donc la stratégie fédérale: attendre les décisions des trois cours. Une triple victoire judiciaire aurait alors apporté à Londres les garanties légales demandées, et ce sans détour humiliant pour Ottawa vers la Cour suprême. Le Parlement britannique n'aurait ainsi plus le choix; il devrait s'exécuter. Dans cette perspective, la conduite à terme du projet constitutionnel de Trudeau n'aurait finalement subi qu'un délai de quelques mois. Peut-être le tout serait-il terminé pour le 1er juillet 1981, fête du Canada? Pas si mal.

Hélas, le verdict de la cour terre-neuvienne brisait ce beau scénario. En un sens, peu importait désormais, pour les fédéraux, la décision encore à venir de la Cour d'appel du Québec. Même favorable à Ottawa, elle n'arriverait pas à annuler le doute créé à Terre-Neuve. Dans la mesure où une seule des trois cours soutenait les prétentions des provinces, les Britanniques continueraient à réclamer un avis, définitif celui-là, de la Cour suprême.

Ottawa se résigna donc à faire volte-face et à soumettre son projet à cette cour. Dès le 31 mars, dans les déclarations et les attitudes des représentants fédéraux, on sentit que le vent avait tourné. Cela se concrétisa le 8 avril: Ottawa irait en Cour suprême. En échange de cette démarche depuis longtemps exigée par eux, les conservateurs mirent fin à leur *filibuster* et les partis s'entendirent pour ne reprendre le débat parlementaire sur la résolution fédérale qu'après la décision de la cour.

Une semaine plus tard, deux jours après la réélection du Parti québécois, ce fut au tour de la Cour d'appel du Québec de se prononcer. Décision décevante pour les provinces: en gros, la même qu'au Manitoba bien qu'un des cinq juges fût dissident. Le projet fédéral toucherait à leurs compétences, mais il était légal.

Bilan: deux cours sur trois d'accord avec Ottawa, quoique au total sept juges confirmèrent les vues fédérales sur les questions les plus importantes, et six se rangeaient du côté des provinces. Sauf que, pour chaque cour, c'est la majorité qui comptait.

Voilà qui n'augurait pas trop bien pour la cause provinciale en Cour suprême. Mais au moins, en intervenant, celle-ci permettait aux provinces de gagner un répit de quelques mois. Il se trouve des moments où les lenteurs proverbiales et désespérantes du système judiciaire comportent un côté positif. Savait-on jamais ce qui pourrait survenir durant l'espace-temps politique ainsi dégagé?

Le fameux accord interprovincial, par exemple?

Complications à l'horizon

Pendant la période électorale, Robert Normand me tenait régulièrement au courant de l'évolution des choses au sein de notre front commun. Je faisais ensuite de mon mieux pour relayer l'information à René Lévesque, en campagne ici ou là au Québec. De temps à autre, en effet, de brèves conférences téléphoniques groupaient les premiers ministres contestataires. L'idée était d'éviter des malentendus, de «voir venir» et de savoir où aller.

À la fin de mars, Normand m'apprit que les autres provinces demeuraient toujours réticentes à inscrire le principe du retrait avec compensation dans le projet d'accord interprovincial en cours de rédaction. Cette disposition les gênait. Revenait ainsi à la surface l'argumentation déjà utilisée par elles: dans une fédération, une province devrait normalement se soumettre à la *national will* et non tenter de faire bande à part. Ou, si tel était son choix ferme, mieux valait ne pas indûment faciliter la sédition latente en lui versant un dédommagement. Les provinces craignaient aussi que cet aspect provoquant de la formule d'amendement ne hérisse Trudeau et lui fasse du coup rejeter notre contre-proposition.

Toutefois, m'expliqua Robert Normand, elles connaissaient l'attitude du Québec sur cette question. Elles savaient que la compensation était, pour lui, essentielle. Autrement, il ne signerait pas. Elles consentirent donc à insérer le principe de la compensation dans l'accord. Puisqu'il le fallait. Sauf qu'elles avaient pensé à ceci: une province ne pourrait exercer son droit de retrait constitutionnel (avec compensation) qu'à la suite d'un vote des deux tiers des membres de son Assemblée législative!

Pour la première fois depuis octobre, j'eus le sentiment que notre front commun allait peut-être s'effriter.

Il faut bien comprendre ici de quoi il est question.

La suggestion des autres provinces nous était totalement inacceptable. Cela doit être clairement énoncé. Pourquoi une telle fin de non-recevoir de la part du Québec?

Pour une raison mathématico-politique: soumettre le droit de retrait à l'approbation des deux tiers des députés signifiait que, dans la plupart des cas, au Canada, l'exercice de ce droit dépendrait d'une décision de l'opposition et non du gouvernement. Rares en effet étaient les partis au pouvoir comptant, dans leur Assemblée législative, deux tiers des députés de la même allégeance politique. Ce n'était pas le cas au Québec (ce ne le sera pas non plus après l'élection du 13 avril car, même avec 80 députés du Parti québécois sur 122, la proportion des deux tiers n'aurait pu être atteinte). Autant dire qu'on nous demandait de remettre aux libéraux provinciaux la décision en cette matière ou de faire des élections sur cette question.

Au plan des principes, c'était encore plus grave. Selon la même formule d'amendement, il aurait suffi d'un vote à majorité simple (la moitié des députés, plus un) pour céder des compétences provinciales à Ottawa, mais d'un vote des deux tiers pour les conserver!

Le plus choquant dans toute cette affaire est qu'on revenait implicitement à la notion qu'en régime fédéral on doit, d'une manière ou d'une autre, pénaliser la province désireuse de garder ses pouvoirs, en tout cas lui rendre plus difficile le maintien de son autonomie. Une sorte de puritanisme (ou de jansénisme) politique.

Je demandai à Robert Normand d'informer les autres provinces de notre refus complet de la disposition relative aux deux tiers. Et, s'il vous plaît, bien vouloir en tenir compte dans la rédaction de l'accord prévu. Puis, je tentai d'informer René Lévesque de ce développement inattendu.

Nous étions maintenant à une douzaine de jours environ de l'élection. Hormis un accident, tout laissait présager une victoire du Parti québécois. Nous suivions à la lettre notre plan de campagne. Des rumeurs commençaient cependant à circuler sur une contre-proposition provinciale éventuelle au projet unilatéral de Trudeau. De quoi s'agissait-il? Claude Ryan interrogea Lévesque à ce propos: où en étaient les discussions avec les autres provinces? Et Lévesque put répondre que, depuis quelque temps et pour des raisons évidentes (la campagne électorale), il n'était pas au fait des tout derniers développements. Il verrait à cela après le 13 avril. Les choses en restèrent là.

Effectivement, Lévesque n'était plus au courant. Comment pouvait-il ne pas être mieux informé? Voici plutôt ce qui se passa.

Etre informé, c'est devoir répondre!

Au moment où, par téléphone, je commençais à lui faire part de la difficulté qui venait soudainement de surgir sur les conditions d'exercice du droit de retrait, il m'interrompit brusquement: «Claude, j'aimerais mieux ne rien savoir de plus. Bon, il y a peut-être un problème, je n'en vois pas sur-le-champ toutes les ramifications, mais je m'en occuperai après l'élection. Pour l'instant, je le mets sur la glace. Vous, tenez le fort auprès des autres provinces. Si Ryan m'interroge, je pourrai répondre ne pas être au fait, ce qui sera vrai. Je ne veux pas de cette question technique dans la campagne électorale.»

J'étais entièrement du même avis que Lévesque. À qui je demandai tout de même ceci: «Si Ryan s'adresse à moi, je dis quoi?» Réponse: «Alors, faites pour le mieux*!» Je ne revins sur le sujet avec Lévesque que le 14 avril, lendemain de notre victoire.

---

* «Faites pour le mieux!» Parce qu'il peut contribuer à expliquer certaines des situations relatées ici, je crois utile d'apporter un bref témoignage personnel sur le type de relations qui, au cours des années, s'étaient établies entre René Lévesque et moi. Quoique de tempérament très différent du sien et au-delà de divergences normales de détail ou d'intensité dans nos réactions, je me suis rarement aussi bien entendu globalement avec une autre personne qu'avec lui. Ce fut le cas sur la démarche politique du Parti québécois. Ce le fut également en matière constitutionnelle, particulièrement dans la phase post-référendaire où nous nous comprenions à demi-mot, souvent tacitement. Fréquemment et sans consultation préalable, nous adoptions sur les mêmes sujets des attitudes identiques. Dans le feu des négociations continuelles et des pourparlers incessants, il m'arrivait de le relayer sans même savoir exactement où il en était lui-même rendu. Une courte phrase de sa part, une mimique même, suffisait à me situer.

Dans son compte rendu, Robert Normand m'avait aussi indiqué que les autres provinces souhaiteraient signer au plus tôt l'accord interprovincial, si possible même avant la fin de notre campagne électorale. Le 30 mars, lors de la dernière conférence téléphonique à laquelle il participa avant l'élection, René Lévesque fit savoir à ses collègues que, «si tout était correct», il préférerait signer après, mais pas durant la campagne électorale. À moins, évidemment, de nécessité absolue. Il n'y eut pas de nécessité, les fédéraux ayant été forcés, on l'a vu, de référer leur projet à la Cour suprême. Dans une autre conférence téléphonique où je remplaçais Lévesque, le 3 avril, on décida que la cérémonie de signature aurait lieu le 16 en fin d'avant-midi à Ottawa. La veille, en soirée, les premiers ministres se rencontreraient pour les arrangements de dernière minute.

Des arrangements dont naquirent des problèmes.

Graves pépins de dernière minute

La soirée du 15 avril 1981 fut pénible et laissa des traces qu'on verrait réapparaître sept mois plus tard, dans la soirée du 4 au 5 novembre.

Peut-être s'était-il produit un malentendu? Peut-être assistions-nous à une dernière tentative pour nous faire accepter une disposition qui ne nous convenait pas? Toujours était-il que, dans le texte final de l'accord à être signé le lendemain à onze heures, se trouvait, noir sur blanc, la règle des deux tiers que j'avais pourtant rejetée!

En fait, je l'appris le soir même, nos alliées n'ignoraient pas nos réticences à cette disposition, mais elles tenaient vraiment à encadrer le droit de retrait de la façon la plus étanche possible. Elles savaient que je m'y étais opposé verbalement, par l'entremise de Robert Normand, deux semaines plus tôt. On préférait cependant, me dit-on, laisser les premiers ministres, tous réunis au même endroit, trancher cette question litigieuse. J'étais, si l'on peut dire, relativement furieux de constater que mon avertissement avait eu si peu d'effet sur les rédacteurs de l'accord. S'imaginait-on que mon premier ministre, deux jours après son éclatante victoire, allait «filer doux» et me désavouer?

Il s'ensuivit une discussion qui s'éternisa jusqu'à deux heures du matin. Seuls les huit premiers ministres y participèrent. Quand il en sortit, fourbu et impatienté, Lévesque dit à ceux qui lui demandaient la raison de ce délai: «Ils ont mis plus de temps à accepter qu'à comprendre.» Conclusion: on n'introduirait pas, dans l'accord, de clause sur les deux tiers et, bien sûr, y demeurerait la compensation financière, sur laquelle certains de ses collègues s'interrogeaient encore. Lévesque les avait menacés de ne pas signer, si, à cause de leur conception anglo-canadienne du fédéralisme, ils s'obstinaient à vouloir rendre ardue, presque politiquement immorale selon leurs critères, l'utilisation, par une province, du droit de retrait (voir Document 16, en annexe). Le cas échéant, le Québec se ferait l'avocat intempestif d'un droit de veto qu'il n'avait jamais rejeté en tant que tel et qui, lui, embêterait tout le monde.

La cérémonie de signature avait déjà été annoncée, les journalistes convoqués, la télévision et la radio prêtes pour une émission en direct, et les textes officiels dactylographiés en un certain nombre de copies (des fonctionnaires québécois s'étaient aperçus, tard dans la nuit, que la version française avait été oubliée; elle fut imprimée le matin du 16!). Tout délai ou, pire encore, comme Lévesque l'avait évoqué, l'absence du Québec aurait eu un effet désastreux.

Désastreux, certes. Trudeau et Chrétien auraient en effet été ravis du sabordage du front commun.

Cette nuit-là, on passa à un cheveu d'en aboutir là. Heureusement, les autres premiers ministres comprirent à temps la détermination absolue de Lévesque. Et s'y plièrent.

La mort du front commun n'aurait en rien garanti un veto au Québec, mais elle aurait, comme jamais, ouvert la voie aux libéraux fédéraux.

Par moments, l'instinct naturel de survie, face à l'obstacle commun, transcende les divergences et suscite des solutions raisonnables.

Raisonnables, mais difficiles à avaler.

J'en eus une preuve indirecte quelques minutes après la réunion à huis clos des huit premiers ministres. Il était 2 h 10 du matin. René Lévesque avait laissé des documents dans la salle où la rencontre venait d'avoir lieu. En allant les récupérer, je tombai sur Lougheed et Lyon en conciliabule dans un coin de la pièce. Visiblement, il était question de la réunion d'avant. Me voyant, ils se turent, me firent un demi-sourire et reprirent un air lugubre. D'habitude, ces deux premiers ministres étaient, à mon endroit, d'une chaleureuse amabilité. Il se trouve des signes qui ne trompent pas.

Que conclure?

Le Québec, c'était clair, les avaient poussés au pied d'un mur qu'ils n'auraient pas voulu frôler. À leur corps défendant, il leur avait arraché des concessions.

Ils s'en souviendraient.

Mais pourquoi signer?

Il est toujours plus facile de s'entendre sur des principes que sur leur application, sur des déclarations d'intention que sur des textes écrits.

Les autres premiers ministres étaient froissés d'avoir à apposer leur signature sur un document dans lequel le Québec tenait à ce que le droit de retrait constitutionnel, avec compensation, innovation dans un régime fédéral, soit explicitement inscrit, noir sur blanc. Par contre, le Québec devait lui-même signer un texte qui ne le satisfaisait pas entièrement.

Alors pourquoi signer? N'eût-il pas été plus simple, moins contraignant, de se limiter à une sorte de déclaration verbale conjointe? Pourquoi pas un appel solennel des provinces?

Le fait est que la problématique du moment réclamait un

document écrit, officiel, engageant. Les fédéraux disposaient déjà d'un tel document et s'en servaient à profusion: la résolution destinée au Parlement britannique. Dans cette résolution, on trouvait non seulement une formule d'amendement, mais aussi une charte des droits passablement élaborée. Le tout, noir sur blanc et, en plus, devant subir tout le processus parlementaire fédéral. Pour prétendre être une alternative sérieuse, la contre-proposition des provinces devait, elle aussi, contenir de la substance, des changements, des perspectives. Et être, comme le projet fédéral, un engagement soumis ensuite à un processus parlementaire en bonne et due forme. Il y allait de sa crédibilité. Une déclaration interprovinciale assise sur des évocations gentilles, des intentions bienveillantes et des vœux pieux n'eût pas été, dans les circonstances, particulièrement convaincante. Voilà pourquoi un texte *écrit et signé* par les huit premiers ministres paraissait s'imposer.

D'autres raisons, moins nobles peut-être, mais tout aussi réalistes, militaient en faveur d'une signature des huit premiers ministres.

On le conçoit aisément, les représentants du Québec nourrissaient une confiance plus que relative envers les promesses constitutionnelles des autres provinces à son endroit. Le référendum de mai 1980 avait été édifiant à cet égard. Désormais, à moins d'un engagement solennel *écrit et signé* de leur part, le Québec ne leur accorderait plus aucune crédibilité.

Surprise, cependant. Les autres provinces n'avaient pas non plus confiance au Québec. Elles aussi tenaient à une signature, la nôtre, précisément. Pourquoi? Parce que jusqu'alors, selon elles, les engagements constitutionnels du Québec n'avaient été que verbaux et que, *chaque fois*, au cours des dernières années, ils n'avaient pas été respectés! Voyons voir.

En 1964, lors de la réunion des premiers ministres des provinces à Jasper, Alberta, Jean Lesage s'était engagé, devant eux, à faire adopter, par les parlementaires québécois, la formule d'amendement, dite Fulton-Favreau*, à laquelle tous les autres gouvernements, y compris celui d'Ottawa, souscrivaient alors. Toutefois, après une tournée plus ou moins fructueuse dans l'Ouest canadien, en octobre 1965, Lesage déclara publiquement qu'il se dissociait de cette formule. Déception au gouvernement fédéral et dans les provinces.

En juin 1971, le comportement de Robert Bourassa à la conférence de Victoria laissa croire à ses collègues fédéral et provinciaux qu'il souscrirait à la charte constitutionnelle proposée alors. Il avait par exemple suggéré des corrections dans la formulation de ce texte et, à

* Sans entrer ici dans l'explicitation de la formule Fulton-Favreau et des circonstances de l'époque, il demeure historiquement exact qu'en août 1964, à Jasper, devant ses collègues réunis, Lesage se déclara d'accord avec cette formule. J'étais présent. Je l'accompagnais aussi pendant sa tournée de conférences dans l'Ouest, en octobre 1965. Face à l'opposition de l'Union nationale et des milieux nationalistes québécois, il regrettait son engagement et cherchait depuis longtemps un moyen élégant de s'en sortir. Il crut le découvrir dans les réactions plutôt mitigées de ses auditoires quant aux aspirations québécoises. Au retour, en réponse aux interrogations de l'Union nationale, il déclara que les temps n'étaient pas encore mûrs pour confirmer l'adhésion du Québec à une quelconque formule d'amendement. Cette décision de Lesage indisposa les premiers ministres provinciaux qui en étaient venus à croire enfin résolu le problème du rapatriement de la constitution. Elle ébranla aussi Lester B. Pearson, premier ministre fédéral. Pour lui, il y avait de quoi. Après une série impressionnante de concessions au Québec, en avril 1964 (meilleur partage fédéral-provincial des ressources fiscales, acceptation du régime de rentes du Québec, retrait du Québec de plus de vingt programmes conjoints contre compensation fiscale et divers autres arrangements avantageux), le premier ministre fédéral de l'époque s'attendait, en échange, à un appui de Lesage au rapatriement de la constitution et à la formule Fulton-Favreau. Appui que Lesage avait fait miroiter et qui était connu de certains premiers ministres provinciaux.

---

aucun moment, n'avait indiqué son intention (s'il l'avait) de le rejeter éventuellement. À son départ de la conférence, personne ne se doutait que, quelques jours plus tard, revenu à Québec, parmi les siens, mais pas devant les autres, il annoncerait par un bref communiqué son refus de la charte. Celle-ci ne correspondait pas aux attentes du Québec et, encore davantage que la formule Fulton-Favreau, inquiétait les milieux nationalistes. Elle était néammoins l'aboutissement de la plus longue ronde de négociations constitutionnelles jamais entreprise au Canada: trois ans et demi. Pour cette raison, l'attitude québécoise fut perçue, par plusieurs premiers ministres, comme une volte-face beaucoup plus grave que celle de Lesage, six années plus tôt.

L'impression fit ainsi son chemin, dans la mémoire collective canadienne-anglaise, qu'en matière constitutionnelle «le Québec n'était pas fiable». En février-mars 1981, cette impression perdurait. Des ministres s'en ouvrirent d'ailleurs à moi. On ne se serait pas contenté d'une adhésion verbale du Québec à l'alternative imaginée par les provinces. On aurait craint que, pour des raisons obscures, le Québec ne changeât soudainement de cap. Ne l'avait-il pas déjà fait deux fois?

Notre signature était donc nécessaire*.

---

* Par acquit de conscience, on peut se demander si, après l'élection du 13 avril dont son gouvernement sortit raffermi après la défaite référendaire, il demeurait encore nécessaire pour le Québec de maintenir son association avec les autres provinces. Plus fort qu'avant, n'aurait-il pas pu continuer sa lutte seul, sans se lier à d'autres? La relation des faits et les circonstances de l'époque justifient, je crois, une réponse négative à cette question. Le Québec aurait-il alors pu songer à ce qu'on appelle en stratégie un «renversement d'alliances»? Réponse: oui, il aurait pu y songer, mais à qui se serait-il dorénavant allié?...

Que s'agissait-il, au juste, de signer? Quelle sorte d'engagement en résulterait-il pour le Québec et les autres provinces?

Un accord de circonstance...

La nature de l'accord interprovincial découlait de sa raison d'être. Expliquons-nous.

On a vu précédemment que, face au coup de force unilatéral d'Ottawa, un objectif unissait les provinces du front commun: le bloquer, d'une manière ou d'une autre. Tel était le but avoué des recours judiciaires, des démarches provinciales à Londres et de la publicité gouvernementale contre le projet fédéral.

Tel était aussi, en un sens, celui de l'accord. Dans ce cas-ci cependant, pour des raisons tactiques, ce but était moins clairement proclamé car on proposait un véritable marché à Ottawa. Devant la population, les provinces devaient en effet offrir une alternative réelle au plan fédéral et non une vague formule qui aurait l'allure d'un truc politique dilatoire. D'où le soin mis à la rédaction de l'accord, d'où la solennité de la cérémonie publique de signature.

Le contenu de l'accord s'était édifié à partir de la convergence d'opinion de huit provinces sur un commun dénominateur: le rapatriement, une formule d'amendement et l'engagement de poursuivre les négociations. Mais, ce qui est moins connu, l'accord n'avait qu'une portée limitée: il ne valait que dans la mesure où le premier ministre fédéral l'acceptait. Sinon, il devenait caduc. Cette restriction apparaît clairement dans le libellé même de l'accord et dans le communiqué qui l'accompagnait (voir Documents 5 et 6 de l'annexe) où on disait que le projet canadien de rapatriement est (...) subordonné au retrait, par le gouvernement du Canada, du projet d'adresse commune sur la constitution.

Les provinces connaissaient évidemment cet aspect particulier de l'accord (voir aussi le Document 16). Autrement plusieurs, dont le Québec, ne l'auraient pas signé. En fait, les choses se passèrent en résumé comme ceci: Nous proposons le contenu de cet accord à Trudeau. S'il l'accepte, nous nous y conformerons. Sinon, personne n'est lié. De la sorte, en signant l'accord en question, aucune province ne renonçait pour autant aux positions constitutionnelles qu'elle avait pu défendre jusque-là. Tout dépendrait de la réaction de Trudeau à qui les provinces tendaient une perche.

...auquel le Québec tient...

Quoique conscient de cette limitation, le Québec avait cependant résolu, quant à lui, de ne jamais aller en deçà de cet accord, encore moins de le considérer comme un simple point de départ flexible, aisément adaptable à des changements ultérieurs. Là-dessus, avant le 16 avril, mais surtout après, il se distingua des autres signataires. Dans son optique, l'accord interprovincial ne constituait pas un document dont on pourrait plus tard, en l'atténuant, retrancher ou modifier tel ou tel élément, un peu comme s'il dessinait simplement les contours d'une «position initiale de négociation» où les provinces «demandaient plus pour obtenir moins».

René Lévesque s'en ouvrit à ses collègues, pendant la nuit du 16 avril. Quant à moi, au cours des mois qui suivirent, je m'en tins au même message que lui à chaque réunion ministérielle ou conférence téléphonique. «We'll stick to the Accord», répétais-je à qui voulait l'entendre. Je faisais notamment valoir que la solennité d'un geste accompli aussi publiquement (radio, télévision, journaux, conférence de presse, campagne d'information, etc.) soulignait, en toute logique, l'importance qu'il devait représenter pour nous.

Pourquoi cette rigidité québécoise sur le contenu d'un accord que les autres provinces considéraient, elles, d'une manière plutôt relative?

Selon le Québec, un sujet aurait dû faire l'objet primordial de la négociation constitutionnelle: la suite à donner aux promesses référendaires. Or, celles-ci avaient promptement été mises de côté dès le début de la ronde des pourparlers. Puis, le coup de force d'Ottawa et, ensuite, par réaction de défense, la nécessité stratégique, pour les provinces contestataires, d'imaginer une alternative au projet fédéral, tout cela confirmait l'exil des promesses de mai 1980 dans la pénombre politique. On parlait d'autre chose. Les préoccupations du Québec n'avaient en réalité jamais préoccupé personne d'autre que nous. Elles avaient été évacuées* du débat avant même d'y pénétrer.

---

* Un phénomène similaire se produisit au cours de la tentative de révision constitutionnelle de 1968-1971 qui avorta avec le rejet québécois de la charte de Victoria. Cette révision avait été entreprise, sous le gouvernement Pearson, à la suite de pressions du Québec pour des pouvoirs accrus et pour un répartition plus claire des compétences entre Ottawa et les provinces. L'introduction dans l'ordre du jour de questions étrangères au partage des pouvoirs et le fait que seul le Québec insistait pour un renouvellement en profondeur du fédéralisme firent bifurquer les travaux vers des sujets intéressant davantage les autres participants: rapatriement, formule d'amendement, charte des droits, langues officielles, etc. Au point que les demandes québécoises furent graduellement évacuées au profit des préoccupations émanant des autres gouvernements, particulièrement de celui d'Ottawa. La charte de Victoria refléta cette dérive. Son contenu n'avait plus grand-chose à voir avec les réclamations initiales du Québec et fut donc rejeté par lui.

Si le Québec savait, depuis des mois, que les promesses référendaires des libéraux fédéraux et de certains premiers ministres provinciaux n'avaient été qu'un truc visant à favoriser la victoire du Non, il devait dorénavant se défendre (et, ironiquement, sept autres provinces avec lui) contre l'offensive dont ce Non avait été le point de départ et le prétexte. C'était là sa tâche du moment. Il n'avait pas le choix. C'est pourquoi il consentit à participer, en front commun, à l'invention d'une alternative et à signer l'accord en découlant.

Toutefois, du point de vue du Québec, c'est là où je veux en venir, le moyen utilisé pour combattre l'offensive d'Ottawa faisait à son tour naître des risques.

D'une part, celui d'abandonner ses positions au profit d'un accord portant sur des matières intéressant davantage les autres gouvernements, c'est-à-dire substituer à ses aspirations constitutionnelles celles des autres. On a vu que ce danger avait été écarté: en signant l'accord, aucun gouvernement ne renonçait à ses propres demandes.

L'autre risque, plus sérieux, était que le contenu de l'accord fût lui-même dilué plus tard. Les autres provinces ne rejetaient pas a priori cette éventualité, au cas où les fédéraux exigeraient certains «ajustements» pour en venir à une entente. Pas le Québec. Pour lui, l'accord représentait l'ultime limite des accommodements tolérables pour maintenir le front commun. Il ne se satisferait jamais de moins. Pourvu qu'on s'en tînt aux stipulations de cet accord, il consentirait au rapatriement et à une formule d'amendement incorporant une pratique inédite en régime fédéral: le retrait avec compensation. Bien sûr, il s'agirait en l'occurrence d'une révision constitutionnelle tronquée, n'ayant rien à voir avec le «fédéralisme renouvelé» promis. Au moins, cependant, elle ne contiendrait pas de charte des droits. Trudeau bloqué dans ses ambitions, c'est toute la dynamique politique canadienne qui en serait transformée. La charte des droits et ses dispositions hostiles à la Loi 101 ne reviendraient pas de sitôt à la table des négociations.

Voilà pourquoi le Québec décida, quant à lui, de s'opposer à toute dilution éventuelle de l'accord du 16 avril.

On pourrait croire que, pour ces raisons, l'accord baigna dans l'ambiguïté dès sa conception. Ce ne fut pas le cas. Tous les signataires y voyaient le même contenu. Tous savaient que, dans la perspective du coup de force fédéral, sa portée était essentiellement stratégique. Mais tous savaient aussi que le Québec considérait l'ensemble de ses dispositions comme une offre globale et finale, alors que les autres provinces les percevaient plutôt comme des propositions de départ. Connue de tous, cette différence sur l'utilisation future de l'accord ne causa aucun problème au moment de la signature.

Elle en créera cependant en octobre et novembre.

...et qu'Ottawa rejette aussitôt

L'accord fut signé en grande solennité par les huit premiers ministres provinciaux, à onze heures du matin, le 16 avril 1981, à Ottawa. Il fut transmis au même moment à leurs collègues de l'Ontario et du Nouveau-Brunswick, ainsi qu'au premier ministre fédéral.

La cérémonie n'était pas terminée que, déjà, nous connaissions la réaction fédérale. Chrétien intervint en premier. Il s'en prit avec une particulière véhémence à la disposition sur le retrait avec compensation qu'il jugeait vraisemblablement suggérée par Lévesque: «un acompte sur la souveraineté-association», déclara-t-il. Dans les mois à venir, il la dénoncera comme étant du «séparatisme à la carte». Trudeau, qui parla un peu plus tard, repoussa aussi l'accord interprovincial, choisissant de le considérer surtout comme un exercice de «relations publiques».

Le soir, dans une entrevue télévisée au réseau anglais de Radio-Canada, il déplora l'absence, dans l'accord, d'une charte des droits et ajouta:

> Le grand danger, c'est qu'une réunion (de signature) comme celle d'aujourd'hui est une victoire pour ceux qui veulent conduire lentement le Canada vers sa désintégration; et, en ce sens, c'est une grande victoire pour le parti séparatiste (de René Lévesque).

D'après lui, la formule d'amendement contenue dans l'accord permettrait aux provinces de se retirer peu à peu du Canada!

William Davis, répercutant l'opinion de Pierre Elliott Trudeau, regretta lui aussi l'absence d'une charte des droits. Même attitude chez Richard Hatfield du Nouveau-Brunswick. Ed Broadbent, du NPD, affirma que les provinces n'avaient pas présenté un compromis acceptable, ce qui, selon lui, justifiait l'action unilatérale d'Ottawa. Seul Joe Clark trouva quelque valeur à l'accord.

La réaction fédérale ne nous surprit pas. De fait, nous ne nous attendions pas à autre chose de la part de Trudeau et de Chrétien. L'«oubli» de la charte des droits et la clause de retrait compensé heurtaient leur conception d'un fédéralisme où serait préservé le rôle dominant du gouvernement central et où des mesures comme la Loi 101 ne pourraient pas voir le jour.

Les autres provinces étaient plus ou moins déçues. Elles n'espéraient certes pas une acceptation immédiate, mais certaines pensaient que l'accord ouvrirait peut-être la voie à des compromis. Comme mon collègue de la Colombie-Britannique l'avait craint, quelques semaines plus tôt, l'accord n'avait visiblement pas plu à Trudeau. Il n'était pas *palatable*...

Étions-nous, pour autant, revenus à la case départ, comme il le craignait aussi? Non, car même si l'accord, du fait de son rejet par Ottawa, ne liait plus personne, les provinces dissidentes avaient au moins élaboré une position commune, écrite et publiée, qui serait utile à Londres. Rien ne les empêchait en effet de la conserver (le Québec, lui, s'en tiendrait dorénavant à elle) et de maintenir ainsi le front commun. C'est ce qui fut décidé.

J'appris plus tard que, dès le 16 avril, sitôt connu le refus fédéral, quelques provinces commencèrent discrètement à se demander s'il ne faudrait pas chercher un nouveau terrain d'entente avec Ottawa, où se trouveraient des éléments tirés de l'accord, mais également d'autres provenant des fédéraux...

Troisième époque
De la décision de la Cour suprême à l'isolement du Québec
(septembre-novembre 1981)

18
Légal, mais illégitime

Deux événements depuis longtemps attendus, chacun l'aboutissement d'un laborieux cheminement, s'étaient donc produits au cours des premières semaines d'avril 1981: Ottawa avait dû se résoudre à soumettre son projet constitutionnel à la Cour suprême et les provinces dissidentes avaient finalement réussi à signer leur propre plan de rapatriement.

Pour les fédéraux, l'accord interprovincial était mort-né, hautainement condamné par eux la journée même de sa venue au monde et transformé du coup, à leurs yeux, en inutile document d'archives, à ranger au plus tôt dans le rayon des tentatives illusoires. Quant à la décision prochaine de la Cour suprême, elle ne ferait, en son temps et toujours selon eux, que confirmer leurs prétentions depuis le début: le projet fédéral est légal. Un point, c'est tout.

Un point, c'est tout? Non, l'affaire était tout de même un peu plus complexe.

En attendant les juges

Entre novembre 1980 et avril 1981, un élément de la stratégie d'Ottawa devint vite évident.

À peu près chaque fois que des journalistes, dans des conférences de presse, ou des députés de l'opposition conservatrice, à la Chambre des communes, soulevaient des questions sur l'opportunité, la valeur ou la portée du projet fédéral, les porte-parole fédéraux s'empressaient d'agrémenter leurs réponses d'une affirmation péremptoire: la démarche fédérale était *légale*. La manière de présenter les choses laissait sous-entendre que, si elle était légale, elle devenait *donc*, du fait même, bonne, normale, correcte, convenable, acceptable. Autrement dit: *légitime*.

Cette stratégie ne fut modifiée que grammaticalement, en avril 1981, moment où Ottawa dut s'en remettre à la Cour suprême. Les libéraux fédéraux, ministres et députés, maintinrent leurs affirmations, mais en les formulant au futur: la Cour *décidera* sûrement que leur projet est et a toujours été légal. Et, sous-entendu, sa légitimité *ira* alors de soi.

Laissée sans réplique, l'équation *légalité égale légitimité* risquait, à terme, de fausser le débat et surtout de le faire dévier en le plaçant sur le terrain choisi par les fédéraux. Même déclarée légale, leur entreprise constitutionnelle demeurerait en effet inacceptable dans la mesure où elle ne serait pas soutenue par les provinces. C'est de cela qu'il fallait convaincre la population. Après que le tout eût été soumis à la Cour suprême, les provinces du front commun évitèrent donc de faire porter leurs attaques sur l'illégalité possible du geste d'Ottawa, insistant plutôt sur son caractère de toute façon illégitime dans un régime fédéral. La publicité* et les déclarations québécoises furent systématiquement orientées dans cette direction.

---

* À un certain moment, cette publicité, sous le thème de *Minute Ottawa!*, prit la forme d'une affiche assez frappante, distribuée partout au Québec et où l'on voyait une main froissant brutalement le drapeau fleurdelysé. Visible dans l'arrière-plan se profilait nettement l'*Union Jack* britannique. Si cette affiche eut un grand succès au Québec, elle créa (c'est le moins que je puisse dire) une certaine perplexité chez les représentants de la Grande-Bretagne à Ottawa et dans ses consulats sur le territoire québécois. Je dus leur expliquer que l'*Union Jack* ne faisait que symboliser la démarche fédérale à Londres et que notre affiche n'accusait en rien leur pays. Je ne suis pas sûr de les avoir tous convaincus...

Dans ses multiples interventions sur le sujet à cette époque et comme il l'avait fréquemment fait depuis novembre 1980, devant ses collègues des autres provinces ou en public, René Lévesque tenait aussi constamment à revenir sur un autre aspect de la question: non seulement le projet fédéral était-il illégitime, mais les libéraux ne disposaient d'aucun mandat populaire pour changer les règles du jeu au Canada. À plusieurs reprises, particulièrement pendant la campagne électorale de mars-avril 1981 et dans les mois subséquents, il mit Trudeau au défi de consulter l'électorat là-dessus, par référendum ou élection.

En avril et mai, la concertation du front commun porta sur l'argumentation des provinces devant la Cour suprême. Ensuite commença cette phase, inévitable chaque fois que des causes cruciales sont soumises à cette cour, où, en s'alimentant mutuellement de rumeurs et de suppositions, on se demande l'un l'autre quand celle-ci rendra sa décision. Au début de juin, à peu près tout le monde était persuadé que le jugement viendrait avant la fin du mois. Il ne vint pas. À cause de la période de l'été, ce serait donc pour septembre ou octobre. Ou pour plus tard.

Que faire d'ici là?

D'abord, bien sûr, continuer l'effort publicitaire, informer la population. À ce propos, quelques provinces firent état d'une certaine lassitude de leur propre public. Elles n'avaient pas changé d'avis sur l'illégitimité du projet fédéral, mais, selon elles, les Canadiens en avaient assez de tout cet imbroglio constitutionnel. Peut-être vaudrait-il mieux ne plus en parler pour un certain temps? Laisser reposer l'affaire? Prendre du recul pendant l'été, pour revenir en force en septembre?

Ce n'était pas notre avis: chose certaine, les fédéraux, eux, ne garderaient pas le silence.

Justement, ils continuaient à affirmer partout que, dans son immense majorité, la population canadienne favorisait la position fédérale. D'après eux, tout démontrait que les gens tenaient à une charte qui protégerait leurs droits fondamentaux contre les abus, particulièrement ceux des gouvernements. Selon le front commun, cette insistance des porte-parole fédéraux sur les bienfaits prévus de la charte des droits et sur l'appui présumé dont elle jouissait dans la population risquait elle aussi, tout comme l'équation légalité = légitimité, d'orienter le débat à l'avantage d'Ottawa. Le public en viendrait à croire que les fédéraux avaient raison, oubliant les autres éléments du projet de rapatriement et surtout l'aspect coup de force de l'opération. Une réaction s'imposait: il fallait prouver à la population que l'appui général dont les fédéraux se vantaient était largement exagéré. Comment? Par un sondage fait à travers le Canada sur la façon fédérale de procéder. Ce sondage, commandé et défrayé par les membres du front commun, serait effectué au cours de l'été.

Dans le même ordre de préoccupation, on convint de maintenir la pression pour garder le problème constitutionnel dans l'esprit du public. À vrai dire, c'est au Québec surtout que la question demeura d'actualité entre mai et septembre, en bonne partie parce que le gouvernement, René Lévesque en tête, ne manqua jamais une occasion de la soulever. Ailleurs au Canada, on était plutôt porté, du moins nous semblait-il, à attendre la décision de la Cour suprême, décision qui, d'après plusieurs observateurs canadiens-anglais serait absolument déterminante. Cette attitude d'expectative, marquée au coin d'une certaine passivité, nous inquiétait un peu: l'équation légalité=légitimité avait-elle fait plus de chemin dans les autres provinces qu'au Québec?

Il y avait aussi Londres. La coordination de l'action provinciale s'y imposait toujours. Le 30 juillet, le procureur général de l'Ontario, Roy McMurtry y dénonça l'«alliance impie» (*the «unholy alliance»*) entre sept provinces anglophones et le Québec «séparatiste». Fallait-il modifier nos façons de faire?

. Au cours des derniers mois, l'idée avait été soulevée, par des journalistes, d'une mission à Londres, groupant les huit premiers ministres du front commun. L'idée n'était pas mauvaise et les intéressés l'évoquèrent de temps à autre. C'eût été là un événement sans précédent, spectaculaire. De l'avis général, toutefois, un tel geste ne pouvait être posé qu'après mûre réflexion et ne devait, pour être efficace, survenir qu'à un moment particulièrement stratégique. Puisque le projet fédéral se trouvait désormais devant la Cour suprême dont la décision n'était pas encore connue, les Britanniques comprendraient mal une invasion provinciale à ce moment précis. Non, mieux valait reporter cette mission éventuelle à plus tard, par exemple après la publication de l'opinion judiciaire, quitte à évaluer alors sa pertinence, à la lumière de cette décision. D'ailleurs, des premiers ministres provinciaux s'étaient déjà rendus individuellement à Londres et y avaient pris la parole devant plusieurs auditoires. Et nos délégations continuaient de s'y affairer.

Nous étions d'accord avec cette analyse, mais elle nous confirma un élément politico-psychologique assez significatif que nous avions, à quelques reprises, pressenti auparavant.

Dès la mise sur pied du front commun et comme on l'a vu précédemment, il fut entre nous entendu que les provinces feraient des représentations à Londres et y exprimeraient leur point de vue en se coordonnant. Sur le principe d'une intervention systématique à Londres, il n'y eut jamais aucune hésitation parmi les membres du front commun, même si toutes les provinces n'y furent pas, par la suite, aussi actives les unes que les autres. L'objectif était alors de signifier et d'expliquer aux Britanniques, vu leur rôle nécessaire en la matière, l'existence d'une sérieuse divergence de vues entre Ottawa et les provinces opposées à son projet de rapatriement.

Nous sentions, sans trop savoir où la situer, que l'action des provinces à Londres ne devrait jamais aller au-delà d'une certaine limite. Laquelle?

Si, forcées par les circonstances, elles reconnaissaient volontiers l'obligation de défendre leurs intérêts dans la capitale de la Grande-Bretagne, les provinces anglophones du front commun tenaient cependant au plus haut point à ce que leurs démarches ne puissent jamais être interprétées chez elles comme un mouvement concerté de défi ou de révolte contre le «national government of Canada». Faire des représentations, oui; de l'obstruction (ou ce qui paraissait en être), non. Là passait la frontière à ne pas franchir. La population de ces provinces n'aurait pas toléré que celles-ci s'en prennent aux autorités fédérales, à l'extérieur du Canada. À Westminster et devant le gouvernement de Sa Majesté de surcroît!

Telle était la situation* dont il leur fallait tenir compte. Sans être rejetée pour autant, une mission fortement relayée par les médias de huit premiers ministres à Londres devenait, dans cette perspective, une arme difficile à manœuvrer.

---

* Pour me faire saisir la délicatesse de cette situation, un fonctionnaire de l'Ouest se servit d'une comparaison plus ou moins exacte, mais utile: «Nos gens trouveraient aussi inacceptable, me dit-il, de voir les provinces aller attaquer le gouvernement du Canada à Londres que ce l'aurait été chez vous, il y a quelques années, si des évêques québécois étaient allés dénoncer le pape sur la place Saint-Pierre de Rome!» De leur côté, certains partisans de l'action unilatérale fédérale condamnèrent la notion même d'une mission du groupe des Huit à Londres en alléguant que le front commun ferait ainsi preuve d'une humiliante dépendance colonialiste. Ces mêmes personnes ne voyaient toutefois rien de répréhensible dans le fait que les libéraux fédéraux comptent sur la Grande-Bretagne pour modifier la constitution sans le consentement majoritaire des provinces!

Changement de capitaine

La rencontre annuelle régulière des premiers ministres des provinces eut lieu, les 13 et 14 août, à Victoria, Colombie-Britannique. Ceux du front commun ne s'étaient pas revus depuis la signature de leur accord du 16 avril. Dans cet intervalle, la coordination s'était faite au niveau des ministres chargés des affaires constitutionnelles. Après quelques semaines d'été et, pour certains, de vacances plus ou moins hachurées, le temps était maintenant venu, une fois de plus, de faire le point sur la saga politique qui agitait le Canada depuis octobre 1980.

Comme toutes celles du même genre dans les moments de tension, la réunion commença au milieu de rumeurs sur lesquelles les journalistes cherchèrent des commentaires auprès des membres des délégations: la Cour suprême n'allait-elle pas rendre sa décision avant la fin du mois? le front commun était-il moins ferme qu'avant? d'ailleurs, Brian Peckford ne s'apprêtait-il pas à le quitter bientôt? À la fin de juin, Ottawa avait en effet laissé entendre que, pour appuyer le premier ministre de Terre-Neuve dans son conflit avec le Québec au sujet du prix et de la vente, aux États-Unis, de l'électricité provenant des chutes Churchill, il invoquerait ses grands pouvoirs d'intervention pour forcer le Québec à garantir à cette province un corridor à travers son territoire! Depuis lors, d'aucuns tenaient pour acquis que les libéraux fédéraux visaient ainsi, en plus d'appliquer leur politique systématique de confrontation avec le Québec, à détacher Peckford du front commun.

En ce qui concerne la Cour suprême, personne n'en savait rien, mais la fin d'août n'était pas exclue, pas plus d'ailleurs que septembre ou même octobre; quant au front commun, il était aussi solide qu'avant. Et Peckford? Eh bien, demandez-lui! Et Peckford d'affirmer qu'il était toujours aussi farouchement déterminé à combattre le plan fédéral. Le fait est que le gouvernement central venait d'annoncer aux provinces maritimes, et à Terre-Neuve en particulier, qu'il s'apprêtait à aborder avec elles la question des richesses naturelles au large des côtes et qu'en cas de désaccord elles risquaient de faire face à une action unilatérale. Rien là-dedans, donc, pour mettre Peckford de bonne humeur.

Les premiers ministres alliés d'Ottawa, Davis et Hatfield, participaient aussi à la rencontre. Ils furent l'objet de pressions de la part de leurs collègues du front commun. Rien n'y fit: ils continueraient à soutenir Trudeau. Pour traiter de sa stratégie constitutionnelle, le groupe des Huit dut donc se réunir en leur absence. Discrétion obligeait.

La réunion de Victoria mettait fin au mandat de Sterling Lyon du Manitoba comme président de la conférence interprovinciale. Selon la coutume, le tour était maintenant venu pour Bill Bennett, premier ministre de la Colombie-Britannique, d'assumer, pour l'année à venir, cette responsabilité. Membre du groupe des Huit, il lui revenait aussi celle de veiller à la coordination du front commun. Son ministre des Affaires intergouvernementales, Garde Gardom (celui qui espérait que l'accord du 16 avril serait *palatable* à Trudeau), l'aiderait dans cette tâche.

Gardom m'expliqua que son premier ministre et lui-même demeuraient très inquiets du fossé qui, depuis sa création, existait entre le front commun et les trois autres gouvernements. Selon lui, ce n'était bon pour personne. Il faudrait éventuellement trouver un terrain d'entente. Autrement, les fédéraux finiraient par conduire leur projet à terme.

Le style de Bennett contrastait avec celui de Lyon, son prédécesseur. Il aurait souhaité un moratoire sur les questions constitutionnelles et s'en ouvrit publiquement, à titre personnel, lors d'une conférence de presse. Selon lui, le public souhaitait voir les gouvernements s'occuper davantage de sujets d'ordre économique. Commentaire classique que, comme ministre ou sous-ministre, j'ai dû entendre plus de cent fois. Dans la bouche de Bennett, il indiquait cependant, comme nous l'apprendrions quelques semaines plus tard, que notre nouveau président comptait s'illustrer par la recherche active d'un compromis entre Ottawa et les provinces.

Un sondage sur l'évidence

À Victoria, le groupe des Huit avait reçu les résultats du sondage commandé au début de l'été à une entreprise de l'Ouest.

L'idée était moins de mesurer scientifiquement une réalité politique difficile à percevoir — cette réalité était déjà connue —, que de pouvoir s'appuyer en public sur les sentiments populaires que révélerait ce sondage et qui viendraient opportunément confirmer les positions du front commun. Celui-ci imitait en cela les fédéraux. Dans leurs propres enquêtes d'opinion dont ils faisaient largement état, les fédéraux ne cherchaient en effet jamais à savoir comment les gens réagissaient à leur action unilatérale. Ils s'en tenaient plutôt à des questions aux réponses aisément prévisibles, comme celle-ci: êtes-vous personnellement en faveur d'une charte des droits conçue pour protéger les citoyens contre les abus gouvernementaux? Ces réponses, ils les présentaient ensuite comme la démonstration évidente qu'ils avaient la majorité des Canadiens derrière eux. Ce jeu durait depuis déjà un bon laps de temps.

Pour son sondage, le front commun sélectionna en conséquence des questions dont, disons-le, il était d'avance sûr que le résultat lui plairait. Effectivement, il lui plut.

Des personnes interrogées, 90% se dirent d'accord avec l'idée que les changements à la constitution canadienne devraient se faire « au Canada par les Canadiens»; 88% étaient d'avis que cela devrait résulter de négociations entre le premier ministre fédéral et ses collègues provinciaux; et ainsi de suite. Une des questions était un peu plus significative que les autres. En substance, elle disait ceci: lorsque des changements constitutionnels modifient les droits et les pouvoirs des provinces, l'accord de celles-ci est-il nécessaire? On répondit à 77% que oui.

Personnellement, vu mes doutes sur le questionnaire, je retins surtout cette dernière indication. Pour moi, elle était, de loin, la plus sérieuse et, pour le front commun, la plus importante et la plus rassurante de toutes. La plus vraie aussi. Ce que je fis valoir, le 20 août 1981, en rendant le sondage public à Québec. Cependant, quoi que j'aie dit ce jour-là en conférence de presse, le sondage du front commun n'impressionna pas grand monde. Les commentateurs se firent un devoir «objectif» de stigmatiser les failles scientifiques de notre approche, mais sans mentionner les fréquents abus d'Ottawa en la matière. Ce qui n'interdit pas à tel ou tel membre du front commun, pendant les semaines subséquentes, de se servir de ce sondage pour montrer que le soi-disant appui de la population aux visées fédérales n'était nullement aussi étendu que les porte-parole d'Ottawa le laissaient régulièrement entendre. De ce point de vue, l'enquête d'opinion publique, si discutable fût-elle, avait atteint son but.

À des affirmations fédérales tronquées, le groupe des Huit pouvait désormais offrir des répliques biaisées. À la guerre comme à la guerre!

Petit malentendu

Dans une note d'un chapitre précédent, j'ai expliqué que René Lévesque et moi, en raison des rapports que nous avions établis au cours des années, nous nous entendions sans difficulté et parfois même de façon tacite sur la stratégie à adopter ou sur l'attitude à prendre. Il reste qu'en au moins une circonstance, la suivante, une meilleure concertation entre nous eût été utile.

Le 18 août, le nouvel ambassadeur de Grande-Bretagne au Canada, lord Moran, vint rendre visite au premier ministre. On aborda, bien entendu, le problème constitutionnel. Questionné par les journalistes à la suite de cette rencontre dont j'étais absent, Lévesque déclara, sans fournir de détails, avoir dit à l'ambassadeur que, si le Québec n'avait pas le choix, il consentirait au rapatriement «pur et simple» de la constitution.

Intrigués, des journalistes profitèrent de ma présentation publique du sondage des Huit pour m'interroger sur le sens des mots «pur et simple». Surpris de la déclaration du premier ministre, ignorant ce qu'il avait exactement voulu entendre et, surtout, dans l'impossibilité de répondre que j'allais m'informer auprès de lui (ce qu'on aurait perçu comme l'indice d'un grave flottement dans nos positions), j'essayai de m'en tirer en interprétant littéralement ses paroles: «pur et simple» signifiait la canadianisation du texte constitutionnel, mais sans formule d'amendement, problème à régler par la suite au Canada.

Le mieux eût été, pour moi, d'esquiver la question.

Mon interprétation fit en effet la nouvelle, mais pour une raison inattendue. Certains observateurs venaient, me sembla-t-il, de comprendre que, pour la première fois et contrairement à sa position historique, le Québec acceptait le rapatriement sans accord préalable sur le partage des pouvoirs. Dans les jours suivants, j'indiquai aux journalistes qu'il ne se trouvait pas là matière à nouvelle: depuis des mois déjà, l'accord interprovincial du 16 avril prévoyait le rapatriement. Force fut de constater que cet aspect de l'accord avait, à l'époque, relativement échappé à l'attention des médias. Ils étaient plutôt absorbés par la réélection du Parti québécois, trois jours avant.

Vu la tournure des événements, Lévesque eut, à son tour, de nouveau à faire face à des questions. Non, c'était vrai, l'acceptation du rapatriement par le Québec n'était pas une véritable nouvelle. Le sens de l'expression «pur et simple»? Eh bien, elle signifiait «purement et simplement» que le rapatriement ne comporterait pas de charte des droits, position québécoise connue depuis longtemps. Y aurait-il une formule d'amendement? Bien sûr, cela va de soi. D'ailleurs, ajouta Lévesque, comment pourrait-on procéder au rapatriement de la constitution si on ne s'entend pas d'abord sur la manière de la modifier? Tout cela était prévu dans l'accord d'avril. Pourquoi revenir là-dessus? Ah oui, à cause du «pur et simple».

Lévesque s'amusa plus tard de l'embarras dans lequel je m'étais mis en interprétant ses paroles au pied de la lettre. Je les avais, paraît-il, sorties de leur contexte! À quoi je répondis amicalement qu'à l'occasion certaines de ses expressions posaient tout un défi à l'auditeur. Comme cette fois, par exemple, où il avait, devant moi, qualifié un projet de «relativement essentiel»...

Légalité illégitime

C'est finalement le 28 septembre que la Cour suprême rendit sa décision.

Au cours des semaines précédentes, les membres du front commun avaient examiné à peu près toutes les hypothèses de jugement. Comme c'est habituel, même dans les cas les plus complexes, les médias voudraient connaître la réaction des provinces dans les minutes suivant la décision. Il fallait savoir quoi répondre et, surtout, ne pas donner l'impression d'être pris au dépourvu quelle que fût la décision.

Tout un scénario avait été mis au point. Les ministres responsables du dossier constitutionnel se trouveraient à Ottawa pour prendre connaissance de la décision télédiffusée en direct et se concerter sitôt après. Les premiers ministres, eux, tiendraient ensuite une conférence téléphonique et la réaction du front commun serait communiquée aux médias, un peu plus tard dans la journée, par Bill Bennett, le nouveau président du groupe des Huit.

J'étais donc à Ottawa ce matin-là, avec mes collègues des autres provinces. Rivés à nos postes de télévision, nous étions anxieux. Que diraient les neuf honorables juges dans ce que d'aucuns considéraient comme la plus importante décision jamais rendue par la Cour suprême?

À la lumière du droit, le projet fédéral est légal, répondirent-ils majoritairement, mais anticonstitutionnel, c'est-à-dire illégitime selon les pratiques qui doivent prévaloir dans un régime fédéral. Légal mais illégitime! Les fédéraux avaient donc le droit d'agir unilatéralement, mais, faute d'un appui provincial suffisant, cette manière de faire était répréhensible (voir Document 7 en annexe).

Que penser de cette décision? Nous avions à peine eu le temps de commencer notre réflexion à ce propos que déjà Jean Chrétien* manifestait sa bruyante satisfaction sur les ondes: la cour donne raison à Ottawa, proclama-t-il en substance, et lève tous les obstacles au rapatriement unilatéral; tout est maintenant réglé. Cette belle assurance se répercuta chez tous les représentants libéraux que les journalistes purent joindre à Ottawa. Nous avons gagné, répétèrent-ils tous en chœur.

---

* «(La cour) disait que l'action unilatérale du gouvernement fédéral était légale mais contraire aux coutumes et aux traditions qui nécessitaient l'accord des gouvernements provinciaux pour procéder à des amendements constitutionnels. Je sautai sur le mot 'légale' et j'oubliai le reste». Jean Chrétien, *Dans la fosse aux lions*, p. 185. Du même auteur et du même livre, p. 193: «En politique, les raisonnements intelligents sont quelquefois moins importants que l'impression qu'ils créent chez les citoyens.»

Nous n'en étions pas si sûrs. Visiblement, les libéraux s'en tenaient à leur présentation coutumière: le projet est légal, donc il est bon et doit être conduit à terme. Sauf que la cour avait posé un acte remarquable. Plutôt que de se contenter de statuer strictement sur la légalité, elle s'était également prononcée sur la légitimité de l'ensemble. À cet égard, elle donnait clairement raison aux provinces du front commun. Qui plus était, l'absence de légitimité, tout comme c'eût été le cas avec l'illégalité, empêcherait les Britanniques de consentir au rapatriement. Conclusion: Trudeau ne s'en tirerait pas sans obtenir l'appui d'une majorité de provinces. Somme toute, la décision de la cour, si elle convenait partiellement à Ottawa, encourageait en revanche le groupe des Huit à maintenir son opposition. Chacun y trouvait son compte, mais rien n'était vraiment résolu. Les juges venaient de renvoyer la balle constitutionnelle dans le camp des politiciens.

L'accent mis par la cour sur l'illégitimité du projet d'Ottawa allait exactement dans le sens de l'argumentation québécoise des derniers mois. Comme nous l'avions si souvent affirmé, la tentative de Trudeau non seulement démentait le sens de ses engagements référendaires, mais elle était bel et bien un coup de force fondé sur le mépris des conventions constitutionnelles. Cela était maintenant reconnu par la plus haute instance judiciaire du pays qui, en outre, admettait que le plan d'Ottawa modifierait directement, sans leur consentement, les compétences des provinces. Voilà plus qu'il n'en fallait pour reprendre la lutte. Le fait que la cour ait, malgré tout, jugé légal le projet fédéral alimenterait aussi nos interventions à venir: curieux régime politique, en effet, que celui où il demeure légal pour le gouvernement central de modifier seul et à son gré la loi fondamentale du pays.

Tel que prévu, les premiers ministres du groupe des Huit se consultèrent en conférence téléphonique. Peu après, Lévesque, heureux de la décision de la cour, me demanda de revenir le plus rapidement possible à Québec. Son intention était de donner une conférence de presse à cinq heures. Il tenait à ma présence, ainsi qu'à celle de Claude Charron, de Marc-André Bédard et de Jacques-Yvan Morin. Entre-temps il rédigerait une déclaration exprimant le point de vue du gouvernement. Il ne voulait pas attendre l'intervention de Bennett. Cela risquait d'arriver trop tard dans la journée, me dit-il; en plus, Bennett lui avait semblé trop conciliant, peu désireux d'exploiter à fond le caractère illégitime du projet d'Ottawa.

J'appris plus tard que Bennett n'avait pas beaucoup apprécié que Lévesque aille informer la presse avant lui. Lévesque fut particulièrement ferme et éloquent. Ses prises de positions firent bien davantage la nouvelle à travers le Canada que celles, moins colorées, du premier ministre de la Colombie-Britannique. Compte tenu du jugement nuancé de la cour, Bennett demanda en effet au premier ministre fédéral de retourner à la table de négociations avec les provinces. Il n'y avait pas là matière à manchettes. Pourtant, comme on le verra, c'est ce que Bennett avait dit de plus important

Nous ne savions cependant pas alors que, cinq jours avant la décision de la Cour suprême, Bennett avait discuté de constitution avec Trudeau (officiellement, il le rencontrait pour parler d'une conférence fédérale-provinciale à venir sur l'économie) qui l'interrogea sur l'attitude de certains des membres du front commun: ceux-ci ne se révéleraient-ils pas plus ouverts à l'endroit de son projet advenant un jugement non concluant de la Cour suprême? Un tel jugement devrait probablement conduire à de nouvelles négociations. Bennett promit de s'informer et annonça d'ailleurs à Trudeau qu'il envisageait justement de s'entretenir à ce propos avec chacun de ses collègues, dès après la décision de la cour.

À mon départ d'Ottawa en milieu d'après-midi, croisant Roy Romanow, j'eus un bref échange avec lui. L'opinion de la cour le satisfaisait entièrement. Il ajouta cependant ceci: «Tu as remarqué, Claude, que la cour n'a pas dit que l'unanimité des provinces était requise pour légitimer le rapatriement; une majorité suffirait.»

Dans l'avion gouvernemental qui me ramenait à Québec, je méditai un peu cette dernière phrase. Son sens allait devenir plus limpide le 5 novembre suivant.

Le message d'Extrême-Orient

À l'époque, Pierre Elliott Trudeau faisait un voyage officiel à Séoul, Corée du Sud. C'est là qu'il apprit la teneur de la décision de la Cour suprême. À cause du décalage horaire, sa réaction ne fut connue au Canada qu'au matin du 29 septembre, dans une conférence de presse télédiffusée.

Elle contrastait avec celle, triomphaliste, de Chrétien la veille. Bien sûr, il se réjouit du fait que la cour ait reconnu la légalité de son projet, mais, en réponse à la question d'un journaliste, il déclara:

> Si (les provinces) conviennent que notre action est légale et (qu'elles) se disent prêtes à trouver une solution, je veux bien les écouter.

Il précisa toutefois que les nouvelles négociations, si elles devaient avoir lieu, se feraient effectivement «à la condition qu'elles ne soient pas une tactique pour gagner du temps» et que les décisions fédérales éventuelles, à la lumière de la décision de la Cour, «dépendront un peu et même beaucoup des réactions des provinces (...). J'ai dit que je voulais agir vite, mais je n'ai pas dit immédiatement.»

Quelques observateurs déduisirent des commentaires de Trudeau que la décision de la Cour suprême l'avait soudainement assagi. Voilà, en effet, qu'il se montrait maintenant beaucoup plus «ouvert» à la discussion qu'on aurait pu jusque-là le croire. Il acceptait même, en principe du moins, l'invitation de Bennett de retourner à la table de négociations. L'illégitimité déclarée de son projet l'avait-elle conduit à mettre de l'eau dans son vin? Et à composer avec les provinces dissidentes?

En un sens oui, mais il fallait décoder son comportement.

À Québec, il nous parut clair que son objectif était surtout de diviser le groupe des Huit. Plus que quiconque, Trudeau savait que, même légal au plan strict, son projet serait mal accueilli à Londres tant qu'il demeurerait illégitime, contraire aux conventions. En somme, il devait être soutenu par une majorité de provinces. Déjà deux l'approuvaient, et ce depuis le début: l'Ontario et le Nouveau-Brunswick. Il lui fallait désormais amadouer au moins quatre autres provinces, et même cinq ou six. La phase des ultimatums et de l'arrogance trop évidente était terminée. Pour conduire à bien cette indispensable opération d'envergure, mieux valait paraître conciliant.

Par oppposition aux déclarations tonitruantes de Chrétien la veille, son patron, le lendemain, paraissait raisonnable: bien que «victorieux», le gouvernement fédéral se déclarait toujours à la recherche d'un compromis.

Le président-médiateur

Bill Bennett, quant à lui, se découvrit tout un mandat dans ce message coréen.

Porte-parole des provinces pour l'année en cours, président par la force des choses du Groupe des Huit, il se départit graduellement de ce rôle et, sans en parler aux autres premiers ministres provinciaux, se confia plutôt à lui-même une mission de médiateur, soucieux du bien commun canadien et apôtre d'un rapprochement avec les fédéraux. Peut-être arriverait-il ainsi à réaliser ce rêve, glorieux pour un premier ministre de province habituellement privé de «couverture nationale» dans les médias et dont son ministre, Garde Gardom, m'avait parlé en janvier: un projet constitutionnel qui serait *palatable* à Trudeau?

Bennett commença sa tournée pancanadienne à Québec. Le 30 septembre, Lévesque et lui discutèrent de constitution pendant une heure. Le front commun tenait toujours. Du moins c'est ce qui ressortait des réponses aux questions des journalistes. La Cour suprême ayant établi l'illégitimité du geste fédéral, les provinces étaient, selon Lévesque et Bennett, déterminées à tenir leur bout. Sans un appui substantiel de leur part, Trudeau ne parviendrait jamais à faire accepter sa démarche par Londres; il lui faudrait donc reprendre contact avec les provinces et, comme elles le souhaitaient, abandonner son action unilatérale. Le Québec, en tout cas, ne se soumettrait jamais aux conséquences constitutionnelles d'un coup de force, illégitime par-dessus le marché.

On doit ici noter au passage que, quelques semaines plus tôt, un accord était intervenu, après de longs mois de discussions ardues, entre le gouvernement central et l'Alberta sur le prix du pétrole. Quoique satisfaite là-dessus, cette province avait quand même réitéré son opposition au projet constitutionnel d'Ottawa. Effectivement, le front commun paraissait toujours aussi solide. Les autres provinces du groupe des Huit ne semblaient pas non plus être particulièrement impressionnées par l'«ouverture» de Trudeau.

Seule note un peu étrange dans ce concert de solidarité: l'insistance bonne-ententiste constante, à l'occasion presque suppliante, du premier ministre de la Colombie-Britannique en faveur d'une reprise des négociations constitutionnelles. On aurait dit, par moments, qu'il cherchait à donner une dernière chance à Trudeau de se racheter, et même de se faire pardonner son égarement unilatéral depuis octobre 1980.

Mais renégocier sur quelles bases? À ce propos, Bennett fit une ou deux fois vaguement allusion au contenu de l'entente signée par le front commun le 16 avril. Il donnait l'impression de s'y référer, mais sans le prétendre aussi nettement, comme à un «bon point de départ», comme à un «effort positif des provinces dans la bonne direction».

Au cours des semaines suivantes, le premier ministre de telle ou telle province fit parfois évasiment écho, comme si c'était le refrain obligé dans les circonstances, à la nécessité d'une reprise des pourparlers. Selon la sagesse commune* émergente, il paraissait plus important, aurait-on dit, de réamorcer la conversation avec les fédéraux que de

---

* Par sagesse commune, j'entends ici ce phénomène, fréquent en politique, selon lequel, en certaines circonstances complexes, les décideurs, les commentateurs et les observateurs — donc à peu près tout le monde — ressentent le besoin sécuritaire, face à la perplexité ou à l'attente générales, de se replier, comme sur autant de familières bouées de sauvetage, vers des maximes courantes ou des vérités reçues dont le grand mérite, en général fondé sur l'insignifiance, est d'occulter les difficultés réelles et de rallier aisément, dans un consensus factice et éphémère, ceux qu'une réaction moins superficielle amènerait autrement à réfléchir davantage au fond d'un problème. C'est à cette sagesse commune qu'appartiennent des phrases politiciennes comme: «Le temps est maintenant venu de reprendre les négociations». Ou, si l'on veut un peu caricaturer: «Mieux vaut s'entendre qu'être en désaccord!»

savoir de quoi les provinces du front commun désireraient discuter avec eux.

Comment devions-nous interpréter la «bonne volonté» patente de Bennett? Rien de bien inquiétant; ses déclarations apaisantes découlaient probablement, imaginions-nous, de l'image positive qu'il voulait donner de lui-même comme porte-parole des provinces.

Une résolution étanche

Le début d'octobre apporta une nouvelle épreuve à Claude Ryan.

Sitôt connue la décision de la Cour suprême, René Lévesque annonça la convocation d'une session d'urgence de l'Assemblée nationale. Le gouvernement était depuis longtemps d'avis que, dans tous les cas, les députés devraient solennellement tirer de la décision de la cour les conclusions qui s'imposaient. Ils seraient donc appelés à voter une résolution consignant clairement leur opinion sur l'évolution du dossier constitutionnel.

Les libéraux commencèrent par laisser entendre que le gouvernement cherchait à exploiter le jugement de la cour à son avantage partisan. Ils mirent aussi en doute la situation d'urgence invoquée par Lévesque.

En réalité ils craignaient d'avoir, une fois de plus, à se prononcer sur le projet du chef libéral fédéral, envers qui bon nombre de leurs partisans nourrissaient une indiscutable vénération. Tout en entourant ses prises de positions de diverses nuances susceptibles de rassurer quelque peu les plus trudeaulâtres d'entre eux, Claude Ryan s'était déjà à maintes reprises élevé contre la façon d'agir d'Ottawa. Les libéraux auraient aimé en rester là. Rien de bon ne pouvait, pour eux, résulter d'un débat qui risquait encore de les diviser et d'accoler un peu plus, à leur parti, cette image embarrassante d'une formation à double allégeance politique dont ils avaient souffert aux élections du 13 avril.

Allait-on, dans ces conditions, revivre l'expérience de novembre précédent? À l'époque, sûrs d'avoir le vent dans les voiles et peu désireux de s'associer aux «séparatistes», les libéraux avaient voté contre une résolution s'opposant à la démarche unilatérale fédérale. Reverrait-on les mêmes séances de maquignonnage et cette même recherche, parfois humiliante pour le gouvernement, de tournures sémantiques calibrées en fonction des préoccupations libérales?

Un an plus tard et surtout depuis les élections d'avril, la conjoncture était bien différente. Il n'y avait plus, pour les libéraux, ni de vent ni de voiles. En outre, la Cour suprême, institution fort respectée par eux, venait de déclarer illégitime l'opération constitutionnelle d'Ottawa. Pourraient-ils alors se défiler?

Nous connaissions évidemment les états d'âme de l'opposition. Pour faciliter les choses et pour illustrer la portée politique de la résolution à voter, le gouvernement décida que celle-ci serait, si possible, conjointement préparée par les deux partis de l'Assemblée nationale. Ce fut ainsi que René Lévesque et Claude Ryan, ainsi que les deux leaders parlementaires, Claude Charron et Gérard-D. Lévesque, entreprirent de mettre au point un texte acceptable pour tous.

Soucieux de ménager des députés et des partisans aux yeux de qui toute réprobation de Trudeau confinait au sacrilège politique, les libéraux formulèrent quelques exigences acceptées par le gouvernement. Ainsi, quoique d'accord pour faire état de l'illégitimité du projet fédéral, ils insistèrent pour inscrire, dans la résolution, que la Cour suprême en avait quand même reconnu la légalité. De la même façon, là où le gouvernement déclarait que l'Assemblée *refusait* toute atteinte unilatérale à ses droits, les libéraux préférèrent que celle-ci *s'oppose*. Ils tinrent également à l'addition d'un paragraphe réclamant l'ouverture de nouvelles négociations. On sentait que, même avec une résolution stylisée conformément à leurs goûts, les libéraux n'étaient pas au bout de leurs peines.

Le 30 septembre, après des heures de pourparlers entre le gouvernement et l'opposition, ponctuées de réunions successives du caucus libéral, on aboutit finalement au texte suivant, que chaque parti s'engagea à ne plus modifier par la suite et sur lequel on voterait deux jours plus tard:

> La Cour suprême du Canada ayant décidé que le projet fédéral concernant la constitution du Canada réduit les pouvoirs de l'Assemblée nationale du Québec et que l'action unilatérale du gouvernement fédéral, bien que légale, est inconstitutionnelle parce que contraire aux conventions, cette Assemblée
> — réclame du gouvernement fédéral qu'il renonce à sa démarche unilatérale,
> — s'oppose à tout geste qui pourrait porter atteinte à ses droits et affecter ses pouvoirs sans son consentement,
> — et demande au gouvernement fédéral et à ceux des provinces qu'ils reprennent sans délai les négociations dans le respect des principes et des conventions qui doivent régir les modifications du régime fédéral canadien.

Dissidence

Les rumeurs commencèrent immédiatement à courir. Ryan faisait face, disait-on, à la rébellion d'une importante fraction de son groupe parlementaire. Une douzaine, une quinzaine même de députés libéraux voteraient, semblait-il, contre la résolution pourtant acceptée par leur chef et, au surplus, parfaitement conforme à la position officielle de leur parti. Quelque chose clochait quelque part.

Pendant deux jours, les journalistes cherchèrent à interviewer les députés présumés récalcitrants pour en savoir davantage. Réagissaient-ils contre Ryan qui n'avait pas conduit leur parti à la victoire, le 13 avril? Ces députés étaient-ils davantage d'accord avec Trudeau qu'avec leur chef? Sinon, qu'y avait-il d'inacceptable dans la résolution? Étaient-ils troublés par la perspective de s'allier, même le temps d'un vote, au Parti québécois? Comme le veut l'expression courante, les libéraux étaient profondément divisés. En novembre 1980, ils s'en étaient tirés en rejetant tout simplement la résolution du gouvernement. Cette fois-ci, les circonstances et ses propres convictions poussaient Ryan à imposer un geste politique jugé indigeste par plusieurs.

Les libéraux fédéraux mirent leur grain de sel. Le 1er octobre, Jean Chrétien crut opportun de dire ceci:

> Si M. Ryan est assez fou pour s'associer à M. Lévesque, il aura à en répondre à ses militants (...). M. Ryan est libéral depuis peu de temps. En 1976, il a demandé aux Québécois de voter pour le Parti québécois. Je ne suis donc pas surpris de le voir changer d'idée de temps en temps.

Selon le ministre André Ouellet, Ryan «commettait une grave erreur»:

> (A-t-il) des garanties sérieuses que M. Lévesque veut avoir des négociations sérieuses avec le gouvernement fédéral? Ça prend une naïveté pour croire que des négociations puissent être objectives avec le gouvernement du Parti québécois.

Ryan répondit aux deux intervenants qu'il n'avait d'ordres à recevoir de personne «et surtout pas d'Ottawa à ce moment-ci».

Vint finalement le 2 octobre, moment du vote. John Ciaccia, un des libéraux qui rejeta la résolution, s'en expliqua, confondant visiblement fédéralisme et indépendance:

> Cette motion est un piège. C'est un feu vert au PQ pour la promotion de sa thèse séparatiste. Je vote contre cette motion parce qu'elle est dangereuse pour l'unité de notre pays.

La veille, un autre réfractaire, John O'Gallagher, député de Robert-Baldwin, avait annoncé ainsi son opposition à la résolution:

> Je ne peux pas voter pour le PQ qui est susceptible d'utiliser mon nom. Leurs mains sont trop entachées d'irrégularités contre les droits individuels, par exemple cette odieuse Loi 101.

Quant à Michel Gratton, député de Gatineau, il avait décidé de ne pas appuyer la résolution. Entre autres raisons et à l'instar de certains de ses collègues, il soupçonnait le gouvernement de préparer en douce la tenue d'un référendum québécois sur le projet fédéral. Il voulait d'avance se dissocier de toute entreprise éventuelle du gouvernement en ce sens.

Tous les libéraux qui suivirent leur chef ne le firent pas allégrement. Ainsi, Lise Bacon trouva le moyen de qualifier Trudeau de «grand démocrate, un génie» et de dire que, vu l'obligation pour elle de voter avec les «séparatistes», elle faisait «le geste le plus odieux» de sa carrière.

Résultat: 111 députés en faveur de la résolution et 9 contre, tous libéraux *.

---

* Ces libéraux étaient: Michel Gratton (Gatineau), Lucien Caron (Verdun), John Ciaccia (Mont-Royal), John O'Gallagher (Robert-Baldwin), Clifford Lincoln (Nelligan), Cosmo Maciocia (Viger), William Cusano (Viau), Richard D. French (Westmount) et Joan Dougherty (Jacques-Cartier). Pour ce vote historique, les 42 membres de la députation étaient tous présents. Du côté du gouvernement, comme il l'avait annoncé la veille du vote, Jacques Parizeau avait dû se rendre à une rencontre fédérale-provinciale des ministres des Finances.

Malgré la dissidence déclarée d'une partie de sa députation (ou à cause d'elle) et même s'il n'avait plus tellement le choix depuis l'élection du 13 avril, Claude Ryan avait posé un acte courageux et politiquement significatif. Il montrait qu'on pouvait, au Québec, s'opposer aux manipulations d'Ottawa sans être pour autant souverainiste. Ce qui, de la part d'une personnalité libérale de premier plan, contredisait une équation commode et classique de la propagande fédérale selon laquelle «Trudeau = Fédéralisme» et «Lévesque = Séparatisme».

Ce geste, les libéraux fédéraux et l'importante fraction trudeauphile de son parti ne devaient jamais le lui pardonner.

19
Le virage

Fin septembre, Bennett n'agissait déjà plus comme président du groupe des Huit, mais comme médiateur autopropulsé entre Ottawa et les sept autres provinces du front commun.

Des collègues, notamment Dick Johnston, de l'Alberta, comprirent la mission «diplomatique» de Bennett. Leurs gouvernements auraient préféré en être informés au préalable, mais ils étaient d'accord sur une chose: le conflit constitutionnel ne pouvait ni ne devait s'éterniser. La population canadienne, selon eux, ne tolérerait plus indéfiniment la crise en cours.

Autre développement. La décision de la Cour suprême et le besoin d'unité dans son parti (où l'appui au rapatriement unilatéral ne faisait pas que des heureux) forcèrent Broadbent à une mutation: le NPD ne soutiendrait dorénavant les libéraux que si Trudeau renégociait.

Du mont Orford à Melbourne

Le débat à l'Assemblée nationale coïncida avec deux autres événements: un caucus, au mont Orford, de la section québécoise des libéraux fédéraux et la présence de Pierre Elliott Trudeau à Melbourne, Australie, où se tenait une conférence des pays du Commonwealth.

Les libéraux fédéraux étaient conscients que la légalité de leur plan constitutionnel ne réussissait pas, au Québec particulièrement, à en masquer l'illégitimité. Celle-ci venait d'ailleurs d'être confirmée par l'appui de Ryan à la résolution du gouvernement. Le 3 octobre, au terme de leur réunion consacrée en majeure partie à la conduite à adopter à l'endroit de la décision de la cour, Marc Lalonde, leur porte-parole, annonça que son parti s'en prendrait désormais, avec plus de vigueur que jamais, au gouvernement péquiste et à tout ce qu'il représentait. Il alla même jusqu'à comparer Lévesque à Mussolini. Selon lui, le premier se servait de la constitution comme Mussolini de la guerre d'Éthiopie dans les années 1930: pour faire oublier ses problèmes économiques et sociaux internes!

La veille, Serge Joyal, secrétaire d'État, avait dévoilé le lancement prochain d'un programme de publicité d'un million de dollars à être dépensé uniquement au Québec; les autres provinces, disait-il pour se justifier, n'avaient pas fait de propagande constitutionnelle. Ce programme, préparé par le centre d'information sur l'unité canadienne, devait donner la réplique à la campagne «Minute Ottawa!» en cours au Québec depuis quelques semaines. S'agissait-il de démontrer que c'était avec un projet de réforme s'attaquant aux pouvoirs du Québec qu'Ottawa entendait donner suite aux promesses référendaires de mai 1980? Quoi qu'il en soit, il avait fait du chemin, l'ancien député contestataire Joyal, maintenant assagi et depuis peu promu au cabinet en raison des services rendus à la cause de Trudeau.

Décidément, les libéraux fédéraux étaient partis en guerre. Il leur fallait passer à l'attaque eux-mêmes, sur le terrain québécois. Ryan ne leur inspirait plus confiance et la décision de la Cour suprême, malgré les rodomontades de Chrétien, les avait ébranlés.

De l'autre coté de la planète, Trudeau laissait savoir qu'il s'était entretenu avec Margaret Thatcher, elle aussi à Melbourne. Son message, probablement pour la forme: le projet constitutionnel est légal et la Grande-Bretagne devrait en conséquence s'exécuter. Ce n'était pas très convaincant. Tout le monde savait qu'un obstacle majeur subsistait: l'opposition d'une majorité de provinces à ce projet. Margaret Thatcher en fit même état au cours de sa rencontre et se contenta de dire, dans un communiqué, que le gouvernement britannique s'occuperait du rapatriement «le plus tôt possible». Pour les Britanniques, la légalité ne suffisait pas.

Pressé par des journalistes de commenter l'appui de Ryan à la résolution du premier ministre Lévesque, Trudeau affirma qu'il n'y avait désormais plus, au Québec, d'opposition au gouvernement péquiste sur la question constitutionnelle. Ce rôle reviendrait, par la force des choses, au libéraux fédéraux, apparemment plus authentiques dans leurs convictions fédéralistes que ceux de Ryan. Cette atttitude correspondait exactement à l'état d'esprit qui animait le caucus du mont Orford.

Le premier ministre fédéral déclara également, en réponse à un défi récent de Joe Clark, qu'il était prêt à consulter l'électorat canadien sur la question constitutionnelle. L'idée que Trudeau n'avait pas reçu, sur ce sujet, de mandat populaire revenait de temps à autre dans les conférences de presse et dans les éditoriaux. À Québec, les membres du gouvernement insistaient régulièrement sur ce point; certains, comme Marc-André Bédard (et Claude Ryan lui-même, plus tard en octobre), proposaient, au besoin, un référendum à travers le Canada. Le Québec* avait consulté la population sur son projet politique; pourquoi n'en faisait-on pas autant à Ottawa?

---

* Au Québec, après la décision de la Cour suprême, plusieurs suggestions furent formulées sur la manière de bloquer le projet fédéral. Certains parlèrent de recourir à la désobéissance civile si jamais Ottawa faisait approuver par Londres son plan illégitime. Des associations de comté du Parti québécois proposèrent au gouvernement de déclarer unilatéralement l'indépendance du Québec. Au gouvernement même, l'idée d'un nouveau référendum fut un instant évoquée; il porterait non plus sur la souveraineté-association, mais sur le projet fédéral. René Lévesque admit, dans une entrevue télévisée, que cette hypothèse avait été examinée parmi d'autres, mais qu'aucune décision ferme n'avait été prise.

Les journalistes demandèrent aussi au premier ministre fédéral s'il comptait donner suite à l'offre de reprise des pourparlers, formulée par Bennett tout de suite après la décision de la cour. Cette offre était maintenant appuyée par les autres partis politiques d'Ottawa, ainsi que par beaucoup de commentateurs. Trudeau répondit être toujours disposé à des discussions avec les provinces. À deux conditions toutefois: que les provinces aient du nouveau à proposer et qu'elles ne cherchent pas à émasculer la charte des droits sur laquelle, cependant, il serait heureux de recevoir leurs suggestions. Il offrit même de rencontrer Bennett, à Vancouver, sur la voie du retour.

Selon Trudeau, il appartenait donc aux provinces de faire de nouvelles propositions. C'est-à-dire, en termes clairs, de découvrir entre elles un accommodement quelconque avec un projet fédéral dont la substance ne changerait pas. Ce projet était illégitime, mais, en vertu d'une logique qui ne devrait plus surprendre personne, il revenait aux autres de faire les premiers pas concrets, lui se contentant de montrer sa disponibilité! Allan Blakeney ne fut pas dupe. Pourquoi, dit-il en substance, dans un discours en Saskatchewan, appartiendrait-il aux victimes de l'illégitimité de recoller les pots cassés?

En fait, Trudeau en révéla juste assez pour provoquer dans les milieux politiques et journalistiques une nouvelle ronde de spéculations. Personne ne savait au juste ce qu'il avait voulu dire, mais, selon certains, il faisait preuve d'une souplesse encourageante. D'aucuns commençaient même à se demander si on ne se dirigeait pas, tranquillement, vers un honorable compromis.

Une faille dans le front commun?

Sur ces entrefaites, les ministres des provinces du front commun se réunirent à Dorval, samedi le 3 octobre. C'était le lendemain du vote de l'Assemblée nationale. Il n'y avait pas de relation entre ce vote et notre réunion, déjà prévue, mais j'en profitai pour remettre à mes collègues présents le texte de la résolution. L'appui de Ryan et de la majorité des libéraux les impressionna, de même que l'ampleur et le contenu de notre matériel publicitaire. Ailleurs au Canada, la crise constitutionnelle attirait beaucoup moins l'attention qu'au Québec et l'information gouvernementale sur la question y était pratiquement absente.

Les enjeux n'y étaient évidemment pas les mêmes. Ce que confirmeraient bientôt les événements...

Normalement, la réunion de Dorval aurait dû être, comme tant d'autres déjà, une occasion de faire le point et d'établir la stratégie à venir. Mais voilà, la journée même, le *Toronto Star* publia une troublante histoire: Roy Romanow, un des membres de notre groupe, avait rencontré Jean Chrétien, chez lui, à Ottawa, peu après la décision de la Cour suprême. Roy McMurtry, procureur général de l'Ontario favorable à Trudeau, se trouvait également sur place.

Ceux d'entre nous qui étaient déjà arrivés à Dorval s'interrogeaient sur la signification de cette nouvelle. Nous attendions Romanow qui avait participé, à Terre-Neuve, à une conférence de procureurs généraux; il serait avec nous sous peu. Pourquoi un ministre du front commun s'était-il entretenu avec Chrétien? De quoi avait-on parlé? Qui mijotait quoi?

J'entrepris, en tête-à-tête, de questionner Romanow dès son arrivée. Cette réunion n'avait aucune signification particulière, répondit-il. Il s'agissait d'une extrapolation de journaliste. Se trouvant à Ottawa pour entendre la décision de la Cour suprême, il voulait tout simplement discuter avec Chrétien, ministre fédéral de la Justice, de la nomination de juges en Saskatchewan. Si McMurtry était présent, c'est que Romanow l'avait fortuitement rencontré plus tôt dans la journée et l'avait amené avec lui...

Les affaires courantes expédiées, la conversation sur la fameuse rencontre reprit avec Romanow, en fin de soirée, dans la suite du ministre de la Colombie-Britannique, Garde Gardom. Celui-ci ne s'expliquait pas, lui non plus, pas plus que les autres ministres, la curieuse coïncidence qui avait réuni Romanow, McMurtry et Chrétien. Romanow admit alors avoir, en tant qu'avocat lui-même, discuté de la décision de la cour (il avait parié une bouteille de scotch avec Chrétien sur l'illégalité de la démarche fédérale, et avait perdu...), mais de rien d'autre qui concernât sérieusement le front commun auquel sa province adhérait toujours.

Tout cela créa un certain malaise qui fut, en partie, dissipé par les réponses de Romanow *. Après tout, personne ne pouvait l'empêcher, ni lui ni personne, de parler à Jean Chrétien ou à Roy McMurtry. Le plus inquiétant était que la Saskatchewan avait été la dernière province à se joindre au front commun et qu'elle affirmait toujours être à la recherche d'un compromis lui convenant. Elle se distinguait ainsi nettement du groupe des provinces réputés «fermes» comme le Québec, l'Alberta, Terre-Neuve ou le Manitoba.

---

* Dans le livre *Canada Notwithstanding* dont il a été coauteur, Romanow explique (p. 191) que, lors de la rencontre avec Chrétien, McMurtry annonça que, comme compromis, l'Ontario était disposée à laisser tomber le droit de veto que garantissait à sa province la formule d'amendement alors proposée par Ottawa (celle de la charte de Victoria). Il voulait de la sorte rallier à cette formule les provinces de l'Ouest opposées à tout veto provincial et, en même temps, faire disparaître le retrait avec compensation prévu dans l'accord du 16 avril, mais résolument rejeté par les fédéraux. Chrétien et Romanow furent cependant d'avis que jamais le Québec, dans de telles conditions, ne voudrait renoncer à un droit de veto. Nous verrons, dans le prochain chapitre, comment ces gens se comportèrent à ce sujet, le 5 novembre...

Le piège à ours

Pendant son séjour à Melbourne et déclarant se fonder sur la légalité de son projet, le premier ministre fédéral précisa à quelques reprises que le débat constitutionnel reprendrait au parlement d'Ottawa, tout de suite après le retour des députés en Chambre, le 14 octobre. Ce débat durerait au plus quelques jours. Son projet serait ensuite transmis à Londres qui l'entérinerait «le plus tôt possible», selon l'expression de Margaret Thatcher. Selon lui, la crise constitutionnelle se terminerait très bientôt.

Si les provinces dissidentes avaient quelque proposition à avancer, elles feraient donc mieux de se dépêcher. Trudeau affirma même être disposé à une ultime rencontre avec elles. Pourquoi pas à sa résidence, mardi le 13 octobre, la veille de la session parlementaire? Il le suggéra avant de quitter l'Australie. Ce serait trop tôt? Alors, va pour une autre date, pourvu qu'elle soit prochaine: mercredi? jeudi? vendredi? Questionné par des journalistes, il exprima ceci:

> Nous n'en sommes pas à un jour près. S'ils ne veulent pas faire ça mardi et qu'ils veulent faire ça mercredi, je n'y vois vraiment pas d'objections. Ce à quoi j'ai des objections, c'est qu'on s'embarque dans des délais interminables dont nous sommes victimes depuis — je vais le répéter — depuis 54 ans. J'ai fait la comparaison l'autre jour avec des négociations collectives. Je pense que quand nous arrivons à la fin des négociations, il ne faut pas ajourner. Il faut siéger toute la journée et toute la nuit, et toute l'autre journée et toute l'autre nuit pour en finir avec ce sujet, afin, encore une fois, que les gouvernements provinciaux et fédéral puissent passer à autre chose, et que le peuple canadien puisse dire: bon, enfin, on est indépendant. Ces gens-là ont fini par s'entendre, ou par ne pas s'entendre. Mais, enfin, on sait à quoi s'en tenir.

À Calgary, le 7 octobre, Jean Chrétien donna quelques précisions sur l'ordre du jour possible de la rencontre proposée. Il dit

> espérer sincèrement que les premiers ministres se présenteront à Ottawa la semaine prochaine avec des propositions concrètes visant à améliorer le projet constitutionnel dont la cour a déjà reconnu la légalité (...). Nous espérons qu'une version améliorée du projet émanera de cette rencontre.

Confirmation intéressante, à laquelle peu d'observateurs prêtèrent attention, réfugiés qu'ils étaient dans la «sagesse commune»: c'est du projet fédéral dont il serait question et il reviendrait aux provinces d'apporter leurs propres propositions. L'emballage était peut-être plus attrayant, mais le contenu demeurait inchangé.

Comme le voulait certainement son auteur, l'offre d'une nouvelle réunion eut son petit effet dans les médias. En vertu des principes de la «sagesse commune», n'allait-il pas de soi que les provinces devraient répondre positivement à une invitation aussi raisonnable? Maints éditorialistes et, en écho, plusieurs intervenants libéraux fédéraux firent à leur tour pression sur les provinces. Elles devaient accepter. D'autant plus que Trudeau leur offrait tout un choix de dates. N'était-ce pas généreux de sa part?

Pourtant, elles refusèrent. Raison officielle: avant une nouvelle rencontre avec le premier ministre fédéral, il était normal que Bill Bennett fasse au préalable part à ses collègues du résultat de sa tournée pancanadienne et de la rencontre qu'il avait de lui-même accepté d'avoir avec Trudeau au terme de cette tournée. On verrait après. Raison véritable: l'offre d'une ultime réunion était un grossier «piège à ours» politique auquel Trudeau avait recours pour atténuer l'illégitimité de son projet.

Le piège était construit sur un raisonnement élémentaire: réunies en catastrophe, sans préparation, il était acquis que non seulement les provinces n'auraient pas, comme le demandait Trudeau, de positions nouvelles à faire valoir sur son projet, mais qu'elles ne feraient que répéter leurs objections habituelles. Face à l'échec entièrement prévisible, programmé pourrait-on dire, de cette ultime conférence, le premier ministre fédéral proclamerait ensuite, «preuve» à l'appui, avoir vraiment tout fait pour obtenir l'accord des provinces décidément ancrées dans leur obstination négative et à courte vue. Ce qui, espérait-il, le justifierait de procéder à Londres sans elles. Si, par bonheur, deux ou trois provinces du groupe des Huit, lassées de la corrida constitutionnelle, en venaient à lui concéder la partie, le front commun serait à toutes fins utiles brisé. Trudeau n'avait rien à perdre en se montrant «ouvert», prêt à de nouvelles discussions. Il sortirait gagnant de l'opération, que celle-ci conduise à un affaiblissement du front commun ou à une nouvelle impasse.

L'illégitimité de leur projet inquiétait les fédéraux plus qu'ils ne le laissaient voir. Depuis la décision de la cour, on percevait chez eux un certain flottement. Pendant quelques jours, la stratégie suivie parut obscure, oscillante. Certains fédéraux désespéraient; jamais, se disaient-ils, une majorité de provinces ne souscrira au projet d'Ottawa, à moins d'amputations majeures à la charte des droits, solution totalement refusée par Trudeau. Que faire?

À défaut d'entente, Ottawa avait absolument besoin, pour aller de l'avant, de la démonstration la plus manifeste possible d'un de ses principaux arguments: la «mauvaise volonté» systématique des provinces récalcitrantes. Il y avait deux raisons à cela. D'une part, à Londres, le manque d'appui provincial bloquerait pour longtemps, sinon définitivement, la démarche fédérale, à moins peut-être qu'il ne fût prouvé, hors de tout doute britannique, que l'unilatéralisme de Trudeau était réellement causé par un entêtement injustifiable et permanent des provinces. D'autre part, au Canada, bien des citoyens, d'accord sur le fond des intentions fédérales constitutionnelles, réprouvaient les méthodes employées. Ces gens se réconcilieraient peut-être avec ces méthodes s'ils pouvaient constater, hors de tout doute eux aussi, l'entêtement absolu des provinces.

En offrant une rencontre aux provinces, même au risque calculé d'un échec, Trudeau cherchait donc, dans tous les sens du terme, à *fabriquer*, pour son gouvernement, une légitimité d'un nouveau type: celle qui, espérait-il, naîtrait de positions provinciales adverses si ancrées qu'Ottawa pourrait ensuite les décrire comme déraisonnables et même, pourquoi pas, illégitimes à leur tour.

Trudeau n'avait vraiment rien à perdre. Mais la rencontre en question n'eut pas lieu le 13 octobre. Elle survint trois semaines plus tard.

Voyons comment on en arriva là.

Confusion

En octobre, un phénomène assez bizarre se produisit. Les suites en furent considérables.

Bill Bennett avait retiré de son entretien du 24 septembre avec Trudeau la conviction personnelle optimiste que, dans le cas où la décision de la Cour suprême ne serait pas claire, celui-ci serait disposé à composer de manière substantielle avec le groupe des Huit.

Jamais le premier ministre fédéral n'indiqua en public sur quoi précisément il était, comme l'affirmait Bennett, prêt à composer. Il partit presque aussitôt pour Séoul, en route vers Melbourne. La décision de la cour fut rendue en son absence. En un sens, si l'on veut, elle n'était pas aussi claire que certains l'auraient souhaité: projet légal, oui, mais illégitime.

Sur ce, le «médiateur» Bennett entreprit sa tournée de tous les premiers ministres provinciaux, faisant auprès de chacun état de l'ouverture qu'il avait décelée chez le premier ministre fédéral. À chaque endroit bien sûr, la nouvelle de cette ouverture était reçue avec satisfaction. On demandait certes à voir, mais si Trudeau changeait véritablement d'attitude, s'il oubliait quelque peu sa charte des droits, rien ne s'opposerait en principe à une nouvelle rencontre des provinces avec lui. À chaque endroit aussi, le passage de Bennett attirait des journalistes à qui, inlassablement, le «médiateur» répétait son optimisme, auquel devait bien évidemment concourir son hôte provincial du moment sous peine d'avoir l'air déphasé.

Dans le public, une impression se dégageait de la tournée du personnage national qu'était, pour un temps, devenu Bennett: les onze gouvernements du Canada seraient bientôt mûrs pour de nouveaux pourparlers. De part et d'autre, les signes extérieurs de bonne volonté ne manquaient pas. Le 7 octobre, Bennett déclara à la presse avoir été agréablement frappé de la réaction positive de tous les premiers ministres provinciaux, «y compris M. Lévesque», à l'ouverture de Trudeau.

«Y compris M. Lévesque»?

Ce petit bout de phrase nous sembla étonnant. Comme il se devait, Lévesque avait amicalement reçu le premier ministre de la Colombie-Britannique à Québec, au tout début de sa tournée. Il ne se souvenait cependant pas d'avoir été si impressionné par les présumées nouvelles dispositions de Trudeau. Il avait appris de Bennett que le premier ministre fédéral semblait prêt à rediscuter de la charte des droits, qu'il paraissait moins agressif, plus songeur, etc. Sauf qu'il ne se trouvait rien là d'assez concret pour avoir provoqué ce jour-là, chez Lévesque, la réaction positive que Bennett propageait maintenant. D'ailleurs, sa visite à Québec survint au moment du dépôt, à l'Assemblée nationale, de la résolution dont j'ai parlé plus haut. Nous étions alors bien davantage portés à continuer la lutte qu'à nous sentir remplis d'aise devant l'apparente contrition de Trudeau.

Peut-être la déclaration de Bennett n'était-elle qu'une inoffensive figure de style? Peut-être, par contre, les gens de la Colombie-Britannique connaissaient-ils des choses que nous ignorions? Au fait, sur quoi, vraiment, Trudeau était-il disposé à des compromis? Bennett s'en était-il davantage ouvert avec les autres premiers ministres qu'avec Lévesque?

Cafouillage

Quelques appels téléphoniques ici et là au Canada nous apprirent que Bennett avait en gros transmis le même message partout. Trudeau procéderait tout de suite au rapatriement et au choix d'une formule d'amendement, mais reporterait à plus tard la négociation d'une charte des droits. Bennett avait aussi évoqué certaines hypothèses de compromis*, mais elles venaient apparemment davantage de lui que de Trudeau. Dans les autres provinces, on se posait aussi des questions sur le virage supposé de ce dernier. Des hauts fonctionnaires fédéraux, interrogés sur le sujet par les journalistes, tempéraient parfois l'enthousiasme de Bennett: non, Trudeau n'avait pas changé d'avis sur la charte des droits et il y tenait autant qu'avant; oui, il était d'accord pour reprendre les discussions avec les provinces pourvu qu'elles arrivent avec de nouvelles propositions.

---

* Un des compromis possibles le plus souvent mentionné au sein du groupe des Huit concernait la charte des droits. Il avait déjà été vainement proposé à Trudeau, lors de la conférence de septembre 1980. La charte ne comprendrait que certains droits fondamentaux, mais rien sur la langue d'enseignement. Les provinces seraient aussi libres d'y adhérer au moment de leur choix. En entendant parler d'une évolution dans l'attitude fédérale, l'idée venait naturellement à l'esprit que, *peut-être,* Trudeau envisageait maintenant d'accepter une formule rejetée par lui l'année d'avant. On constatera bientôt qu'il n'en était rien.

Tout cela était plutôt confus. Puis, graduellement et par divers recoupements, on commença à comprendre un peu mieux ce qui se passait.

Tout, semble-t-il, découlait d'un malentendu. C'est du moins ce que des conseillers du premier ministre fédéral finirent par expliquer à divers représentants provinciaux et aux journalistes. Ce que Trudeau, le 24 septembre, avait demandé à Bennett était ceci: en supposant que la décision de la cour ne soit «pas claire», les provinces accepteraient-elles le rapatriement acccompagné d'une formule d'amendement, quitte à prendre l'engagement formel de discuter en priorité de la charte des droits après le rapatriement? Or, pour Trudeau, l'expression «pas claire» signifiait une défaite fédérale en cour. Cette défaite ne résoudrait en rien le problème du rapatriement; il faudrait quand même continuer à s'en occuper. Trudeau cherchait donc à savoir comment procéder, advenant l'illégalité de son plan.

Toujours selon ses conseillers, la confusion présente venait de ce que cette proposition de Trudeau ne tenait plus puisque, en déterminant que le projet fédéral était légal, la cour avait rendu une décision «claire». Comme le déclara l'un d'eux: «Bennett pense que nous avons perdu, alors qu'en réalité nous avons gagné.» Ainsi donc, un malentendu sur le sens d'une expression aurait persuadé Bennett de la proximité d'un déblocage politique. Fort de sa conviction que la décision de la cour n'était «pas claire» (légalité, mais illégitimité) et conformément à sa tendance profonde à rapprocher les parties, il avait entrepris, dans sa tournée d'une semaine, de consulter ses homologues sur un compromis inexistant.

L'engrenage

Il va de soi que la mission médiatrice de Bennett n'apporta pas le résultat espéré. Mais, d'une certaine manière, elle avait accompli davantage. Elle avait répandu, à travers le Canada, le sentiment qu'on approchait d'une solution à la crise.

La décision de la Cour suprême avait d'abord relancé la balle constitutionnelle dans le camp des politiciens; il appartenait désormais à eux seuls de démêler l'écheveau. L'illégitimité du projet fédéral avait aussi forcé les représentants d'Ottawa, du premier ministre en descendant, a faire preuve d'un peu plus de souplesse apparente envers les provinces. Pour les motifs exposés plus haut, Trudeau mettait la pression sur les provinces: il était prêt à les écouter et proposait des choix de dates pour une rencontre. Sur cet arrière-plan, la tournée de Bennett et les multiples déclarations qui s'ensuivirent, quoique en porte-à-faux, laissèrent croire à des possibilités d'entente jusque-là peu plausibles. On aurait dit que le vent politique avait changé. Il semblait maintenant sûr que, d'ici très peu de temps, se tiendrait *la* conférence fédérale-provinciale de l'ultime chance.

Le 13 octobre était la journée qu'avait d'abord proposée le premier ministre fédéral à ses homologues provinciaux pour une conférence, maintenant reportée à un peu plus tard. De retour de son périple trans-Pacifique, Trudeau reçut plutôt, à Ottawa, Bill Bennett qui lui fit rapport de son propre périple, trans-canadien celui-là. La réunion dura trois heures. Bennett avait, dit-il, perçu chez ses collègues un désir réel de revenir à la table de négociations et une volonté nouvelle d'ouverture. Même chez Lévesque et Lougheed! Trudeau refusa de le croire, mais il répéta son intention de convoquer sous peu une nouvelle, et dernière, conférence (pourquoi pas mardi le 20?). Ils discutèrent aussi de la charte des droits sur laquelle Bennett exprima assez abruptement l'opposition des provinces.

Au sortir de cette réunion et sans fournir de détails, Trudeau annonça soudainement aux journalistes qu'il venait, par rapport à son projet initial, de consentir à des «compromis substantiels», dont Bennett ferait part à ses collègues dans les heures à venir. Bien entendu, cette déclaration fit la manchette des médias. Tiens, se dit-on, il y avait vraiment du nouveau.

En fait, il n'y en avait pas.

Le soir du 13 octobre, une conférence téléphonique permit aux premiers ministres du Groupe des Huit de mieux savoir à quoi s'en tenir.

Lévesque m'avait demandé de me mettre en ligne avec lui, pour suivre les échanges. On apprit de Bennett que, sur la charte des droits, Trudeau accepterait à la rigueur certaines reformulations sémantiques, mais rien qui en touchât l'essence. Pour la formule d'amendement, en revanche, si jamais on ne pouvait s'entendre, Trudeau revenait avec une proposition qu'il avait déjà faite: on rapatrierait la constitution et, pour deux ans, la règle de l'unanimité s'appliquerait; on essaierait pendant ce temps d'en venir à un accord, à défaut duquel les Canadiens, par référendum, choisiraient finalement la formule leur convenant.

L'idée d'un référendum pancanadien sur une telle question était presque une hérésie pour tous les autres premiers ministres provinciaux, mais pas par nous. Différence de culture? Selon eux, un gouvernement démocratiquement élu obtient du fait même, en se servant de sa majorité parlementaire, le mandat de prendre position pendant un certain nombre d'années sur tous les sujets de sa compétence, sans avoir à revenir devant la population. Pour nous qui avions déjà organisé un référendum, l'argument était discutable. Le fait était que nous n'aurions pas détesté soumettre le projet de Trudeau à un test référendaire, au moins au Québec. Quoi qu'il en soit, la perspective d'un éventuel référendum chez elles suffit aux autres provinces pour considérer inacceptable le «compromis» de Trudeau.

Quant à nous, la volonté fédérale de conserver à peu près inchangée la charte des droits signifiait qu'elle continuerait d'être une menace permanente à l'intégrité de la Loi 101, en plus d'instituer un «gouvernement par les juges», ce à quoi les autres provinces étaient aussi opposées que nous.

En réalité, les «compromis» de Trudeau ne correspondaient pas à grand-chose. Depuis des semaines qu'on annonçait, Bennett en tête, une volonté fédérale d'«ouverture»! La déception était manifeste dans le groupe des Huit.

Pour assurer la coordination voulue, il fut entendu, malgré sa mésaventure comme «médiateur», que Bennett serait dorénavant les porte-parole officiel du groupe des Huit. Lévesque, plutôt à contrecœur, s'engagea, pour les jours à venir, à ne pas faire de commentaires sur la proposition fédérale, à laisser cette tâche à son homologue de la Colombie-Britannique.

Pas moi. Le 15 octobre, interrogé par des journalistes, je déclarai catégoriquement, sachant que Lévesque ne m'en voudrait pas, que Trudeau n'avait en réalité offert aucun véritable compromis et qu'il tentait de duper tout le monde.

Comme toujours dans ces cas, inspirés par ce principe de la «sagesse commune» selon lequel il y a toujours un envers et un revers à toute médaille et deux sons à toute cloche, les journalistes et autres observateurs prirent mon affirmation avec un grain de sel. Autant dire qu'ils ne m'accordèrent pas beaucoup de crédibilité. Ma tactique était de bonne guerre, conclurent-ils.

L'affaire en serait restée là, c'est-à-dire sans conséquence, n'eût été l'intervention inattendue du premier ministre de l'Ontario, Bill Davis. La veille, avec Richard Hatfield, il s'était entretenu avec Trudeau de l'évolution du dossier. Après sa rencontre, il déclara lui aussi que Trudeau n'avait pas, en réalité, offert de compromis! Si bien que ma déclaration et la sienne, se confirmant mutuellement, se trouvèrent côte à côte dans les nouvelles. Davis ajouta même, contrairement à certaines rumeurs, qu'il n'était nullement question de soumettre l'Ontario au bilinguisme institutionnel. Trudeau, précisa-t-il, ne lui en avait même pas parlé. Le lendemain, c'est Hatfield qui donna sa version: non seulement il n'y avait pas de compromis sur la table, mais même pas de table sur laquelle mettre le compromis! Nous nous trouvions donc encore une fois devant ce qu'on pourrait poliment appeler, par euphémisme, une distorsion de la réalité.

Pour nous et pour les autres membres du Groupe des Huit, il était de plus en plus évident que les fédéraux continuaient à tendre leur piège.

Le 19 octobre, un lundi, les premiers ministres des provinces étaient convoqués à Montréal pour faire le point, y compris les alliés de Trudeau, Davis et Hatfield. Comme on s'y attendait, ceux-ci n'avaient pas changé d'idée et maintenaient leur appui à Trudeau. Au moment des discussions sur la stratégie du groupe des Huit, ils furent une fois de plus priés de quitter la salle. Davis prit la chose avec philosophie, mais non Hatfield qui répliqua que le front commun cherchait tout simplement à briser le Canada!

Les indices en provenance d'Ottawa ne permettaient sûrement pas d'y déceler la présence d'une ouverture significative, mais les provinces les plus souples (Colombie-Britannique, Saskatchewan, Nouvelle-Écosse et Île-du-Prince-Édouard) étaient en principe consentantes à une reprise des pourparlers. Elles voyaient mal comment les provinces, devant l'opinion publique, pourraient refuser l'invitation de Trudeau s'il la maintenait.

Celui-ci continuait d'ailleurs à mettre la pression sur les provinces. La veille, à la télévision anglophone, il se dit d'avis que les provinces faisaient exprès pour retarder la résolution de la crise constitutionnelle, reportant constamment le moment d'une rencontre avec lui. Il leur donna jusqu'au 31 octobre pour s'entendre avec lui. Au réseau français, sans livrer plus de détails que d'habitude, il se déclara prêt à modifier les clauses linguistiques de la charte des droits. De son côté, Jean Chrétien affirma qu'il revenait aux provinces à faire des compromis. Pourtant, quelques jours plus tôt, c'est Trudeau qui avait, disait-on, offert des «compromis substantiels»!

Le groupe des Huit prit mal la sorte d'ultimatum que Trudeau semblait imposer. Celui-ci devait se rendre au Mexique pour une conférence internationale. Il voulait une réunion dès son retour, vers le 26 ou 27 octobre par exemple, dates qu'il avait pris soin d'annoncer publiquement pour montrer sa grande disponibilité. Bennett fit, par lettre, savoir à Trudeau que les provinces seraient prêtes à une rencontre, mais dans la première semaine de novembre. Auparavant, toutefois, elles souhaitaient un déblayage préliminaire au niveau ministériel, en vue d'assurer une meilleure préparation des pourparlers à venir.

En réponse, Trudeau convoqua une conférence fédérale-provinciale. La dernière de toutes sur ce sujet, précisa-t-il. Elle débuterait lundi matin le 2 novembre et durerait tant et aussi longtemps qu'il n'y aurait pas accord ou désaccord évident. Trudeau refusait cependant la rencontre préliminaire des ministres responsables du dossier constitutionnel; selon lui, il appartenait aux premiers ministres eux-mêmes de faire avancer les choses.

Les provinces n'apprécièrent pas du tout le ton cavalier de Trudeau, mais acceptèrent néanmoins son invitation. On comprend que, politiquement, elles ne pouvaient pas la rejeter, mais un autre facteur avait aussi commencé à jouer: des membres du front commun, Bennett*

---

* Trudeau avait utilisé un style arrogant, presque offensant, en réponse à la demande des provinces de tenir une conférence au début de novembre. Dans son projet de réplique, Bennett tenait à utiliser une entrée en matière plus que conciliante: «My colleagues and I welcome your acceptance of our proposal...» Consulté, comme ses collègues, sur la formulation, Lévesque trouva le ton de Bennett beaucoup trop courtois dans les circonstances. Il proposa plutôt le début suivant: «In spite of the offensive tone and the distortion of facts that your last message contained, my colleagues and I have noted your acceptance of our proposed meeting dates for a first ministers' conference on the constitution.» La suggestion de Lévesque fut, par erreur, transmise au Nouveau-Brunswick par télex. Bennett la reçut trop tard.

et Blakeney en particulier, avaient décidé de faire tout en leur possible pour éviter une nouvelle impasse constitutionnelle.

La dynamique change

La réunion de Montréal avait clairement démontré que le Groupe des Huit était toujours aussi actif. Il s'agissait même, pour un front commun, d'un record absolu de longévité: un an! Traditionnellement au Canada, les alliances interprovinciales sont ponctuelles et ne durent que quelques jours.

Notre évaluation de la situation globale ne nous portait toutefois pas à l'optimisme.

Nous ne pouvions nous cacher le fait que le maintien du front commun sur une aussi longue période avait essentiellement tenu à l'intransigeance d'Ottawa depuis octobre 1980. À cause de la décision de la Cour suprême, les fédéraux avaient adopté une toute nouvelle stratégie. Ils tentaient désormais de donner en même temps une image de fermeté et de souplesse: fermeté sur certains grands principes constamment claironnés, souplesse sur des accommodements et des «compromis» jamais précisés, mais également claironnés partout.

Pendant des mois, Trudeau avait refusé de reprendre les pourparlers, prétendant avoir de toute façon l'appui de Londres et pouvoir se passer de celui des provinces. Au point d'ailleurs qu'il était devenu classique au Canada, dans les milieux intéressés, de réclamer un «retour à la table de négociations», ce sur quoi la publicité constitutionnelle des provinces insistait aussi largement. On peut même supposer qu'en vertu d'un raccourci psychologique, une partie du public finit par croire que la crise se résoudrait automatiquement pour peu qu'Ottawa et les provinces se rencontrent de nouveau.

Pour les motifs exposés plus haut, nous savions très bien que Trudeau risquerait peu, au contraire, en changeant son fusil d'épaule et en acceptant maintenant un «retour à la table des négociations». Dans toutes les hypothèses, il en sortirait gagnant, vu la distinction faite par la Cour suprême entre légalité et légitimité. La première étant acquise, il ne lui restait qu'à obtenir, d'une manière ou d'une autre, un peu de la seconde. Il fit même mine d'être pressé et empressé, fixant une limite à sa patience («deux semaines») et proposant aux provinces de les rencontrer à peu près à n'importe quelle date. Comme s'il avait voulu illustrer leur lenteur à lever une hypothèque constitutionnelle qu'il avait pourtant lui-même imposée au Canada! Il fit faussement état de «compromis substantiels», après avoir dit qu'il attendait ces compromis des provinces. Ainsi de suite.

Il va de soi que, dans le groupe des Huit, tous avaient compris la manœuvre. Le moins qu'on puisse dire, c'est que personne non plus n'en tirait beaucoup d'admiration pour le premier ministre fédéral, tant les procédés paraissaient grossiers et, à certains égards, méprisants pour ceux qu'ils visaient. Tout le monde comprenait que Trudeau ne faisait qu'adapter à octobre 1981 l'esprit du fameux rapport Kirby d'août 1980. Et, nonobstant sa «logique» proverbiale, qu'il était prêt à bien des pirouettes plus ou moins contradictoires et pas nécessairement élégantes pour atteindre ses objectifs.

Par son comportement, Trudeau transmettait cependant au Groupe des Huit un message non verbal qu'on pourrait traduire ainsi: pour mieux légitimer son projet et, à cette fin, gagner l'appui de quelques provinces, d'autres pirouettes de sa part étaient prévisibles. Si les provinces croyaient volontiers à son entêtement, elles estimaient que, précisément à cause de cet entêtement, il consentirait peut-être à faire des compromis profitables pour elles. Trudeau tenait, comme elles, au rapatriement et, comme elles, à une formule d'amendement, mais il voulait en plus une charte des droits costaude, ce à quoi elles s'opposaient. Pour obtenir leur appui, qu'accepterait-il de soustraire de sa charte? À quelle formule d'amendement consentirait-il? Ou encore, que donnerait-il aux provinces pour les «dédommager» de leur appui?

Tout le monde n'interprétait pas exactement de la même manière les plus récents faits et gestes de Trudeau, pas plus que tous ne s'entendaient sur une contre-proposition éventuelle à lui présenter. Mais commençait à se dégager une attitude nouvelle d'expectative, diffuse et latente, qu'on sentait plus ou moins intensément dans les commentaires et confidences de tel ou tel membre ou conseiller du groupe des Huit. On aurait dit que plusieurs ne prenaient plus au sérieux les menaces voilées du chef fédéral. On y voyait une bonne part de bluff, des fanfaronnades même, et, à tort ou à raison, on estimait que les positions apparemment si fermes de Trudeau ne l'étaient pas vraiment. Bref, on était d'avis que, s'il n'avait pas tellement à perdre d'un échec de la prochaine conférence, il avait politiquement beaucoup à gagner de son succès. Ce succès exigerait de lui des compromis.

Il nous semblait que plusieurs provinces dissidentes cherchaient dorénavant moins à bloquer le projet d'Ottawa qu'à tirer, pour elles, un avantage quelconque d'un rapport de forces où les fédéraux n'étaient pas nécessairement invincibles. C'est cet état d'esprit «conciliant» qui nous inquiétait. Peckford, pourtant un des «durs», résuma ainsi la situation:

> Le jugement de la Cour suprême oblige Trudeau à faire des concessions pour rendre son projet constitutionnel et donc acceptable au gouvernement britannique (...). Nous devrions nous aussi être prêts à faire des concessions.

Qui dit concessions d'une part, dit aussi concessions de l'autre. Trudeau céderait peut-être sur certains points, mais les provinces devraient en faire autant sur d'autres. Sur quoi, toutefois, pouvaient-elles céder? Et pourquoi devraient-elles céder quoi que ce fût?

Nous nous posions ces questions en quittant la réunion du 19 octobre. Le front commun existait encore, mais ses objectifs étaient en train de changer. Nous en étions bien conscients.

L'effritement?

Même si Trudeau avait refusé une rencontre préliminaire des ministres responsables du dossier constitutionnel, ceux du groupe des Huit se réunirent à Toronto, le 27 octobre, quelques jours avant la conférence du 2 novembre.

Au Québec, en plus de nos conversations téléphoniques avec les représentants des autres provinces et de divers autres renseignements obtenus d'Ottawa même, nous avions, comme toujours, fait de notre mieux pour analyser les nouvelles ou bribes de nouvelles émanant d'ici ou là au Canada. Selon notre impression générale, les fédéraux n'étaient pas inactifs, sondant telle ou telle province (mais jamais le Québec) sur ce qu'on appelait, dans le jargon d'alors, sa *bottom line*, c'est-à-dire la limite de ses concessions éventuelles en échange d'autres concessions aussi éventuelles. On préparait ainsi la conférence de la semaine suivante.

En me rendant à Toronto, j'étais personnellement convaincu que les provinces les plus «malléables» avaient été l'objet de l'attention fédérale et qu'on avait certainement déjà commencé à examiner, avec elles, des compromis possibles. L'objectif d'Ottawa était limpide: se rallier quatre nouvelles provinces, les plus conciliantes bien sûr. J'ignorais cependant que certaines provinces étaient, à toutes fins utiles, en train de se détacher elles-mêmes du front commun et de préparer de leur propre chef des compromis qu'elles échangeraient ensuite contre des concessions de la part de Trudeau.

Le 27 octobre, le *Globe and Mail* de Toronto annonça en effet que trois provinces, dont deux du groupe des Huit (la Saskatchewan et la Colombie-Britannique, la troisième étant l'Ontario!), essayaient de mettre au point des contre-propositions — l'article faisait état de cinq ou six — qui se situeraient à mi-chemin entre le projet fédéral, rejeté par le front commun, et l'accord du 16 avril, repoussé par Ottawa. À quelques jours à peine de la conférence fédérale-provinciale, c'était toute une nouvelle! Elle en rejoignait une autre, de la semaine précédente, selon laquelle le ministre ontarien, Tom Wells, avait vaguement mentionné que des provinces cherchaient activement des solutions de compromis. Il avait alors été impossible de faire confirmer l'information.

Romanow et Gardom, les deux ministres en cause, reconnurent le bien-fondé de la nouvelle du *Globe and Mail*, mais admirent ne pas avoir été en mesure de mettre suffisamment au point les contre-propositions pour les présenter aux autres membres du groupe des Huit, comme c'était, dirent-ils, leur intention. Le fait que l'Ontario, l'alliée la plus fidèle des fédéraux, ait été de la partie était perturbant, autant d'ailleurs que le sentiment de se trouver devant une initiative* de nature à diviser le front commun à un moment aussi névralgique.

---

* L'initiative venait d'Allan Blakeney. Il avait téléphoné à Davis, Bennett et Buchanan (Nouvelle-Écosse) pour proposer une séance informelle de discussion sur un plan «mitoyen» entre celui d'Ottawa et celui du 16 avril (la Nouvelle-Écosse s'était excusée, répondant qu'elle s'en tenait à la position du 16 avril). Cette information, comme bien d'autres impossibles à rapporter ici, se trouve dans le livre de Roy Romanow, *Canada Notwithstanding...*, et dans celui de Sheppard et Valpy, *The National Deal*. Incidemment, Sheppard était l'auteur de la nouvelle du *Globe and Mail*.

Dick Johnston, de l'Alberta, et moi-même fûmes assez sévères pour Romanow et Gardom. Ce qui les incita peut-être à nous avertir candidement qu'ils avaient déjà accepté, de même que la Nouvelle-Écosse, de rencontrer Tom Wells de l'Ontario, *tout de suite après* notre réunion de stratégie! S'emportant un peu, Romanow tint à préciser que sa province, toujours franche là-dessus, n'avait jamais caché son désir de trouver la meilleure des solutions possibles. Elle la cherchait encore, avec Wells ou avec n'importe qui. C'était vrai et déjà connu (voir Document 15), mais guère rassurant pour autant.

Romanow avait raison: sa province cherchait toujours un accommodement. Elle l'avait fait jusqu'au moment de se joindre au front commun et son premier ministre, Blakeney, venait justement, la veille de notre réunion de Toronto, de confirmer cette attitude en s'éloignant publiquement du contenu de l'accord du 16 avril, tout en se disant encore membre du groupe des Huit. De passage à Ottawa pour signer une entente fédérale-provinciale sur le pétrole, il se dit en effet d'avis qu'il existait au moins une demi-douzaine de formules d'amendement auxquelles la Saskatchewan pourrait adhérer. Nous le savions, mais quel étrange moment pour le rappeler...

Ce qui, du coup, me remémora le bref commentaire du sous-ministre Robert Normand quand, quelques mois plus tôt, la Saskatchewan fut la huitième et dernière province à adhérer au front commun: «Last in, first out!»

Mais s'il n'y avait eu que la Saskatchewan... La Colombie-Britannique était, elle aussi, vacillante, son premier ministre toujours en quête d'un consensus historique. La Nouvelle-Écosse hésitait à mener indéfiniment le combat. L'Île-du-Prince-Édouard, trop petite pour changer grand-chose à ce qui se passait, attendait la suite.

Et les provinces dites «dures»: Québec, Terre-Neuve, Manitoba et Alberta? Le *hard core* , selon des journaux anglophones pour qui cette expression, parfois utilisée dans son sens péjoratif, devait normalement s'appliquer à qui s'opposait à la «volonté nationale» exprimée par le gouvernement central, mais jamais à qui l'approuvait. Pas trop d'inquiétudes du côté de ces provinces; les «dures» ne flanchaient pas. Leur *bottom line* élevé les mettait, pour le moment, hors d'atteinte de toute tentative fédérale de récupération. Mais elles n'étaient que quatre.

La dernière scène

Précisons, cependant, qu'à la fin d'octobre, au cours de notre réunion ministérielle de Toronto, le front commun tenait toujours. Bien que plus personne ne fût plus formellement lié par l'accord du 16 avril (à cause de son rejet par Ottawa), il constituait, quant à sa substance, le commun dénominateur du groupe des Huit, son cadre de référence si l'on veut, pour la bonne raison, comme chacun le reconnaissait, qu'on n'avait rien inventé de «mieux». Ce qui nous préoccupait, c'était l'idée de plus en plus affirmée selon laquelle il existerait un «mieux» quelconque à découvrir d'ici peu, par exemple au cours de la conférence de la semaine à venir. Nous y reviendrons.

Vu les oscillations perceptibles ou appréhendées de quelques-uns d'entre nous, et à défaut de forcer tout le monde, ce qui n'aurait pas été accepté, à se coller scrupuleusement à l'accord du 16 avril, l'Alberta et le

Québec firent accepter la ligne de conduite la plus prudente dans les circonstances: personne n'était plus lié par cet accord, mais, pour des raisons évidentes de stragégie, aucun membre du groupe des Huit ne devait en dévier sans en informer les autres au préalable. Ainsi, on verrait venir et on pourrait agir ensemble de façon plus cohérente qu'autrement. Ce qui revenait à dire qu'à partir de tout de suite quiconque aurait, seul ou avec d'autres, conçu une hypothèse nouvelle à faire valoir ou un compromis à proposer devrait d'abord le faire auprès de ses collègues. Tout le monde consentit à cette façon de procéder.

Une balise avait été fixée, mais je n'étais pas tranquille. Graduellement, l'esprit et les perspectives du groupe changeaient. Par acquit de conscience, je résolus alors de nouveau de mettre cartes sur table. Au moins mes collègues ne prétendraient pas, plus tard, ignorer à quoi s'en tenir.

Dans un rappel historique et politique, j'expliquai en effet jusqu'à quel point le maintien du front commun était capital pour le Québec. Ni Ottawa ni personne autour de la table ne s'était inquiété de poser des actes conformes au sens des promesses référendaires. À cet égard, Ottawa surtout, mais aussi certains premiers ministres provinciaux n'avaient pas respecté leurs engagements. Cela nous ne l'avions jamais accepté, mais nous n'y pouvions pas grand-chose. Les Québécois jugeraient.

Toutefois une possibilité existait encore — le front commun — de bloquer un projet fédéral qui non seulement contredisait les promesses référendaires, mais que sept autres provinces réprouvaient aussi. Tout au long des négociations depuis juin 1980, le Québec avait donné des preuves manifestes de sa bonne foi. Le 16 avril 1981, dans cet esprit, il avait même signé un accord constitutionnel sans précédent. Certes, cet accord avait été refusé par les fédéraux, mais nous avions fermement décidé, quant à nous, de ne jamais consentir à rien qui se situât en deçà. Pour nous, le seul «mieux» envisageable consisterait en des dispositions qui reconnaîtraient clairement la spécificité du Québec. Si ce «mieux» était exclu, qu'on ne vienne pas en plus imposer au Québec des mesures constitutionnelles limitant les pouvoirs de son Assemblée nationale. Dans les circonstances, seul le maintien du front commun pouvait empêcher cela, en plus d'éviter aux autres provinces une diminution de leurs propres attributions. Tout le monde y gagnerait.

Mon argumentation, je le savais, risquait de ne pas émouvoir ceux de mes collègues n'ayant rien eu à voir avec le référendum et ses suites. Je savais aussi, par expérience, que la sauvegarde des compétences provinciales n'avait pas la même importance pour la plupart des provinces anglophones que pour le Québec. C'est pourquoi je finis mon intervention sur une note plus personnelle. Au Québec, leur dis-je, on m'a identifié à la stratégie interprovinciale fondée sur l'existence et l'action d'un front commun. Je n'ai jamais pensé faire une longue carrière politique, mais, chose certaine, si jamais le front commun venait, pour quelque raison, à se dissoudre, je démissionnerai immédiatement de mon poste de ministre et de député.

La seule chose dont j'étais sûr, en terminant, c'est qu'on m'avait écouté attentivement

Le choix du Québec

Comme toujours à la veille des conférences fédérales-provinciales qui se tiennent dans un contexte de tension ou de crise, les déclarations, avertissements, rumeurs et prévisions se multipliaient.

À la toute fin d'octobre, Trudeau et Chrétien réaffirmèrent, comme souvent auparavant, que la conférence du 2 novembre serait bel et bien celle de l'ultime chance, et qu'Ottawa irait de l'avant, avec ou sans accord. Bennett et d'autres premiers ministres provinciaux affirmèrent, pour leur part, qu'elle offrirait plutôt la première chance de résoudre le conflit.

Des confidences faites aux médias par de hauts fonctionnaires fédéraux indiquaient qu'Ottawa avait bien agi jusque-là, en tenant la dragée haute aux provinces: il lui restait ainsi une marge de manœuvre. Entendre: on pourrait céder des choses...

L'Ontario, dans un «but de conciliation», confirma qu'elle songeait à abandonner tout droit de veto dans la future formule d'amendement, ce qui fut interprété comme un geste d'apaisement à l'intention des provinces pour qui un veto était inacceptable.

La rumeur circula aussi que l'Ontario se soumettrait au bilinguisme institutionnel (article 133 de la constitution).

Autre rumeur: le front commun n'existait plus ou, du moins, était en train d'expirer. Cette impression découlait d'une déclaration de Romanow, le lendemain de notre réunion de Toronto. Pour régler le problème constitutionnel, il suffisait, selon lui, que cinq ou six provinces s'entendent avec Ottawa sur une solution de compromis. Son opinion, qui n'engageait pas ses collègues, précisait-t-il, s'inspirait de la décision de la Cour suprême selon laquelle Ottawa n'avait pas besoin, pour agir, de l'appui unanime des provinces. C'était précisément ce qu'il m'avait dit le jour où fut connu la décision de la cour. Il ajouta, comme Blakeney, que sa province serait disposée à considérer trois ou quatre formules possibles d'amendement.

Le 30 octobre, les médias firent état de nouveaux pourparlers «secrets» entre la Colombie-Britannique, la Saskatchewan et l'Ontario: on avait, disait-on, mis au point un compromis qui serait dévoilé pendant la conférence. Le 31, ces trois provinces nièrent la nouvelle. Le fait était, cependant, qu'elles avaient tenté de se concerter, ce que me confirma Romanow au téléphone; il m'avoua déplorer que, si près d'une rencontre cruciale, le groupe des Huit n'ait pas réussi à élaborer une nouvelle proposition. Selon lui, on courait à l'échec, aboutissement désastreux pour le Canada.

La même journée, Trudeau déclara à des journalistes que le but de la conférence imminente était d'accroître ses appuis, qu'il serait ouvert, mais qu'il ne céderait rien sur l'essentiel.

Il ne fallait pas être grand clerc au Québec pour deviner que, par rapport aux jours précédant la conférence de septembre 1980, la situation avait grandement évolué. Pour l'instant, chacun demeurait à peu près sur ses positions, le groupe des Huit d'un côté, Ottawa et ses deux provinces alliées de l'autre. Si rien ne changeait, ce serait sûrement l'échec.

Cette perspective était devenue intolérable à des premiers ministres comme Bennett et Blakeney, et à peine plus acceptable à ceux de la Nouvelle-Écosse et de l'Île-du-Prince-Édouard. Les populations de leurs provinces, nous disait-on, en avaient assez du débat constitutionnel et ne voulaient pas l'étirement de la crise politique. Il fallait, d'après ces premiers ministres, absolument trouver un compromis. Or, ce compromis, croyaient-ils, était possible car, malgré les bravades fédérales, Ottawa préférerait un règlement négocié à l'action unilatérale. La conclusion était limpide: pour au moins quatre provinces du groupe des Huit, on arriverait à ce règlement pour peu que chacun consentît aux concessions réciproques nécessaires. Lesquelles? On verrait au cours de la conférence.

Si cette conclusion était limpide, le raisonnement du Québec l'était également.

Toute concession éventuelle, de la part du groupe des Huit, signifierait fatalement un recul sur le contenu de l'accord du 16 avril. Cet accord représentait lui-même le maximum des concessions que le Québec pouvait admettre. Il y avait consenti dans le seul but de bloquer un projet fédéral qui se moquait des promesses référendaires et qui, par-dessus le marché, venait diminuer, sans son consentement, les compétences de l'Assemblée nationale. Il n'était pas question, pour lui, d'accepter d'autres concessions. Elles avaient déjà été faites. Le Québec avait déjà été aussi loin qu'il le pouvait sur la formule d'amendement. Quant à la charte des droits, jamais il n'admettrait d'y tolérer des dispositions réduisant ses pouvoirs, surtout pas en matière linguistique. Les autres membres du front commun savaient cela depuis le début.

Rien ne nous ferait changer d'idée.

Sous prétexte de flexibilité, le Québec n'irait pas absoudre les fédéraux de leurs méthodes mensongères et manipulatrices en se résignant béatement à un «renouvellement» du fédéralisme exactement à l'opposé de ce qu'ils avaient laissé entendre aux Québécois, en mai 1980.

Le problème était qu'au début de novembre 1981 certaines provinces du front commun sentaient maintenant, à leur portée, une réforme du fédéralisme qui leur conviendrait, si Trudeau se donnait la peine de faire quelques concessions...

Pas le Québec.

20
«The Canadian Way»

L'ordre du jour de la conférence de septembre 1980 couvrait une dizaine de sujets. Quatorze mois plus tard, en novembre 1981, trois seulement demeuraient au programme: le rapatriement de la constitution, la formule d'amendement et la charte des droits. À Ottawa et dans les autres provinces, personne ne semblait se rappeler que les Québécois avaient espéré bien autre chose de la révision constitutionnelle post-référendaire. Un rétrécissement* s'était produit.

---

*Ce rétrécissement était révélateur de l'«effet d'entonnoir» classique déjà noté pour la conférence de Victoria, en 1971. Dans le fédéralisme canadien, les discussions constitutionnelles, si longues soient-elles et peu importe le nombre de sujets initialement inscrits au programme de travail, finissent toujours par graviter, aux moments décisifs, autour des sujets jugés essentiels par le gouvernement fédéral. Cela est dû au fait qu'Ottawa contrôle le processus de négociation et qu'il y a souvent convergence entre les préoccupations fédérales et celles des provinces anglophones. Ainsi, en novembre 1981, on ne traitait plus que des questions traditionnellement prioritaires pour ces provinces et pour Ottawa (rapatriement et formule d'amendement) et d'un sujet auquel Trudeau tenait depuis des années (charte des droits). À première vue, on pourrait croire que l'accord du lac Meech du 30 avril 1987 déroge à cette règle puisqu'on y visait exclusivement le «cas» du Québec. En fait, cet accord confirme plutôt la règle indiquée ici: pour des motifs qui n'entrent pas dans le cadre de ce livre, la «résolution» du cas québécois était à ce moment devenue politiquement essentielle aux yeux du gouvernement alors au pouvoir à Ottawa.

À l'horizon, pas de miracle

À la veille d'une rencontre fédérale-provinciale, toute délégation a une certaine idée de ce qu'en serait, pour elle et pour son gouvernement, l'aboutissement heureux. Dans le cas présent et compte tenu des circonstances, il va de soi que nous aurions été satisfaits si, par miracle, les onze gouvernements avaient endossé le contenu de l'accord interprovincial du 16 avril.

Mais, précisément, c'eût été un miracle. L'adhésion d'Ottawa et de ses deux provinces alliées était d'ores et déjà exclue.

Qu'en était-il de l'autre extrême: un échec de la conférence, confirmant l'impasse politique? À la rigueur, cela aurait mieux valu, selon nous, que l'imposition au Québec d'une réforme constitutionnelle niant son caractère particulier et réduisant ses compétences.

Sauf accident sur lequel nous ne devions pas trop miser, un tel échec était peu prévisible. Les fédéraux ne seraient probablement pas aussi rigides qu'en septembre 1980. Ils avaient eu leur leçon. En plus, leur projet risquait de s'éterniser à Londres sans l'appui d'une majorité de provinces.

De son côté, le front commun tiendrait-il obstinément au contenu de l'accord du 16 avril? C'était plus que douteux, notamment à cause de la Saskatchewan et de la Colombie-Britannique. Depuis quelques semaines, trop d'indices d'un fléchissement de la part de ces provinces s'accumulaient pour nous laisser espérer d'elles la persistance voulue. D'ailleurs quel intérêt y trouveraient-elles si jamais Ottawa se montrait «compréhensif» à leur endroit? Ces provinces avaient publiquement glissé dans une phase, inquiétante pour nous, de «bonne volonté», d'«ouverture» et de «concessions réciproques». Bennett et surtout Blakeney, déjà qualifiés par les médias anglophones, de politiciens clés dans la négociation à venir, ne voudraient sûrement pas manquer un rendez-vous historique aussi personnellement gratifiant que celui qui, de compromis en concession, les hisserait peut-être au rang de personnages d'envergure nationale, si, grâce à leur médiation, la conférence conduisait à un accord.

Entre ces deux extrêmes peu probables du succès et de l'échec, se profilaient divers dénouements mitoyens se caractérisant tous par des modifications à la baisse de l'accord du 16 avril. Modifications qui avaient bien des chances de ne pas nous convenir.

Le dimanche soir à Ottawa, la rencontre de Lévesque avec ses collègues du front commun ne révéla rien de nouveau, pas plus que la mienne avec les autres ministres. Tous étaient dans l'expectative. Demain, se disait-on, on verrait mieux. Indice significatif d'un certain état d'esprit: on décida qu'aucun des premiers ministres du groupe des Huit n'avancerait de proposition nouvelle sans en discuter auparavant avec les autres. C'était toujours cela d'acquis.

La faille...

La conférence débuta à dix heures du matin, le lundi. Les participants (de dix à vingt membres par délégation) ignoraient combien de temps elle durerait. Selon certains, elle ne prendrait qu'une journée si, dès le départ, on pressentait l'échec. Pour la plupart, comme elle *devait* réussir, elle s'échelonnerait sur le nombre de jours nécessaires: trois, quatre, cinq, sait-on jamais.

On procéda d'abord, dans l'ordre* habituel, aux déclarations officielles des onze gouvernements, télévisées en direct.

---

* Aux conférences fédérales-provinciales, le droit de parole des provinces suit habituellement l'ordre chronologique de leur entrée dans la fédération canadienne: Ontario, Québec, Nouvelle-Écosse, etc., et, finalement, Terre-Neuve.

Sans changer d'orientation, Trudeau adopta un ton conciliant. Réitérant qu'il s'agissait bien de la conférence de la dernière chance, il appuya sur le fait qu'un consensus existait déjà sur un des trois points à l'ordre du jour, le rapatriement de la constitution, et qu'on devrait pouvoir s'entendre sur les deux autres. Il n'était pas «marié», dit-il, à la formule d'amendement de Victoria, mais rejetait complètement l'accord du 16 avril: à ses yeux, le droit constitutionnel de retrait bloquerait la manifestation d'une «volonté nationale» et le mécanisme pernicieux de la compensation faciliterait le «séparatisme à la carte». Quant à la charte des droits, elle était, selon lui, essentielle. Il ne lui répugnait cependant pas d'en reformuler tel ou tel passage si cela n'en affectait pas le fond. Trudeau tint cependant à répéter qu'il était prêt à ordonner un référendum en cas de nouvelle impasse.

Davis, le suivant à prendre la parole, réaffirma l'adhésion de l'Ontario au projet fédéral, mais, conciliant lui aussi, annonça que, pour rapprocher les parties, il était prêt à laisser tomber le droit de veto prévu pour sa province dans la formule retenue par Ottawa. Il savait que les premiers ministres anglophones autour de la table rejetaient cette formule, justement à cause du veto; en revanche, Davis, comme Trudeau, n'aimait pas la proposition du groupe des Huit, celle du 16 avril. On nous apprit ce jour-là que le «compromis*» avancé par Davis n'avait nullement surpris les fédéraux. Ils le connaissaient depuis plusieurs jours et ne s'y étaient pas opposés. L'idée d'une formule de Victoria sans veto était donc ainsi lancée officiellement pour la première fois.

---

* Apprenant le compromis de l'Ontario, Claude Ryan fit parvenir à Lévesque un télégramme dans lequel il se prononçait contre la formule d'amendement des Huit et le mettait en garde contre un»abandon» du droit de veto. Pour Ryan, la formule des Huit réduirait la place du Québec dans la fédération canadienne, en plus de menacer la solidité et l'intégrité de celle-ci. Cette formule fait maintenant partie de l'accord du lac Meech signée par le gouvernement Bourassa.

Lévesque rappela pourquoi des discussions constitutionnelles avaient été entreprises tout de suite après le référendum québécois et blâma Ottawa de ne pas avoir respecté ses promesses. Se référant à la décision de la Cour suprême et à la récente résolution de l'Assemblée nationale, il reprocha ses méthodes à Trudeau. Il le mit au défi de consulter la population. Il ajouta que le Québec aimerait parvenir à un accord, mais que jamais il n'accepterait une réduction de ses pouvoirs sans son consentement. Cela, dit-il, devait être compris par tous les participants à la conférence.

On se demandait comment Buchanan de la Nouvelle-Écosse, membre du groupe des Huit, allait s'exprimer. Il passait pour être assez malléable. À la surprise de certains, il fut plutôt ferme, ne dévia pas de l'accord du 16 avril et suggéra de reporter à plus tard la charte des droits.

Hatfield proposa qu'une partie de la charte des droits soit immédiatement incorporée dans la constitution, le reste venant plus tard, tel quel ou amendé. Beaucoup notèrent que cette première tranche aurait, comme par hasard, contenu les éléments les plus chers à Trudeau, notamment les dispositions sur l'enseignement dans la langue de la minorité.

Lyon, Lougheed et Peckford parlèrent à peu près dans le même sens que Lévesque (sauf les allusions au référendum québécois et la nécessité de consulter la population) et furent aussi très sévères pour Ottawa, s'en prenant à ses intentions et à ses manières d'agir. Pour Lougheed, s'il devait y avoir un accord, ce serait d'abord sur la formule d'amendement. Après, on pourrait aborder d'autres questions.

Après Lyon, le tour de Bennett vint, juste avant MacLean de l'Île-du Prince-Édouard. Ce dernier s'en tint à la ligne du groupe des Huit. Blakeney parla ensuite, avant Lougheed et Peckord. Les interventions des premiers ministres de la Colombie-Britannique et de la Saskatchewan étaient fort attendues.

Ce furent, pour le Québec, deux interventions désolantes, surtout celle de Blakeney. Tous deux, évidemment, reprochèrent aux fédéraux la façon dont le dossier avait évolué jusque-là et l'inconstitutionnalité de leur projet, mais tous deux se montrèrent étonnament disposés à des compromis. Bennett dit clairement que si l'accord des Huit constituait une solution à l'impasse, il existait néanmoins d'autres possibilités. Pour sa part, il était prêt à les explorer. Blakeney alla dans le même sens, mais plus loin encore, laissant entrevoir qu'à la rigueur il accepterait une charte des droits, y compris des droits linguistiques, si un consensus se dégageait à ce propos. Il insista sur la flexibilité de sa province et, ce qui nous parut très significatif, sur le fait que, depuis la décision de la Cour suprême, les changements constitutionnels au Canada ne réquéraient plus l'unanimité. Traduction: on peut arriver à un accord sans le Québec. Ni l'Alberta*.

---

* De toutes les provinces anglophones, c'est l'Alberta qui, pour ses raisons à elles, était la plus près du Québec depuis le début de la crise constitutionnelle. Elle s'opposait fermement au projet fédéral. Quand le Québec décida d'ouvrir une délégation dans l'Ouest canadien, il choisit Edmonton, capitale albertaine, en raison des bonnes relations qui s'étaient établies entre les deux gouvernements.

Après ces deux déclarations, nous étions convaincus que dans peu de temps, à moins que Trudeau ne fît exprès pour se les mettre à dos, notre groupe des Huit compterait deux provinces de moins. Et si ces deux-là partaient, quel effet cela aurait-il sur la Nouvelle-Écosse et l'Île-du-Prince-Édouard?

...*se confirme*...

La partie publique de la conférence terminée, on se réunit à huis clos pour le reste de la journée.

Pendant une heure et demie, les premiers ministres, seuls, discutèrent de la formule d'amendement. Chacun resta sur ses positions. Trudeau rejeta une fois de plus la formule des Huit qui empêcherait l'uniformité constitutionnelle à travers le pays. Le veto de la formule de Victoria rebutait la plupart des provinces anglophones. L'abandon par l'Ontario de son veto n'avait séduit personne. On cherchait autre chose.

Après une heure et demie, on décida que chaque premier ministre pourrait avoir à ses côtés un ministre et un fonctionnaire. Il s'agissait d'inventer des alternatives aux deux formules en présence. C'est ainsi que Louis Bernard et moi-même participâmes, comme conseillers, au huis clos du reste de la journée.

La venue, dans le groupe, de ministres et de fonctionnaires ne changea pas grand-chose. Je pus personnellement me rendre compte combien Blakeney s'activait à découvrir des formules d'amendement plus ou moins inédites et combien les autres, même des signataires de l'accord du 16 avril, l'accompagnaient dans cette recherche. S'il fut un moment où je dus en venir à la conclusion qu'effectivement le front commun approchait de sa fin, ce fut bien celui-là.

Le veto étant exclu par les uns et le retrait avec compensation par Ottawa et ses alliées, nulle formule intermédiaire n'ayant rallié la majorité souhaitée par Blakeney, on passa à l'examen de la charte des droits.

Là encore, Blakeney se distingua. Il accepterait une charte contenant des droits fondamentaux (liberté d'opinion, de religion, etc.), des droits démocratiques (élections libres, durée du Parlement, etc.) et des droits linguistiques, ceux-là précisément qui iraient à l'encontre de la Loi 101; ces droits seraient applicables intégralement partout au Canada. Les autres droits seraient soumis à une clause dérogatoire. Trudeau n'aimait pas le principe d'une clause dérogatoire*. Les échanges n'eurent que le temps de s'amorcer. Les choses en restèrent là pour ce lundi, 2 novembre, premier jour de la conférence de l'ultime chance.

---

* Une clause dérogatoire, aussi appelée clause «nonobstant», permet légalement à un gouvernement qui l'invoque de ne pas se soumettre aux dispositions autrement obligatoires d'une loi ou, dans le cas présent, d'une charte des droits.

Résumant la journée, la plupart des observateurs et journalistes, toujours nombreux à ce type de conférences, conclurent que, malgré l'absence de progrès évident au cours de la journée, des possibilités de compromis se dessinaient. À preuve: la souplesse manifestée par Trudeau, les propositions avancés par l'Ontario et le Nouveau-Brunswick, les interventions remarquées de Bennett et de Blakeney, ainsi que, de façon générale, la courtoisie des échanges, malgré les pointes anti-Ottawa de Lévesque, Lougheed, Lyon et Peckford et les égratignures de Trudeau. Le front commun avait toujours l'air solide.

Ce que nous nous empressions de confirmer, obéissant ainsi à cette règle du jeu politique qui valait pour nous comme pour les autres et d'après laquelle les politiciens doivent toujours, même en péril, annoncer le sauvetage prochain. Car si, dans ces moments, vous dites l'exacte vérité, on vous félicite alors moins de votre franchise, qu'on vous blâme de votre défaitisme... La «sagesse commune»!

Il n'en restait pas moins que, le lundi, une évolution décisive était survenue. Deux provinces du groupe des Huit n'en faisaient virtuellement plus partie. Du moins pas de la même manière qu'avant. Plutôt que de continuer à défendre la position qui avait jusque-là uni les Huit, celle du 16 avril, elles cherchaient, comme pendant les semaines précédentes, à en élaborer une nouvelle. Selon elles, cette préoccupation ne menaçait en rien le front commun. Il s'agissait simplement, pour les Huit, de mettre au point cette nouvelle proposition et d'amener ensuite Trudeau à l'accepter.

Nous n'en étions pas encore là. Malgré la flexibilité avouée de Bennett et de Blakeney, Trudeau n'avait pas bougé. Tout n'était donc pas pour autant consommé. La conférence commençait.

...et s'élargit

La réunion à huis clos devait se poursuivre le mardi. Les Huit, qui se concertaient chaque matin au petit déjeuner, à 8 heures, furent d'avis que la journée apporterait peut-être du nouveau.

Ce fut le cas.

Trudeau commença par se déclarer assez d'accord avec la proposition d'Hatfield, la veille. Rien d'étonnant à cela: comme on nous l'apprit, l'idée exprimée par Hatfield avait au préalable reçu l'aval d'Ottawa, tout comme l'abandon de son veto par Davis.

On passa rapidement à la formule d'amendement. Pas de progrès depuis la veille. De nouveau Trudeau ne voulut pas entendre parler de celle des Huit, avec son droit de retrait et sa compensation. La plupart des provinces anglophones rejetèrent encore une fois la formule de Victoria, avec ou sans veto. Trudeau conclut qu'on ne s'entendrait jamais et qu'il faudrait s'en remettre à la population, par référendum, pour résoudre l'impasse.

S'ensuivit une longue discussion sur ce référendum*: porterait-il seulement sur les propositions fédérales ou aussi, en parallèle, sur des formules émanant des provinces? quand aurait-il lieu? comment déterminerait-on la majorité: pour l'ensemble du Canada, par province ou par région? etc.

---

* Le livre de Romanow, déjà, cité, contient (p. 193-207) un exposé assez détaillé des échanges relatifs à ce référendum et aux diverses formules d'amendement évoquées alors.

Un échange animé se produisit alors entre Trudeau et Lévesque. Selon ce dernier, Ottawa n'avait aucun mandat de la population pour transformer la constitution d'une manière aussi profonde. À quoi Trudeau répondit que le référendum québécois avait donné à tous les gouvernements le mandat d'agir rapidement, en s'attaquant aux problèmes les plus urgents, ce que précisément on essayait de faire. Lévesque s'insurgea contre cette interprétation: les Québécois avaient compris différemment les engagements fédéraux de mai 1980. Il s'en prit en particulier aux stipulations de la charte sur la mobilité et surtout sur la langue d'enseignement. Le Québec ne les accepterait jamais car elles le priveraient de pouvoirs importants pour mener à bien les politiques linguistiques convenant au seul État francophone d'Amérique du Nord. D'après Trudeau, en protégeant les minorités tant au Québec qu'ailleurs au Canada, la charte des droits empêcherait l'émergence de deux solitudes linguistiques et son aboutissement naturel: la séparation du Québec. Par ses clauses sur la mobilité, la charte visait aussi à éliminer les pratiques de certaines provinces donnant la préférence à leurs citoyens dans les emplois et les contrats du secteur public et parapublic. Trudeau confirmait ainsi que la charte des droits visait à imposer sa propre conception politique du Canada.

Un peu plus tard, Davis survint avec une autre proposition, inattendue celle-là. Il consentirait peut-être à la formule d'amendement des Huit, moyennant «certaines modifications», en échange de l'acceptation de la charte par ceux-ci. Blakeney vit là une bonne idée, pourvu qu'on prévoie des clauses dérogatoires. Bennett considéra avec sympathie la proposition de Davis. Même chose pour Buchanan.

Puis Davis précisa que les «modifications» qu'il avait en tête concernaient le retrait avec compensation. Selon lui, il fallait éliminer la compensation! Lévesque s'y opposa catégoriquement. Trudeau ne dit mot: il n'aimait ni le retrait ni la compensation.

Les choses en restèrent là. Le groupe des Huit décida de se réunir immédiatement après la séance du matin.

Pour le Québec, la situation évoluait dangereusement. La réceptivité de Bennett, de Blakeney et de Buchanan au «compromis» de Davis et la recherche empressée d'une autre formule d'amendement par plusieurs membres du groupe des Huit, tout cela démontrait à l'évidence que le front commun avait perdu sa cohésion, si même il existait encore.

Bref sursis

Pourtant, le groupe eut comme un regain apparent de vie au cours de l'après-midi.

Estimant qu'on n'arriverait à rien sans mieux connaître les intentions de Trudeau, les Huit décidèrent de recourir à une méthode déjà utilisée en septembre 1980. Plutôt que de reprendre la séance à huis clos à l'heure convenue, 14 heures, à la salle de conférence, ils resteraient dans la suite de l'hôtel où ils se trouvaient et prépareraient une position commune à présenter au premier ministre fédéral. Ils invitèrent même Davis à discuter franchement avec eux. Il savait mieux que les Huit ce que Trudeau pourrait accepter; peut-être même se joindrait-il à ceux-ci pour l'ultime démarche envisagée? Mais Davis ne s'engagea à rien, sauf de dire que les Huit feraient certainement bien de présenter une contre-proposition à Trudeau.

C'est ainsi que fut conçue une nouvelle position commune, en grande partie imaginée par la Colombie-Britannique (et esquissée avec l'Ontario et la Saskatchewan en octobre, hors de la connaissance des autres membres du front commun). Elle tenait en une seule feuille et contenait les ingrédients suivants: 1) le rapatriement; 2) la formule d'amendement du Groupe des Huit (y compris la compensation); 3) une charte des droits comprenant a) les droits démocratiques, b) la reconnaissance de l'anglais et du français comme langues officielles au Canada, c) les droits fondamentaux, ces derniers soumis à une clause dérogatoire, et d) une clause d'adhésion facultative aux dispositions sur la langue d'enseignement aux minorités; 4) un article sur la péréquation; 5) un élargissement de la compétence provinciale sur les richesses naturelles; et 6) la formation d'une commission d'enquête sur les implications des éléments du projet fédéral de charte non retenus dans la nouvelle position commune.

Peu enthousiaste, Lévesque accepta cette position en tant

qu'«hypothèse» à soumettre au premier ministre fédéral. Elle équivalait à celle du 16 avril, plus une charte des droits bien moins englobante et contraignante que celle exigée par Trudeau. Quoique l'attitude de Lévesque démontrât la bonne volonté du Québec, il n'y avait pas là, pour nous, de vraie concession. Dès septembre 1980, nous avions accepté le principe d'une mini-charte n'affectant pas les compétences provinciales. Lyon demeurait, quant à lui, toujours opposé à toute charte, courte ou longue, mais il consentit à faire le «test» de Trudeau.

Il fallait maintenant aller informer ce dernier de ce développement et connaître sa réaction. Un peu comme en septembre 1980! Trois premiers ministres s'en chargèrent: Bennett, Lougheed et Buchanan. À cinq heures de l'après-midi, mardi, ils s'acquittèrent de leur mission. Trois quarts d'heure plus tard ils étaient de retour à l'hôtel.

Furieux, Trudeau avait refusé net la nouvelle proposition des Huit. Jamais il n'accepterait une charte tronquée, ni clauses dérogatoires. Il voulait toute la charte, avec les droits linguistiques pour les minorités et le droit à la mobilité pour les citoyens. Rien de moins. Il accusa les trois émissaires de s'être fait manipuler par Lévesque depuis plus d'un an, ce que l'Histoire leur reprocherait. Lougheed demanda alors à Trudeau d'expliquer en quoi son projet constitutionnel correspondait à ses promesses référendaires aux Québécois. Pas de réponse.

La réaction négative de Trudeau ne surprit ni Lévesque, ni Lougheed, ni Lyon. Elle laissa Peckford songeur, mais consterna les quatre autres premiers ministres. Ils espéraient mieux. Tout comme en septembre 1980, la conférence se dirigeait vers l'échec. Mais contrairement à septembre 1980, cet aboutissement semblait terroriser Bennett et Blakeney, plus affectés que les autres par la tournure des événements. Selon eux, il fallait encore une fois chercher autre chose. Les Canadiens, disaient-ils, ne toléreraient pas une nouvelle impasse constitutionnelle. Le cas échéant, Trudeau procéderait à son référendum, ce qui diviserait le Canada au-delà de tout espoir.

Blakeney annonça alors qu'il présenterait, le lendemain matin, une nouvelle proposition sur laquelle il avait travaillé depuis quelque temps. Personne n'en avait encore entendu parler. Quelques premiers ministres lui firent valoir que son intervention marquerait la fin du front commun s'il arrivait, comme c'était probable, que les autres provinces ne puissent souscrire à sa proposition. Blakeney fut catégorique: à ce point-ci des discussions, comme personne ne bougeait suffisamment ni de part ni d'autre, ce serait bientôt le cul-de-sac politique. Son devoir était de présenter un nouveau compromis.

Bennett raisonna à peu près de la même façon. Lui aussi penserait à des alternatives originales.

En fait, on s'aperçut vite qu'il en avait déjà une à suggérer.

Tôt dans la soirée, un de ses conseillers entra en contact avec Louis Bernard, secrétaire général du gouvernement, membre de la délégation québécoise à la conférence. On se rendait tous compte, lui dit-il, que la question de la langue d'enseignement aux minorités était l'un des sujets les plus délicats. Visiblement, Trudeau ne fléchirait pas là-dessus. Cela expliquait en partie son obstination à maintenir l'intégralité de sa charte des droits. Dans ces conditions, le Québec accepterait-il, lui, une concession du groupe des Huit à ce propos? Réponse: non. Toutes nos concessions avaient déjà été faites et Lévesque avait maintes fois répété que le Québec ne consentirait jamais à une diminution de ses pouvoirs linguistiques.

Nous nous étonnâmes à peine de constater que, sur ce sujet, capital entre tous, la Colombie-Britannique espérait un recul du Québec. L'incident nous confirma que cette province, comme la Saskatchewan et probablement d'autres, cherchait désespérément partout* des moyens d'éviter cette tragédie canadienne que serait, selon eux, l'échec de la conférence. Avec quoi nous arriverait-on le lendemain matin?

---

* Partout signifie ici qu'on se préoccupait autant de découvrir des combinaisons inédites d'éléments de la charte des droits ou de diverses formules d'amendement que d'établir des ponts avec des représentants du camp adverse. C'est ainsi, comme nous en fûmes plus tard informés, que l'Ontario et la Saskatchewan eurent plusieurs contacts, à tous les niveaux, au cours de la soirée de mardi. Cette dernière province tentait, via l'Ontario, d'amener Trudeau à un compromis, en même temps qu'elle s'efforçait de mettre au point un nouvelle proposition acceptable à l'Ontario. Tôt, le mercredi matin, Chrétien demanda ensuite à Romanow de le rencontrer, avec McMurtry, au même moment où les premiers ministres du groupe des Huit prendraient leur petit déjeuner habituel ensemble. Dans une entrevue télévisée, le 10 novembre, McMurtry admit avoir été en contact avec Romanow depuis plusieurs mois — ils étaient amis — et reconnut surtout que la décision de dépasser l'entente du 16 avril avait été prise lors de sa rencontre avec Chrétien et Romanow, à Ottawa, le 28 septembre, tout de suite après la décision de la Cour suprême. Chrétien conseilla alors à Romanow de ne pas tenir le Québec au courant de leurs pourparlers parallèles car, de toute façon, selon lui, Lévesque ne signerait jamais rien. Pourtant le Québec avait signé l'accord du 16 avril...

En début de soirée, on sut aussi que Trudeau, toujours furieux, venait de convoquer une réunion spéciale de son cabinet. Selon certains, à la reprise de la conférence, le mercredi, après un dernier tour de table, il annoncerait la rupture des négociations et la tenue d'un référendum sur son projet constitutionnel. Selon d'autres, plus nombreux, il mijotait plutôt, enfin, un compromis à offrir aux Huit et voulait en discuter avec ses ministres.

Où en sommes-nous?

De nos réflexions, ce soir-là, découlèrent des conclusions plus claires que jamais.

Le front commun n'existait évidemment plus. Au moins deux de nos membres, dont la défection serait certes contagieuse, pratiquaient depuis quelque temps ce qui, pour nous, était un double jeu, mais, pour eux, la recherche normale d'un nouveau consensus.

Les chances étaient qu'Ottawa ferait passer au moins quatre provinces de plus de son côté. Peut-être davantage, s'il payait assez cher. Selon toute vraisemblance, l'Alberta continuerait à s'opposer et probablement aussi le Manitoba (à cause de la charte des droits). Lyon se trouvait cependant en pleine campagne électorale (il quittera la conférence mercredi, pour retourner à Winnipeg) et les sondages n'étaient pas très encourageants pour lui. Peut-être devrait-il, dans les circonstances, se plier à une entente qui ne le ravirait pas. Quant à Peckford, il était maintenant difficile de deviner où il logerait. Il venait de signer, avec Ottawa, un accord sur le pétrole en bordure des côtes, et semblait intéressé, lui aussi, à découvrir une solution de rechange. Il l'avait laissé entendre à mots couverts durant l'après-midi.

Depuis quelque temps déjà, je l'ai dit plus haut, nous ne retenions plus comme hypothèse sérieuse la perspective d'un échec total de la conférence, du genre de celui de septembre 1980. À l'époque, les provinces avaient dressé plusieurs positions communes (la *Proposal for a Common Stand of the Provinces*) que Trudeau avait repoussées, sans laisser les négociations se poursuivre. Il avait, du coup, privé certaines provinces, qui auraient été tentées de le faire, du temps et du recul nécessaires pour «ajuster» leurs positions ou les modifier. La conférence déboucha dès lors sur l'impasse qu'on vivait depuis, sur le coup de force unilatéral d'Ottawa et sur un durcissement des points de vue en présence.

Cette fois-ci, malgré sa rigidité tactique de l'après-midi, le premier ministre fédéral finirait vraisemblablement par se montrer plus flexible au moment opportun. C'est pourquoi Lougheed, Lyon et Lévesque, contrairement à Bennett et à Blakeney, n'estimaient pas si urgente la présentation de nouveaux compromis.

La Cour suprême avait en quelque sorte donné instruction à Trudeau d'aller se construire une légitimité. Deux manières seulement d'y arriver s'offraient à lui. La première, dont le résultat serait immédiat s'il consentait aux concessions nécessaires: l'adhésion à son projet d'au moins quatre provinces de plus. D'après nous, Trudeau explorerait d'abord naturellement cette voie. La véritable question était de savoir à quel prix politique les provinces convoitées fixeraient leur assentiment et à quel coût, le cas échéant, Trudeau accepterait de se soumettre.

La seconde manière était plus longue, plus complexe et davantage risquée: un référendum à travers le Canada. Souvent évoquée comme menace par les fédéraux, cette façon d'agir était honnie par la plupart des provinces anglophones, officiellement pour des raisons de principe. En fait, elles craignaient des manipulations d'Ottawa ou bien encore, plus simplement, voyaient mal comment elles seraient victorieuses chez elles, surtout si elles devaient combattre le projet fédéral de charte des droits. Pour nous, la perspective d'un référendum pancanadien était largement moins inquiétante, car l'objet du débat serait un plan fédéral réduisant l'autonomie politique et linguistique du Québec. On comprend que nous ayons si souvent suggéré aux fédéraux de soumettre leur projet à la population.

Depuis la décision de la Cour suprême, le groupe des Huit montrait les fissures visibles qu'y avaient pratiquées certains de ses membres, paradoxalement parce qu'ils savaient que les fédéraux, pour se donner une légitimité face au Canada et à Londres, avaient absolument besoin d'un appui supplémentaire. Les provinces dites «souples» croyaient désormais pouvoir, par des concessions successives, amener Ottawa à infléchir ses positions jusque-là rigides, tout en récoltant de l'opération un profit pour elles-mêmes. Ainsi raisonnaient les délégations de la Colombie-Britannique et de la Saskatchewan, pour qui une «ouverture» et une «bonne volonté» réciproques donneraient en plus naissance à un accord politique mettant fin à l'impasse constitutionnelle.

Selon elles, cet accord possible devait être fondé sur le rapatriement de la constitution (déjà accepté par tout le monde), sur une formule d'amendement où personne n'aurait de veto et, pour permettre à Trudeau de sauver la face, sur une charte des droits à la condition qu'elle n'entraîne pas, pour elles, trop d'obligations; il suffirait de prévoir des clauses dérogatoires. On inclurait aussi dans l'accord des dispositions sur les richesses naturelles.

De la suite à donner aux promesses référendaires, telles que comprises au Québec, il n'était évidemment pas question. C'est un sujet* qui regardait les deux Québécois, Trudeau et Lévesque, et dont elles n'avaient pas à se mêler.

Au cours des pourparlers parallèles de la conférence, m'expliqua-t-on plus tard en novembre, certaines provinces s'inquiétèrent, par acquit de conscience, d'un accord éventuel leur convenant mais qui déplairait au Québec. Les fédéraux, Chrétien notamment, répondirent qu'elles n'avaient pas à se préoccuper de ce sujet ne concernant que des Québécois.

À moins que, peu désireux de poursuivre les négociations, il optât pour un référendum dès l'ouverture de la conférence, mercredi matin, on finirait fatalement par aboutir à une solution mitoyenne où Trudeau, malgré son entêtement affiché, céderait quelque chose aux autres provinces et celles-ci quelque chose à Trudeau. Cette fameuse solution contiendrait, pour nous, des dispositions inacceptables sur les droits linguistiques des minorités, et peut-être même d'autres clauses aussi irritantes.

De la façon dont la situation évoluait, nous demeurerions tout au plus quatre provinces à nous opposer à Trudeau. Peut-être seulement deux: l'Alberta et nous.

Au-delà de ces calculs sur le nombre de *pour* et de *contre* (6-4 ou 8-2), le seul fait que des provinces se détacheraient du front commun autoriserait toutefois les fédéraux à crier victoire et surtout engendrerait une dynamique politique aux suites aisément prévisibles, compte tenu des caractéristiques du fédéralisme canadien. Quelques jours ou quelques semaines plus tard, des compromis ultérieurs accroissant le nombre de provinces à faire la paix avec Ottawa, ce serait sur le Québec, alors probablement seul, que finirait par reposer le fardeau d'accepter ou de refuser un accord constitutionnel répondant aux besoins et aux aspirations d'Ottawa et du Canada anglais. C'était arrivé à Jean Lesage, en 1964, et à Robert Bourassa, en 1971.

Sauf que, cette fois-ci, on observait une différence de taille: tout le processus de révision constitutionnelle entrepris 1980 l'avait été, avait-on cru, pour donner suite aux engagements référendaires des fédéraux envers les Québécois et aussi à ceux de certains premiers ministres provinciaux, Blakeney précisément. Depuis, on s'était totalement moqué du sens volontairement donné, à l'époque, à ces engagements.

Le Québec n'irait jamais cautionner cette entreprise piégée, au terme de laquelle, comme pour s'en moquer davantage, on lui imposerait une diminution de ses compétences constitutionnelles actuelles!

Même si, le mardi soir, nous en connaissions la tendance générale, se pourrait-il que, le lendemain matin, quelque chose survienne pour réorienter la trajectoire de la conférence? Rien ne nous portait à le croire, mais savait-on jamais?...

Rupture

À son petit déjeuner du mercredi, deux mauvaises surprises attendaient Lévesque. Nos craintes des jours précédents et, en particulier, celles de la veille furent entièrement confirmées.

Première surprise. Selon la nouvelle proposition de Blakeney, la charte des droits serait abrégée, mais la formule d'amendement ne prévoirait ni droit de veto, ni droit de retrait, ni compensation! Cette formule parfaitement nouvelle, de même que le reste de sa proposition, apparaissait dans un abondant document qui, matériellement, ne pouvait pas avoir été écrit au cours des dernières heures. À l'évidence, il s'agissait d'un projet qui mûrissait, dans ses grandes lignes, depuis quelque temps déjà.

Lévesque fut ulcéré de constater que Blakeney faisait si peu de cas de la protection constitutionnelle toujours réclamée par le Québec sous forme de droit de veto ou de retrait avec compensation. Lévesque, Lougheed et Lyon essayèrent, comme la veille, de faire changer Blakeney d'avis: il briserait ouvertement le front commun, il était décidément trop souple face à Trudeau, celui-ci n'a encore rien cédé, laissons le venir, etc. Rien n'y fit. Pour le premier ministre de la Saskatchewan*, la conférence se terminerait sur une impasse si les participants ne s'empressaient pas, chacun et rapidement, d'inventer du nouveau. Il en inventait vraiment beaucoup!

Puis, la seconde surprise. Bennett annonça que, réflexion faite, sa province ne s'opposerait plus aux dispositions sur l'enseignement dans la langue de la minorité que Trudeau tenait absolument à insérer dans la charte des droits! Apprendre cela d'un membre du front commun, son président de surcroît, était insultant à double titre. Non seulement la Colombie-Britannique offrait-elle une concession supplémentaire à Trudeau sur un point extrêmement délicat pour nous, mais nous savions

* Exactement au même moment, un autre représentant de la Saskatchewan, Roy Romanow (voir son livre, p. 203), s'entretenait avec Chrétien et McMurtry de l'Ontario. C'est alors qu'ils s'entendirent, en principe, sur un accord possible à compléter plus tard dans la journée. En gros, l'accord comporterait la formule des Huit, mais sans compensation financière, et la charte des droits avec quelques clauses dérogatoires, aucune ne s'appliquant cependant à l'enseignement dans la langue de la minorité. Romanow et McMurtry, chacun de son côté, devaient discrètement sonder les autres gouvernements sur cette «troisième voie» qui, croyaient-ils, sauveraient la conférence de la faillite. Selon Sheppard et Valpy (*The National Deal*, p. 282), Chrétien n'était pas convaincu que Trudeau accepterait le droit de retrait, même sans compensation, ni les clauses dérogatoires.

---

que la charte ne lui créerait pas d'obligations réelles tellement contraignantes puisque, dépourvue d'établissements scolaires francophones, l'enseignement dans la langue de la minorité n'y serait offert que «là où le nombre le justifie».

Nous rendant compte de sa réunion, Lévesque, à la fois peiné et en colère, nous expliqua que c'était maintenant définitif: le front commun s'était effondré et l'on vivrait, de la part des autres provinces, sauf l'Alberta (Lyon était sur son départ), une phase intensive de «chacun pour soi et tant pis pour les autres». Sa conclusion: Trudeau n'avait même pas eu encore besoin d'intervenir en offrant des concessions, ni de faire les «pirouettes» qu'espéraient certaines provinces. Le front commun s'était écroulé de lui-même, se brisant dans deux de ses joints: la Colombie-Britannique et la Saskatchewan. «Last in, first out!»

La journée commençait mal, mais ce serait encore pire le lendemain...

Coup de théâtre

La conférence reprit, encore une fois à huis clos, vers dix heures.

On parla d'abord de la proposition présentée à Trudeau, le mardi après-midi, par trois premiers ministres, Bennett en tête, en tant que président du groupe des Huit. Lévesque et Peckford la considéraient comme raisonnable. Trudeau rétorqua, encore une fois, qu'il n'accepterait jamais ni une charte des droits «émasculée» (son expression) ni une formule d'amendement prévoyant un droit de retrait, surtout pas avec compensation! Non, le mieux serait de soumettre le tout à un référendum qui déterminerait la formule à retenir: celle des Huit ou la sienne.

Puis, se reprenant, il se déclara tout à coup prêt à accepter le retrait *et* la compensation *en échange* de la charte *entière*! Il ajouta avoir fait part de cette idée aux trois premiers ministres rencontrés la veille, ce qui était faux.

C'était du jamais dit jusque-là, au moins en ceci: voilà que le premier ministre fédéral, nonobstant ses affirmations antérieures, se déclarait maintenant prêt à troquer des droits contre des pouvoirs et, en plus, disposé à vivre avec une formule d'amendement jusqu'à tout à l'heure incompatible, selon lui, avec un régime fédéral. Si toutefois, ajouta-t-il, la charte n'était pas acceptée *au complet,* s'il y avait des clauses dérogatoires par exemple, il faudrait *enlever* la compensation financière de la formule d'amendement.

Que Trudeau se soit contredit ou qu'il ait bluffé à ce moment n'a guère d'importance. Il ne nous était pas difficile de voir vers où on se dirigerait de toute manière. On en viendrait, d'une façon ou d'une autre, à une entente édifiée, comme disait Lévesque, «sur le dos du Québec».

Puis vint Blakeney avec sa nouvelle proposition, éliminant veto et compensation. Lévesque s'en prit à lui: jamais le Québec ne renoncerait à son veto dans ces conditions. Puis il laissa entendre que le volumineux document de Blakeney, qui n'avait certes pas dû être préparé dans la nuit précédente, avait peut-être bénéficié de lumières fédérales... Ce qui mit le premier ministre de la Saskatchewan hors de ses gonds. Quant à Bennett et Davis, ils indiquèrent que la suggestion de Blakeney offrait un certain intérêt. Ces interventions ne surprirent personne.

À la pause-café, Romanow, embarrassé, vint me dire que nous prenions les choses trop au tragique («You are overreacting to this!»), comme pour minimiser le dommage causé par son premier ministre au front commun. Je lui répondis que Blakeney venait simplement de prouver à tout le monde que ce front commun était défunt depuis pas mal de temps déjà. Niant une réalité qu'il connaissait encore mieux que moi, en raison de ses pourparlers parallèles, il prétendit qu'au contraire le groupe des Huit existait encore, mais qu'il était à la recherche d'une proposition originale pour forcer Trudeau à modifier la sienne. Je devais comprendre, ajouta-t-il, que Blakeney venait simplement d'apporter une contribution en ce sens! À ce moment-ci de la conférence, il était important d'élaborer une «nouvelle approche». On rapprocherait peut-être ainsi les parties.

À la reprise, on constata que Blakeney n'avait pas rapproché grand monde. Ceux qui avaient, quelques instants plus tôt, montré un intérêt envers sa suggestion étaient devenus silencieux. Trudeau indiqua qu'il accepterait, quant à lui, l'idée, de Blakeney, à condition que les droits linguistiques soient inclus dans la charte. Lévesque déclara que le Québec ne se plierait ni à l'une ni aux autres.

De nouveau, l'impasse.

À 11 h 45, donnant l'impression de constater l'échec, Trudeau suggéra la tenue d'un référendum, dans deux ans, sur l'ensemble de son projet. Il tentait probablement, de nouveau, d'effrayer les autres provinces. Toutefois, à choisir entre un accord, toujours possible, qui se ferait à nos dépens, et la perspective d'un référendum que nous pouvions gagner au Québec, Lévesque n'hésita pas. Il accepta d'emblée. Une telle consultation populaire, que nous avions nous-mêmes souvent exigée, serait sûrement plus honorable et plus courageuse que les méthodes jusqu'ici utilisées par les fédéraux, dit-il. En plus, c'était la première proposition depuis le début de l'opération constitutionnelle post-référendaire qui ne diminuerait pas les pouvoirs du Québec.

Les autres participants n'intervinrent pas. On reviendrait sur le sujet après le lunch et on verrait alors. Des détails importants manquaient sur la façon dont cette consultation aurait lieu. On n'en était qu'à la discussion de principe.

À l'extérieur, Lévesque annonça aux journalistes que, pour briser l'impasse, le Québec acceptait l'idée d'un référendum et reprit en gros ce qu'il venait d'exprimer à huis clos. De son côté, Trudeau dévoila ce qui était, selon lui, une «alliance nouvelle» entre Ottawa et Québec, mais sans entrer dans les détails.

La nouvelle paraissait renversante. On savait en général, et pour cause, que le Québec ne nourrissait pas, comme les autres provinces, de préventions contre le principe d'un recours au référendum. On ne pensait toutefois pas que Trudeau s'y résoudrait, car l'entreprise n'était pas simple et les avis sur la question divergeaient dans les milieux fédéraux. On crut aussi que Lévesque, pour une raison encore inconnue, avait décidé de détruire lui-même le front commun ou, plutôt, d'en confirmer publiquement la disparition.

Romanow, perturbé, était revenu me voir au moment où la séance se terminait. J'eus le sentiment que, pour lui, une catastrophe venait de fondre sur le Canada. Il était sûr que, dans sa province, Trudeau gagnerait le référendum et que, de toute façon, le pays en sortirait déchiré. Pourquoi avions-nous consenti à une procédure aussi délétère?

Très simple, lui expliquai-je: le front commun disparu, en bonne partie à cause de sa province, pourquoi le Québec n'aurait-il pas opté pour autre chose, à son tour? Et surtout pour autre chose qu'il considérait comme normale? S'était-on beaucoup gêné à son endroit depuis quelque temps en présentant des «compromis»?

Ce fut ma dernière conversation avec Romanow.

Une proposition absurde

À la séance de l'après-midi, toujours à huis clos, Trudeau procéda à un tour de table sur son projet de référendum.

Les questions étaient nombreuses. Bien que mal disposées à l'endroit de ce genre de consultation, les provinces anglophones attendaient des précisions. D'après diverses allusions antérieures de Trudeau, leur impression générale, comme la nôtre d'ailleurs, était que le résultat du référendum serait déterminé à la manière d'un changement constitutionnel qui s'effectuerait sous l'empire de la formule de Victoria, c'est-à-dire en tenant compte du résultat dans les provinces et les régions disposant d'un droit de veto. Ainsi, le projet fédéral serait rejeté si, par exemple, l'appui obtenu au Québec était insuffisant. C'était cette caractéristique présumée du référendum proposé qui avait particulièrement incité Lévesque à donner son accord plus tôt dans la journée. Par contre, c'était précisément la possibilité d'un tel calcul régional qui, entre autres raisons, hérissait les provinces hostiles au veto.

Bien que trouvant l'idée d'un référendum pancanadien «stupide», Lougheed était peut-être, de tous les autres premiers ministres, le moins opposé au principe de ce genre de consultation. Dans les mois précédents, il avait même songé, au besoin, à en tenir un dans sa province et avait annoncé qu'il présenterait éventuellement une loi à ce propos. Méfiant toutefois, il demanda à Trudeau de mettre par écrit les précisions requises. Cela viendrait un peu plus tard, répondit ce dernier, on n'avait pas encore terminé le document demandé.

Trudeau y ajouta alors un détail surprenant qui changeait tout le sens de sa proposition: le Parlement britannique adopterait *d'abord* son projet constitutionnel, *mais* le référendum, *qui aurait lieu après le vote de Londres,* en permettrait *ensuite* la proclamation au Canada.

Les premiers ministres n'en revenaient pas, surtout Lougheed, Blakeney et Lévesque.

On se mit à nager dans l'invraisemblance, en fin d'après-midi, quand furent connues les autres modalités du référendum envisagé.

Elles étaient consignées dans un document de forme juridique quasi illisible. Il en ressortait cependant des dispositions stupéfiantes jamais encore mentionnées par Trudeau. *À toutes fins utiles, elles signifiaient qu'il n'y aurait jamais de référendum*, tellement les conditions imposées étaient impossibles à satisfaire.

Le processus référendaire était en effet soumis à trois obstacles.

D'abord, les premiers ministres sur place devaient consentir à soumettre éventuellement la charte à un référendum (alors que la majorité des provinces rejetaient déjà le recours à ce type de consultation!).

En second lieu, ce qui n'était pas une mince affaire, Ottawa demanderait à la Chambre des communes et au Sénat de modifier *unanimement* le projet fédéral actuel, en y prévoyant un processus référendaire applicable à la charte, après quoi ce projet serait transmis à Londres pour y être approuvé, les provinces l'ayant légitimé par leur accceptation du référendum.

Enfin, troisième obstacle, une fois le projet approuvé par Londres, il n'y aurait effectivement référendum que si, à l'intérieur d'une période de six mois les onze gouvernements, par voie de résolution, se déclaraient, *unanimement aussi*, favorables à sa tenue.

Même en supposant les deux autres obstacles franchis, cette dernière exigence laissait à Ottawa ou à n'importe quelle province la possibilité de bloquer à son gré le processus référendaire, ce qui aurait entraîné (car c'était prévu dans le cas où le référendum ne pourrait se tenir) l'application intégrale et sans délai du projet constitutionnel d'Ottawa!

On se moquait des gens.

Il ne s'agissait absolument plus de ce que tout le monde avait généralement compris jusque-là. Ou bien Trudeau avait sciemment induit les provinces en erreur sur la nature et la forme du référendum, les nombreuses fois qu'il l'avait évoqué. Ou bien, s'étant tout le temps servi du référendum dans le seul but d'inquiéter les provinces, mais ne s'attendant pas à l'acceptation de Lévesque, il tentait maintenant de le rendre impraticable. Ou bien, sachant que Lévesque ne pouvait refuser ce type de consultation populaire qu'il avait lui-même réclamée, il lui avait tendu un traquenard* pour briser davantage le groupe des Huit; cette «opération» accomplie, il s'arrangeait maintenant pour «retirer» sa proposition en y greffant des conditions inacceptables. Ou bien, pourquoi pas, Trudeau improvisait depuis le matin.

* La thèse selon laquelle Lévesque serait tombé dans un traquenard eut quelque vogue à l'époque. Elle servit en particulier à certaines provinces pour attribuer au Québec l'effondrement du front commun, pourtant détruit par elles bien avant. Toutefois, selon l'enquête de Sheppard et Valpy (*The National Deal*, p. 282 et 291), les fédéraux ne croyaient pas que Lévesque accepterait l'idée d'un référendum pancanadien, ce qui exclurait la thèse du traquenard. La vérité est qu'on ignore encore ce que Trudeau avait exactement en tête ce jour-là. C'est le seul point du dossier constitutionnel post-référendaire qui soit, jusqu'à maintenant, demeuré obscur.

Impatients et dégoûtés, les participants eurent globalement le sentiment d'avoir été manipulés. Où Trudeau voulait-il en venir?

Il expliqua, par exemple, que le référendum devait être accepté à l'unanimité des onze gouvernements parce que cette procédure de consultation modifiait la formule d'amendement prévue dans son projet constitutionnel, laquelle ne pouvait être changée que par décision unanime. Ce raisonnement nous parut tiré par les cheveux et illogique. Si on imposait l'unanimité pour le référendum qui n'était qu'un mode de consultation, pourquoi, à plus forte raison, ne pas l'appliquer aussi à l'ensemble d'un projet constitutionnel qui allait, lui, transformer de façon permanente les règles du jeu au Canada?

Bref, au début de la soirée, mercredi, Trudeau obtint l'unanimité, mais ce fut contre le référendum qu'il avait concocté. Peut-être voulait-il en arriver là? Pendant quelques minutes, une sorte de front commun ponctuel se produisit. En rejetant le bizarre référendum de Trudeau, le Québec rejoignit les provinces qui étaient depuis le début opposées à cette procédure.

Résultat de la journée: pas d'accord constitutionnel ni de référendum. Comme, selon lui, la conférence n'avait rien donné, Trudeau laissa entendre que, dans les jours suivants, il irait de l'avant avec son projet, le ferait approuver par la Chambre des communes, etc. On sentait qu'il prétendrait avoir tout essayé pendant trois jours entiers, vainement. Ainsi de suite.

Davis intervint alors pour proposer la reprise de la conférence le jeudi matin, ne serait-ce que pour se donner quelques heures de réflexion de plus. Blakeney et d'autres s'exprimèrent dans le même sens. Trudeau accepta.

Quelques heures de réflexion de plus?

En quittant la conférence, j'eus un réflexe inhabituel: j'informai

Dick Johnston de l'Alberta et quelques autres représentants provinciaux de me faire signe, au cas où nous aurions besoin, certains d'entre nous, de nous revoir dans la soirée. Je précisai également qu'à tout hasard le Québec avait réservé une suite à l'hôtel Château Laurier où quelques délégations s'étaient établies.

Démarche matériellement inutile, car tous savaient où nous trouver. Depuis quelques années, la plupart des délégations québécoises aux conférences fédérales-provinciales logeaient à Hull, à l'hôtel Plaza de la Chaudière.

De fait, on n'eut aucune difficulté à nous joindre. Vers vingt heures, alors que notre délégation était en encore en réunion de travail pour faire le point, un fonctionnaire de la Colombie-Britannique me téléphona pour confirmer que la rencontre des premiers ministres du groupe des Huit aurait lieu, comme de coutume, le lendemain matin à huit heures. Tiens, le groupe des Huit existerait-il encore?

Ce fut, de toute la soirée, l'unique message reçu par nous d'une autre délégation.

Nous avions assez d'expérience des rencontres fédérales-provinciales pour nous douter que quelque chose pouvait se tramer. Mais quoi? Allions-nous fébrilement nous accrocher au téléphone dans le but de découvrir, en accumulant des indices, ce que fabriquaient les autres délégations? Ou former des escouades de reconnaissance pour surgir inopinément dans quelques suites d'hôtels?

Si des délégués estimaient devoir nous parler, ils savaient pertinemment bien où nous trouver. Ne l'avaient-ils pas fait maintes fois auparavant?

C'est pourquoi, vers onze heures, je renonçai à une idée qui m'était venue un peu plus tôt: faire le tour de quelques restaurants, bars et lobbys d'hôtels. Juste pour voir...

La nuit dite «des longs couteaux»...

En réalité, ce qu'on a par la suite appelé la «nuit des longs couteaux» durait depuis plusieurs semaines...

Elle avait commencé, comme c'est normal, par un crépuscule, celui du front commun, le 28 septembre 1981, avec la rencontre de Chrétien, Romanow et McMurtry, après la décision de la Cour suprême. Le crépuscule étendit ensuite son ombre quand Bennett s'octroya lui-même une mission nationale de médiateur. On connaît la suite. La logique de cette mission et de la réunion du 28 septembre amena de plus en plus la Saskatchewan et la Colombie-Britannique, occasionnellement avec des représentants ontariens et fédéraux, à axer leurs efforts sur l'élaboration d'une position qui se situerait à mi-chemin entre le projet fédéral et l'accord interprovincial du 16 avril. Car, selon eux, il fallait à tout prix faire revenir Trudeau à la table de négociations et, cela accompli, éviter, à tout prix aussi, l'échec de la conférence.

Ces tractations parallèles, on l'a vu, furent bientôt connues des autres membres du front commun, mais minimisées par leurs responsables.

Elles se poursuivirent pendant la conférence de novembre, à l'occasion des pauses-café, des lunches ou d'échanges plus ou moins fortuits dans des restaurants. À ce moment, Blakeney, appuyé par Romanow, avait pris le leadership de l'opération «troisième voie», à laquelle l'Ontario participait de plus en plus, craignant un entêtement de dernière minute de la part de Trudeau. Malgré tout, chaque fois qu'on en doutait, la Saskatchewan protestait de son attachement au groupe des Huit!

Tout ce qui précède, nous le savions au moment de la conférence. Les précisions sur le reste nous furent connues après.

Mercredi matin, le 4 novembre, Romanow, McMurtry et Chrétien avaient esquissé les contours d'une entente possible. Au cours de l'après-midi survint l'incident du référendum alambiqué de Trudeau. Les trois associés conclurent à l'échec imminent de la conférence. Discrètement, Chrétien et Romanow, rejoints plus tard par McMurtry, se concertèrent de nouveau dans une pièce attenante au salon des délégués. Ils précisèrent leur esquisse du matin, à laquelle s'étaient ajoutés des éléments provenant d'un projet sur lequel Peckford* travaillait de son côté et dont il avait parlé à Blakeney.

---

* Observant la conférence, la veille, Peckford conclut qu'on n'arriverait nulle part. Il avait en conséquence entrepris d'élaborer son propre projet de compromis. Il n'eut pas l'occasion de le proposer à la conférence, mais s'en était ouvert à d'autres premiers ministres. C'est le schéma général de ce plan qui, combiné à l'autre, devint la base de l'entente mise au point plus tard.

Lorsque Davis proposa à Trudeau de poursuivre la conférence le jeudi matin, il savait, comme Blakeney, qu'une piste fertile pouvait encore être explorée: celle du trio Chrétien-Romanow-McMurtry. Trudeau, lui, n'avait pas tellement d'espoir. Il consentit cependant à la rencontre du lendemain.

Ce soir-là, en réunion avec huit de ses ministres, Trudeau sembla peu porté au compromis. Il pensait encore à conserver dans son projet constitutionnel, malgré l'opposition de la majorité des provinces, un mécanisme référendaire utilisable dans l'avenir en cas d'impasse entre les gouvernements. Il repoussait une formule d'amendement prévoyant un droit de retrait et réprouvait totalement la possibilité, dans ce cas, d'une compensation à laquelle Ottawa serait constitutionnellement obligé. Les clauses dérogatoires l'indisposaient également.

Qu'adviendrait-il alors du «compromis» que plusieurs provinces étaient à élaborer, sous la direction de Blakeney? Trudeau en connaissait l'orientation générale grâce, bien sûr à Chrétien-Romanow, mais aussi à Davis, jouant depuis quelque temps déjà ce rôle d'entremetteur (*honest broker*) qu'à certains moments cruciaux le fédéralisme canadien-anglais semble naturellement confier, comme par réflexe historique, à l'Ontario, expression contemporaine du Haut-Canada.

De son côté, la Saskatchewan réunit quelques fonctionnaires provinciaux dans sa suite d'hôtel, pour y rédiger le texte d'une entente à laquelle les premiers ministres mettraient ensuite, si possible, le point final, ce dont Blakeney s'occuperait lui-même. Plus tard en soirée, le projet était au point. Les uns après les autres, les premiers ministres provinciaux rejoints donnèrent leur accord: Blakeney, évidemment, Davis, Hatfield, Peckford dont plusieurs idées avaient été retenues, Buchanan et MacLean.

Bennett et Lougheed, d'accord en principe, ne se prononcèrent définitivement que le lendemain matin. Ce fut aussi à ce moment que Lyon, à Winnipeg, fut joint. Entre autres arguments, on lui expliqua que, s'il refusait le nouveau compromis, il risquait de se retrouver seul avec le «séparatiste» Lévesque à s'y opposer, attitude peu recommandable pour un premier ministre manitobain quelques jours avant une élection. Lyon donna son assentiment, sous réserve du consentement ultérieur de son assemblée législative quant aux dispositions linguistiques. (Il fut défait quelques jours plus tard.)

Voilà donc comment s'étendit, sur plusieurs semaines, cette fameuse «nuit des longs couteaux».

Le fait accompli

Restait le test ultime: la rencontre du jeudi matin. Trudeau accepterait-il le «compromis» auquel étaient arrivés Blakeney et les autres?

La reprise des travaux était précédée par le traditionnel petit déjeuner du «groupe des Huit» dont Lévesque, à défaut d'autres indications qui eussent été plus significatives, avait été informé la veille. Peckford lui remit un texte de deux pages: un «nouveau projet», dit-il.

Lévesque perçut immédiatement deux choses.

D'abord que, contrairement aux règles de respect réciproque établies entre eux trois jours plus tôt, ses collègues, à son insu, s'étaient nuitamment entendus sur une nouvelle proposition à prendre ou à laisser, dont Ottawa était sûrement déjà au courant. C'était plus qu'humiliant.

Ensuite, le texte était bel et bien un compromis, mais, sur deux dispositions absolument essentielles pour nous, on l'avait construit aux dépens du Québec.

Le premier point était que s'il contenait toujours le droit de retrait, on en avait supprimé la compensation! Le Québec, qui avait sans relâche insisté pour une véritable protection constitutionnelle: droit de retrait plus compensation ou droit de veto, se trouvait donc privé, sans son assentiment, de l'un et de l'autre!

Le second élément était que, sur le plan linguistique, la charte des droits venait radicalement réduire les pouvoirs de l'Assemblée nationale et, par conséquent, attaquer la Loi 101!

Deux exigences clés, dont tous savaient pourtant le caractère impérieux pour le Québec, étaient ainsi bafouées, de façon incroyablement méprisante, au terme d'un processus qui était sensé, avait-on promis, conduire au «fédéralisme renouvelé»!

Connaissant Lévesque depuis des années, je crois pouvoir dire que, comme être humain et comme premier ministre du Québec, il fut blessé au-delà de toute expression par ce qu'il considéra désormais avoir été une inexcusable traîtrise. Son réflexe immédiat fut de quitter la conférence sur-le-champ. Claude Charron l'en dissuada: «Oubliez qui nous sommes, lui dit-il, pensez à ce que vous représentez.»

C'était la consternation et même l'incrédulité dans notre délégation. Nous étions depuis longtemps convaincus que, s'il y avait entente entre les provinces et Ottawa, elle ne correspondrait en rien aux promesses référendaires et même qu'elle se réaliserait au détriment du Québec. Mais nous n'avions jamais pensé qu'on irait aussi loin. Ce fut ma première véritable surprise depuis le début de la ronde constitutionnelle de mai 1980.

J'allais bientôt en avoir une autre.

Trudeau plie

La conférence, toujours à huis clos, commença vers 9h30. La rumeur circulait déjà qu'un accord, si improbable quelques heures plus tôt, avait été conclu, mais les journalistes et observateurs en étaient réduits à des conjectures.

À son attitude, nous ne pouvions pas déduire si Trudeau, à la fois calme, songeur et nerveux, accepterait en tout ou en partie le compromis mis au point la veille au soir. Nous savions que Chrétien s'en était fait le défenseur auprès de son patron. Davis aussi. L'avaient-ils convaincu?

Par rapport à ses prises antérieures de position, le texte à l'étude renfermait des clauses qui, normalement, devaient au plus haut point déplaire au premier ministre fédéral. Même amputé de la compensation, le droit constitutionnel de retrait avait fait l'objet de condamnations répétées de sa part, comme de celle de Chrétien. Trudeau consentirait-il à un accroc aussi majeur à ses convictions profondes? Ce qui revenait à se demander combien il lui restait d'honneur.

À mon étonnement, il se plia à la volonté des provinces sur le droit de retrait. Si elles avaient retranché de leur compromis la compensation financière à laquelle elles le savaient hostile, c'était pour l'obliger à se résoudre au reste de la formule* d'amendement. Il s'y résolut. Ce fut ma seconde surprise. Peut-être est-il paradoxal de le mentionner ici, vu les circonstances et le traitement infligé au Québec, mais en un sens Trudeau me déçut alors. Je n'avais pas de raisons particulières de l'admirer, mais je ne me serais jamais attendu à une telle volte-face de sa part.

---

* Les autres provinces du front commun n'étaient pas très attachées à la compensation. Elles faisaient donc leur concession aux frais du Québec. On se souvient de leur réticence à l'introduction de cette disposition dans la formule d'amendement qui devait faire partie de l'accord du 16 avril. Elle y fut inscrite sur l'insistance inébranlable du Québec qui leur exposa clairement que, faute de compensation, il s'en tiendrait au droit de veto et qu'il ne signerait pas l'accord.

Ce n'était pas tout.

Trudeau réprouvait, on le sait, les clauses dérogatoires, car elles pouvaient, en pratique, conduire à la non-application de sa charte des droits. Le Manitoba était demeuré opposé à toute charte, mais les autres, peu enthousiastes, s'étaient finalement dit qu'elles ne l'accepteraient qu'accompagnée de dérogations possibles. Le compromis de la veille reflétait cette exigence. Que dirait le champion des droits individuels? Là aussi il céda, quand les provinces consentirent, de leur côté, à limiter à cinq ans (renouvelables) la durée d'application d'une dérogation. Une exception significative à cette flexibilité: aucune dérogation n'était envisagée pour les droits linguistiques touchant directement la Loi 101. Elle n'avait même pas été prévue dans le compromis nocturne. Les autres provinces croyaient que Trudeau s'insurgerait s'il la retrouvait dans le texte, ce qui aurait risqué de mettre l'ensemble en cause. Autre concession aux frais du Québec.

Et le référendum auquel tenait tant Trudeau comme mécanisme de déblocage constitutionnel? Disparu lui aussi.

Qu'advenait-il des droits à la mobilité dont Trudeau voulait se servir pour réduire les pouvoirs des provinces et les empêcher, dans les programmes et contrats gouvernementaux, de favoriser leurs citoyens et les entreprises de leur territoire? Ils étaient désormais complétés par une «exception» réclamée par Peckford, un des corédacteurs du compromis: ne serait pas obligée de se conformer à ces droits toute province dont le taux d'emploi serait inférieur à la moyenne canadienne. Cela en exemptait, pour une bonne période de temps, toutes les provinces maritimes et le Québec. (On invoqua plus tard cette souplesse à l'endroit du Québec pour l'inciter à signer le compromis constitutionnel.) Des droits soi-disant fondamentaux dont le respect dépendrait des chiffres de Statistique Canada!

Ce compromis contiendrait aussi un élargissement relatif de la compétence des provinces en matière de richesses naturelles. Voilà qui plaisait à plusieurs provinces dont, en particulier, la Saskatchewan et l'Alberta qui le demandaient depuis longtemps.

Résultat global: l'arrangement auquel Trudeau se soumettait contenait quelque chose d'avantageux pour chacune des neuf provinces anglophones: richesses naturelles pour les unes, clauses dérogatoires ou d'exception pour les autres, charte des droits et principe de la péréquation pour le Nouveau-Brunswick, charte des droits pour l'Ontario, aucun veto pour quiconque, «solution» de l'impasse constitutionnelle pour toutes, etc. En conséquence, sans être devenu insignifiant, loin de là, le projet fédéral avait maintenant une ampleur substantiellement moindre que celle dont Trudeau avait rêvé.

Pour avoir autant cédé, il devait vraiment tenir à un accord avec les provinces.

Pourquoi l'isolement du Québec?

Trudeau confirmait ainsi ce dont nous étions depuis longtemps convaincus: sans l'appui des provinces, il aurait été obligé d'abandonner la partie.

Conscientes de leur force, les provinces anglophones pouvaient dès lors choisir l'une ou l'autre de deux voies: maintenir, avec le Québec, leur front commun et bloquer l'entreprise unilatérale de Trudeau, ce qu'elles firent jusqu'à la décision de la Cour suprême, ou tirer d'un Trudeau coincé le plus d'avantages et le moins d'inconvénients possibles en échange de leur appui sur un projet de dimensions plus modestes.

Elles choisirent graduellement la seconde voie, guidées en cela par la Saskatchewan et la Colombie britannique. Il y aurait un accord, leurs populations le réclamaient. C'est pourquoi le front commun ne servirait plus désormais à bloquer Trudeau, mais à exploiter une conjoncture politique favorable. Trudeau tenait à *sa* réforme? Très bien: il l'aurait, mais il en paierait le prix.

De ce virage dans la mission du front commun, surgit une interrogation de plus en plus stratégiquement lancinante à mesure qu'approchait la conférence de novembre: à quelles conditions le Québec, lui, adhérerait-il à une entente constitutionnelle issue d'un compromis conçu à partir de l'accord du 16 avril?

Autrement dit: dans quelle mesure accepterait-il, le cas échéant, de faire sa part de concessions?

Nous avions maintes fois fourni et répété la réponse: comme personne au Canada n'avait donné de suite convenable aux promesses référendaires de «fédéralisme renouvelé», il ne fallait pas nous demander, en plus, d'accepter quoi que ce soit qui se situerait en deçà de l'accord du 16 avril, déjà pour nous un pis-aller* dans les circonstances ou, si l'on veut, une façon d'éviter le pire que risquait d'entraîner l'invraisemblable coup de force fédéral. Tout compromis à la baisse sur cet accord conduirait en fait à une diminution de la protection constitutionnelle que le Québec, sous tous les régimes, avait toujours exigée ou à une réduction de ses compétences. Pour des raisons historiques et politiques, aucun gouvernement québécois, libéral ou souverainiste, n'avaliserait jamais une telle parodie de révision constitutionnelle, ni ne consentirait béatement à en être complice.

Si, d'une part, Ottawa rejetait l'accord du 16 avril, il avait besoin, d'autre part, de l'appui des provinces pour légitimer son projet. Celles-ci virent là une situation propice à des concessions fédérales éventuelles.

* Des représentants provinciaux nous reprochèrent, à l'occasion, de considérer l'accord du 16 avril comme un pis-aller circonstanciel et irréductible, idéologique même, plutôt que, comme eux, un simple point de départ tactique d'où l'on puiserait des concessions ultérieures. Ils avaient en fait une marge de manœuvre, pas nous. La vérité — et le problème — est que l'accord du 16 avril était, pour nous, un mécanisme de défense et, pour eux, in instrument de négociation. Il contenait les concessions maximales que le Québec, contraint par la gravité de la situation, pouvait décemment accepter, et, *en même temps*, la dissidence maximale que les provinces anglophones pouvaient décemment se permettre face au «National Government of Canada». Ces deux positions maximales purent coexister tant et aussi longtemps que rien ne vint forcer les signataires à choisir entre la protection que le Québec recherchait dans le contenu de l'accord et la source de compromis que les autres provinces y trouvaient désormais.

À la condition, toutefois, qu'elles-mêmes manifestent leur ouverture.

À partir de ce moment, les provinces à la recherche d'un terrrain d'entente avec Ottawa se trouvèrent, à leur tour, coincées. Les positions fédérales sur la compensation et l'enseignement aux minorités, par exemple, ne seraient jamais compatibles avec celles du Québec, membre du Groupe des Huit. Par divers ajustements, elles tentèrent de les concilier, mais vainement.

Elles se trouvèrent de la sorte devant un dilemme.

Pour respecter les exigences du Québec, il leur fallait maintenir la cohésion du groupe des Huit autour de l'accord du 16 avril. Ce faisant, elles se «condamnaient» à la poursuite du conflit politique, à des démarches difficiles qui les mèneraient jusqu'à Londres et à la perte des avantages que pourraient leur apporter les concessions fédérales. Elles auraient à supporter tous ces inconvénients pour défendre les intérêts du Québec francophone! Ces intérêts sauvegardés, elles ne seraient pas plus avancées constitutionnellement.

En revanche, un règlement avantageux du conflit était à leur portée, mais il avait lui aussi son prix: l'abandon du Québec. Ce ne serait certes pas élégant, mais, après tout, se dirent-elles, il ne leur appartenait pas de résoudre les tensions traditionnelles entre Québec et Ottawa, ni de rapprocher deux personnalités aussi opposées que Trudeau et Lévesque.

C'est ce second volet du dilemme qu'elles choisirent, inspirées par les fédéraux selon qui «ça ne valait pas la peine de compter sur le Québec».

Le moins élégant de toute l'affaire fut que cette entente Ottawa-provinces anglophones se concrétisa ainsi à l'insu du Québec. Ni de part ni d'autre on n'eut la courtoisie de le saisir des tractactions en cours. Certes, il n'aurait pas adhéré à une entente taillée sur mesure pour les autres, mais, après dix huit mois de pourparlers, où le Québec, de leur propre aveu, s'était comporté de bonne foi, c'eût été une marque élémentaire de respect que de lui permettre d'exprimer honnêtement sa dissidence.

On fit même pire: la politique du fait accompli. On se dit que, toujours soucieux de ne pas être isolé, le Québec, même en maugréant, finirait bien, grâce à de petites concessions supplémentaires qui lui sauveraient un peu la face, par se rallier plus tard aux dix autres gouvernements.

Cette conspiration est, maintenant et pour toujours, inscrite dans les pages les moins glorieuses de l'histoire du Canada.

«*The Canadian Way*»

En fin d'avant-midi, le 5 novembre, ce fut la séance publique au cours de laquelle dix des onze premiers ministres du Canada purent se réjouir, devant les caméras de télévision, de l'accord conclu cette journée-là (voir Document 8). Ils se félicitèrent mutuellement de l'esprit de compromis qui avait marqué la conférence et tirèrent d'édifiantes leçons d'une négociation conclue selon les méthodes et dans les meilleures traditions, dirent-ils, du «Canadian Way».

Un «Canadian Way» qui fit qu'aucun signataire d'aucun des dix autres gouvernements de la fédération canadienne ne s'inquiéta de signer un accord que nul gouvernement québécois, peu importe son allégeance, n'aurait jamais accepté tant il mettait en cause l'intégrité politique et culturelle du Québec...

À cet égard, Trudeau avait au moins quelques motifs de satisfaction. Celui-ci, par exemple: la constitution canadienne contiendrait désormais des stipulations qui, petit à petit, à travers les décisions des juges, détruiraient la Loi 101. Il avait au moins atteint cet objectif. Plus quelques autres.

Dans tout le Canada, les observateurs et les commentateurs — le public aussi, on peut le supposer — conclurent, comme si cela allait de soi, que le grand bénéficiaire de toute l'opération constitutionnelle ne pouvait évidemment en être que le premier ministre fédéral, ce Québécois qui, contrairement à l'autre Québécois, Lévesque, avait réussi, lui, à accomplir son grand dessein politique.

Les véritables gagnantes, les provinces anglophones — et, par elles, le Canada anglais —, furent assez sages et habiles pour laisser s'accréditer cette impression commode. Les Canadiens français ne sont-ils pas (Wilfrid Laurier l'a dit) davantage friands de symboles que de réalités?

Puis vint la cérémonie proprement dire de la signature. Les uns après les autres, un œil sur la caméra, l'autre sur le texte, dix premiers ministres inscrivirent leur nom au bas du document de deux pages (dactylographiées et bilingues), aboutissement d'une négociation entreprise, on s'en souvient n'est-ce pas, pour donner au référendum québécois la suite qui s'imposait.

Ou, plus exactement, la suite qu'on imposait...

La signature du Québec, le principal intéressé, ne devait jamais y apparaître.

Épilogue

Comme on peut le supposer, l'entente constitutionnelle du 5 novembre 1981 fut tout de suite qualifiée d'historique.

Historique, mais à maints égards improvisée.

À la dernière minute, on avait dû y ajouter un passage sur les Autochtones, pour dire au fond qu'on s'occuperait d'eux plus tard. Dans le feu des négociations, on avait plus ou moins volontairement oublié les premiers habitants du Canada!

Opération rafistolage

Restait le vague espoir à Ottawa et ailleurs que, se ravisant, le Québec consentirait peut-être en fin de compte à signer lui aussi l'entente historique. La boucle serait bouclée.

Pourquoi alors, après la conférence de l'«ultime chance», ne pas lui offrir quelques adoucissements? Déjà, au Québec même, passé le premier moment de stupeur, des commentateurs (la «sagesse commune»!) proposaient telle ou telle modification de détail qui, croyaient-ils, contribuerait à «bonifier» le «compromis inachevé».

Les neuf provinces signataires acceptèrent de donner aux fédéraux le mandat de faire les ajustements raisonnables nécessaires, pourvu que la portée générale de l'accord demeurât intacte. Cette façon d'agir leur allait parfaitement: les litiges Québec-Ottawa, n'est-ce pas, ne relevaient pas d'elles.

Première correction: à la suggestion des conservateurs (Document 10), la compensation financière fut partiellement rétablie. Elle s'appliquerait aux modifications constitutionnelles «en matière d'éducation ou en d'autres domaines culturels». Mais pas ailleurs.

La deuxième correction ne consista qu'en une simple clarification. Selon le texte de l'accord, les neuf provinces s'étaient engagées à ce que les dispositions de la charte des droits portant sur la langue d'enseignement aux minorités s'appliquent chez *elles*. Mais qu'en serait-il du Québec? La rumeur circula bientôt que, même non signataire de l'accord, il devrait aussi s'y soumettre. Réaction négative immédiate du gouvernement québécois. Astuce fédérale: on ajouterait un nouvel article à la charte (article 59) selon lequel la disposition en cause ne s'appliquerait au Québec que lorsque l'Assemblée nationale* le déciderait. Une fois adopté, il serait irrévocable.

---

* On espérait à Ottawa que la présence de cet article dans la charte inciterait les anglophones du Québec à faire pression sur l'Assemblée nationale pour en réclamer l'application. On estimait aussi qu'un prochain gouvernement québécois libéral consentirait de lui-même à se soumettre à cette disposition.

Ces diverses «retouches» à l'accord du 5 novembre n'avaient évidemment qu'un but: faire pression sur le Québec pour qu'en échange il en vienne éventuellement à se plier à des stipulations constitutionnelles ne modifiant pas significativement le sens d'une entente conçue «dans son dos».

L'entente resterait néanmoins globalement inacceptable car elle ne correspondrait en rien à la notion de «fédéralisme renouvelé» que laissait entrevoir la manière dont avait été formulées les promesses référendaires des libéraux fédéraux.

Garder l'avenir ouvert...

Il ne fallait pas être dupes de l'opération cosmétique en cours, même si quelques améliorations pouvaient en découler. Chose certaine, on ne signerait rien à rabais. En écartant sciemment le Québec, les provinces anglophones et Ottawa n'avaient fait que perpétuer la crise constitutionnelle. Le Québec ne leur donnerait pas si facilement bonne conscience.

La stratégie adoptée fut la suivante.

Dans un premier temps, le Québec exprimerait de nouveau ses exigences minimales. Le 18 novembre, René Lévesque présenta une résolution à l'Assemblée nationale (Document 9) où il était notamment dit ceci:

On devra reconnaître que les deux peuples qui ont fondé le Canada sont foncièrement égaux et que le Québec forme à l'intérieur de l'ensemble fédéral canadien une société distincte par la langue, la culture, les institutions, et qui possède tous les attributs d'une communauté nationale distincte.

À n'en pas douter, ces exigences (il y en avait d'autres sur les compétences exclusives du Québec en matière de langue d'enseignement) seraient repoussées par les signataires de l'accord du 5 novembre.

Alors pourquoi les exprimer? Afin de bien marquer que, pour le Québec, le problème constitutionnel demeurait entier, politiquement et juridiquement. C'était, nous sembla-t-il, la meilleure ligne de conduite à suivre dans les circonstances.

Nous devions poser le problème dans sa totalité.

Et garder ainsi l'avenir ouvert.

Tôt ou tard, on devrait en effet trouver une solution. Il importait qu'on sache d'avance que cette solution ne serait acceptable au Québec que dans la mesure où elle respecterait non pas symboliquement, mais *concrètement* la notion de société distincte formulée dans la résolution du 18 novembre. C'est pourquoi on avait pris soin de la définir: «société distincte par la langue, la culture, les institutions et qui possède tous les attributs d'une communauté nationale distincte».

Mais inutile d'y penser tant que les libéraux fédéraux seraient au pouvoir à Ottawa.

... malgré des recours inexistants...

Entre-temps, il était aussi de notre devoir d'utiliser tous les recours possible contre une entente faite au détriment des intérêts du Québec.

En 1965 et en 1971, le Québec avait refusé des formules constitutionnelles ne lui convenant pas. Les deux fois, sa décision avait bloqué tout le processus. L'opinion générale en avait conclu que le Québec disposait d'un droit de veto.

Veto alors? Veto maintenant. Nous ferions la même chose, mais encore plus solennellement.

Le 25 novembre, par un décret du Conseil des ministres (Document 11), le gouvernement opposa formellement son veto au projet fédéral. La même journée, Lévesque le transmit au premier ministre du Canada qui, en réponse, affirma que le Québec ne jouissait pas d'un tel droit (Document 12). La question avait tout de même son importance. Elle fut soumise à la Cour suprême qui rendit sa décision un an plus tard, le 6 décembre 1982: non, ce droit de veto dont on avait tant parlé n'existait pas et n'avait jamais existé! Ce qui entraîna un échange de lettres entre Lévesque et Trudeau (Document 19).

Pourquoi donc le refus québécois avait-il été efficace deux fois auparavant, mais pas en 1981? Parce qu'en 1965 le gouvernement Pearson ne se sentait pas suffisamment solide et appuyé pour aller de l'avant et, en 1971, parce que la révision constitutionnelle intéressait seulement Ottawa et le Québec. Dans les deux cas, il aurait été périlleux pour les fédéraux de s'entêter. Cette fois-ci, les choses étaient différentes: neuf provinces anglophones profitaient de l'entente du 5 novembre et Ottawa en tirait un gain politique au Canada anglais. On n'allait pas, à cause du Québec, laisser passer une si belle occasion! D'ailleurs, se dit-on, les Québécois n'avaient-ils pas, au référendum, opté majoritairement pour le Canada, donc pour le «Canadian Way»?

Par acquit de conscience, le 19 décembre 1981, René Lévesque avait fait part de la position du Québec au premier ministre de la Grande-Bretagne, Margaret Thatcher (Document 13). Il n'eut droit qu'à une réponse polie. Le «Canadian Way» se pratiquait aussi en Grande-Bretagne.

La Loi constitutionnelle canadienne de 1982 était solennellement proclamée, le 17 avril 1982, à Ottawa, par Sa Majesté la reine Élizabeth II (Documents 18 et 19). À l'occasion de cette cérémonie à laquelle des députés libéraux de l'Assemblée nationale jugèrent opportun de participer, le premier ministre Lévesque déclara notamment ceci:

> Quant aux auteurs de cette constitution qui n'est pas la nôtre, tôt ou tard ils auront des comptes à rendre à tout un peuple dont ils ont abusé la confiance.

...jusqu'en septembre 1984

En septembre 1984, les libéraux fédéraux étaient défaits par les conservateurs. La voie était maintenant ouverte à une réparation du tort qu'ils avaient causé au Québec.

Jusqu'où cette réparation irait-elle?

Quelques-uns des participants aux négociations constitutionnelles intensives de l'été 1980. Ceux dont il est nommément question dans le livre sont, première rangée, de gauche à droite : Pierre de Bellefeuille du Québec, l'auteur, Tom Wells de l'Ontario, Jean Chrétien d'Ottawa, Roy Romanow de la Saskatchewan, John Roberts d'Ottawa, Richard Hatfield du Nouveau-Brunswick et Garde Gardom de la Colombie-Britannique, à l'extrême droite ; deuxième rangée, Roy McMurtry de l'Ontario (6ᵉ) et Dick Johnston de l'Alberta (7ᵉ). (Andrews Newton)

Roy Romanow, ministre des Affaires intergouvernementales de la Saskatchewan, et l'auteur au début d'une séance de travail. (Canapresse)

René Lévesque et Sterling Lyon, premier ministre du Manitoba, lors d'une conférence de presse du groupe des Huit. (Canapresse)

Peter Lougheed, premier ministre de l'Alberta, avec son ministre des Affaires intergouvernementales, Dick Johnston. (Canapresse)

Bill Davis, premier ministre de l'Ontario, avec Roy McMurtry, procureur général de cette province. (Canapresse)

Bill Bennett (Colombie-Britannique), Brian Peckford (Terre-Neuve), Allan Blakeney (Saskatchewan) et René Lévesque. (Canapresse)

Dernière réunion à huis clos, le 5 novembre 1981. Immédiatement après, Ottawa et neuf provinces signeront un accord constitutionnel rejeté par le Québec. (Canapresse)

Michael Kirby, conseiller, donne une précision à Pierre Elliott Trudeau pendant une réunion ministérielle à huis clos. À gauche, Jean Chrétien. À droite, l'auteur et René Lévesque. (Canapresse)

Dernière intervention de René Lévesque à la conférence constitutionnelle de novembre 1981. (Canapresse)

L'auteur en discussion avec Bill Davis et Pierre Elliott Trudeau.

Une délégation fédérale contente: Jean Chrétien, Pierre Elliott Trudeau, Allan MacEachen, (2ᵉ rangée) Michael Kirby, John Roberts, Mark MacGuigan, Bryce Mackasey, (3ᵉ rangée) Michael Pitfield, Serge Joyal et Lloyd Axworthy. (Canapresse)

René Lévesque montrant à la presse l'accord constitutionnel du 5 novembre 1981 signé par Ottawa et neuf provinces. (Canapresse)

Deux premiers ministres souriants... (Canapresse)

Proclamation de la Loi constitutionnelle (Canada Bill) sur la colline parlementaire à Ottawa, le 17 avril 1982. La reine Elizabeth II est notamment entourée de Pierre Elliott Trudeau, Jean Chrétien, André Ouellet (assis), Michael Pitfield et Michael Kirby (debout à côté de la reine). (Canapresse)

D'autres lendemains piégés?

Je sais que bien des Québécois et des Québécoises ne se contenteront pas de simples paroles. Il faudra donner des gages et poser des gestes pour atteindre l'objectif que je me suis assigné et que je réitère ici: convaincre l'Assemblée nationale du Québec de donner son assentiment à la nouvelle constitution canadienne avec honneur et dignité.

Brian Mulroney
Sept-Îles
6 août 1984

Pour respecter son engagement à l'endroit du Québec, le gouvernement conservateur élu à Ottawa en septembre 1984 entreprit des pourparlers qui aboutirent, le 30 avril 1987, à l'accord dit du lac Meech. Cet accord fut endossé par les onze premiers ministres du Canada. Paradoxalement, parmi ceux-là, il s'en trouvait quelques-uns à avoir aussi signé l'entente du 5 novembre 1981!

À l'heure actuelle, on ignore malheureusement encore jusqu'à quel point on parviendra vraiment à réparer ainsi le tort causé au Québec par l'offensive constitutionnelle post-référendaire de Pierre Elliott Trudeau et de ses libéraux.

Si l'accord du Lac Meech résulte d'une bonne volonté manifeste et s'il comporte, pour le Québec, des améliorations substantielles (quant à la formule d'amendement, par exemple), il maintient cependant dans la constitution canadienne les dispositions de la charte des droits les plus directement hostiles à la Loi 101.

En outre, contrairement à l'impression courante, cet accord ne reconnaît pas formellement, dans un article spécialement conçu à cette fin, l'existence au Québec d'une «société distincte». Il ne fait qu'établir une nouvelle *règle d'interprétation.* Cela n'est sûrement pas insignifiant, mais, par définition, cette règle ne servira aux juges que dans les cas où un passage de la constitution se révélerait *à leurs yeux* vraiment obscur. C'est-à-dire rarement.

Or, même là, des incertitudes considérables subsistent, entre autres points, sur le sens exact de cette règle.

Dans quelle mesure en effet la portée de celle-ci sera-t-elle «corrigée» à la baisse par cet autre élément moins connu de la même règle d'interprétation (précédant en fait la mention de la «société distincte») où l'on établit, comme «une caractéristique fondamentale du Canada», «l'existence de Canadiens d'expression française, concentrés au Québec mais aussi présents dans le reste du Canada» et celle «de Canadiens d'expression anglaise, concentrés dans le reste du pays mais aussi présents au Québec»?

Si l'on réussissait à concilier ces deux éléments d'interprétation, il faudra peut-être alors tenir aussi compte de cette autre règle qu'on trouve à l'article 27 de la charte des droits de 1982 laissée intacte par l'accord du lac Meech (le souligné est de l'auteur):

> Toute interprétation de la présente charte doit concorder avec l'objectif de promouvoir le maintien et la valorisation du patrimoine *multiculturel* des Canadiens.

Que dire en outre de cet alinéa où, toujours dans le même accord, on prend soin de préciser que la règle interprétative

> n'a pas pour effet de déroger aux pouvoirs, droits ou privilèges du Parlement ou du gouvernement du Canada, ou des législatures ou des gouvernements des provinces, y compris à leurs pouvoirs, droits ou privilèges en matière de langue?

Dès lors, si jamais on y recourt, quelle utilité *concrète* la notion de «société distincte» aura-t-elle?

Comment se fait-il aussi que deux provinces, la Saskatchewan et l'Alberta, ont adopté des lois pour réduire les droits de leurs francophones, en prétendant que celles-ci respectaient l'esprit de l'accord du lac Meech?

Aucun gouvernement n'a jusqu'à maintenant jugé utile de demander aux tribunaux de clarifier, mieux que les politiciens, les passages les plus ambigus de cet accord dont tout le monde admet l'importance.

Si bien qu'en toute bonne foi les uns, surtout des Québécois, en favorisent la ratification parce qu'on leur a affirmé qu'il modifiera à l'avantage du Québec la dynamique politique du fédéralisme, et que d' autres, surtout des Canadiens anglais, s'y rallient parce qu'ils sont au contraire d'avis que l'accord ne changera rien d'essentiel au «Canadian Way»!

Il est vraiment regrettable de constater que, dans sa formulation équivoque actuelle, l'accord du lac Meech justifie ces perceptions contradictoires.

D'autres lendemains piégés?

Chronologie

1980

14 mai:	Au Centre Paul-Sauvé, à Montréal, Pierre Elliott Trudeau promet de renouveler le fédéralisme si le Non l'emporte au référendum.
20 mai:	Référendum au Québec: victoire du Non.
21 mai:	Début de la tournée du ministre Jean Chrétien dans les capitales des provinces en vue de préparer les négociations consécutives au référendum québécois.
9 juin:	Rencontre des premiers ministres à Ottawa pour établir l'ordre du jour des négociations.
25 juin:	Entretien à Londres entre Margaret Thatcher et P. E. Trudeau. Celui-ci lui fait part, sans fournir de précisions, de son intention de rapatrier la constitution canadienne, alors loi britannique.
7 juillet:	Première séance de négociation des ministres fédéral et provinciaux responsables des questions constitutionnelles. Ces ministres se réuniront en juillet et août à Montréal, Toronto, Vancouver et Ottawa.
14 août:	Réunion, à Québec, d'une commission parlementaire sur la réforme constitutionnelle.
20 août:	Conférence annuelle des premiers ministres provinciaux à Winnipeg. La même journée, une note fédérale secrète paraît dans un journal de Toronto. Elle est très mal reçue par les premiers ministres. On y fait allusion à une démarche unilatérale éventuelle d'Ottawa.
30 août:	Réunion du comité des priorités du cabinet fédéral, au Lac Louise, en Alberta. Son but: déterminer la stratégie pour la

conférence constitutionnelle fédérale-provinciale commençant le 8 septembre. Le document interne préparé pour cette réunion fera l'objet d'une fuite et sera connu du public dès la deuxième journée de la conférence.

8 septembre: Début de la conférence constitutionnelle de la «dernière chance».

13 septembre: Échec et fin de la conférence de la «dernière chance».

2 octobre: Allocution télévisée de Pierre Elliott Trudeau où il annonce qu'il procédera au rapatriement de la constitution après l'avoir fait amender par le gouvernement britannique qui, selon son souhait, y inclura une charte des droits et une formule d'amendement décidées par Ottawa.

6 octobre: Présentation, par le gouvernement fédéral, d'un projet unilatéral de résolution à être soumis au parlement britannique et comportant le rapatriement de la constitution, une formule d'amendement et l'inclusion d'une charte des droits modifiant les compétences des provinces.

14 octobre: Réunion des dix premiers ministres provinciaux à Toronto sur la conduite à suivre face à l'action unilatérale fédérale. Cinq provinces s'y opposent, deux la soutiennent (Ontario et Nouveau-Brunswick), deux veulent réfléchir davantage (Nouvelle-Écosse et Île-du-Prince-Édouard, qui se joindront finalement bientôt à ce qu'on appellera désormais le «front commun des provinces») et une, la Saskatchewan, continue plutôt à rechercher un terrain d'entente avec Ottawa.

23 octobre: Les provinces dissidentes décident de soumettre le projet fédéral aux tribunaux.

21 novembre: L'Assemblée nationale du Québec adopte une résolution condamnant le geste unilatéral d'Ottawa. Les libéraux votent contre.

2 décembre: L'Assemblée législative de Terre-Neuve condamne à son tour Ottawa.

7 décembre: Réunion de masse de «Solidarité-Québec» à Montréal contre le coup de force d'Ottawa: 14 000 participants.

11 décembre: L'Assemblée législative de la Colombie-Britannique rejette le projet fédéral.

1981

12 janvier: Dépôt à Ottawa de quelques modifications au projet fédéral de rapatriement. On renforcit la charte des droits d'une manière qui aggrave les empiètements sur les compétences provinciales.

30 janvier: Publication en Grande-Bretagne du rapport Kershaw. Il donne raison aux provinces.

3 février:	Au Manitoba, décision de la Cour d'appel. Elle estime majoritairement que l'accord des provinces n'est pas requis, même si Ottawa veut modifier la constitution en affectant leurs pouvoirs et privilèges.
26 février:	Ayant échoué dans sa tentative de trouver un terrain d'entente avec Ottawa, la Saskatchewan se joint aux sept autres provinces dissidentes qui, dès ce moment, deviennent le «groupe des Huit» (the "Gang of Eight").
3 mars:	Les Assemblées législatives de la Saskatchewan et de l'Île-du-Prince-Édouard rejettent, par résolution, le projet constitutionnel fédéral.
19 mars:	Réélection du gouvernement Davis en Ontario, majoritaire cette fois.
31 mars:	La Cour d'appel de Terre-Neuve conclut, à l'unanimité, que le projet fédéral est inconstitutionnel et que l'accord des provinces est nécessaire pour faire changer la constitution par Londres.
8 avril:	Le gouvernement Trudeau décide de soumettre son projet à la Cour suprême du Canada.
13 avril:	Au Québec, réélection du gouvernement du Parti québécois avec une majorité accrue.
15 avril:	La Cour d'appel du Québec décide majoritairement que le projet fédéral est légal.
16 avril:	Signature à Ottawa, par les premiers ministres du «groupe des Huit» d'un accord sur le rapatriement de la constitution et la formule d'amendement, accord aussitôt rejeté par Ottawa.
11 août:	Conférence annuelle des premiers ministres des provinces à Victoria. Bill Bennett en devient président pour l'année en cours.
24 septembre:	Rencontre entre Bennett et Trudeau, à Ottawa.
28 septembre:	Décision majoritaire de la Cour suprême du Canada: le projet fédéral est légal, mais inconstitutionnel. La cour conclut unanimement que ce projet affecte les compétences provinciales. La journée même, Chrétien insiste sur la légalité [mais le lendemain Trudeau laissera entendre, de Séoul (Corée du Sud), où il se trouve, qu'il serait peut-être disposé à une nouvelle discussion avec les provinces].
28 septembre:	À sa résidence d'Ottawa, Jean Chrétien a un premier entretien déterminant avec Roy Romanow, ministre de la Saskatchewan (province membre du «Groupe des Huit»), et Roy McMurtry, ministre de l'Ontario (province opposée au «Groupe des Huit»), sur la stratégie à suivre après le jugement de la Cour suprême [cette rencontre sera suivie, en octobre, par d'autres contacts dont le Québec ne sera pas informé].
2 octobre:	À Québec, l'Assemblée nationale renouvelle son opposition au projet unilatéral d'Ottawa, à la lumière de la décision de la

	Cour suprême. Officiellement, le gouvernement et l'opposition sont d'accord à ce propos, mais plusieurs députés libéraux, contredisant leur chef, Claude Ryan, votent contre la résolution.
5 octobre:	Trudeau, à Melbourne, parle de rapatriement avec Margaret Thatcher. Elle est d'accord, pourvu qu'Ottawa s'assure d'un appui provincial significatif.
2 novembre:	Début, à Ottawa, de la conférence de l'«ultime chance».
4 novembre:	Pendant la journée et la soirée, va-et-vient interprovincial (dont le Québec est exclu) pour mettre au point une entente constitutionnelle dont les grandes lignes ont été élaborées dans les semaines précédentes entre les fédéraux, la Saskatchewan et l'Ontario.
5 novembre:	Entente «historique» entre Ottawa et neuf provinces anglophones sur le rapatriement de la constitution, la formule d'amendement et la charte des droits. Le Québec, non consulté et non informé, ne signe pas l'accord, surtout parce qu'il contredit les promesses référendaires des libéraux, en mai 1980.
15 novembre:	Le gouvernement québécois décide de boycotter, pour un temps indéterminé, les conférences fédérales-provinciales, sauf celles qui peuvent comporter un impact économique ou financier pour le Québec.
18 novembre:	Présentation à l'Assemblée nationale du Québec d'une résolution établissant les conditions auxquelles le Québec signerait éventuellement un accord constitutionnel de rapatriement. Une de ces conditions exige la reconnaissance du Québec comme société distincte. Le 30 novembre, les libéraux votent contre.
25 novembre:	Le conseil des ministres du Québec adopte un décret exprimant le veto du Québec et rejetant l'entente du 5 novembre réalisée sans lui, contre ses intérêts et au mépris des engagements référendaires.
2 décembre:	La Chambre des communes, à Ottawa, adopte (avec quelques amendements) la résolution constitutionnelle des libéraux.
8 décembre:	Ratification par le Sénat du vote de la Chambre des communes.
19 décembre:	Lettre de René Lévesque à Margaret Thatcher demandant à la Grande-Bretagne de ne pas entériner le projet fédéral avant la décision des tribunaux sur l'exercice, par le Québec, de son droit de veto.

1982

14 janvier:	Réponse de Madame Thatcher: elle refuse de retarder l'assentiment du gouvernement de la Grande-Bretagne.
8 mars:	Le projet fédéral est adopté par le parlement britannique.

17 avril: À Ottawa, proclamation de la Loi constitutionnelle de 1982 par la reine Elizabeth II. Le Québec met ses drapeaux en berne.

6 décembre: La Cour suprême du Canada décide que le Québec n'a pas et n'a jamais eu de droit de veto.

1987

30 avril: Annonce de l'«Accord du lac Meech», destiné en principe à corriger le traitement infligé au Québec en novembre 1981. Le gouvernement fédéral et les dix provinces s'entendent alors, entre autres choses, pour établir dans la constitution canadienne une règle d'interprétation selon laquelle, d'une part, il existe un «Canada francophone, concentré mais non limité au Québec» et «un Canada anglophone, concentré dans le reste du pays mais présent au Québec» et, d'autre part, que «le Québec forme au sein du Canada une société distincte». À partir de ce moment, des interprétations contradictoires commencent à circuler sur le sens exact et la portée réelle des termes utilisés. Pour les uns, il s'agit d'une modification majeure de la constitution dans le sens d'une reconnaissance tangible de la spécificité québécoise. Pour d'autres, la modification en cause n'a qu'une valeur de symbole et ne change rien de fondamental dans la dynamique traditionnelle du fédéralisme canadien...

Annexes documentaires

Document 1

Quelques déclarations de principes préparées par certains gouvernements au cours de l'été 1980

CANADA

Nous, le peuple du Canada, proclamons avec fierté que nous voulons demeurer, avec l'aide de Dieu, un peuple libre et responsable de sa destinée.

Issus de la rencontre du fait anglais et du fait français en terre d'Amérique, foyer ancestral de nos populations autochtones, et enrichis par l'apport de millions de Néo-Canadiens venus des quatre coins du globe, nous avons voulu vivre, par delà les frontières du sang, de la langue et de la religion, une aventure de partage économique et culturel dans le respect de notre diversité.

Nous avons choisi de vivre ensemble, dans un même pays souverain, au sein d'une véritable fédération, conçue comme une monarchie constitutionnelle et fondée sur les principes de la démocratie.

Fidèles à notre passé et unis par une même volonté de redonner force et vitalité à notre fédération canadienne, nous sommes convenus de nous doter d'une nouvelle constitution qui sera conçue et adoptée au Canada, qui réaffirmera le caractère officiel de la langue française et de la langue anglaise au Canada et le pluralisme culturel de la société canadienne, qui enchâssera nos libertés fondamentales, nos droits civils, humains et linguistiques, y compris le droit d'être éduqué dans sa propre langue française ou anglaise, là où le nombre le justifie, de même que les droits de nos populations autochtones et qui délimitera les compétences du Parlement et des Législatures des diverses provinces.

Nous déclarons, en outre, que notre Parlement et nos Législatures provinciales, nos divers gouvernements et leurs agences n'auront d'autres objectifs que de travailler au bonheur et à l'épanouissement de tous et chacun d'entre nous.

QUÉBEC

Nous, citoyens du Canada, proclamons avec fierté que nous sommes et voulons demeurer, avec l'aide de Dieu, une union de deux peuples fondateurs, libres et responsables, chacun, de sa destinée.

Issus de la rencontre de sociétés distinctes, anglophone et francophone, en terre d'Amérique, foyer ancestral de nos populations autochtones, et enrichis par l'apport de Néo-Canadiens venus des quatre coins du globe, nous avons voulu vivre, par delà les frontières du sang, de la langue et de la religion, une aventure de partage économique et culturel, dans le respect de notre diversité, au sein d'une véritable fédération, conçue comme une monarchie constitutionnelle et fondée sur les principes de la démocratie.

Fidèles à notre passé et unis par une même volonté de redonner force et vitalité à notre fédération canadienne, nous sommes convenus de nous doter d'une nouvelle constitution qui sera conçue et adoptée au Canada, qui réaffirmera le caractère officiel de la langue française et de la langue anglaise au niveau fédéral et le pluralisme culturel de la société canadienne et qui délimitera les compétences respectives des deux ordres de gouvernement de façon notamment à garantir aux provinces la propriété et la jouissance de leurs richesses naturelles, tout en permettant au Québec d'exercer les pouvoirs qui lui sont nécessaires pour assurer le plein développement de la nation francophone dont il est le foyer et le point d'appui.

Nous déclarons, en outre, que notre Parlement et nos Législatures provinciales, nos divers gouvernements et leurs agences n'auront d'autres objectifs que de travailler au bonheur et à l'épanouissement de tous et chacun d'entre nous.

ONTARIO

Fiers de notre héritage, confiants en notre avenir, agissant de par notre volonté souveraine et guidés par Dieu, Nous, divers peuples du Canada, pour poursuivre notre vie en commun, déclarons que tels sont nos buts:
— établir le règne de la justice;
— respecter la dignité et la valeur des personnes, des familles et des collectivités;
— protéger les droits des personnes librement associées;
— permettre à nos nombreuses cultures de s'épanouir dans une atmosphère de compréhension réciproque;
— respecter l'égalité des sexes, des races, des couleurs et des religions;
— administrer sagement nos ressources;
— partager équitablement nos richesses et nos besoins pour réduire les inégalités sociales et économiques;
— travailler à l'établissement de la paix dans le monde, par la justice.

En fonction de ces buts, Nous, par conséquent,
— établissons les institution d'une monarchie démocratique, parlementaire et constitutionnelle;
— choisissons le fédéralisme parce qu'il est le système de partage du gouvernement permettant le mieux de réaliser l'unité dans la diversité;
— reconnaissons notre dualité linguistique fondamentale et
— déclarons l'anglais et le français nos langues officielles;
— favorisons la participation de notre peuple autochtone et des peuples de nombreuses origines dont la culture enrichit notre patrimoine et
— proclamons notre constitution.

Document 2

*Commentaire sur la stratégie québécoise,
selon une note de Michael Kirby
à Pierre Elliott Trudeau, 11 juillet 1980,
p. 4-8**

Le gouvernement du PQ, mal placé entre une défaite référendaire et une élection provinciale prochaine, fait face à un ensemble compliqué de circonstances. Si, d'un côté, on peut volontiers reconnaître la dextérité avec laquelle il défend ses positions et couvre ses flancs, on doit aussi se rappeler que la difficulté qu'on éprouve présentement à déceler une stratégie claire de sa part peut autant être due à l'incertitude de ce gouvernement qu'à sa sophistication.

Au moment présent, le gouvernement du Québec a devant lui deux grandes voies:

1. Chercher à réaliser l'équivalent de la souveraineté-association, ou quelque chose d'approchant, mais «à la pièce» et dans le cadre du fédéralisme.
2. Tenter de démontrer que, comme gouvernement, il est le meilleur négociateur pour le Québec à l'intérieur du régime fédéral, probablement en essayant de concrétiser certaines réussites constitutionnelles significatives, par l'obtention de quelques bons résultats pour le Québec et par la sauvegarde contre les mauvais.

À certains égards, ces deux voies conduisent dans des directions différentes, à d'autres, elles chevauchent et s'interpénètrent. Peut-être le gouvernement du Québec a-t-il choisi entre ces deux voies, mais jusqu'à maintenant ce n'est pas évident dans ses gestes. De prime abord, sa position autonomiste extrême en matière de ressources et de communications donne à croire qu'il a opté pour la première voie, mais peut-être est-ce là, dans la perspective de la deuxième, une très ferme position initiale de négociation. Son consentement apparent à discuter du Sénat provient peut-être de son désir de montrer qu'il est capable de réussir une réforme substantielle à l'intérieur du régime fédéral, ou bien encore il s'agit d'une tactique préélectorale pour occuper temporairement une partie du territoire couvert par le Livre Beige et, ainsi, compliquer les choses pour Claude Ryan.

Une question illustre bien son dilemme: le PQ veut-il ou non la réussite des négociations constitutionnelles? On pourrait risquer la réponse provisoire suivante, qui, en fait, est fondée sur une interrelation complexe d'éléments provenant des deux voies. Le PQ cherche peut-être à retirer des négociations un compromis limité et conditionnel sur un nombre limité de sujets tout en s'assurant qu'aucune entente n'intervienne sur les autres — ce qui signifierait une réussite partielle et un insuccès partiel. Selon certains indices, il serait prêt à une entente

---

* Traduit de l'anglais par l'auteur.

provisoire sur des institutions centrales comme le Sénat et la Cour suprême (se situant ainsi sur le terrain de Ryan tout en s'efforçant d'introduire autant que possible le principe confédéral dans ces institutions) et à prendre ce qu'il peut obtenir en matière de division des pouvoirs, tout en se plaignant que c'est beaucoup trop peu. Il s'opposera aussi farouchement à toute tentative visant à limiter ses pouvoirs actuels.

De la sorte, le PQ serait en mesure de tenir une élection à l'automne. Il proclamerait avoir efficacement négocié quelques changements utiles (ce qui couperait l'herbe sous le pied de Ryan), tout en prétendant que, rigide et obstiné, le gouvernement fédéral a refusé de bouger sur les questions les plus essentielles pour le Québec, en particulier la répartition des pouvoirs. En outre, il va de soi qu'il verrait sans doute dans toute action fédérale unilatérale sur le *people's package* un thème électoral béni, plus facile à exploiter que le reste.

La stratégie du gouvernement du Québec deviendra probablement plus claire à mesure que les négociations progresseront. D'ici là, quelques brefs commentaires peuvent être formulés sous les rubriques suivantes:

— *Agacer les fédéralistes.* Conformément à ses habitudes, Claude Morin essaie régulièrement de piquer et de déstabiliser les membres du gouvernement fédéral. Il ne procède pas ainsi avec les membres des autres délégations provinciales. On peut présumer qu'il a trois objectifs:

  i. obtenir davantage d'information sur les positions et les projets du gouvernement fédéral;

  ii. créer de la nervosité dans la délégation fédérale;

  iii. susciter l'impression qu'il s'agit d'une bataille Québec-Ottawa, où le Québec reçoit un fort soutien des autres provinces (c'est l'approche sur laquelle il s'est concentré cette semaine, particulièrement avec la presse).

— *Claude Ryan et la commission de l'Assemblée nationale sur la constitution.* Un élément de la stratégie du PQ semble passablement clair: occuper le centre dans l'opinion québécoise et autant que possible forcer M. Ryan à faire front commun avec lui. Plus il conservera la direction d'une coalition multipartite de forces largement soutenue par la population, plus il en sera heureux. Il tentera de capitaliser sur des positions (par exemple sur le Sénat ou la répartition des pouvoirs) que M. Ryan sera obligé d'appuyer, de s'opposer à des initiatives fédérales (disons, la déclaration de principes) auxquelles M. Ryan se sentira lui-même forcé de résister, et il essaiera d'isoler M. Ryan comme seul défenseur de la constitutionnalisation des droits linguistiques. Son attitude sur la publication de documents de même que la convocation d'une commission parlementaire (qui tiendra des sessions publiques à Québec les 14 et 15 août) l'aideront à maintenir le contact avec l'opinion publique, à l'élargir en sa faveur et à entraîner dans son entreprise d'autres forces politiques.

— *Négociations à l'intérieur et relations publiques à l'extérieur.* Il est très clair que le PQ, comme le fait le gouvernement fédéral, s'en tient à une stratégie à deux volets: procéder à des négociations constitutionnelles avec les autres gouvernements à l'intérieur de la salle de conférence et être le premier à diffuser au public sa version des faits. Quel message le gouvernement du Québec essaie-t-il de transmettre? Probablement celui-ci:

    i. Il s'agit d'une bataille entre Ottawa et les provinces;

    ii. En particulier, c'est une bataille entre Ottawa et le Québec;

    iii. Systématiquement, le gouvernement fédéral est fermé aux besoins du Québec;

    iv. Le PQ défend avec constance les intérêts historiques du Québec;

    v. C'est Ottawa qui sera responsable de l'échec;

    vi. C'est Québec qui sera responsable du succès.

En gros, votez pour nous lors de la prochaine élection provinciale.

Un dernier point. Le gouvernement du Québec fera des efforts particuliers pour éviter de se retrouver seul contre tous, excepté sur deux questions, à savoir le rapatriement et la constitutionnalisation des droits linguistiques des minorités. Là-dessus il est prêt à être seul, si nécessaire. Ce désir de ne pas être isolé donne au gouvernement fédéral une latitude qu'il n'avait pas avant, s'il joue bien ses cartes. Il vaut aussi la peine de mentionner que la délégation du Québec participe beaucoup plus activement au processus que la dernière fois.

Document 3

Extrait du document de stratégie
soumis au cabinet fédéral, le 30 août 1980
p. 33-35*

Les réunions (ministérielles) ont probablement établi la base pour un arrangement sur les pouvoirs et les institutions. La stratégie fédérale consistait à prendre l'initiative et à placer les provinces sur la défensive. Le gouvernement fédéral a cependant montré, au moment voulu, suffisamment de flexibilité pour que les provinces puissent en partie sauver la face. La même stratégie doit être suivie à la conférence des premiers ministres.

Un arrangement doit comprendre quelque chose pour chacun. Et cela est maintenant vraiment possible parce que le gouvernement fédéral a été capable de garder l'initiative et qu'il s'est servi d'une façon extrêmement efficace de sa principale arme, l'union économique.

Pour en arriver à un arrangement portant sur autant d'éléments que possible concernant les pouvoirs et les institutions, le gouvernement fédéral doit comprendre ce qui est fondamental pour chaque province, ou au moins pour chacune des régions du Canada. Et les provinces doivent comprendre ce qui est fondamental pour le gouvernement fédéral. Cela facilite l'élaboration d'une stratégie.

---

* Traduit de l'anglais par l'auteur.

La Colombie-Britannique a un peu bougé sur la réforme de la Chambre haute, condition essentielle de son adhésion à tout arrangement. De la même façon, cet arrangement devrait contenir ce qui est essentiel pour la Saskatchewan et l'Alberta, soit des pouvoirs accrus sur les richesses naturelles. Le Manitoba n'a pas de demande particulièrement insistante en ce qui le concerne, mais fait siennes les positions des autres provinces de l'Ouest. L'Ontario a très étroitement appuyé le gouvernement fédéral, spécialement sur la question de l'union économique. Le Québec se trouve dans une situation très spéciale; s'il est disposé à signer, il lui faut, comme minimum, quelque chose sur la Cour suprême, une formulation convenable dans le préambule et peut-être quelque chose sur les communications. En outre, une solution intérimaire sur (...) un conseil intergouvernemental (...) représenterait, pour le Québec, une incitation substantielle en faveur d'un arrangement. Pour ce qui est des provinces atlantiques, les deux questions les plus importantes pour elles sont les ressources en bordure des côtes et les pêcheries, les premières étant plus importantes que les secondes.

Un ensemble équilibré acceptable aux provinces — même s'il n'est pas accepté par toutes — doit comprendre des éléments jugés essentiels dans l'Ouest, au Québec et dans les provinces atlantiques. Pour conserver l'initiative, le premier ministre devrait songer, dans son allocution d'ouverture, à exprimer l'opinion que le gouvernement fédéral veut des changements au statu quo de façon à satisfaire les besoins et les souhaits légitimes de l'Ouest, du Québec et de l'Atlantique.

Le gouvernement fédéral doit très clairement dire aux provinces qu'on ne réussira à négocier des changements aux pouvoirs qu'en acceptant la constitutionnalisation de l'union économique, accompagnée d'un mécanisme — politique ou judiciaire — apte à la rendre opérationnelle et applicable. En faisant de l'union économique l'élément central des discussions ministérielles, le gouvernement a placé les provinces nettement sur la défensive, et ce de deux façons. D'abord, le concept d'union économique et de mobilité est très populaire au sein du public canadien et cela est admis par les provinces. *Ensuite, le lien entre un progrès des négociations sur l'union économique et le progrès de celles-ci sur les ressources a forcé les provinces de l'Ouest à choisir entre le statu quo sur les ressources (qu'elles savent avantager le gouvernement fédéral) et l'acceptation de concessions au gouvernement fédéral sur l'union économique.*

Si ce lien entre les ressources et l'union économique est maintenu — et il doit l'être — les éléments d'un arrangement sont possibles. Il en est ainsi parce que les provinces de l'Ouest veulent quelque chose sur les ressources et qu'elles constatent pouvoir atteindre cet objectif *seulement* en souscrivant à la position fédérale sur l'union économique. Peut-être un arrangement n'interviendra-t-il qu'avec le Manitoba, la Saskatchewan et la Colombie-Britannique, vu que l'Alberta *peut* ne vouloir rien signer. Mais au moins, tout l'Ouest ne sera pas isolé.

Pour ce qui est des autres sujets, (les réunions ministérielles) ont préparé la voie à une entente sur une solution intérimaire à propos de la Chambre haute, ce qui sera bon pour la Colombie-Britannique, de même qu'à une entente sur une Cour suprême réformée, ce qui sera vendable au Québec. On devrait procéder rapidement sur ces sujets pour démontrer la flexibilité et la bonne foi fédérales. Quant au droit de la famille et à la péréquation, ces questions sont pratiquement résolues et n'exigent pas de commentaires d'ordre stratégique.

Pour les ressources en bordure des côtes, ce qui importe c'est d'obtenir l'accord d'une partie des provinces de l'Atlantique. Comme il est probablement impossible de conclure une entente avec Terre-Neuve, il est crucial d'en arriver à une solution acceptable avec les trois autres provinces et particulièrement avec la Nouvelle-Écosse. La position de négociation décrite plus tôt dans ce document devrait le permettre; c'est ce que la Nouvelle-Écosse nous a dit en privé. On ne saurait cependant trop souligner que la légitimité de la conférence exige qu'il y ait quelque chose pour les provinces atlantiques, à cause de leur situation économique désavantagée. Sur les pêcheries, il est peu probable qu'on fera des progrès, puisque les provinces en cause, notamment Terre-Neuve et la Nouvelle-Écosse, ne peuvent pas s'entendre entre elles.

Les communications représentent un cas difficile. Comme on l'a indiqué plus haut, à la fin (des réunions ministérielles), les provinces ont formulé une position commune qui, au plan des principes, est très différente de la position fédérale. Même si une entente sur les communications n'est pas nécessairement déterminante pour l'adhésion d'une province ou d'une autre à un compromis d'ensemble acceptable, il importe que le gouvernement fédéral ne paraisse pas inflexible sur cette question ou sur n'importe quelle autre. (...) Une nouvelle proposition (fédérale) ne suffirait probablement pas, à ce moment-ci, pour entraîner une entente, mais elle ferait publiquement preuve de flexibilité et, de plus, pourrait briser ou faire plier le front unanime des provinces.

En résumé, sur les pouvoirs et les institutions, les ingrédients d'une entente avec presque toutes les provinces sont réunis. Une telle entente inclurait des sujets importants pour les provinces et, pourtant, ne comprendrait pas de concessions désagréables au gouvernement fédéral. Une entente sur les pouvoirs et les institutions rendrait en même temps très facile aux provinces l'acceptation du *people's package* et leur éviterait la menace d'une action unilatérale.

Une stratégie visant à démontrer la flexibilité et la bonne volonté devrait permettre d'atteindre ce but. Sinon, elle créera au moins les conditions voulues pour une action unilatérale, car le gouvernement fédéral aura prouvé que seulement les provinces sont seules à blâmer pour un échec.

Document 4

Questions soumises aux tribunaux par les provinces et réponses des tribunaux

Cour d'appel du Manitoba (5 juges)

Questions soumises le 24 octobre 1980

1. L'adoption des modifications ou de certaines des modifications que l'on désire apporter à la constitution du Canada par «Le projet de résolution portant adresse commune à sa Majesté la Reine concernant la Constitution du Canada» aurait-elle un effet sur les relations fédérales-provinciales ou sur les pouvoirs, les droits ou les privilèges que la Constitution du Canada accorde ou garantit aux provinces, à leurs législatures ou à leurs gouvernements et, dans l'affirmative, à quel(s) égard(s)?

2. Y a-t-il une convention constitutionnelle aux termes de laquelle la Chambre des Communes et le Sénat du Canada ne peuvent, sans le consentement des provinces, demander à Sa Majesté la Reine de déposer devant le Parlement du Royaume-Uni de Grande-Bretagne et d'Irlande du Nord un projet de modification de la Constitution du Canada qui a un effet sur les relations fédérales-provinciales ou les pouvoirs, les droits ou les privilèges que la Constitution du Canada accorde ou garantit aux provinces, à leurs législatures ou à leurs gouvernements?

3. Le consentement des provinces est-il constitutionnellement nécessaire pour modifier la Constitution du Canada lorsque cette modification a un effet sur les relations fédérales-provinciales ou altère les pouvoirs, les droits ou les privilèges que la Constitution du Canada accorde ou garantit aux provinces, à leurs législatures ou à leurs gouvernements?

Réponses données le 3 février 1981
À la première question: deux juges: *oui*; trois juges: *pas de réponse.*
À la deuxième question: trois juges: *non*; un juge: *oui*; un juge: *pas de réponse.*
À la troisième question: trois juges: *non* ; deux juges: *oui.*

Cour d'appel de Terre-Neuve (3 juges)

Questions soumises le 5 décembre 1981: *(Les mêmes qu'au Manitoba, plus une question — non reproduite ici —concernant uniquement Terre-Neuve.)*

Réponses données le 31 mars 1981
À la première question: trois juges: *oui.*
À la deuxième question: trois juges: *oui.*
À la troisième question: trois juges: *oui.*

Cour d'appel du Québec (5 juges)

Questions soumises le 17 décembre 1981
1. La loi sur le Canada et la loi constitutionnelle de 1981, si elles entrent en vigueur et si elles sont valides à tous égards au Canada, auront-elles pour effet de porter atteinte:
    i.   à l'autorité législative des législatures provinciales en vertu de la constitution canadienne?
    ii. au statut ou rôle des législatures ou gouvernements provinciaux au sein de la fédération canadienne?
2. La constitution canadienne habilite-t-elle, soit par statut, convention ou autrement, le Sénat et la Chambre des Communes du Canada à faire modifier la constitution canadienne sans l'assentiment des provinces et malgré l'objection de plusieurs d'entre elles de façon à porter atteinte:
    i.   à l'autorité législative des législatures provinciales en vertu de la constitution canadienne?
    ii. au statut ou rôle des législatures ou gouvernements provinciaux au sein de la fédération canadienne?

Réponses données le 15 avril 1981
À la première question, parties i et ii: cinq juges: *oui.*
À la deuxième question, parties i et ii: quatre juges: *oui* ; un juge: *non.*

Document 5

Communiqué émis par les huit premiers ministres signataires de l'accord interprovincial du 16 avril 1981

Les premiers ministres de huit provinces canadiennes ont signé aujourd'hui un nouveau et historique projet canadien de rapatriement, qui comprend une formule d'amendement de la constitution.

L'Alberta, la Colombie-Britannique, le Manitoba, Terre-Neuve, la Nouvelle-Écosse, l'Île-du-Prince-Édouard, le Québec et la Saskatchewan sont parties à l'«Accord constitutionnel: Projet canadien de rapatriement de la constitution».

Ce projet prévoit le rapatriement de la constitution et, en tant que partie intégrante du projet, l'acceptation d'une formule d'amendement qui garantirait que tous les amendements futurs se feraient au Canada.

Aux termes de cet accord, les provinces signataires conviennent:
— de rapatrier rapidement la constitution du Canada;
— d'adopter une nouvelle formule d'amendement de la constitution canadienne;
— de s'engager dans des négociations intensives sur le renouvellement de la constitution canadienne pendant les trois prochaines années, en se servant de la nouvelle formule d'amendement;

— de mettre fin aux procédures judiciaires entamées à cet égard.

Le projet canadien de rapatriement est toutefois subordonné au retrait, par le gouvernement du Canada, du projet d'adresse commune sur la constitution.

En vertu du projet canadien de rapatriement, le Parlement du Royaume-Uni mettrait fin à la tutelle qu'il exerce sur l'Acte de l'Amérique du Nord britannique, sans pour autant que les excellentes relations qu'il entretient depuis toujours avec le Canada en souffrent.

La nouvelle formule d'amendement allie souplesse et stabilité; il s'agit là d'un aspect primordial de l'accord.

En vertu de la formule, toutes les modifications de la constitution doivent recevoir l'approbation du Parlement du Canada, sauf celles qui ont trait à la constitution interne d'une province.

La plupart des modifications nécessiteraient l'approbation des assemblées législatives des deux tiers des provinces (sept) représentant au moins 50 pour cent de la population des dix provinces. Cette formule consacre l'égalité juridique de toutes les provinces.

Lorsqu'une modification diminue ses droits, ses privilèges ou ses pouvoirs, une province peut choisir de conserver ces droits, privilèges ou pouvoirs si elle obtient l'assentiment de la majorité de son Assemblée législative; elle aurait alors droit à une indemnisation satisfaisante.

Le consentement de toutes les Assemblées provinciales serait nécessaire pour un nombre limité de questions importantes, notamment celles qui concernent la Couronne, la représentation parlementaire, la langue et la composition de la Cour suprême.

Cette formule est manifestement préférable, pour tous les Canadiens, à celle que propose le gouvernement fédéral parce qu'elle:

— reconnaît l'égalité juridique des provinces au sein du Canada;
— évite la nécessité d'un référendum pour choisir une formule d'amendement ou pour modifier la constitution;
— élimine le droit de veto absolu que le gouvernement fédéral propose de donner au Sénat sur la réforme constitutionnelle, notamment celle du Sénat.

Les premiers ministres ont convenu que, de concert avec le gouvernement fédéral, ils pourraient immédiatement établir un ordre du jour pour la réforme constitutionnelle. Cet ordre du jour comprendrait tous les sujets qui ont été abordés pendant les conférences constitutionnelles de l'été dernier.

Les huit premiers ministres ont souligné que leur accord sur la constitution canadienne démontre de façon claire et positive qu'il est possible de faire avancer sensiblement la question constitutionnelle si toutes les parties intéressées l'abordent avec sincérité et bonne volonté.

Les premiers ministres sont disposés à soumettre le projet à leurs assemblées législatives respectives dès que le premier ministre du Canada l'aura accepté.

En travaillant ensemble, ont déclaré les premiers ministres, les gouvernements fédéral et provinciaux ont maintenant l'occasion d'élaborer une constitution moderne et typiquement canadienne.

Les documents précisant les détails de l'accord et de la formule d'amendement sont envoyés simultanément au premiers ministres du Canada et aux premiers ministres de l'Ontario et du Nouveau-Brunswick, pour qu'ils les étudient attentivement.

Les huit premiers ministres attendent maintenant que le premier ministre du Canada convoque une conférence constitutionnelle.

Document 6

Accord interprovincial du 16 avril 1981 (extraits) *

Titre de l'accord

Accord constitutionnel: projet canadien de rapatriement de la constitution.

Portée de l'accord

Le projet canadien de rapatriement de la constitution est assujetti à la condition que le gouvernement du Canada retire le projet d'adresse conjointe actuellement devant le Parlement et souscrive au présent accord. (...)

Droit de retrait avec compensation

Une modification (constitutionnelle) qui diminue la compétence législative, les droits de propriété ou tout autre droit ou privilège de la Législature ou du gouvernement d'une province est sans effet dans une province dont l'Assemblée législative (...) a exprimé sa dissidence à l'égard de cette modification par voie de résolution adoptée à la majorité des membres de cette Assemblée (...).
Lorsqu'une province exprime sa dissidence (...) le gouvernement du Canada doit assurer une compensation raisonnable au gouvernement de cette province, en tenant compte du coût per capita de l'exercice de cette compétence dans les provinces qui ont approuvé la modification (...).

Sujets requérant l'unanimité

Une modification à la constitution (sur les matières suivantes) (exige l'unanimité):
— (...)
— l'usage des langues anglaise ou française (...);
— la composition de la Cour suprême du Canada;
— la modification de la (formule d'amendement).

---

* Sous-titre de l'auteur.

Document 7

Décision de la Cour suprême
le 28 septembre 1981 (extraits) *

Sur la légalité

(On a) fait valoir qu'une convention peut se cristalliser en règle de droit et que l'obligation d'obtenir l'assentiment des provinces au genre de résolution telle la présente, bien que d'origine politique, est devenue une règle de droit. À notre avis, il n'en est pas ainsi (...).

Bien que l'Acte de l'Amérique du Nord britannique soit lui-même muet sur la question du pouvoir des chambres fédérales de procéder par résolution pour modifier l'Acte par adresse à Sa Majesté, son mutisme est un argument favorable à l'existence de ce pouvoir tout autant qu'il pourrait indiquer le contraire (...). En bref, il s'agit d'une question conventionnelle au Canada, sans effet sur la validité de la résolution à l'égard de l'action du Royaume-Uni.

Nul ne peut nier qu'il est souhaitable d'arriver à un accord fédéral-provincial ou à un compromis acceptable. Quoi qu'il en soit, cela ne touche pas à la légalité (...).

Sur le consentement des provinces

Il ne convient pas que la Cour conçoive dans l'abstrait une formule précise qui indiquerait en termes positifs quel degré de consentement provincial est nécessaire pour que la convention soit respectée. Les conventions, de par leur nature, s'élaborent dans l'arène politique et il revient aux acteurs politiques, et non à cette Cour, de fixer l'étendue du consentement provincial nécessaire.

Il suffit que la Cour décide qu'au moins un degré appréciable de consentement provincial est nécessaire et décide ensuite si la situation qu'on lui soumet y satisfait. En l'espèce, l'Ontario et le Nouveau-Brunswick sont d'accord avec les projets de modification, alors que les huit autres provinces s'y opposent. Aucune norme concevable ne permettrait de penser que cette situation est à la hauteur. Elle ne révèle nettement pas un degré d'accord provincial suffisant. (...)

Sans exprimer d'opinion sur son degré, nous en venons à la conclusion que le consentement des provinces du Canada est constitutionnellement nécessaire à l'adoption du «Projet de résolution portant adresse commune à Sa Majesté la Reine concernant la constitution du Canada» et que l'adoption de cette résolution sans ce consentement serait inconstitutionnelle au sens conventionnel. (...)

---

* Sous-titre de l'auteur.

Réponses aux questions posées

Les questions soumises ont reçu les réponses suivantes:

a. Questions 1, 2 et 3 des renvois du Manitoba et de Terre-Neuve:

Question 1: Oui

Question 2: Oui (7 juges sur 9)

Question 3:

Du point de vue de la convention constitutionnelle «oui» (7 juges sur 9)

Du point de vue juridique «non» (7 juges sur 9)

b. Questions A et B du renvoi du Québec:

Question A:	(i)	Oui
	(ii)	Non
Question B:	(i)	Par statut, non
		Par convention, non (6 juges sur 9)
		Du point de vue juridique, oui (7 juges sur 9)
	(ii)	Par statut, non
		Par convention, non (6 juges sur 9)
		Du point de vue juridique, oui (7 juges sur 9)

Document 8

Accord du 5 novembre 1981
entre Ottawa et neuf provinces

Dans un effort pour en arriver à un consensus acceptable sur la question constitutionnelle qui satisfasse les préoccupations du gouvernement fédéral et d'un nombre important de gouvernements provinciaux, les soussignés se sont entendus sur les points suivants:

1. Le rapatriement de la constitution
2. La formule d'amendement
   — La formule d'amendement proposée dans l'accord d'avril a été acceptée en supprimant l'article 3, qui prévoit une compensation fiscale à une province qui se retire d'un amendement constitutionnel.
   — La délégation de pouvoirs législatifs prévue dans l'accord d'avril est supprimée.
3. La charte des droits et libertés
   — La charte complète des droits et libertés soumises au Parlement sera inscrite dans la constitution avec les modifications suivantes:

---

* Il s'agit des questions posées par les provinces et apparaissant au Document 4.

a) En ce qui concerne la liberté de circulation et d'établissement, il y aura inclusion du droit d'une province à mettre en œuvre des programmes d'action en faveur des personnes socialement et économiquement désavantagées tant que le taux d'emploi de cette province demeurera inférieur à la moyenne nationale.

b) Une clause «nonobstant» s'appliquera aux articles qui traitent de libertés fondamentales, des garanties juridiques et des droits à l'égalité. Toute disposition «nonobstant» devrait être adoptée de nouveau au moins tous les cinq ans.

c) Nous sommes convenus que l'article 23, qui a trait au droit à l'instruction dans la langue de la minorité, s'appliquera dans nos provinces.

4. Les dispositions du projet actuellement à l'étude au Parlement qui ont trait à la péréquation et aux inégalités régionales ainsi qu'aux ressources non renouvelables, aux ressources forestières et à l'énergie électrique seraient incluses.

5. Sera prévue dans la Résolution la conférence constitutionnelle mentionnée à l'article 36 de la Résolution et son ordre du jour inclura les questions constitutionnelles qui intéressent directement les peuples autochtones du Canada, notamment la détermination et la définition des droits de ces peuples à inscrire dans la constitution du Canada. Le premier ministre du Canada invitera leurs représentants à participer aux travaux relatifs à ces questions.

Document 9

Motion présentée à l'Assemblée nationale du Québec
par le premier ministre René Lévesque
le 18 novembre 1981

L'Assemblée nationale du Québec,

rappelant le droit du peuple québécois à disposer de lui-même,

et exerçant son droit historique à être partie prenante et à consentir à tout changement dans la constitution du Canada qui pourrait affecter les droits et pouvoirs du Québec,

déclare qu'elle ne peut accepter le projet de rapatriement de la constitution sauf si celui-ci rencontre les conditions suivantes:

1. On devra reconnaître que les deux peuples qui ont fondé le Canada sont foncièrement égaux et que le Québec forme à l'intérieur de l'ensemble fédéral canadien une société distincte par la langue, la culture, les institutions et qui possède tous les attributs d'une communauté nationale distincte.

2. Le mode d'amendement de la constitution,
   a)   ou bien devra maintenir au Québec son droit de veto,
   b)   ou bien sera celui qui a été convenu dans l'accord constitutionnel signé par le Québec le 16 avril 1981 et confirmant le droit du Québec de ne pas être assujetti à une modification qui diminuerait ses pouvoirs ou ses droits et de recevoir, le cas échéant, une compensation raisonnable et obligatoire;
3. Étant donné l'existence de la charte québécoise des droits et libertés de la personne, la charte des droits inscrite dans la constitution ne devra inclure que:
   a)   les droits démocratiques;
   b)   l'usage du français et de l'anglais dans les institutions et les services du gouvernement fédéral;
   c)   les libertés fondamentales, pourvu que l'Assemblée nationale conserve le pouvoir de faire prévaloir ses lois dans les domaines de sa compétence;
   d)   les garanties quant à l'enseignement dans la langue des minorités anglaise ou française, pourvu que le Québec reste libre d'y adhérer volontairement, puisque sa compétence exclusive en cette matière doit demeurer totale et inaliénable et que la situation de sa minorité est déjà la plus privilégiée au Canada;
4. On donnera suite aux dispositions déjà prévues dans le projet du gouvernement fédéral concernant le droit des provinces à la péréquation et à un meilleur contrôle de leurs richesses naturelles.

Document 10

Lettre du chef du parti progressiste-conservateur
Joe Clark au premier ministre René Lévesque,
le 19 novembre 1981, et réponse de ce dernier,
le 20 novembre (extraits)

Monsieur le Premier ministre,

Le Parti progressiste-conservateur présentera au Parlement certains amendements aux dernières propositions constitutionnelles du gouvernement. Ces amendements augmenteraient grandement l'appui qui se manifeste au Canada pour une entente constitutionnelle complète dans l'esprit de l'accord du 5 novembre.

Afin de répondre à l'objection exprimée par le gouvernement du Québec, nous proposons de rétablir les dispositions relatives à la pleine compensation financière qui figuraient dans l'accord d'avril. (...)

(Joe Clark)

Monsieur le Chef de l'opposition,

(...) J'ai constaté avec plaisir votre intention (de) faire rétablir les dispositions relatives à la pleine compensation financière attachée au droit de retrait. Ces dispositions figuraient dans l'accord d'avril. Vous êtes de la sorte le premier et le seul chef de parti politique fédéral à donner convenablement suite à une des conditions dont le Québec juge le respect essentiel et sans lesquelles il ne pourra, en conscience, donner son assentiment à la résolution constitutionnelle d'Ottawa.

Ces conditions apparaissent dans le texte d'une motion que j'ai cette semaine déposée à l'Assemblée nationale du Québec. Je crois opportun de vous en faire parvenir ci-joint une copie. Le contenu de cette motion pourra vous être utile au cours du débat qui s'engage à la Chambre des Communes et ce d'autant plus que, semble-t-il, le gouvernement fédéral est actuellement en train de modifier, avec les neuf provinces signataires, le texte de l'entente intervenue solennellement à Ottawa, il y a à peine deux semaines. (...)

(René Lévesque)

Document 11

Décret contenant le veto du Québec contre le projet constitutionnel fédéral, le 25 novembre 1981

ATTENDU QUE le gouvernement fédéral a présenté à la Chambre des Communes. le 18 novembre 1981, une motion visant à rapatrier et à modifier la constitution canadienne;

ATTENDU QUE cette motion, si on y donnait suite, aurait pour effet de diminuer substantiellement les pouvoirs et les droits du Québec et de son Assemblée nationale sans son consentement;

ATTENDU QU'il a toujours été reconnu qu'aucune modification de cette nature ne pouvait être effectuée sans le consentement du Québec,

IL EST DÉCIDÉ, sur la proposition du premier ministre:

QUE le Québec oppose formellement son veto à l'encontre de la résolution présentée à la Chambre des Communes, le 18 novembre 1981, par le ministre fédéral de la Justice,

QUE cette opposition soit officiellement transmise au gouvernement fédéral et à celui des autres provinces.

Document 12

Échange de lettres
entre le premier ministre du Québec, René Lévesque,
et le premier ministre du Canada, Pierre Elliott Trudeau,
25 novembre, 1ᵉʳ et 2 décembre 1981

Monsieur le Premier ministre,

Au nom du gouvernement du Québec, je vous transmets officiellement le décret par lequel le Québec exerce formellement son droit de veto à l'encontre de la résolution portant sur le rapatriement et la modification de la constitution canadienne, telle que présentée à la Chambre des Communes par le ministre de la Justice en date du 18 novembre 1981.

Je vous souligne à cet égard que le gouvernement du Québec a toujours maintenu que l'assentiment du Québec était constitutionnellement nécessaire à tout accord qui permettrait de rapatrier la constitution et d'en fixer le mode d'amendement pour l'avenir.

Les discussions qui ont mené à l'accord interprovincial du 16 avril 1981 ont uniquement porté sur la façon de modifier la constitution après le rapatriement. D'ailleurs, cet accord étant maintenant caduc, le Québec n'y est plus lié et nous sommes revenus à la situation antérieure. Il n'a donc jamais été question de toucher au droit de veto que le Québec a toujours possédé et possède toujours sur le rapatriement et le mode d'amendement lui-même.

Quant au droit de veto du Québec sur le partage des compétences dont il était question dans l'accord interprovincial du 16 avril 1981, nous avons toujours dit que seul un droit de retrait accompagné d'une compensation pleine et obligatoire pourrait être une formule de remplacement acceptable. Cette contrepartie nous ayant été refusée, nous conservons donc intact notre droit de veto traditionnel.

En conséquence, je vous demande d'agir comme vous l'avez fait en 1971 lorsque le Québec s'est opposé à l'accord de Victoria et de suspendre votre projet jusqu'à ce qu'une entente intervienne non seulement avec les provinces anglophones mais aussi avec le Québec. Je vous saurais gré, également, de bien vouloir faire déposer le texte des présentes à la Chambre des Communes et au Sénat afin que les parlementaires canadiens soient formellement mis au courant de la position officielle du Québec. Je compte, pour ma part, en déposer une copie à l'Assemblée nationale du Québec.

Sur le fond de la question, je vous réitère que le Québec est prêt à signer tout accord qui satisferait aux conditions minimales exprimées dans la motion que j'ai déposée à l'Assemblée nationale le 17 novembre 1981 et dont vous avez déjà reçu copie. Ce sont là des conditions raisonnables qui représentent pour le Québec le minimum vital dont il a besoin pour protéger sa spécificité et ses droits historiques.

Veuillez agréer, monsieur le premier ministre, l'expression de mes sentiments les meilleurs.

(René Lévesque)

Monsieur le Premier ministre,

Je donne suite à votre lettre du 25 novembre 1981, par laquelle vous m'avez transmis le décret du conseil exécutif du gouvernement québécois exprimant l'opposition officielle de ce gouvernement à la résolution constitutionnelle actuellement à l'étude à la Chambre des Communes, et dont je vous ai accusé réception le 17 novembre. Cette opposition, vous la fondez sur le droit de veto que posséderait le Québec relativement au rapatriement de la constitution du Canada.

Or, ce droit de veto touchant le rapatriement et la modification de la constitution n'est, à mon avis, fondé ni en droit ni en vertu de la convention constitutionnelle, si l'on se reporte à la décision rendue par la Cour suprême le 18 septembre 1981 sur le projet de résolution constitutionnelle de 1980.

En ce qui concerne la question de savoir si le consentement des provinces est légalement nécessaire pour que soit adoptée une résolution des deux chambres du Parlement demandant au Royaume-Uni d'adopter une modification de la constitution du Canada, la Cour a établi sans équivoque qu'«aucune loi ne requiert le consentement des provinces à une résolution des chambres fédérales ou à l'exercice par le Royaume-Uni de son pouvoir législatif».

Pour ce qui est de savoir si la convention constitutionnelle exige le consentement des provinces avant qu'il ne soit possible de faire apporter des modifications à la constitution par le Royaume-Uni, la Cour a effectivement conclu qu'il existe une convention qui prend la forme d'«un degré appréciable de consentement provincial», mais il m'apparaît que, si l'on étudie attentivement les motifs de décision de la Cour, ceux-ci n'indiquent nullement qu'une province, le Québec pas plus que les autres, posséderait un droit de veto qui permette de s'opposer à une telle modification de la constitution

De fait, en concluant que la règle conventionnelle actuelle consiste en «un degré appréciable de consentement provincial», la Cour a rejeté expressément l'argument relatif au principe de l'unanimité avancé par toutes les provinces à l'exception du Nouveau-Brunswick, de l'Ontario et de la Saskatchewan. Ce faisant, la Cour a affirmé que le consentement d'un certain nombre de provinces était nécessaire, sans faire allusion à la nécessité de tenir compte de la taille ou de caractère des provinces en question. La décision de la Cour suprême ne fournit par conséquent, à mon avis, aucun fondement à votre gouvernement pour affirmer que le Québec possède un veto à l'égard de la résolution actuelle.

Qu'en est-il cependant de la formule d'amendement contenue dans cette résolution et dont vous parlez dans les paragraphes trois et quatre de votre lettre du 25 novembre? À ce propos, permettez-moi d'établir clairement une chose: le gouvernement du Canada a préconisé l'adoption de vetos régionaux, au moins depuis que je suis premier ministre. Je me permets de rappeler ici les faits sur lesquels j'appuie cette affirmation.

Premièrement, la formule d'amendement contenue dans la charte de Victoria de 1971, que le gouvernement fédéral avait appuyée, aurait donné des vetos aux régions, dont un au Québec.

Deuxièmement, le 19 avril 1979, lorsque j'ai écrit à tous les premiers ministres provinciaux pour leur proposer de prendre sans délai les mesures voulues pour rapatrier la constitution, la formule d'amendement que je proposais était celle que renfermait la charte de Victoria de 1971. Le 14 octobre 1976, M. Lougheed m'informait que son gouvernement et celui de M. Bennett n'acceptaient plus la formule de Victoria, même si celle-ci était acceptable aux huit autres provinces.

Troisièmement, dans une lettre que je vous adressais, le 19 janvier 1977, à vous-même et aux autres premiers ministres, je signalais que la formule de Victoria avait été acceptée par les onze gouvernements en 1971, et par huit en 1976. Vu l'ampleur de ce consensus, je proposais que nous essayions une fois de plus de rapatrier la constitution et je suggérais que nous adoptions la formule de Victoria qui, je le répète, donnait un veto au Québec.

Quatrièmement, lorsque les premiers ministres se sont réunis en conférence constitutionnelle, en octobre 1978, mon gouvernement appuyait toujours la formule de Victoria. Nous étions cependant disposés, pour rallier l'appui d'un plus grand nombre de provinces à la procédure d'amendement, à prendre en considération le «consensus de Toronto», qui s'était dégagé en 1978. Cette formule prévoyait que l'assentiment du Parlement et de sept provinces représentant au moins 85% de la population. La formule dite «consensus de Toronto» aurait en fait assuré un veto au Québec.

Cinquièmement, le projet de résolution constitutionnelle présenté au Parlement par le gouvernement du Canada au mois d'octobre 1980 aurait assuré un veto au Québec.

Sixièmement, la résolution officielle présentée au Parlement par mon gouvernement en février 1981, après plus de trois mois d'étude au comité mixte du Sénat et de la Chambre des Communes, retenait cette proposition.

Septièmement, enfin, lorsque j'ai rencontré les autres premiers ministres et vous-même, le 5 novembre, je défendais encore la formule de Victoria, qui prévoyait un veto pour le Québec.

Il est incontestable que cet examen rétrospectif de l'attitude adoptée depuis treize ans par le gouvernement canadien manifeste on ne peut plus clairement son désir de protéger les intérêts du Québec. Malheureusement, l'histoire de cette période révèle aussi que les divers gouvernements qui se sont succédé au Québec ont dans tous les cas refusé d'appuyer l'ensemble des propositions constitutionnelles mises en avant par le gouvernement du Canada, lesquelles propositions incluaient toutes un veto pour le Québec dans la formule d'amendement.

Examinons maintenant comment s'est développé le principe de l'«égalité des provinces» en ce qui a trait à la formule d'amendement.

Lors d'une réunion du comité permanent des ministres sur la constitution, tenue à Toronto en décembre 1978, le gouvernement de l'Alberta, reprenant une opinion que cette province avait officiellement avancée en octobre 1976, soutint que la formule d'amendement, quelle qu'elle soit, devrait accorder une voix égale à toutes les provinces et qu'aucune de celles-ci ne devrait disposer d'un veto. On convint de façon générale à la réunion de donner suite à cette idée.

L'Alberta élabora donc, au cours de l'hiver 1979, une nouvelle proposition de formule d'amendement qui s'appuyait sur ce principe. C'est cette proposition, à laquelle furent apportés une série de raffinements successifs, qui aboutit au consensus de Vancouver, lequel fut préconisé par plusieurs provinces — dont le Québec — lors de la conférence constitutionnelle de septembre 1980.

Cette formule de Vancouver — sans veto pour le Québec — fut proposée également par les conservateurs fédéraux, dont le chef, M. Joe Clark, présenta une motion en ce sens à la Chambre des Communes le 22 octobre 1980.

Finalement, la formule de Vancouver se retrouva dans l'accord des premiers ministres provinciaux d'avril 1981. Comme vous le savez, cet accord — que vous avez signé — prévoyait une procédure d'amendement qui ne donnait pas de veto au Québec. Or, c'est cette formule que vous avez de nouveau préconisée au cours de nos séances des 2, 3, 4 et 5 novembre et qui s'est finalement retrouvée dans l'accord qu'ont signé, le 5 novembre 1981, le gouvernement canadien et neuf provinces.

Il est donc clair que, du 11 septembre 1980 au 5 novembre 1981, vous avez souscrit à l'opinion initialement avancée par l'Alberta en 1976, opinion qui forme la base de la formule d'amendement que renferme la résolution actuellement à l'étude au Parlement, à savoir que cette formule devrait accorder une voix égale à toutes les provinces et qu'aucune de celles-ci ne devrait disposer d'un veto.

L'Ontario et le Nouveau-Brunswick n'avaient pas adhéré à l'accord d'avril 1981 mais, pour réaliser «un degré acceptable de consentement provincial» à la conférence des premiers ministres de novembre 1981, ils ont consenti à appuyer le principe que votre gouvernement favorisait. Le gouvernement du Canada s'est à son tour rallié à cette position le 5 novembre bien que, comme je le signale plus haut, nous aurions préféré une formule qui aurait assuré un veto à toutes les régions, y compris le Québec.

En un mot, entre l'année 1971 et le 5 novembre 1981, tous les gouvernements que j'ai dirigés ont préconisé une formule d'amendement qui aurait assuré un veto au Québec. Nous n'avons abandonné ce principe qu'après que vous l'eûtes fait vous-même.

Le seul élément de la formule d'amendement contenue dans l'accord des premiers ministres provinciaux qui ne se retrouve pas entièrement dans la résolution actuellement à l'étude au Parlement est la disposition relative à la compensation financière. Or, il est instructif de retracer l'évolution de cette idée dans les diverses propositions de formule d'amendement.

Au cours des discussions qui ont eu lieu à l'été de 1980, votre gouvernement a mis en avant le principe de non-pénalisation financière d'une province qui se dissocierait d'une modification de la constitution ayant pour effet de transférer des pouvoirs provinciaux au Parlement. Mais, de façon générale, les autres gouvernements étaient d'avis que la question de la compensation financière devrait être envisagée au fur et à mesure des besoins, à la lumière des circonstances de chaque cas, et qu'on ne devrait inscrire dans la constitution aucune obligation rigide à cet égard.

Vous vous souviendrez que, le 11 septembre 1980, au cours de la conférence des premiers ministres sur la constitution, votre gouvernement a diffusé un document intitulé «Proposition de position commune des provinces», par suite surnommé «consensus du Château». Bien que cette proposition reprît la formule d'amendement de l'Alberta et s'assortît d'une «disposition prévoyant des arrangements financiers entre les gouvernements», les projets de textes législatifs qui l'accompagnaient dans le but d'en faciliter la compréhension ne renfermaient pas de disposition tendant à constitutionnaliser la notion d'«arrangements financiers». Ce n'est qu'en avril de cette année, lors de la publication de l'accord des premiers ministres provinciaux, que les dispositions relatives à ces arrangements virent le jour sous la forme d'une obligation constitutionnelle.

Le 5 novembre 1981, vous avez continué d'affirmer qu'il faudrait, pour que vous acceptiez la formule de modification de la constitution qui figure dans la résolution actuellement à l'étude au Parlement, que des dispositions relatives à la compensation financière y soient incorporées. Or, je vous ai fait savoir à maintes reprises que j'étais disposé à étudier ce point avec vous, mais vous vous y êtes refusé.

En dépit, néanmoins, de votre refus persistant, le gouvernement du Canada a, avec l'accord des neuf autres provinces, incorporé à la formule d'amendement acceptée le 5 novembre une modification permettant d'offrir une compensation financière à une province qui se dissocierait d'un amendement ayant trait à l'éducation ou à d'autres matières d'ordre culturel. Cette mesure avait manifestement pour objet de protéger les intérêts particuliers du Québec.

Pour résumer, donc, il est clair que votre gouvernement a, dès septembre 1980, abandonné toute prétention de veto pour le Québec dans une quelconque formule d'amendement. Il est vrai que l'abandon de ce principe a été rattaché à des «arrangements financiers»; mais dès lors il ne s'agissait pas tant du principe du veto que de l'assurance de compensation.

Néanmoins, si vous n'êtes désormais plus certain que la proposition de l'Alberta, que vous avez appuyée pendant plus d'un an, corresponde à vos besoins, vous aurez toute latitude, une fois la constitution rapatriée, de proposer aux autres provinces et au gouvernement du Canada de modifier la formule d'amendement.

Voilà, monsieur le Premier ministre, comment je comprends le droit et l'histoire constitutionnelle en matière de prétendu veto provincial. Qu'il s'agisse de rapatriement ou qu'il s'agisse de formule d'amendement, il est difficile de comprendre comment vous pouvez — que ce soit par décret ou autrement — soutenir qu'un veto existe pour le Québec en vertu de la loi ou de la coutume.

Je vous prie d'agréer, monsieur le premier ministre, l'assurance de ma haute considération.

(Pierre Elliott Trudeau)

Monsieur le Premier ministre,

C'est avec regret, mais sans surprise, que j'ai pris connaissance de votre lettre du 1er décembre 1981 dans laquelle vous niez explicitement au Québec un droit de veto que les Québécois, depuis des générations, ont toujours considéré comme une protection minimale dans le présent régime et qu'ils ont à maintes reprises exercé. Que cette lettre soit signée par un Québécois en dit long sur le déracinement qu'engendre le système fédéral actuel.

Je n'ai pas l'intention de répondre, point par point, aux nombreuses inexactitudes que contient votre lettre. Je me contenterai de vous souligner que, dans son jugement du 28 septembre dernier, la Cour suprême a expressément réservé son opinion sur le «degré de consentement» qui était requis de la part des provinces. Si elle n'a pas explicitement reconnu le droit de veto du Québec, la Cour suprême ne l'a pas non plus écarté: elle ne s'est tout simplement pas prononcée sur ce point.

Je me permets également de relever une contradiction flagrante entre l'attitude que vous prenez aujourd'hui et le processus historique que vous décrivez dans votre lettre. Vous donnez en effet une longue liste des diverses propositions que vous avez faites, depuis que vous êtes premier ministre, au sujet de la formule d'amendement; et vous mentionnez qu'aucune n'a pu être adoptée puisque «les divers gouvernements qui se sont succédé au Québec ont dans tous les cas refusé d'appuyer l'ensemble des propositions constitutionnelles mises en avant par le gouvernement du Canada». Pouvez-vous alors m'expliquer pourquoi il en va autrement aujourd'hui? Si le Québec a pu bloquer vos formules antérieures, pourquoi ne pourrait-il pas bloquer votre formule actuelle, d'autant plus que cette dernière, outre qu'elle est contraire à ce que les Québécois ont compris de vos promesses référendaires, met en danger les droits et pouvoirs du Québec comme jamais aucune autre ne l'a fait auparavant?

Puisque vous ne voulez pas respecter un droit qui l'a toujours été depuis le début de la confédération, nous n'avons d'autre choix que de faire reconnaître ce droit par les tribunaux. C'est pourquoi le gouvernement du Québec a décidé de soumettre la question à sa Cour d'appel et de prendre les mesures législatives nécessaires pour que la question puisse ultérieurement être soumise à la Cour suprême du Canada. Vous trouverez ci-joint une copie du décret accepté à cette fin.

Je vous demande en conséquence de surseoir à la poursuite de votre projet jusqu'à ce qu'un jugement final soit prononcé sur cette question, comme vous avez accepté de le faire lorsque la Cour suprême a été saisie, au début, de l'année, de la question plus générale du consentement nécessaire des provinces. Autrement, cela équivaudrait à empêcher le Québec de faire valoir ses droits en temps utile.

(René Lévesque)

Document 13

*Lettre du premier ministre René Lévesque
à Mme Margaret Thatcher, première ministre de Grande-Bretagne,
le 19 décembre 1981, et réponse de celle-ci, le 14 janvier 1982*

Madame la Première ministre,

Au nom du gouvernement du Québec, je désire exprimer au gouvernement du Royaume-Uni notre opposition à l'adresse conjointe du Sénat et de la Chambre des Communes du Canada à Sa Majesté la Reine concernant la constitution canadienne et demander respectueusement au Parlement du Royaume-Uni de retarder l'adoption de la loi proposée.

La décision du gouvernement du Canada de soumettre l'adresse conjointe à Sa Majesté soulève de sérieux problèmes constitutionnels, juridiques et politiques que le gouvernement du Québec croit de son devoir et de sa responsabilité de porter à votre attention la plus immédiate.

Comme vous ne l'ignorez pas, l'adresse conjointe de la Chambre des Communes et du Sénat canadien recueille le soutien de neuf provinces et du gouvernement fédéral lesquels, le 5 novembre dernier, en sont venus à un accord, *sans que le gouvernement du Québec n'accepte d'y souscrire.*

À notre avis, cette entente frappe de plein fouet l'alliance des francophones et des anglophones qui a permis la création de la confédération canadienne en 1867. Jamais auparavant, au cours de notre histoire, on n'avait demandé au Parlement britannique de restreindre sans leur consentement les droits et pouvoirs de la législature et du gouvernement du Québec. La loi projetée constitue une offensive sans précédent contre les pouvoirs permettant à la seule société d'expression française d'Amérique du Nord de défendre et promouvoir sa langue et sa culture.

Pour cette raison, non seulement le Québec a-t-il refusé de souscrire à cette entente, mais l'Assemblée nationale s'est formellement opposée à la résolution fédérale lorsqu'elle fut introduite devant le Parlement canadien; subséquemment, le gouvernement du Québec a exercé son droit de veto traditionnel. Comme l'existence même de ce droit a été remise en doute par le premier ministre du Canada, le gouvernement du Québec, avec l'appui unanime de l'Assemblée nationale, a soumis la question à la Cour d'appel du Québec. S'il y a lieu, l'affaire pourra ensuite être étudiée par la Cour suprême du Canada.

Puis-je faire valoir que, dans une question aussi fondamentale pour les intérêts du peuple québécois et de la fédération canadienne, un Parlement traditionnellement respectueux de la règle de droit voudra sans doute prendre connaissance de l'opinion des tribunaux avant de déterminer le cours de sa démarche.

Bien que nous comprenions que le gouvernement et le Parlement du Royaume-Uni soient désireux de disposer aussi rapidement que possible de la question constitutionnelle canadienne, nous demeurons cependant convaincus que les conséquences que pourrait alors subir le Québec sont beaucoup plus graves que les inconvénients qui pourraient éventuellement affecter le reste du Canada si vous ne donniez pas suite dès maintenant à l'adresse canadienne.

Outre notre désaccord profond quant au processus même qui a été suivi au Canada et au refus obstiné de reconnaître la population d'expression française comme partenaire égal dans la confédération canadienne, nous aimerions attirer votre attention sur trois objections particulières que nous formulons à l'encontre des mesures constitutionnelles prévues dans l'adresse canadienne.

1. La procédure d'amendement qui est proposée remet en cause les pouvoirs que le Québec détient déjà. En effet, cette procédure permet à une province d'exercer son droit de retrait à l'égard d'une modification constitutionnelle qui réduirait sa compétence législative. Cependant, contrairement à la procédure qui avait été initialement mise de l'avant le 16 avril 1981 par les huit provinces opposées au projet fédéral, l'exercice de ce droit ne comporte plus aucune garantie, pour une province qui s'en prévaudrait, d'obtenir une compensation financière pour les coûts qu'elle aura à encourir en lieu et place du gouvernement fédéral, exception faite des domaines de l'éducation et de la culture. Sans compensation financière, les Québécois seraient exposés soit à être soumis à la double taxation pour financer à la fois un programme fédéral dans les autres provinces et un programme provincial au Québec, soit à être contraints d'abandonner à Ottawa des compétences législatives essentielles pour éviter une aussi lourde imposition.

2. Les dispositions de la loi constitutionnelle concernant les droits à l'instruction dans la langue de la minorité prévues dans l'adresse portent atteinte à la compétence provinciale exclusive sur l'éducation, garantie à l'article 93 de l'Acte du l'Amérique du Nord britannique de 1867. Agissant dans le cadre de cette compétence exclusive, les législatures successives du Québec ont fait adopter des lois favorisant l'accès aux écoles françaises de façon à maintenir l'équilibre linguistique de notre société. La présente adresse modifie les critères d'admission aux écoles anglaises du Québec et empêche l'Assemblée nationale du Québec d'adopter des mesures correctrices à l'avenir. Les Québécois francophones n'auraient jamais accepté d'adhérer à la confédération s'ils avaient su que les gouvernements provinciaux anglophones et le Parlement fédéral s'uniraient un jour pour restreindre les pouvoirs de notre Assemblée nationale de protéger la culture française au Québec.

3. La charte des droits et libertés contient une nouvelle catégorie de droits mal définie, les «droits à la mobilité», qui pourraient limiter très sérieusement les pouvoirs du Québec de légiférer pour protéger les traditions et les intérêts de ses citoyens. En limitant la possibilité du législateur de recourir au critère de la province de résidence dans la rédaction de ses lois, ces «droits à la mobilité» frappent d'une façon particulièrement dure le Québec. En effet, notre province qui a des traditions juridiques, religieuses et historiques différentes du reste du Canada et qui vit dans un contexte social, politique et économique qui lui est propre, établit nécessairement dans ses lois des distinctions très

légitimes qui ont pour but de protéger son intégrité en tant que société distincte, entourée d'une culture anglophone dominant tout le continent nord-américain.

Vous comprendrez, je n'en doute point, que notre opposition à la résolution fédérale qui vous est parvenue n'est pas fondée que sur de simples objections d'ordre technique. Nous ne pouvons accepter cette résolution parce qu'elle réduit la place du Québec au sein de la fédération canadienne et vise à restreindre les moyens que possède le Québec de défendre la langue maternelle et la culture de sa population française et, de façon plus générale, de promouvoir les intérêts de tous ses citoyens.

À notre avis, l'opposition du gouvernement du Québec à l'adresse canadienne est appuyée par la majorité des Québécois pour qui, et ce sans égard à leur allégeance politique, la situation actuelle constitue une crise des plus sérieuse qui touche au cœur même de notre existence comme société distincte.

Hélas, malgré l'opposition formelle du gouvernement légitime du Québec, réélu le 13 avril 1981 avec 80 des 122 sièges de l'Assemblée nationale, le gouvernement du Canada a quand même soumis sa résolution à la Chambre des Communes le 18 novembre dernier.

Le 24 novembre, avant l'adoption de la résolution par la Chambre des Communes, une motion a été présentée à l'Assemblée nationale et adoptée, le 1er décembre, dans les termes suivants:

(*Note de l'auteur: le texte de cette motion apparaît précédemment, comme Document 9 et n'est donc pas reproduit ici.*)

Le 25 novembre, le gouvernement du Québec a adopté un décret, ci-annexé (*voir Document 11, note de l'auteur*), par lequel il exerçait formellement son droit de veto. Devant la détermination d'Ottawa d'aller de l'avant malgré que le Québec ait signifié son veto, le gouvernement du Québec a décidé de soumettre à nouveau la question aux tribunaux.

Dans son jugement du 28 septembre 1981, la Cour suprême du Canada avait conclu que la proposition fédérale diminuait sans leur accord les pouvoirs des législatures provinciales et que la convention constitutionnelle exigeait le consentement des provinces pour que de telles modifications aient lieu. Toutefois, la nature ou la portée du consentement provincial ne fut pas précisée par la Cour.

Le Québec est retourné devant les tribunaux afin de faire établir de façon précise si son consentement est nécessaire en vertu de cette convention constitutionnelle. Nous avons agi ainsi parce que, depuis le début de la confédération, tous les gouvernements du Québec ont défendu le droit de notre province d'opposer son veto à toute modification qui affecterait la formule d'amendement elle-même, qui mettrait fin au rôle du Parlement britannique en ce qui concerne la constitution canadienne ou porterait atteinte au partage des pouvoirs entre les deux ordres de gouvernement. Jusqu'à l'adoption de la présente adresse, ce droit de veto a toujours été respecté.

Assez ironiquement, l'adresse fédérale confirme le droit de veto historique du Québec en exigeant l'accord unanime des provinces pour modifier ultérieurement le mode d'amendement de la constitution. Le Québec estime raisonnable de demander qu'on respecte dès *maintenant* son droit de veto à cet égard, droit qui fut respecté dans le passé et le serait dans l'avenir aux termes de la proposition fédérale elle-même.

Le recours aux tribunaux, avec *l'appui unanime de l'Assemblée nationale*, exprime sans équivoque la détermination du Québec de se servir de tous les moyens légaux et légitimes dont il dispose pour défendre des droits que le Parlement du Royaume-Uni et le comité judiciaire du Conseil privé ont toujours scrupuleusement respectés.

À notre demande, la Cour s'appel a accepté de faire l'impossible pour accélérer les procédures de façon que, dès après le dépôt des factums, la cause puisse être entendue à la mi-mars. Si la cause était ensuite portée devant la Cour suprême du Canada, une décision finale pourrait être annoncée au terme d'une période semblable, soit possiblement en septembre 1982.

Dans ses «Observations» sur le «Premier rapport du comité des affaires étrangères sur les Actes de l'Amérique du Nord britannique: le rôle du Parlement (session de 1980-81)» [*Rapport Kershaw: note de l'auteur*], le gouvernement britannique, par la voix de son secrétaire d'État aux Affaires étrangères, a déjà exprimé son avis que, dans les questions constitutionnelles canadiennes, il devrait être guidé par les décisions des tribunaux du Canada. Je voudrais simplement rappeler ici que les procédures judiciaires ne sont pas encore terminées au Canada

Depuis près de 115 ans maintenant, le Canada a vécu sous l'Acte de l'Amérique du Nord britannique. Nous vous soumettons respectueusement, madame la Première ministre, notre opinion à l'effet que l'urgence de ce rapatriement nous paraît pour le moins artificielle.

Vous me permettrez d'émettre l'avis que toute action hâtive du Parlement du Royaume-Uni serait largement interprétée ici comme une indication que la dualité culturelle et linguistique à laquelle le Canada s'est historiquement identifié est en fait sans fondement, aux yeux du Parlement britannique, puisque le Québec, foyer du fait français au Canada, peut être forcé impunément d'occuper une place encore plus étroite dans la fédération.

En conséquence, nous demandons que les procédures concernant la résolution canadienne soient suspendues par votre gouvernement jusqu'à ce que le Québec ait exprimé son consentement ou, tout au moins, jusqu'à ce que l'avis des tribunaux sur cette importante question du droit de veto du Québec soit porté à votre connaissance. À notre point de vue, c'est la seule attitude qui soit compatible avec les exigences élémentaires de la justice, compte tenu de la situation unique du Québec, principal foyer d'une collectivité distincte d'expression française en Amérique du Nord.

(René Lévesque)

(*Note de l'auteur: La lettre qui suit a été transmise au premier ministre du Québec, le 14 janvier 1982, par le consul général de Grande-Bretagne à Québec, M. A. M. Simons, qui l'avait lui-même reçue de l'ambassade de son pays à Ottawa. Dans sa note accompagnant la lettre de Mme Thatcher, le consul général indiquait qu'Ottawa recevrait copie de cette lettre, ainsi que copie de la lettre originale de René Lévesque.*)

Dear Prime Minister:

Thank you for your letter of 19 December in which you asked that the British Government should take no action on the federal resolution until Quebec had consented to it or until the opinion of the Canadian Courts was known on the question of Quebec's right of veto.

I have studied your request carefully. I was sorry to learn that the Province of Quebec was unable to agree with the Federal Government and the governments of the other nine provinces of Canada on 5 November. A joint address from both Houses of the Federal Parliament has now been submitted to Her Majesty. In accordance with established procedure the British Government are now asking Parliament here to pass a Bill which will give legal effect to the address from the Canadian Parliament. Given the terms of the judgment of the Supreme Court of Canada on 28 September 1981 and the fact that an address has been submitted to Her Majesty I am satisfied that existence of further legal proceedings in Canada of the kind to which you refer is entirely a Canadian matter. I therefore do not think that it would be appropriate to suspend action on the Canada Bill in the way that your letter suggests.

(Margaret Thatcher)

Document 14

Lettre de Claude Morin à tous les ministres provinciaux responsables des questions constitutionnelles, transmise le 6 novembre 1981

Monsieur le Ministre,

Comme je n'ai pas eu le temps hier de vous voir avant mon départ d'Ottawa, j'ai pensé vous écrire quelques mots, ainsi qu'à nos collègues du «groupe des huit provinces», pour vous faire part de mes sentiments.

Je veux d'abord vous dire que j'ai, depuis un an environ, apprécié l'effort de concertation et de réflexion que nous avons mené ensemble contre le projet unilatéral d'Ottawa. Par moments, j'ai cru même sentir, de votre part, de l'amitié et de la compréhension envers le Québec à qui, vous vous en souvenez, des promesses solennelles avaient été faites lors du référendum de mai 1980 en échange du Non. Certains premiers ministres provinciaux ont eux-mêmes contribué à ces promesses.

Le 16 avril dernier, huit provinces dont le Québec ont signé un Accord formel devant les caméras de la télévision. Nous avons beaucoup hésité avant de signer cet Accord, et quelques-uns d'entre vous se sont même demandé si le Québec s'y conformerait par la suite. Vous savez, depuis, que nous nous en sommes strictement et loyalement tenus à cet engagement, bien que nous ayons été critiqués chez nous pour avoir, fait sans précédent, décidé d'agir, sur le plan constitutionnel, de concert avec sept provinces anglophones.

C'est donc avec une inquiétude croissante que je me suis rendu compte, au début d'octobre, dès après la décision de la Cour suprême, que quelques-uns d'entre vous commençaient à mettre en cause le contenu de notre Accord d'avril et se déclaraient prêts à examiner d'autres solutions pour mieux accommoder Ottawa.

Cette inquiétude s'est tranformée en consternation et en déception cette semaine à Ottawa quand j'ai de plus en plus perçu que l'Accord du 16 avril n'avait plus, pour tous, l'importance qu'il continuait de revêtir pour le Québec. C'est ainsi que, dès mercredi matin, le porte-parole du «groupe des huit» laissait assumer son rôle par d'autres tandis qu'une province décidait, à toutes fins utiles, de quitter le front commun interprovincial en déposant une proposition alternative, élaborée sans le Québec. En outre, j'ai appris depuis, comme tout le monde, que des négociations ont eu lieu entre certaines provinces du «groupe des huit» pendant la soirée et la nuit de mercredi à jeudi, discussions dont à aucun moment le Québec n'a été informé.

Or ces discussions touchaient des points que nous estimions fondamentaux et qui faisaient partie de l'Accord du 16 avril. Cet Accord que le Québec avait signé au printemps avait, pour nous, valeur d'un véritable contrat qu'on ne pouvait modifier unilatéralement sans consulter, ou à tout le moins informer au préalable, les autres parties signataires.

Par ailleurs, jeudi matin, nous avons été mis devant une sorte de fait accompli qui contredisait totalement cet Accord. Vous connaissez la suite. Le Québec, à qui on avait fait des promesses en mai 1980, se retrouve aujourd'hui moins protégé qu'avant! Beaucoup estiment chez nous que nous avons été trompés et abandonnés.

Peut-être des éléments que j'ignore jettent-ils une lumière différente sur l'interpétation dont je fais état ici, mais, quoi qu'il en soit, un fait indéniable demeure: nous sommes dorénavant devant une situation où un gouvernement majoritairement anglophone, celui d'Ottawa, associé à neuf gouvernements provinciaux anglophones, demandera à un autre gouvernement anglophone, celui de Londres, de diminuer sans son consentement l'intégrité et les compétences du seul gouvernement francophone en Amérique du Nord!

Il y a maintenant dix-huit ans que, de près ou de loin, je suis directement mêlé au débat constitutionnel. À aucun moment je n'ai pensé que nous en arriverions à la situation déplorable et pénible que vit aujourd'hui le Québec.

J'ai pensé vous faire part de mes sentiments, avec l'espoir que vous comprendrez combien, nous au Québec et moi personnellement, sommes affectés par la tournure des événements.

Bien à vous,

(Claude Morin)

Document 15

*Correspondance entre Roy Romanow et Claude Morin,
décembre 1981-mars 1982*

Regina, le 23 décembre 1981

Monsieur Claude Morin
Ministre des Affaires intergouvernementales
Gouvernement du Québec

Cher Claude,

J'accuse réception de votre lettre du 6 novembre 1981. J'en reconnais la franchise, mais vous ne vous étonnerez pas d'apprendre que mon interprétation des événements ayant précédé et entouré la conférence des premiers ministres de novembre diffère sensiblement de la vôtre.

L'alliance des huit provinces dissidentes a d'abord et surtout été une alliance défensive contre l'action unilatérale du gouvernement fédéral. C'est la cause commune qui nous a unis. Dans cette perspective, la Saskatchewan a combattu aussi vigoureusement et aussi efficacement les démarches unilatérales d'Ottawa, au Canada comme en Grande-Bretagne, que le Québec et les autres provinces. En conséquence, je n'éprouve pas le besoin de présenter des excuses pour notre conduite durant cette phase de l'action unilatérale.

Dans cette stratégie de défense commune, l'Accord du 16 avril a été déterminant. Il a démontré clairement que les provinces, en dépit d'intérêts et de points de vue différents, étaient capables de s'entendre sur un accord de compromis. La Saskatchewan a endossé cet Accord bien qu'il ne fût pas l'expression pleine et entière de la position que nous aurions préférée. La même observation s'applique au Québec. Mais nous avons établi sans équivoque à l'époque, et à plusieurs reprises après le 16 avril, que la Saskatchewan ne s'estimait pas limitée à ce seul document. Nous avons répété que nous étions disposés à étudier d'autres propositions dans l'espoir de parvenir à un règlement négocié au Canada. Le dossier public atteste que telle fut notre position, exprimée en toute honnêteté et de manière cohérente pendant toute la phase de l'action unilatérale.

C'est pourquoi nul ne devait se surprendre qu'en cours de conférence la Saskatchewan présente une nouvelle proposition alors que les négociations paraissaient vouées à l'échec. Vous vous souviendrez que nous avons informé, dès le mardi après-midi, les autres provinces de l'alliance de notre intention à cet égard. De même. le lendemain matin, nous avons communiqué nos propositions aux autres provinces du groupe d'opposition, y compris le Québec, avant la reprise des travaux de la conférence. Je dois préciser que la décision de faire connaître cette proposition incombe à la seule Saskatchewan. Le Québec, naturellement, n'a pas participé à la préparation. Pas plus que les autres provinces.

Si j'ai bien compris votre lettre, le Québec ne s'est pas présenté à la conférence des premiers ministres dans le même esprit et pour les mêmes fins. Il m'a semblé que le Québec n'a jamais été disposé à dépasser l'Accord provincial du 16 avril. Mais, curieusement, je note au passage que le Québec a été, des huit provinces du groupe, la première à accepter en principe, sans consultation préalable, une nouvelle proposition fédérale fondée sur l'idée d'un référendum. Je n'accuse pas, je constate. J'y fais référence simplement parce que vous insinuez dans votre lettre que le Québec est la seule des huit provinces qui soit demeurée pleinement fidèle à l'Accord du 16 avril.

Pour nous, les positions de départ étaient négociables. Tel était notre sincère espoir sinon notre attente en nous présentant à la conférence. Pour Ottawa et ses deux alliées, cela signifiait une volonté de modifier substantiellement la résolution dont les Communes étaient saisies. Pour les provinces dissidentes, il fallait en revanche une disposition à dépasser les frontières de l'Accord du 16 avril. Pour réaliser cette entente, il fallait de part et d'autre une certaine souplesse, un sens du compromis. Ce qui se produisit en fin de compte.

L'entente constitutionnelle que nous avons conclue n'est pas parfaite et, à plusieurs égards, ce n'est qu'un début. Beaucoup de citoyens que représente mon gouvernement n'y trouvent pas réponse à toutes leurs inquiétudes ou satisfaction de tous leurs désirs. Les besoins particuliers des Québécois de langue française ne sont pas pleinement comblés et leurs préoccupations subsistent. Il y a encore beaucoup à faire. Mais l'objectif de cette conférence n'était pas de prévoir une constitution entièrement nouvelle qui aurait pu survivre sans modification durant un siècle. Il eût été irréaliste d'espérer cela. Nous avons pourtant réussi à jeter les bases et à créer les conditions propices à une modernisation plus poussée de notre constitution, ici même au Canada. La Saskatchewan est fière du rôle qu'elle y a joué.

Il y a dans votre lettre une autre question qui appelle des commentaires. Je fais référence à l'isolement du Québec. Vous semblez soutenir, comme vous le faites indirectement dans votre lettre, que cet isolement est imputable aux gouvernements des provinces anglophones qui auraient refusé de reconnaître la dualité franco-anglaise qui fait la nature du Canada. Je ne vois pas qu'il en soit ainsi.

Ce qui est plutôt en cause ici, à mon avis, ce sont les thèses en apparence irréconciliables, mais exprimées avec vigueur et honnêteté, sur la manière de servir au mieux, les intérêts des Québécois francophones. En bref, le gouvernement fédéral, dirigé par un premier ministre canadien-français et appuyé par un fort contingent de députés du Québec, affirme que le fédéralisme canadien, de même que les garanties constitutionnelles touchant la langue et la culture, offrent au Québec le régime le plus sûr. Votre gouvernement soutient avec autant de vigueur qu'il doit seul conserver l'ultime pouvoir décisionnel sur toutes les questions qui touchent directement l'identité politique, sociale et culturelle du Québec. Les deux gouvernements peuvent revendiquer et revendiquent effectivement la représentation légitime de la la majorité francophone du Québec.

Dans ce contexte, il apparaît à plusieurs d'entre nous qu'on ne saurait réaliser un accord constitutionnel pleinement satisfaisant pour les gouvernements fédéral et québécois. Pourtant il serait injuste d'affirmer que le Québec a été mis en présence d'un «fait accompli» à la conférence des premiers ministres de novembre. Votre premier ministre et ceux des autres provinces ont été informés de la proposition mise au point par quelques provinces tôt dans la matinée de jeudi, plusieurs heures avant la reprise des travaux de la conférence. M. Lévesque aurait alors pu suggérer des modifications pour rendre cette proposition plus acceptable à son gouvernement. Il aurait pu adopter le même parti au cours de la réunion plénière des premiers ministres, au cours de cette même matinée. On ne peut tenir les autres gouvernements responsables du fait que le premier ministre du Québec ait décidé de rejeter la proposition du revers de la main.

En conclusion, je regrette profondément que le Québec ne puisse souscrire à l'accord de rapatriement et de modification de la constitution. J'espère que le Québec restera pour le Canada une source d'enrichissement grâce à sa vitalité et à son originalité culturelle.

(Roy J. Romanow)

Sainte-Foy, le 29 janvier 1980.

Monsieur Roy Romanow
Ministre des Affaires intergouvernementales
Gouvernement de la Saskatchewan
Regina

Mon cher Roy,

Merci bien de votre lettre du 23 décembre, en réponse à celle que je vous transmettais le 6 novembre, au lendemain de la conférence constitutionnelle d'Ottawa.

Vous écrivez, avec raison, que l'alliance des huit provinces était essentiellement défensive et qu'elle visait à contrer l'action unilatérale d'Ottawa. Le Québec partageait cet objectif mais, dans notre cas, un élément supplémentaire d'une extrême importance intervenait. Vous n'en parlez pas dans votre lettre.

En mai 1980, au moment de notre référendum, des hommes politiques d'Ottawa et de diverses provinces — votre premier ministre, Allan Blakeney, faisait partie du nombre — ont demandé aux Québécois de répondre Non au référendum, de façon à permettre, par la suite, un véritable renouvellement du fédéralisme qui conviendrait aux aspirations du Québec. En somme, Ottawa et le Canada anglais ont invité les Québécois à comprendre qu'un Non au référendum signifierait en réalité un Oui à des réformes longtemps attendues. Beaucoup chez nous ont cru à ces promesses. Ainsi donc, pour nous du Québec, non seulement le caractère unilatéral du geste fédéral était-il inacceptable — ce en quoi nous rejoignions les autres provinces — mais, en outre, la démarche d'Ottawa et son contenu contredisaient les engagements solennels de mai 1980. Vous aviez une raison de vous opposer, en tant que Saskatchewan, à cette démarche fédérale; le Québec en avait deux.

Or, entre octobre 1980, date du coup de force fédéral, et novembre 1981, ni la Saskatchewan ni aucune des autres provinces n'a livré, même partiellement, la marchandise constitutionnelle formellement promise aux Québécois en échange de leur Non. Au contraire, Ottawa a entrepris de réduire les pouvoirs des provinces et a visé en particulier le Québec. Dans cette perspective, il ne restait pour nous qu'une chose à faire: bloquer Ottawa. Et pour y arriver, il n'y avait qu'un seul moyen: une alliance à cette fin avec autant de provinces que possible. C'est pourquoi cette alliance, ce front commun, était aussi capital pour nous, et c'est pourquoi, comme représentant du Québec, j'y ai mis autant d'énergie. Puisque personne ne tenait plus ses promesses envers nous, notre devoir était de contrer le coup de force qui se tramait. Nous espérions au minimum empêcher Ottawa de transformer le régime à son seul avantage et à notre détriment.

D'où notre acceptation de souscrire à l'accord du 16 avril. Vous écrivez aujourd'hui que cet accord, pour la Saskatchewan, était négociable. J'admets que, comme représentant de votre province, c'est effectivement ce que vous m'avez dit à quelques reprises. Mais ce n'est pas le cas de la plupart des autres provinces. Le Québec, lui, a toujours considéré cette accord comme une proposition ferme de huit provinces sur le rapatriement et l'amendement de la constitution. Aujourd'hui, je me pose une question: si votre province était aussi flexible dès le départ et si, à vos yeux, cet accord n'était qu'une simple position initiale de négociation, alors pourquoi la Saskatchewan a-t-elle consenti à lui donner un caractère si solennel en le signant avec sept autres provinces devant les caméras de la télévision, le 16 avril 1981, à onze heures du matin, le tout accompagné d'un battage publicitaire considérable? De deux choses l'une: ou bien l'accord était une véritable entente intergouvernementale ferme et d'une importance inusitée; dans ce cas, la mise en scène télévisée était logique et la signature de l'accord par huit premiers ministres en personne confirmait aux Canadiens qu'il s'agisssait de quelque chose de solide. Ou bien l'accord était une simple tactique de négociation; dans ce cas, le spectacle électronique était trompeur et induisait le public en erreur sur la portée réelle du geste posé par les huit provinces. J'ai bien de la difficulté à croire que votre premier ministre se serait prêté à une telle manipulation de l'opinion publique. J'en conclus donc que, le 16 avril 1981, votre province, comme les autres provinces signataires, a pris une position sérieuse et mûrement réfléchie. D'ailleurs, par la suite, la plupart d'entre nous se sont fréquemment référés à cet accord, mais, si je me souviens bien, jamais pour en minimiser le sens.

Le Québec, dites-vous, n'a jamais voulu «dépasser cet accord». Bien sûr que non. Nous étions solidaires des sept autres provinces sur un texte qui n'avait pas été facile à éloborer. Je vois d'ici comment le Québec aurait été perçu s'il avait changé soudainement d'avis après la réélection de notre gouvernement. Nous avions signé, le 16 avril, pour cimenter le front commun des provinces contre l'action unilatérale fédérale. Cette signature comportait, pour nous, des compromis, mais pour nous il était encore plus important d'empêcher le coup de force d'Ottawa.

Le front commun a tenu jusqu'après le jugement de la Cour suprême. Avec ce jugement, les huit provinces du front commun possédaient tout ce qu'il fallait pour bloquer le coup de force fédéral à Londres. Nous aurions ensuite pu reprendre la discussion constitutionnelle sur une autre base. Mais il y avait une condition essentielle: les huit provinces devaient demeurer fermes et unies. Pourtant, dans les heures qui suivirent ce jugement rendu public le 28 septembre, plus précisément le soir même à Ottawa, avec Jean Chrétien et Roy McMurtry de l'Ontario, vous avez entrepris des discussions particulières, en dehors du front commun. Ces discussions sont à l'origine de ce qui est devenu, le 5 novembre 1981, le fameux «accord des dix», imaginé et conçu sans la participation du Québec et hors de sa connaissance.

Plusieurs d'entre nous se doutaient que quelque chose se passait entre Ottawa et vous. C'est pourquoi, vous vous en souvenez, à Dorval, après notre réunion de vendredi le 2 octobre, je vous ai demandé très directement de quoi vous aviez parlé avec Chrétien et McMurtry. Je l'ai fait en présence des ministres de la Colombie britannique et de l'Île-du-Prince-Édouard, ainsi que devant mon collègue, Claude Charron. Or, vous nous avez informés que le sujet principal abordé avec Jean Chrétien était simplement la nomination de juges fédéraux en Saskatchewan! Aujourd'hui nous savons que tel n'était pas le cas, c'est le moins que je puisse dire.

À Toronto, une semaine avant la conférence de novembre, j'ai dit à tout le groupe réuni (vous y étiez) que le Québec tenait absolument au front commun, notre seule garantie de bloquer le coup de force fédéral. J'ai même ajouté que c'était en quelque sorte la première fois que le Québec faisait confiance à des provinces anglophones non pas pour augmenter ses pouvoirs (puisque personne ne respectait plus ses promesses référendaires), mais pour empêcher Ottawa d'instaurer un fédéralisme plus centralisateur que jamais. Et je vous ai dit que jamais le Québec ne briserait de lui-même ce front commun et qu'il en attendait autant des sept autres provinces. Je me souviens aussi avoir mentionné au groupe que si une ou des provinces anglophones détruisaient ce front commun et que, par la suite, Ottawa réussissait à imposer son plan, les Québécois comprendraient encore davantage qu'ils ne peuvent se fier à personne qu'à eux-mêmes. Puisque je rappelle ici certains faits, j'en évoquerai un autre, plus personnel. J'ai en effet confié au groupe qu'ayant été moi-même un des artisans les plus actifs de ce front commun et étant devenu, au Québec, identifié à celui-ci par la force des choses, le maintien ou non de ce front commun aurait une grande influence sur ma propre carrière politique après la conférence de novembre.

Je reviens maintenant au déroulement de cette conférence. Vous dites que celle-ci, courant à l'échec, vous avez annoncé aux sept autres provinces du front commun, le mardi après-midi 3 novembre, que la Saskatchewan préparait une proposition de compromis qu'elle ferait tenir aux autres provinces, le mercredi matin, immédiatement avant la reprise de la séance. Les faits sont exacts. La conférence allait visiblement déboucher sur un échec. La Saskatchewan élaborait un compromis. Elle en a donné le texte aux autres une heure environ avant la séance du mercredi matin. Fort bien.

Parlons d'abord de l'échec appréhendé. De quel échec s'agissait-il? De l'échec du plan d'Ottawa et de rien d'autre. Or n'est-ce pas justement ce plan que visait depuis un an à bloquer notre front commun, c'est-à-dire à le mettre en échec? Vous reconnaissez donc que les huit provinces étaient sur le point de réussir. Il suffisait de continuer à se tenir ensemble. Mais votre province a confondu l'échec certain du plan fédéral avec celui de la conférence. Mais n'admettez-vous pas que celle-ci aurait au contraire été un succès si le coup de force d'Ottawa avait été définitivement bloqué? Et même un avantage pour le fédéralisme? Est-ce que, dans votre perspective, les seules conférences réussies et satisfaisantes sont celles d'où Ottawa ressort heureux?

En somme, par votre compromis et par le fait qu'une province du groupe des huit s'est avancée, peut-être inconsciemment, pour se porter à la rescousse d'un gouvernement central peu respectueux du fédéralisme, vous avez redonné crédibilité et espoir à Ottawa et vous l'avez fait en vous éloignant des autres. Notre front commun, déjà incertain depuis vos conversations du début d'octobre avec Jean Chrétien, n'existait dès lors plus. Le Québec avait commencé à percevoir en octobre, dès après le jugement de la Cour suprême qui nous donnait le moyen de gagner à Londres, ce besoin presque fébrile ressenti par certaines provinces du groupe des huit et par la Saskatchewan en particulier d'en venir à tout prix à un accommodement avec Ottawa, de façon à éviter cette sorte de sacrilège qu'aurait représenté pour elles une victoire à Londres contre le «national government of Canada». En somme, il fallait tout faire pour éviter d'avoir à livrer cette bataille victorieuse, même céder à Ottawa et même s'il fallait sacrifier en cours de route les aspirations d'un Québec auquel personne ne s'était gêné pour faire des promesses au moment du référendum.

Comme vous établissez vous-même dans votre lettre que la Saskatchewan fut la première province à quitter formellement le front commun, je commente rapidement votre allusion au fait que le Québec s'est un moment montré intéressé, le mercredi, par l'offre fédérale de laisser trancher non pas une nouvelle proposition, comme vous semblez le croire, mais son projet de résolution via un référendum. Cet intérêt de notre part s'est manifesté vers midi, mais dès la reprise de la séance en après-midi, tout le monde s'est aperçu que l'offre d'un référendum par le premier ministre Trudeau était piégée et soumise à des conditions inacceptables dont celui-ci n'avait averti personne le matin. Et en fin d'après-midi, le premier ministre Lévesque l'a clairement dit en conférence de presse, après en avoir informé les autres provinces en cours de séance, quelques heures plus tôt.

Je voudrais maintenant relever certaines des choses que vous avancez en ce qui a trait à l'isolement du Québec. Vous dites, vers la fin de votre lettre, que notre premier ministre a été informé comme les autres, «plusieurs heures avant la reprise des travaux de la conférence», le jeudi matin, d'une nouvelle proposition mise au point par un groupe de provinces. Il s'agit en fait de la fameuse proposition préparée pendant la nuit à l'insu du Québec. Or monsieur Lévesque n'a été averti de ce développement inattendu que dans l'heure qui a précédé la reprise de nos travaux, jeudi, et non pas, comme vous le dites, «plusieurs heures avant». En fait, à huit heures, le soir précédent, j'ai moi-même reçu un message du premier ministre Bennett de la Colombie britannique convoquant monsieur Lévesque à une réunion le lendemain matin à huit heures. Personne ne nous a alors dit que des provinces se réunissaient le soir même pour concocter quelque chose avec Ottawa.

Incidemment, vous-même avec qui j'ai passé tellement d'heures pendant tant de mois à discuter du dossier constitutionnel, pourquoi ne m'avez-vous pas appelé pour que je participe à la séance de nuit de mercredi à jeudi, et dont le Québec a été exclu? Vous saviez pourtant où je me trouvais.

Vous ajoutez qu'en possession de la proposition «plusieurs heures avant» (*sic*) la reprise des travaux, monsieur Lévesque aurait pu suggérer des modifications pour la rendre plus acceptable au Québec. Ne croyez-vous pas que la meilleure manière de procéder aurait justement été d'inviter le Québec le soir précédent plutôt que de le tenir systématiquement à l'écart? Mais passons. Je vous rappellerai cependant que, durant l'avant-midi du jeudi, monsieur Lévesque a effectivement demandé qu'on rétablisse la compensation financière à laquelle vous saviez fort bien que nous tenions et qui avait été enlevée au Québec pendant la nuit; il a également insisté pour qu'on reconnaisse au Québec le droit d'être protégé contre une centralisation que pourraient désirer Ottawa et les autres provinces. Pourtant, je ne sache pas que ni la Saskatchewan, ni Ottawa, ni en fait personne ne soit intervenu pour soutenir une demande aussi élémentaire et aussi raisonnable de notre part.

Ailleurs dans votre lettre, vous écrivez que l'isolement du Québec n'est pas le fait des provinces anglophones, mais qu'il résulterait de je ne sais quel choix que celles-ci doivent faire entre la crédibilité qu'il faut accorder à la députation fédérale en provenance du Québec, dirigée par un Canadien français, comparativement à celle qu'il faut consentir au gouvernement du Québec. Même si vous n'êtes pas très précis là-dessus, j'ai l'impression que, dans le doute où vous place cette difficulté et vu qu'il n'est pas possible de satisfaire les deux gouvernements en même temps, vous optez en réalité pour l'interprétation que propose Ottawa sur la meilleure façon de donner satisfaction aux Québécois, et non pour celle qu'avance le Québec.

J'ai remarqué au cours des années qu'il est parfois commode pour certains observateurs de l'extérieur d'opposer les représentants fédéraux du Québec aux élus de l'Assemblée nationale pour s'éviter de choisir, tout en nourrissant quand même un préjugé favorable envers le point de vue fédéral, sous prétexte que les deux groupes représentent également les Québécois. Vous oubliez qu'en régime fédéral, chaque groupe d'élus représente les Québécois pour les sphères de compétence qui relèvent de chaque ordre de gouvernement. Or, dans les discussions constitutionnelles récentes, nous ne mettions pas en cause le régime fédéral. Il s'agissait, pendant notre lutte au coup de force d'Ottawa, de défendre les compétences dont le gouvernement du Québec est responsable. Votre préjugé aurait donc normalement dû s'exercer en notre faveur car c'est Ottawa qui attaquait les pouvoirs du Québec. Comment auriez-vous réagi si, au lieu d'écouter les positions de votre gouvernement provincial néo-démocrate, la délégation québécoise avait plutôt cru celles de monsieur Broadbent et de son groupe à Ottawa, sous prétexte qu'il est chef fédéral de votre parti?

Vous vous considérez fier du rôle que la Saskatchewan a joué dans l'élaboration de la constitution qui sera dorénavant imposée au Québec sans son accord. Comment pouvez-vous être fier d'une constitution dont vous laissez entendre vous-même qu'elle est si insatisfaisante? Il me semble que vous devriez savoir qu'elle n'ajoute aucune véritable protection pour les francophones hors Québec, qu'elle contribuera à rétablir les privilèges de la minorité anglophone du Québec, qu'elle affectera sérieusement les compétences du Québec, en somme qu'elle contient tout ce qu'il faut pour, d'ici peu, nourrir encore davantage chez les Québécois francophones ce sentiment de frustration et d'inégalité qui vous inquiétait tellement il y a peu de mois.

Qui plus est — et je reviens là-dessus — rien dans cette constitution imposée ne correspond aux promesses qui nous ont été faites par votre premier ministre et par d'autres à l'occasion du référendum. C'est même tout le contraire. Il n'y a vraiment rien là qui puisse rendre fier qui que ce soit.

Vous dites, en conclusion, espérer que le Québec «reste pour le Canada une source d'enrichissement grâce à sa vitalité et à son originalité culturelle». Cette vitalité et cette originalité culturelle furent précisément au point de départ des demandes québécoises d'il y a quinze ou vingt ans pour une réforme du fédéralisme dans le sens de nos aspirations. Le fait qu'elles n'aient jamais été satisfaites dans le présent régime a été pour beaucoup dans la création d'un parti souverainiste au Québec. L'attitude récente du Canada anglais et d'Ottawa justifie plus que jamais la raison d'être d'un tel parti. Peut-être avez-vous fini par croire sincèrement que la constitution imposée contribuerait un peu à résoudre le «problème québécois»? En réalité, je dois vous dire qu'elle l'alimentera.

Vous avez voulu, mon cher Roy, me parler avec franchise dans votre lettre. J'ai pris la même attitude dans la mienne. L'expérience que j'ai vécue n'est pas de celles qu'on oublie. Elle m'a confirmé dans mes convictions, et bien des Québécois également. C'est pourquoi, même si j'ai changé de fonction, comme eux je continuerai à lutter pour le Québec.

(Claude Morin)

Regina, le 9 mars 1982

Monsieur Claude Morin
École nationale d'administration publique
945, rue Wolfe, Sainte-Foy

Cher Claude,

J'accuse réception de votre lettre du 29 janvier 1882.

Votre lettre précédente et votre démission comme ministre des Affaires intergouvernementales étaient déjà fort révélatrices de la grande déception personnelle que vous avez éprouvée à l'issue de la conférence constitutionnelle de novembre. Néanmoins, j'ai été frappé à nouveau de constater la profondeur de votre désappointement et la force de votre conviction qu'on a trahi le Québec lors de cet événement historique.

J'entretiens peu d'espoir d'ébranler cette conviction malheureuse aujourd'hui. Aussi n'est-ce pas la raison première de cette réponse. Si je vous écris une dernière fois à ce sujet, c'est que votre plus récente lettre met en question l'intégrité de mes intentions et de mes actes, ainsi que ceux de notre gouvernement, dans les discussions constitutionnelles.

Moi aussi j'ai conservé un vif souvenir de notre réunion d'octobre à Dorval. Vu les manchettes erronées de la veille, il était inévitable et normal que certains de mes collègues, y compris vous-même, se posent des questions à mon égard. C'est pourquoi, lorsque le contenu de ma réunion du 18 septembre avec Jean Chrétien et Roy McMurtry n'a pas été soulevé pendant la réunion officielle, j'ai choisi d'inviter tous les collègues présents à Dorval à la chambre de Garde Gardom, le ministre de la Colombie britannique, afin de vous révéler ce qui s'était passé à Ottawa.

Mon souvenir de cette réunion privée ne correspond pas entièrement au vôtre. En effet, comme vous l'écrivez, j'ai déclaré avoir discuté avec Jean Chrétien de nominations de juges en Saskatchewan. Mais vous oubliez d'ajouter que j'ai avoué (*sic*) de plus que la discussion avait porté également sur le jugement de la Cour suprême et, d'une façon générale, sur la constitution.

Je n'ai pas, comme le laisse entendre votre lettre, cherché à cacher le vrai but et la nature réelle de ma rencontre avec Chrétien et McMurtry. J'ai affirmé alors, et je le répète aujourd'hui, ni Jean Chrétien, ni Roy McMurtry, ni moi-même n'avons conclu de compromis le 28 septembre. C'était une rencontre imprévue où il était naturel que l'on discute des développements constitutionnels. Aucune entente que ce soit n'en est sortie. C'est toute la vérité. Je vous assure que je n'y suis pour rien si un journaliste québécois bien connu a choisi depuis lors d'embellir cette réalité trop banale. La crédibilité que vous paraissez accorder à cette théorie de trahison ourdie à la faveur de la nuit me blesse, mais elle ne peut changer les faits.

Ainsi que dans votre lettre de novembre, vous vous arrêtez longuement sur l'importance primordiale pour le Québec de l'Accord du 16 avril et du front commun provincial. Puisque vous convenez des positions bien connues de la Saskatchewan sur ces deux questions, il est inutile d'y revenir. Cependant, je suis loin de partager votre point de vue sur la cause et le moment de l'éclatement du front commun. Permettez-moi de revoir certains faits.

Mercredi matin, la Saskatchewan présentait une nouvelle proposition, d'abord au front commun et ensuite à la conférence. Vous vous souviendrez que notre proposition n'a reçu l'appui ni des autres provinces dissidentes ni du gouvernement fédéral et de ses alliés. Je ne me souviens pas du moindre indice qui aurait laissé supposer que les autres provinces opposées s'apprêtaient à abandonner l'Accord et le front commun. Pour sa part, et malgré ce que vous avez pu croire, sa proposition rejetée, la Saskatchewan demeurait fermement opposée au projet fédéral et elle se considérait toujours un membre du front commun. Monsieur Blakeney a précisé dès l'ouverture de la conférence que la Saskatchewan ne consentirait à aucune proposition qui ne recevrait l'appui et du gouvernement fédéral et d'une majorité de provinces. Ainsi, le gouvernement fédéral pouvait tirer peu de satisfaction des efforts de la Saskatchewan et la session matinale aurait pu se terminer par le statu quo.

À la lumière de ces faits, j'accepte difficilement votre déclaration que le Québec s'est montré intéressé «un moment» par la proposition fédérale d'un référendum parce que le front commun n'existait plus. Le moment crucial est survenu, à mon avis, lorsque le Québec a posé son geste surprenant tard dans la matinée. Incidemment, si ma mémoire m'est fidèle, les détails de la proposition sur le référendum ont été distribués individuellement aux provinces après, et non pendant la session d'après-midi. De toute façon, je m'accorde avec vous pour dire que le front commun n'existait plus en fin d'après-midi.

Je voudrais maintenant répondre à une question importante que vous posez. Pourquoi n'a-t-on pas invité le Québec à participer aux discussions du mercredi soir? J'entends répondre à cette question légitime.

Le but de l'exercice de la nuit de mercredi était de tenter de trouver une solution de compromis acceptable à Ottawa et au plus grand nombre de provinces possible. De toute évidence, la solution ne se trouvait ni du côté du projet fédéral, ni du côté de l'Accord interprovincial. Je pense que vous en conviendrez facilement. De même, la proposition d'un référendum paraissait inacceptable à tous, sauf au gouvernement fédéral et au Québec. Pourtant, vous confirmez vous-même dans votre lettre que le Québec n'a jamais voulu aller au-delà de l'Accord d'avril. Nous étions arrivés à la même conclusion. Ainsi, il ne nous a pas paru profitable d'impliquer le Québec trop tôt dans une session de négociation que nous espérions constructive. Le gouvernement fédéral, lui, avait indiqué qu'il était disposé à modifier sa position de longue date.

Au fond, la différence fondamentale entre le Québec et la Saskatchewan dans le contexte de la conférence de novembre se trouve dans les objectifs que les deux gouvernements espéraient y atteindre.

Il est évident, dans votre lettre, que le but unique du Québec était d'arrêter l'action unilatérale du gouvernement fédéral. Cela correspond à ce que le Québec avait dit aux sept autres provinces dissidentes avant la conférence de novembre. Vous avez toujours été très clair et très ferme sur ce but. La défaite de Trudeau représentait une conférence réussie. Il serait intéressant de connaître vos preuves, incontestables paraît-il, de la défaite d'Ottawa à Londres, mais je n'insisterai pas sur ce point.

En ce qui nous concerne, c'est justement parce que nous n'avons pas confondu l'échec du projet fédéral avec l'échec ou le succès de la conférence que nous avons agi de la sorte. Nous étions d'accord avec vous sur l'importance d'arrêter l'action unilatérale d'Ottawa. La proposition du premier ministre était néfaste pour le pays autant par sa forme que par son fond. Mais ce seul but ne suffisait pas. Les Canadiens avaient droit à un résultat plus positif que cela. Nous avions un devoir de résoudre nos différences constitutionnelles au Canada. À notre avis, nous devions construire pour l'avenir des Canadiens; nous devions conclure une entente constitutionnelle acceptable au plus grand nombre avant de pouvoir qualifier la conférence de réussite. J'ajoute que je ne partage pas votre certitude que les discussions auraient pu reprendre «sur une base plus saine» si les provinces dissidentes s'en étaient tenues à détruire l'initiative unilatérale du gouvernement fédéral. Comment Ottawa aurait-il pu adopter une attitude «plus saine» dans de telles circonstances?

Il est regrettable que vous ayez une opinion si négative de l'entente constitutionnelle. Le rapatriement, une formule d'amendement qui donne aux provinces un rôle légal dans la modification de notre constitution, l'enchâssement du principe de la péréquation, la confirmation et la clarification de la compétence provinciale sur les richesses naturelles et l'accès provincial aux champs de la taxation indirecte et du commerce interprovincial représentent tous, à mon avis, des gains significatifs autant pour le Québec et les Québécois que pour les autres provinces et les autres Canadiens.

Je n'accepte pas votre point de vue que la nouvelle constitution causera un grave préjudice aux provinces. Personne ne prétendra que la charte des droits n'imposera pas certaines contraintes sur les activités gouvernementales des provinces. Mais vous n'ignorez pas que les provinces conserveront le contrôle législatif ultime sur les catégories de droits qui pourraient nuire le plus à l'exercice légitime de leurs pouvoirs. Tout en reconnaissant l'inquiétude que vous manifestez au sujet de l'article sur la compensation financière qui est limitée aux domaines de l'éducation et de la culture, il me semble que cette disposition offre néanmoins une protection accrue pour la spécificité du Québec. Exception faite de ce changement, la formule d'amendement demeure celle prévue dans l'Accord d'avril déjà approuvée par le Québec et elle est sûrement préférable à celle proposée par le gouvernement fédéral. Enfin, je n'arrive pas à comprendre comment l'article sur l'instruction dans la langue de la minorité (plus limité dans le cas du Québec) n'ajoute aucune véritable protection pour les francophones hors Québec, mais contribuera pourtant au rétablissement des privilèges de la minorité anglophone du Québec. Il me semble plus raisonnable de penser que la vérité se trouve entre ces deux extrêmes.

En terminant, je crains que nous ne nous entendions jamais sur les événements qui ont précédé, et qui ont eu lieu à la conférence de novembre parce que nos attentes étaient à ce point différentes. Je le regrette beaucoup mais je ne vois pas l'utilité de continuer cette correspondance. Peut-être pourra-t-on reprendre le dialogue sur ce sujet à l'occasion d'une future rencontre.

Nous n'avons pas toujours partagé le même point de vue, mais j'ai toujours respecté la force de vos convictions. Je sais que vous continuerez à contribuer à la vie de votre province et je souhaite que votre nouveau poste vous apporte beaucoup de satisfaction dans les années à venir.

Bien à vous,

(Roy J. Romanow)

Document 16

Extraits d'une lettre de Peter Lougheed, premier ministre de l'Alberta, à René Lévesque, le 8 mars 1982

Sur le sens et la portée de l'accord du 16 avril 1981

À mes yeux, l'accord du 16 avril 1981 procédait logiquement de l'alliance établie par les six provinces le 14 octobre 1980. Dès le départ, il était clair qu'il s'agissait d'une alliance limitée, limitée à bloquer l'entreprise unilatérale de M. Trudeau et à le forcer à revenir à la table de conférence pour y reprendre les négociations constitutionnelles. Un examen des déclarations publiques de chacun des six premiers ministres à l'époque confirme que tel était alors notre objectif commun. (...)

En plus, au cours de février 1981, Allan Blakeney, premier ministre de la Saskatchewan (...) de même que ses conseillers furent très clairs — en public comme en privé — sur le fait que l'engagement de la Saskatchewan avec les sept autres provinces ne le commettait ni lui, ni son gouvernement, à des positions constitutionnelles données s'il survenait de nouvelles négociations, et que l'engagement de son gouvernement ne reposait que sur la nécessité de changer le processus en cours. (...)

Les huit premiers ministres se sont rencontrés pendant toute la soirée du 15 avril 1981, jusqu'aux petites heures du matin. Nous nous trouvions au Château Laurier, dans la suite du premier ministre Lyon. Dès le départ, M. Blakeney ainsi que d'autres, je crois, réaffirmèrent qu'il ne devrait y avoir aucun malentendu: la signature de l'accord ne liait irrévocablement aucun des gouvernements signataires à quelque position constitutionnelle que ce soit — qu'il s'agisse de la formule d'amendement ou d'autre chose — s'il advenait que M. Trudeau renonce à sa procédure unilatérale et s'il acceptait de modifier sa position pour en venir véritablement à la négociation d'un consensus. Personne ne formula d'objection à ce point de vue. J'ai même en particulier déclaré que, selon moi, telle était l'interprétation de chacun depuis le 14 octobre 1980. (...)

Il était absolument clair pour moi et, je crois, pour tous ceux qui participèrent aux discussions des huit premiers ministres, les 19 et 20 octobre (1981), à l'hôtel Ritz Carlton de Montréal, que nous nous étions organisés en Groupe des Huit *seulement* dans la mesure où M. Trudeau continuerait à *procéder* unilatéralement. S'il venait à abandonner sa procédure unilatérale et qu'il consentait à modifier la résolution (fédérale) et à entreprendre des négociations sérieuses, alors chacun des huit premiers ministres était dégagé de toute obligation découlant de l'accord du 16 avril, et par conséquent libre de modifier ou de transformer la position de son gouvernement sur la formule d'amendement ou sur toute autre question constitutionnelle. La teneur même de nos échanges et les déclarations de plusieurs premiers ministres sur des approches nouvelles possibles confirma cette interprétation. Il était impossible d'imaginer que, si M. Trudeau faisait volte-face et acceptait le point de vue constitutionnel d'une province, il demeurerait toujours interdit à celle-ci d'opter pour les propositions nouvelles et différentes de M. Trudeau, ou encore qu'elle ne pourrait le faire que moyennant l'accord et le consentement des sept autres provinces du groupe des Huit. Je crois cependant que nous avons tous reconnu l'efficacité de notre solide front commun jusque-là et qu'il demeurait tactiquement avantageux pour nous de le maintenir. (...)

Sur la rencontre des huit premiers ministres, le 15 avril 1981

Au cours de la discussion, vous avez insisté sur un important changement à la formule d'amendement, alléguant qu'en pleine campagne électorale vous n'aviez pas pu consacrer toute votre attention à cette formule. Vous avez notamment demandé que la formule, présentée aux huit d'entre nous le soir du 15 avril, soit modifiée en y remplaçant par une majorité simple l'exigence selon laquelle une province se retirant d'un changement (constitutionnel) devrait obtenir l'assentiment d'une majorité des deux tiers (de son Assemblée législative). Bien que nous ayons été alertés à cette préoccupation de votre part durant notre conférence téléphonique du 30 mars, nous ignorions que vous faisiez de cette modification une condition à votre signature de l'accord. Après une longue discussion, les sept autres premiers ministres consentirent, à contrecœur, à la position du Québec. Vous avez clairement dit que, à défaut de notre ralliement à ce changement, vous ne signeriez pas (l'accord), même si vous étiez prêt à le faire quelques semaines plus tôt. Vous avez aussi insisté pour modifier substantiellement le programme détaillé des discussions constitutionnelles à venir contenu (dans l'accord), y compris la suppression de la date du 1er juillet 1981 comme date ultime pour le rapatriement. Ces changements ont été acceptés. Vous avez également exigé que le plan de rapatriement (du front commun) renferme une disposition selon laquelle il serait ratifié par les assemblées législatives (des provinces) et par l'Assemblée nationale (du Québec). Cela fut aussi accepté. (...)

Sur l'«impossibilité» des provinces de s'entendre entre elles

Le 9 février 1981 (...) nous nous sommes (...) penchés sur la critique soutenue du public, exprimée depuis la formation de notre alliance en octobre, selon laquelle nous n'avions qu'une position négative et aucune alternative face à la proposition fédérale. Il était évident que la plupart des Canadiens souhaitaient le rapatriement et qu'ils partageaient l'avis que les premiers ministres (des provinces) ne pouvaient même pas s'entendre entre eux sur une question aussi fondamentale que la formule d'amendement. (...)

Sur les buts de l'Alberta

Le but de l'Alberta était de résoudre la crise constitutionnelle par la négociation, pourvu qu'on satisfasse (à ses) deux objectifs. Ces deux objectifs: obtenir une formule d'amendement fondée sur l'égalité des provinces, pas des régions, et préserver la suprématie des législatures en introduisant une clause de dérogation dans la charte des droits. (...)

Sur la soirée et la nuit du 4 au 5 novembre 1981

J'aurais pensé que chaque premier ministre se serait attendu à une bonne dose de lobbying et d'échanges de vues pendant la soirée du 4 novembre (1981). Il me semblait évident que lorsqu'elle reprendrait, le jeudi 5, la conférence (constitutionnelle) ferait des progrès significatifs, ou qu'elle se terminerait dans l'échec. À ma connaissance, vous n'avez pas essayé de discuter des événements à venir avec aucun autre premier ministre. (...)

Document 17

Message du premier ministre du Québec
à l'occasion de la proclamation de la
«*Loi constitutionnelle de 1982*»
le 16 avril 1982

Chez nous, ces jours-ci, on n'a pas le cœur à la fête. C'est le moins qu'on puisse dire.

Que d'autres célèbrent, s'ils le veulent, cet événement «historique»: les provinces anglophones et le gouvernement fédéral nous imposent des changements constitutionnels pour lesquels ils n'ont reçu aucun mandat de la part des électeurs et auxquels le gouvernement québécois n'a pas consenti.

Pourquoi le refus unanime des partis représentés à l'Assemblée nationale? Parce que ce «Canada Bill» adopté par Westminster affecte en profondeur le statut du Québec au sein de la fédération de même que les pouvoirs de son Parlement, gardien de ses droits.

Les droits linguistiques

La nouvelle loi constitutionnelle écorche et restreint la compétence exclusive et inaliénable du Québec en matière linguistique sans pour autant accorder de véritable réciprocité ni marquer des progrès pour les minorités francophones des autres provinces. Elle heurte de front certains aspects essentiels de notre Loi 101, mettant de nouveau en péril notre équilibre démographique et notre sécurité culturelle. Il est très significatif à cet égard que le bilinguisme imposé au Québec ne l'est pas en Ontario.

La mobilité des autres

Sous prétexte de favoriser la mobilité de la main-d'œuvre d'un océan à l'autre, la charte fédérale limite dangereusement les pouvoirs et la marge de manœuvre du Québec dans le domaine économique. La plupart des politiques visant à protéger et à créer des emplois au Québec pour les travailleurs québécois de même que les mesures favorisant les professionnels et les entreprises d'ici pourront être contestées devant les tribunaux avec toutes les chances d'être jugées inconstitutionnelles.

«Just another province»

En fait la constitution rapatriée ne reconnaît aucunement, de façon tangible, le caractère et les besoins spécifiques du Québec, société nationale distincte. Elle ignore le principe même de la dualité canadienne et fait du Québec une province comme les autres.

Et le chantage pour l'avenir

La nouvelle formule d'amendement est très claire: désormais de nouvelles modifications à la constitution pourront être imposées au Québec. Sans son consentement. Sans qu'il puisse exercer efficacement son droit de retrait puisque la compensation financière automatique réclamée par son gouvernement lui a été refusée. Ainsi que le déclarait un député libéral fédéral, avec cette menace de double taxation, le Québec aura sans cesse à choisir entre le respect de ses principes et le portefeuille de ses contribuables.

Tout cela est inacceptable. C'est aux antipodes de ce que réclament depuis une trentaine d'années tous les gouvernements du Québec. Non seulement ces changements ne vont pas dans le sens d'une plus grande maîtrise de nos affaires et d'un accroissement de nos pouvoirs et de nos moyens d'actions, mais ils réduisent ceux que nous possédons depuis 1867 et hypothèquent gravement notre avenir comme peuple. Voilà à quoi aboutit le «renouvellement» du fédéralisme...

Avec le temps, chacun de nous pourra constater et ressentir les effets de l'opération en cours à Ottawa depuis le «non» référendaire de mai 1980, opération qui s'accompagne d'une centralisation sans précédent de tous les leviers économiques et des recettes fiscales.

Nous allons continuer à nous servir de tous les recours légitimes, si limités soient-ils, que nous permet le régime politique actuel. Il doit être bien clair que le gouvernement du Québec n'a pas l'intention de modifier ses lois ni ses politiques pour les rendre conformes à ces changements mis au point sans nous et contre nous.

Quant aux auteurs de cette constitution qui n'est pas la nôtre, tôt ou tard ils auront des comptes à rendre à tout un peuple dont ils ont abusé de la confiance.

Au-delà de tout cela, le Québec continue. Il en a vu d'autres. Et il n'y a pas de meilleure façon d'affirmer notre identité nationale et notre vouloir-vivre collectif en ce moment que d'arborer partout le fleurdelisé, symbole de ce que nous sommes.

Document 18

*Proclamation de la Loi constitutionnelle de 1982
le 17 avril 1982, à Ottawa, en présence de
MM. P. E. Trudeau, J. Chrétien et A. Ouellet
(Version française)*

ELIZABETH DEUX, par la grâce de Dieu, Reine du Royaume-Uni, du Canada et de ses autres royaumes et territoires, Chef du Commonwealth et Défenseur de la Foi,

À tous ceux que les présentes peuvent de quelque manière concerner,

SALUT:

PROCLAMATION

Le procureur général du Canada
(Jean Chrétien)

CONSIDÉRANT: qu'à la demande et avec le consentement du Canada, le Parlement du Royaume-Uni a déjà modifié à plusieurs reprises la constitution du Canada;

qu'en vertu de leur appartenance à un État souverain, les Canadiens se doivent de détenir tout pouvoir de modifier leur constitution au Canada;

qu'il est souhaitable d'inscrire dans la constitution du Canada la reconnaissance d'un certain nombre de libertés et de droits fondamentaux et d'y apporter d'autres modifications;

que le Parlement du Royaume-Uni, à la demande et avec le consentement du Canada, a adopté en conséquence la Loi sur le Canada, qui prévoit le rapatriement de la constitution canadienne et sa modification;

que l'article 58, figurant à l'annexe B de la Loi sur le Canada, stipule que, sous réserve de l'article 59, la Loi constitutionnelle de 1982 entrera en vigueur à une date fixée par proclamation sous le grand sceau du Canada,

NOUS PROCLAMONS, sur l'avis de Notre Conseil privé pour le Canada, que la Loi constitutionnelle de 1982 entrera en vigueur, sous réserve de l'article 59, le dix-septième-jour du mois d'avril de l'an de grâce mil neuf cent quatre-vingt-deux.

NOUS DEMANDONS à nos loyaux sujets et à toute autre personne concernée de prendre acte de la présente proclamation.

EN FOI DE QUOI, Nous avons rendu les présentes lettres patentes et y avons fait apposer le grand sceau du Canada.

FAIT en notre ville d'Ottawa, ce dix-septième jour du mois d'avril en l'an de grâce mil neuf cent quatre-vingt-deux, le trente et unième de Notre règne.

Par ordre de Sa Majesté:

Le régistraire général du Canada,
(André Ouellet)

Le premier ministre du Canada,
(Pierre Elliott Trudeau)

DIEU PROTÈGE LA REINE

Document 19

Lettre du premier ministre du Québec, René Lévesque
au premier ministre fédéral, Pierre Elliott Trudeau, le 17 décembre 1982,
et réponse de ce dernier, le 30 décembre 1982

Monsieur le premier ministre,

Le moment est venu, me semble-t-il, de vous dire très clairement où nous en sommes, ici à Québec, en ce qui touche une situation constitutionnelle qui résulte essentiellement de vos agissements. D'autant que l'avis récent de la Cour suprême vient d'y apporter ce qui, jusqu'à nouvel ordre, en constitue la plus logique en même temps que la plus impensable conclusion.

Ainsi donc, comme le tribunal nous l'a appris, le Québec ne possède, et n'a jamais possédé, de droit de veto — de nature conventionnelle ou autre — propre à le protéger de modifications constitutionnelles effectuées sans son consentement, affectant ses droits, pouvoirs et compétences.

Cette affirmation, qui a au moins le mérite d'être claire, nie dans les faits un droit dont l'existence n'avait jamais été mise en doute et qu'on a toujours tenu pour essentiel à la défense de l'identité du peuple québécois, pierre d'assise des francophones d'Amérique du Nord. Si les représentants du Bas-Canada, en 1865, s'étaient rendu compte que leur adhésion au projet fédéral aboutirait à les priver de toute protection contre les changements constitutionnels imposés par d'autres, cette adhésion, on peut en être sûr, n'aurait jamais été accordée.

En septembre 1981, la même Cour suprême avait déjà confirmé que le Québec ne possédait aucune protection légale contre les manœuvres unilatérales visant à modifier, sans son consentement et en dépit de ses objections les plus vives, les pouvoirs de son Assemblée nationale. Aujourd'hui, quatorze mois plus tard, les Québécois apprennent de plus qu'ils n'ont jamais eu de protection conventionnelle. Autant dire que depuis 1867 les Québécois vivaient dans l'illusion qu'ils étaient détenteurs d'une police d'assurance et qu'aujourd'hui, après le viol de certains de leurs droits collectifs les plus essentiels, ils découvrent qu'en fait ils n'ont jamais été protégés.

Ce qui non seulement nie un passé où l'on se serait nourri d'une illusion désormais dissipée, mais promet d'affecter encore plus dangereusement l'avenir. Ainsi, sans illusion cette fois, les Québécois devraient désormais apprendre à vivre à la merci des gouvernements du Canada anglais. Le 5 novembre 1981, au lendemain des décisions prises dans notre dos, nous avons vu ce qu'une telle situation peut signifier pour l'avenir constitutionnel du Québec.

S'il plaît à la Cour suprême de consacrer judiciairement cette entente nocturne signée, il y a un peu plus d'un an, entre les gouvernements anglophones et le vôtre, soit. Mais je dois vous informer que le Canada Bill n'en demeure pas moins foncièrement illégitime, et par conséquent inacceptable aux yeux du Québec, de son gouvernement et, j'en suis convaincu, de l'immense majorité des Québécois. Il sera donc impossible pour tout gouvernement digne de ce nom au Québec d'accepter une telle réduction draconienne et unilatérale des pouvoirs de notre Assemblée nationale, et de se voir imposer une formule d'amendement ne lui accordant aucune protection véritable pour l'avenir.

L'Assemblée nationale a déjà énoncé, en décembre 1981, les conditions auxquelles cette loi constitutionnelle britannique pourrait devenir acceptable. En premier lieu, la loi constitutionnelle doit reconnaître non seulement l'égalité des deux peuples fondateurs mais également le caractère distinctif de la société québécoise. En deuxième lieu, en vue d'assurer l'épanouissement de cette société, le mode d'amendement de la constitution canadienne doit reconnaître au Québec un droit de veto général ou un droit de retrait assorti de la pleine compensation financière dans tous les cas (droit de veto spécifique ou «qualifié», selon l'expression du ministre fédéral de la Justice). Enfin, toute charte canadienne des droits ne doit en aucune façon avoir pour effet de modifier les compétences législatives de l'Assemblée nationale, notamment en ce qui concerne la langue d'enseignement et pour ce qui a trait à la liberté de circulation et d'établissement. (Je joins aux présentes un exemplaire conforme de la résolution de l'Assemblée.)

À la lumière de l'avis de la Cour suprême, toutes ces conditions sont plus pertinentes que jamais. Mais dans le contexte actuel, il en est deux qui deviennent plus urgentes: celle du droit de veto (général ou spécifique) du Québec et celle de la langue d'enseignement.

Le 26 avril dernier, vous déclariez: «Si M. Lévesque dit demain, mettons-nous ensemble et essayons d'obtenir pour le Québec le droit de veto prévu à Victoria, je lui donnerai la main et lui dirai, bon, faisons cela ensemble». Et le 8 décembre, votre ministre de la Justice se disait à nouveau prêt à coopérer avec le Québec afin de tenter de lui obtenir un droit de veto général ou spécifique.

Comme preuve de bonne foi et de votre présumé désir d'accorder au Québec la place qui lui revient au sein du Canada, je vous demande donc de déposer dans les meilleurs délais et de faire adopter par les deux chambres fédérales, ainsi que le prévoit le Canada Bill, une résolution visant à amender la constitution.

Conformément aux conditions indiquées par l'Assemblée nationale, une telle résolution reconnaîtrait au gouvernement du Québec, soit un droit de veto d'application générale, soit un droit de veto spécifique, c'est-à-dire un droit de retrait assorti d'une pleine compensation dans tous les cas. De plus, une telle résolution soustrairait le Québec à l'application de l'article 23 du Canada Bill portant sur le droit à l'instruction dans la langue de la minorité, consacrant ainsi la compétence exclusive du Québec en matière de langue d'enseignement.

Puisqu'aucun amendement constitutionnel ne saurait être adopté sans l'accord du gouvernement fédéral, vous comprendrez que le dépôt et l'adoption prochaine d'une telle résolution à Ottawa constituent pour le Québec et son gouvernement une nécessité. J'ose donc espérer, comme vous l'avez laissé entendre, que vous serez prêt à prouver à la collectivité québécoise que vous pouvez encore agir dans le sens de ses droits et de ses intérêts, même après les avoir fait mutiler comme jamais aucun de vos prédécesseurs n'aurait jamais osé y songer.

Votre réponse, que nous souhaitons recevoir dans les meilleurs délais, influencera sûrement la suite du dossier constitutionnel, du moins en ce qui concerne le Québec.

Bien à vous,

(René Lévesque)

c.c. Premiers ministres des provinces

Monsieur le Premier ministre,

Dans votre télex du 17 décembre, vous me demandez de faire adopter par le Parlement canadien «une résolution qui reconnaîtrait au gouvernement du Québec soit un droit de veto d'application générale, soit un droit de veto spécifique, c'est-à-dire un droit de retrait assorti d'une pleine compensation dans tous les cas». Et vous exigez également que cette résolution soustraie le Québec à l'application de la clause Canada contenue dans l'article 23 de la charte canadienne des droits et libertés.

La démarche m'apparaît pour le moins étrange venant d'un gouvernement qui dénonçait hier encore l'unilatéralisme du fédéral et qui n'a pas voulu participer en aucune façon au travail préparatoire à la conférence constitutionnelle prévue pour le mois de mars. Je me demande alors si vous avez fait parvenir une requête semblable aux premiers ministres des autres provinces, puisque, comme vous le savez pertinemment, pas plus aujourd'hui qu'avant le rapatriement de la constitution, le Parlement canadien n'a le pouvoir de fixer ou de modifier seul la formule d'amendement de notre loi fondamentale.

Eussions-nous disposé de ce pouvoir que vous n'auriez pas à réclamer aujourd'hui une protection spéciale de l'identité québécoise car le Parlement fédéral aurait, comme chacun le sait, opté pour la formule de Victoria qui reconnaissait un droit de veto au Québec. Le gouvernement fédéral ayant préconisé cette formule depuis plus de dix ans et étant donc gagné d'avance au principe du veto, vous feriez mieux de vous adresser en premier lieu à vos collègues des autres provinces.

Vous faites grand état, dans votre texte, du récent jugement de la Cour suprême qui nierait, selon vous, «un droit de veto dont l'existence n'avait jamais été mise en doute et qu'on a toujours tenu pour essentiel à la défense du peuple québécois, pierre d'assise des francophones d'Amérique du Nord».

Je vous pose ici une simple question. Si ce droit était si indiscutable et indispensable, d'où vient que vous n'en ayez pas fait mention dans votre entente d'avril 1981 avec les provinces qui s'opposaient au projet constitutionnel avancé par le gouvernement fédéral, l'Ontario et le Nouveau-Brunswick?

Rejetant du revers de la main la formule de Victoria et son droit de veto pour le Québec, vous avez alors choisi l'«opting out» en déclarant que cette formule «consacrait l'égalité juridique de toutes les provinces» et qu'elle était, à cause de cela, «manifestement préférable, pour tous les Canadiens, à celle que proposait le gouvernement fédéral».

De même lorsqu'en 1981 le Québec s'est présenté devant la Cour suprême en compagnie des autres provinces dissidentes pour faire déclarer inconstitutionnel le projet de réforme soumis par le Parlement fédéral, à aucun moment il ne fut question du droit de veto du Québec ou de sa participation indispensable à tout consensus pour modifier la constitution.

Pour sauver un front commun qu'il portait à bout de bras, le Québec se faisait ainsi une province comme les autres et, par un paradoxe assez extraordinaire, c'est le gouvernement fédéral qui aura défendu jusqu'au bout le principe d'un droit de veto du Québec dans toute formule d'amendement.

Face à ce front commun des huit provinces dont vous faisiez partie, face aussi au jugement de la Cour suprême de septembre 1981, le gouvernement fédéral et les deux autres provinces ont dû se plier au principe de l'égalité des provinces et ont donc cessé d'insister sur le droit de veto pour le Québec que, pour notre part, nous avions toujours recherché. Comme je l'ai dit récemment, si le Québec n'a pas obtenu le droit de veto, c'est parce que le gouvernement du Québec ne l'a pas voulu. Songez seulement à la force que nous aurions eue si, au contraire, le gouvernement du Québec avait fait front commun avec l'Ontario, le Nouveau-Brunswick et le gouvernement fédéral en faveur d'une formule d'amendement qui donnait un droit de veto au Québec. Vous avez choisi autrement.

Obligés d'accepter dans l'entente de novembre 1981 une formule d'amendement qui était loin d'avoir notre faveur, c'est encore nous qui l'avons fait modifier pour mieux tenir compte des intérêts des Québécois. Avec le consentement des autres provinces, nous avons en effet inscrit dans la constitution le principe d'une compensation raisonnable lorsqu'une province refuserait un transfert de pouvoir au Parlement canadien dans les domaines touchant l'éducation et la culture.

Par ailleurs, sur la question de la langue d'enseignement, je vous ai offert publiquement de reformuler l'article 23, si nécessaire, pour en arriver à une clause Canada qui serait acceptable au gouvernement du Québec.

Je maintiens cette offre, de même que ma proposition d'unir mes efforts aux vôtres pour obtenir un retour au droit de veto que le fédéral et toutes les provinces étaient prêts à reconnaître au Québec à Victoria, dès 1971.

J'estime toutefois raisonnable de poser les deux questions suivantes:

D'abord, le Québec acceptera-t-il de participer loyalement aux travaux constitutionnels en cours? La question du veto ne peut pas en effet être réglée par les gouvernements fédéral et québécois seuls. Il va falloir en discuter avec nos collègues des autres provinces si nous voulons vraiment en arriver à une nouvelle formule d'amendement selon les modalités désormais inscrites dans la constitution du pays.

Deuxièmement, en retour d'un veto, ou de son équivalent, le gouvernement acceptera-t-il de souscrire formellement à la loi constitutionnelle de 1982? Il serait ici encore impensable que le gouvernement fédéral et les autres gouvernements provinciaux consacrent beaucoup de temps et d'énergie à la recherche d'une formule d'amendement susceptible de mieux répondre aux besoins des Québécois pour découvrir ensuite que le gouvernement du Québec se fabriquait d'autres prétextes pour ne pas y adhérer.

Si la réponse à ces deux questions est affirmative, je demeure entièrement prêt à explorer avec vous et avec nos collègues toutes les options susceptibles de mieux protéger les intérêts légitimes des Québécois en ce qui concerne les amendements futurs à la constitution canadienne.

Pour ce qui est du droit de retrait, vous n'ignorez pas qu'on a déjà inscrit ce principe dans la constitution en garantissant une compensation raisonnable dans les domaines touchant l'éducation et la culture comme je le rappelais plus haut. Je dois vous dire cependant en toute franchise qu'élargir ce principe à d'autres domaines ne me semble au départ ni nécessaire ni désirable. Aller plus loin serait donner une prime à la balkanisation progressive du pays et ainsi compromettre son avenir.

Quant à la clause Canada prévue à l'article 23 de la charte canadienne des droits et libertés, votre gouvernement s'était déclaré prêt à l'accepter lors des réunions des premiers ministres provinciaux à Saint Andrews en 1977 et à Montréal en 1978, à condition que les autres provinces accordent d'une façon réciproque les mêmes droits aux francophones hors Québec. Ce principe de la réciprocité est même prévu à l'article 6 du bill 101. Les autres provinces ayant fait leur la clause Canada, il incombe à votre gouvernement de respecter son engagement, d'autant plus que cette clause, à l'instar de la charte elle-même, jouit de l'appui de la vaste majorité des Québécois et que nous sommes prêts à la reformuler si nécessaire, pour la rendre plus acceptable au gouvernement du Québec. D'ailleurs, comme vous le savez, nos concitoyens s'intéressent non seulement à l'épanouissement de la langue française au Québec, mais aussi à l'élargissement des droits linguistiques des francophones, où qu'ils vivent au Canada.

Finalement, je vous rappelle que votre lettre du 19 août m'informait que le gouvernement du Québec attendait de consulter les communautés autochtones avant de s'«engager dans un processus constitutionnel les concernant». J'ose espérer que la défense des droits du Québec, déjà bien assurés et que nous pourrons consolider, ne nous empêchera pas de rendre justice à nos populations autochtones qui ont besoin plus que quiconque de voir leurs droits mieux définis et mieux protégés par la constitution canadienne.

(Pierre Elliott Trudeau)

Notes

Chapitre 4

1. Texte original: «The Cabinet Committee on Priorities and Planning *agreed* to the following approach to constitutional negotiations to begin on July 8: 1. (1) the federal government shall reaffirm that the «people's package», i.e. the charter of rights and freedoms, principles for a new constitution, patriation with an amending formula, and equalization or sharing are distinct from items related to institutions and the distribution of powers; (2) to this end, the government is prepared to negotiate with the provinces the scope and the wording of items in the people's package, but is *not* prepared to bargain these items against distribution of powers items; (3) negotiation on the people's package is to be concluded in time for the September Conference of First Ministers; 2. with regard to questions related to institutions and the distribution of powers, the government: (1) while setting out firm positions at this time, is prepared to consider and will advance significant proposals for changes to the existing distribution of powers in the context both of the need for the distribution of powers to reflect a fair balance between levels of government and of the federal need for adequate powers over the economy; (2) accepts that these negotiations will be lengthy and complex; 3. against the possibility that provincial governments will not accept this approach, a communications strategy is to be prepared on an urgent basis to establish with the public the distinction that is being made between a people's package and negotiations with respect to institutions and the distribution of powers and the government's rationale for doing so.»

Chapitre 7

1. Texte original: «In sum, we have accomplished much of what we set out to achieve in the first week, and the general strategy and the fact that the federal government has taken the offensive has sowed at least temporary confusion in provincial ranks and altered the dynamic of the negociations. Nevertheless, long-term success is in no sense secure, and will depend heavily on the extent to which we can capitalize on our advantage, and the rapidity with which the provinces adjust to the current circumstances. Long term success will also depend on the extent to which the provinces believe that the federal government will act unilaterally in areas other than rights and patriation (...). If the provinces start to believe that we will take action, even in areas of the distribution of powers, where there is a strong consensus but not unanimity then real progress may well occur in the negociations as the provinces will then feel an urgency to get the best possible deal they can,

even if it is not all they want. In short, creating the impression (but not saying so explicitly) of our determination to unilaterally move in a wide range of areas should become part of our basic posture(...).»

2. Texte original: «This item caught the provinces off balance. They do not seem to have expected the federal government to be so direct in its demands upon them.»

3. Texte original: «The PQ government, poised uneasily between a referendum defeat and a pending provincial election, faces a complicated set of circumstances. While one can readily acknowledge the dexterity with which they defend their position and cover their flanks, it must be remembered that the difficulty one currently encounters in discerning a clear PQ strategy may be as much due to their uncertainty as it is to their sophistication(...). The Government of Quebec is going to go to great lengths to avoid being caught alone in a 10-1 split against them, except on two items, namely, patriation and entrenched minority education rights. There it seems they are prepared to go it alone if necessary. This concern not to be isolated gives the federal government more leverage that it had before, if it plays its cards right. It is also worthy of remark that the Quebec is participating much more actively in the process than was the case last time round.»

4. Texte original: «The provinces appear to accept privately that the Government of Canada is winning this round of negotiations. Intelligence reaching us suggests that they have not conceded the outcome, but rather believe that the Government of Canada will find it difficult to maintain its momentum and initiative through the third week. This means that we should maintain relentless pressure on the provinces. In the two weeks of negotiations now ending we have conceded nothing strategically. Indeed we have gained important strategic ground by the focus on powers over the economy. The provinces had expected that our only sticking point would be the people's package. They now realize that we are equally firm on the powers issue. This has helped us to keep the discussions on our grounds, within our strategy and to our schedule.»

5. Texte original: «Our recent surveys show a substantial majority of the Canadian people believe that the federal government should *not* move unilaterally in areas of shared or purely provincial jurisdiction without the support of provincial governments covering 75% of the population. However, the Canadian people also strongly support the holding of a national referendum if this 75% target is not reached as a result of federal-provincial negotiations(...).»

6. Texte original: «Ontario has been the strongest supporter of the Government of Canada's overall position in these talks, especially in the area of the division of powers and economic matters (...). At times, the warmth of their support in the economic areas endangered their credibility, and it would not be surprising if they decided, for tactical reasons, to put some distance between themselves and the federal government for some time (...).»

7. Texte original: «Saskatchewan has been withouth question the most

obstreperous and recalcitrant province in the course of the talks (...)».

8. Texte original: «Alberta has been playing a minimal role in these talks and has been virtually silent on several issues(...).»

9. Texte original: «The Government of Québec's approach to date has not in any way undermined the process or compromised the integrity of the talks and the federalist framework within which they are being carried on. Quebec has been forthcoming in discussions of the Supreme Court, principles/ preamble, Senate and family law, while also indicating that powers items come first, although Mr. Morin has stressed that a reformed Senate is no substitute for changes in the distribution of powers. For the first time they have been active participants in discussions on the topic of patriation and amendment. Their positions on the distribution of powers and powers over the economy has been entirely predictable; they are opposed to any steps which might weaken Quebec's provincial powers. They have also asked for major transfers in resources, communications and fisheries. While they are prepared to discuss the question of the entrenchment of certain fundamental rights, they are steadfastly opposed to any constitutional entrenchment of language rights.»

10. Texte original: «Collectively (...) the provinces have been caught somewhat off guard by the federal government's strategy, and in particular by the fact that it has developed precise proposals in the economic area that constitute a challenge to provincial freedom of action(...). Initial suspicion of federal government's intentions has been gradually supplanted (...) by the realization that Ottawa means what is says in the positions it is advancing and the tough approach it is taking in these talks.»

11. Texte original: «Ministerial discussions on this item went unexpectedly well. All the main federal aims were achieved. The principal purpose is to obtain as clear as possible a statement of the subjects the various participants think should appear in a preamble (...). Quebec (...) was especially active. Mr. Morin stressed the importance of the preamble and suggested that it refer, among other things, to the distinctness of Quebec society and to Quebec as the mainstay of French Canada, to Quebec's commitment to federalism combined with its free adherence to the federal system(...). Quebec (supported by Premier Hatfield of New Brunswick) asked for a self-determination clause but also said that they would be prepared to agree to having self-determination expressed positively (e.g. by saying that Canadians originally came together voluntarily and hence, Quebec claims they could leave the union voluntarily). Considerable agreement with this suggestion was voiced and there was no expressed opposition (...).»

12. Texte original: «In order to make it more difficult for the provinces to combine into a united front, it is important that we enter into *bilateral* discussions with some of them (e.g. Newfoundland and Nova-Scotia on offshore resources, Saskatchewan on resources) before the national Premiers' meeting on August 21-22 (...).»

13. Texte original: «If none of the provinces have seen strong signs of movement

by the federal government before the Premiers meeting on August 21 and 22, it is highly likely that the result of that meeting will be a hardening of provincial positions and the creation of a united provincial front. We *must try to prevent this from happening. In summary,* there is a possibility (but not a probability) of an agreement on a fairly wide range of issues in September, but this will come only if each province believes that it got something out of negotiations in an area of particular interest to it(...). It would seem to be distinctly preferable to reach a settlement to which all governments can agree, so long as that settlement meets the federal government's essential objectives (...). At the same time, federal bargaining in good faith is essential, *even if negotiations ultimately fail,* for in that case the federal government must be in a position to make its case effectively with the public as it proceeds with unilateral action.

Chapitre 9

1. Texte original: «The strategy on the People's Package is really very simple. The federal positions on the issues within the package are clearly very popular with the Canadian public and should be presented on television in the most favourable light possible. The Premiers who are opposed should be put on the defensive very quickly and should be made to appear that they prefer to trust politicians rather than impartial and non-partisan courts in the protection of the basic rights of citizens in a democratic society. Il is evident that the Canadian people prefer their rights protected by judges rather than by politicians. As far as patriation is concerned, the issue can easily be developed to make those provinces who oppose it look as though they believe that they are happy with Canada's problems being debated in the Parliament of another country. In private, the provinces must be told that there is absolutely no question but that the federal government will proceed very quickly with *at least* all the elements of the People's Package and that it would therefore be to their advantage to bargain in good faith on the other issues so that they will be relatively satisfied after the conference. It should be made abundantly clear that on Powers and Institutions, the federal government expects *give* from the provinces as well as *take.*»

2. Texte original: «Quebec is in a very special situation; if Quebec is ready to sign anything, it needs as a minimum, something on the Supreme Court, some acceptable wording in the Preamble, and possibly something on Communications.»

Chapitre 13

1. Texte original: «(...) Quebec has by far been the most active and aggressive lobbyist. Quebec's Agent general has devoted an enormous amount of time and energy to reaching as many experts, media, press, members of Parliament

and Lords as possible.»

2. Texte original: «(...) confirmed in stark terms very real signs that the patriation debate in the United Kingdom Parliament had shifted in favour of the provincial case.»

3. Texte original: «We have as yet received no request from Canada. When a request comes, we shall try to deal with it as expeditiously as possible and in accordance with precedents.»

4. Texte original: «Following our meeting in June, you were kind enough to send two of your colleagues (...) Mr. Mark MacGuigan (...) and Mr. John Roberts, to see me in September. I found it most useful to be brought up to date in this way with the progress you are making on the constitutional issue. (...). I would like to suggest a visit to Ottawa by the Secretary of State for Defence, Francis Pym, as a continuation of our dialogue. If it was convenient to you, he could see you on 18 or 19 December. I should say at once that there has been no change in our policy since I saw you in June (...). There are, however, points bearing on timing at this end which can, I believe, be most usefully explained to you at first hand (...). Perhaps I should add that I asked Mr. Pym to visit you not only for his seniority in the Cabinet but also because of his deep experience of our parliamentary affairs.»

5. Texte original: «PYM: At the moment members of both Houses would be reluctant to do something they feel is for Canadians to do, notably the Charter. They also look at the court proceedings and say, whatever Her Majesty's Government's view, how do we know what is right? (...)
MACGUIGAN: (...) We are extremely attached to the Charter. If we had, we would put it ahead of patriation (...). The six provinces are not objecting to one thing more than any other. They are objecting to the process. We're taking their toy away from them. They've tried to bargain provincial powers against patriation and basic rights (...). Even with almost nothing in the package, they would object.»

6. Texte original: «In the United Kingdom parliament, the thinking is that of course Canada should have its constitution and the power to amend but after that it is their business (...). This has not yet been presented at all in the United Kingdom. No case but the provincial is being heard at Westminster (...).»

7. Texte original: «This issue risks being bad for our relations, the Commonwealth, even internationally.»

8. Texte original: «It is extraordinarily difficult. These complications came late for them. Il was only on October 6 that his Prime Minister learned of the Charter. And likewise only in October that they learned of the possibility of legal action in Canada. Further more, as the controversy in Canada has grown, it appears every day in the United Kingdom press. This is why his Prime Minister (...) asked him to come over(...).»

9. Texte original: «The Charter of Rights was not mentioned in June, but it was certainly part of the program in the discussions with the provinces.»

10. Texte original: «(Moore) considers it unfortunate that possibility of inclusion

of Charter was not made known to Thatcher by (Trudeau) in June. He feels that breadth of measure (...) caught the British government off guard (...).»

11. Texte original: «(He) feels that members of Parliament and Lords will have great difficulty in accepting the Charter since they will be asked to legislate on a matter that the Canadian government cannot successfully carry in Canada.»

12. Texte original: «British Parliament has now received legal advice from its law officers that the Canadian (constitutional) resolution could not be considered by British Parliament while there (is) any challenge to it before Canadian courts. Unfortunately such legal opinions (are) binding on British Government.»

13. Texte original: «(...) the determination of the (federal) government to fulfill its committment to Quebec.»

14. Texte original: «I can tell the honourable member that (Mrs. Thatcher) was informed of the contents on that day at the end of June when I sat down with her at Downing Street».

15. Texte original: «I didn't bring up that hypothesis, and I do not believe Mrs. Thatcher brought it up either.»

16. Texte original: «If I said that, it must have been with tongue in cheek. I honestly don't remember saying that. It doesn't make sense to me that I did.»

17. Texte original: «I can only say that until Mrs. Thatcher is prepared to say the contrary, my word must stand. If she says she will not comment because she will not reveal a confidence, I hereby authorize her to say the contrary.»

Chapitre 16

1. «Claude, vous devez vous le rappeler, notre accord doit convenir à Trudeau. Autrement, ça ne marchera pas et nous reviendrons au point de départ».

Index des noms cités*

* À l'exception de ceux de René Lévesque et de Pierre Elliott Trudeau.

Table des matières

Troisième époque
De la décision de la Cour suprême à l'isolement du Québec
(septembre-novembre 1981)

Typographie et mise en pages sur ordinateur: MacGRAPH, Montréal

Achevé d'imprimer en septembre 1988 à l'Imprimerie Gagné Ltée,
à Louiseville, Québec